Début d'une série de documents
en couleur

RÉCITS
DE LA
VIEILLE FRANCE

FRANÇOIS BUCHAMOR

PAR

ALFRED ASSOLLANT

ÉDITION ILLUSTRÉE DE 12 GRAVURES HORS TEXTE
DESSINÉES PAR VERNIER

PARIS
LIBRAIRIE CH. DELAGRAVE
58, RUE DES ÉCOLES, 58

A LA MÊME LIBRAIRIE

COLLECTION LILAS A 2 FRANCS LE VOLUME

FORMAT IN-12, BROCHÉ

Relié élégamment en percaline, tranches dorées. 3 fr.

H. DE LA BLANCHÈRE

PLANTES ET ANIMAUX. — Récits familiers d'histoire naturelle. 30 vignettes hors texte, par A. MESNEL.

AMIS ET ENNEMIS DE L'HORTICULTEUR. — Récits familiers d'histoire naturelle. 188 vignettes, par A. MESNEL.

C. DE MONTMAHOU

VIE ET MOEURS DES INSECTES. — Extraits des *Mémoires* de Réaumur, avec figures.

VICTOR MULLER

LE FABULISTE DE LA FAMILLE. — Choix de fables groupées autour de l'idée morale qu'elles renferment.

H. DE LA BLANCHÈRE

MANUEL PRATIQUE D'ACCLIMATATION, ou l'art d'élever et de faire reproduire les animaux nouvellement importés.

HENRI FABRE

LE LIVRE D'HISTOIRES. — Récits scientifiques de l'oncle Paul à ses neveux, avec illustrations.

LE CIEL. — Leçons élémentaires de cosmographie, avec figures.

LA TERRE. — Leçons élémentaires sur la physique du globe, avec figures.

LA PHYSIQUE. — Leçons élémentaires sous forme de lectures, avec figures.

BOTANIQUE. — Lectures scientifiques.

ZOOLOGIE. — Lectures scientifiques.

LES AUXILIAIRES. — Récits de l'oncle Paul sur les animaux utiles à l'agriculture.

LES RAVAGEURS. — Récits de l'oncle Paul sur les insectes nuisibles à l'agriculture.

LES SERVITEURS. — Récits de l'oncle Paul sur les animaux domestiques.

AURORE. — Cent récits sur des sujets variés.

LE MÉNAGE. — Causeries d'Aurore avec ses nièces sur l'économie domestique.

L'INDUSTRIE. — Simples récits de l'oncle Paul sur l'origine, l'histoire et la fabrication des principales choses.

A. ASSOLLANT

HISTOIRE DU CÉLÈBRE PIERROT.

RÉCITS DE LA VIEILLE FRANCE.

E. HOUET

PIERRE DUMONT. — Lectures morales.

Sceaux. — Imprimerie de M. et P.-E. Charaire.

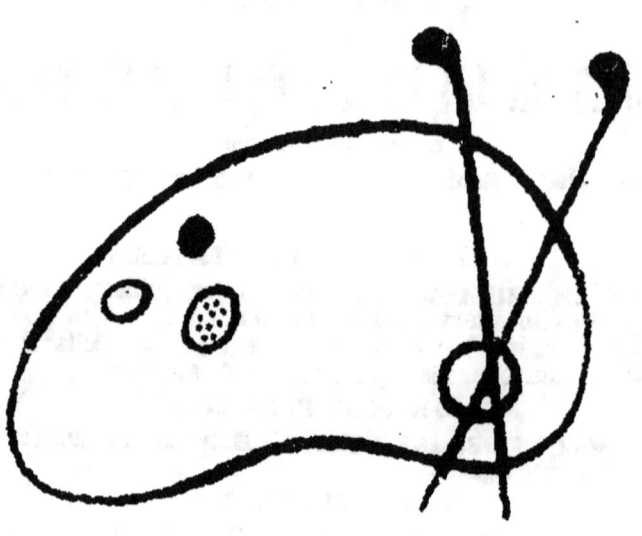

Fin d'une série de documents en couleur

RÉCITS

DE LA

VIEILLE FRANCE

SOCIÉTÉ ANONYME D'IMPRIMERIE DE VILLEFRANCHE-DE-ROUERGUE
Jules BARDOUX, directeur.

RÉCITS
DE LA
VIEILLE FRANCE

FRANÇOIS BUCHAMOR

PAR

ALFRED ASSOLLANT

SIXIÈME ÉDITION

PARIS
LIBRAIRIE CH. DELAGRAVE
15, RUE SOUFFLOT, 15

1886
Droits réservés

RÉCITS DE LA VIEILLE FRANCE

BUCHAMOR

PREMIÈRE PARTIE

VALMY

I

LE VIEUX FRANÇOIS BUCHAMOR.

Ceci est l'histoire d'un de mes plus anciens amis et de plusieurs de ses camarades, racontée par lui-même.

Il ne l'écrivit pas, ne sachant ni lire ni écrire (c'était son regret de tous les jours), mais il me l'a dite si souvent par bribes et morceaux, que je puis la refaire aujourd'hui comme si j'écrivais sous sa dictée.

C'était un homme grand, large d'épaules, un peu courbé par la fatigue et le travail, mais solide encore malgré ses soixante-quinze ans. Il avait le nez gros et arrondi par le bout, comme tous les vrais Auvergnats, un peu élevé par le milieu, comme tous les montagnards, un peu penché sur la bouche, comme tous ceux qui réfléchissent beaucoup. Ses yeux étaient d'un gris tirant sur le vert et pleins de finesse comme ceux des chats. Ses dents étaient blanches et solides comme ses cheveux. Sous sa longue barbe, semblable à celle des patriarches, on voyait le menton pointu et relevé des hommes d'un esprit fin et joyeux et d'un caractère hardi.

De ses mains larges et osseuses il savait manier également la hache, le rabot, la truelle, la scie, la faux et la charrue; au besoin, il aurait su parler; mais il laissait ce plaisir aux avocats et n'ouvrait jamais la bouche sans en être prié.

Tous les soirs, en hiver, ses petits-enfants, rangés autour de lui, lui demandaient quelque histoire. Il avait vu tant de combats, souffert tant de fatigues, traversé tant de pays, connu tant d'hommes de toute race et de toute nation!

Lui, gravement assis sur la caisse au sel, au coin de la vaste cheminée, son large bonnet de laine sur la tête, son chien à ses pieds, son bâton entre les jambes, regardait longtemps le feu en silence, songeant sans doute aux batailles et aux amis d'autrefois, et peut-être à la vie future dans laquelle il espérait rejoindre ceux qu'il avait aimés.

Puis, relevant la tête :
— Vous le voulez?... disait-il.
Tout le monde criait :
— Oui, grand-père, nous le voulons.

Et alors il se faisait un tel silence parmi les femmes et les jeunes filles qui teillaient le chanvre, et parmi les jeunes garçons qui se cachaient derrière la huche, sous la table ou sous les bancs, de peur d'être envoyés au lit, qu'on aurait entendu voler une mouche à trois cents pieds en l'air.

Lui, souriant, disait...

Mais lisez ce livre, vous croirez l'entendre.

II

COMMENT PARDOUVY LE RICHE FUT JETÉ A L'EAU.

Je vais vous raconter aujourd'hui l'histoire de votre oncle Jean... Qu'aimez-vous mieux, de l'oncle Jean ou de la bataille de Valmy?

— Nous aimons mieux l'oncle Jean et la bataille de Valmy, dirent les garçons.

— Eh bien, vous les aurez toutes deux à la fois. D'ailleurs la bataille ne vaudrait rien sans l'oncle Jean, et l'oncle Jean ne vaudrait rien sans la bataille... Laissez-moi commencer par le commencement. C'est plus long, mais vous comprendrez mieux toute l'histoire.

C'est le 14 juillet 1792, il y a cinquante ans de cela, que le soir vers huit heures, en ramenant un chariot chargé de gerbes par le chemin des Ronzières, je dis à mon père qui marchait comme moi à côté des bœufs, lentement, la tête baissée, suivant son habitude :

— Père, je voudrais vous parler, et à ma mère aussi.

Ça l'étonna beaucoup, car je ne parlais guère, et surtout devant lui. En ce temps-là les enfants n'ouvraient presque jamais la bouche devant leurs parents, excepté quand on les interrogeait. C'est une bonne habitude que nous aurions dû garder. Ceux qui parlent beaucoup et de bonne heure disent souvent beaucoup de sottises.

Le père fut donc très-étonné; mais comme il n'était bavard ni curieux, il me dit seulement :

— Après souper si tu veux. En attendant, rentrons les gerbes, la pluie va venir.

Puis il m'aida à dételer les bœufs. Il était temps ; le tonnerre commençait à gronder, de grosses gouttes de pluie tombaient déjà et tout le pays était couvert d'un nuage noir.

Nous soupâmes de bon appétit avec du pain bis et du lait, comme on faisait alors. Nous étions ordinairement sept à table, assis en face les uns des autres sur deux bancs de bois de chêne, les mêmes qui sont encore là, car le chêne est plus solide que l'homme, et les poutres que vous voyez à ce plafond étaient équarries il y a plus de trois cents ans.

Ces sept étaient, par rang d'âge : mon père, ma mère, moi, ma sœur Goton, mon frère cadet Jean, ma sœur Marie et mon petit frère Toinet qui n'avait pas plus de neuf ans, étant né en 1783, le jour de la Saint-Antoine. Ce jour-là, Jean n'était pas rentré. Il était à la foire de Crocq.

Quand on eut soupé, la cloche du village sonna l'*Angelus*, et tout le monde alla se coucher, excepté le père, la mère et moi.

Mon père ouvrit la porte, vit qu'il ne pleuvait plus, que l'orage était fini, que les étoiles brillaient dans le ciel, et dit à ma mère :

— Femme, viens t'asseoir sur le banc, à côté de moi, devant la porte. François veut nous parler.

Ma mère, qui déjà mettait sa coiffe de nuit, après avoir fait sa prière, vint s'asseoir en tricotant son bas pour m'écouter sans perdre son temps, car elle n'était pas de ces femmes qui ne font que parler ou s'habiller.

Mon père s'assit à côté d'elle, appuyé contre le mur, la tête renversée en arrière. Écoutait-il ? N'écoutait-il pas ? C'est ce que je ne pouvais pas savoir.

Alors je commençai :

— Père, je voudrais me marier.

Il ne dit rien, ne tourna pas la tête, ne me regarda même pas. S'il pensait à quelque chose, c'était sans doute à la lune ou aux étoiles qui sont, à ce qu'on dit, des pays mille fois plus grands et plus beaux que les nôtres.

Ma mère continua de tricoter et dit sans lever les yeux :

— Ah ! tu veux te marier ! Avec qui, François ?

C'est là que ma langue s'embarrassa. Je restai un moment sans répondre. Le cœur me battait. J'avais peur que mes parents ne voulussent pas de celle que j'avais choisie. Enfin, je dis presque à voix basse :

— C'est Catherine Leroux, du moulin de Lestrange.

Mon père continua de regarder les étoiles. Ma mère me dit :

— Quand est-ce que tu l'as vue ? Tu ne nous en as jamais parlé.

Je répondis :

— Mère, vous ne m'aviez pas interrogé.

Elle dit encore :

— Tu n'as pas trop bien choisi, François. Ta Catherine n'est pas belle du tout ; elle est maigre comme un cent de clous ; elle a de petits yeux noirs qui se moquent de tout le monde ; elle...

Alors mon père l'interrompit :

— Qu'est-ce que tu y connais, Marianne ? Si François la trouve jolie, c'est son affaire.

Je me sentis encouragé par ces paroles, et je dis hardiment :

— C'est vrai, mère, qu'elle est moins grosse que ma sœur Goton, et qu'elle a des yeux plus petits que ma sœur Marie ; mais je l'aime mieux que toutes les autres, et voici comment ça m'est venu.

Vous vous rappelez qu'un soir, au mois de septembre dernier, il y a sept ou huit mois, vous m'aviez envoyé à la ville pour vendre douze sacs de blé. Le marché finit tard. et je traversais, vers cinq heures du soir, les bois de Lagondeix avec ma charrette vide, lorsque j'entendis tout à coup de grands cris sur le chemin. J'arrête mes bœufs, de peur d'accident, et je cours à l'endroit où l'on criait.

Au détour du chemin, je vois une fille qui se précipite vers moi et me saisit par le bras en criant :

— François ! François ! sauvez-moi... Il est ivre. Il veut me battre, me tuer peut-être.

Derrière elle courait, comme un cheval échappé, un grand garçon, Pardouvy, le riche, de Sainte-Feyre-la-Montagne, qui s'arrêta en me voyant et me dit :

— Que fais-tu là, François ? Mêle-toi de tes affaires !

Moi qui n'ai d'ordre à recevoir que de vous et, quand la loi le veut, de M. le maire, je réplique à cet arrogant de passer son chemin.

Catherine, toute pâle, me dit :

— Prenez garde, François, il ouvre son couteau. Il va vous assassiner.

C'était vrai. Pardouvy était si furieux qu'il m'aurait égorgé s'il l'avait pu. Il me cria :

— François, si tu ne t'en vas pas, je vais t'éventrer comme un lapin.

Il avait bu deux bouteilles de vin au cabaret de la mère Mouilletrou ; il ne se connaissait plus. Je lui dis :

— Pardouvy, laisse-nous passer. Tu n'es pas dans ton bon sens.

Encore plus furieux, il se jette sur moi, le couteau à la main. Heureusement, j'étais sur mes gardes : je lui saisis les bras, je lui serre les poignets de toutes mes forces et je le renverse à terre. En tombant, il se démet le poignet droit et lâche le couteau. Catherine le ramasse et va le jeter dans l'étang, à vingt pas de là. Pardouvy, en se débattant, me donne un coup de pied terrible près du genou. J'en porte encore la marque.

Jusque-là, je ne disais rien. Je ne voulais que l'empêcher de faire du mal; mais quand je vis sa méchanceté, je le saisis à la cravate et je le traînai jusque dans l'étang pour lui faire prendre un bain. Comme il n'y avait pas plus de deux pieds de profondeur, Pardouvy s'y enfonce la tête la première, boit un coup, se relève, retombe au fond, et finalement sort de l'étang à moitié glacé, tout couvert de boue et tout honteux, car ce n'est pas beau de se mettre dans son tort et de se faire jeter à l'eau comme un paquet de linge sale.

En s'en allant il me montrait le poing et criait :

— Je te retrouverai, sois tranquille! je te retrouverai, François Bûchamor!

Je lui dis simplement :

— Quand tu voudras prendre un bain, Pardouvy.

Et j'allais quitter Catherine et continuer mon chemin avec mes bœufs; mais elle me dit :

— François, je vous en prie, ne me laissez pas seule. J'ai trop peur de lui. Il m'attend peut-être encore au coin de quelque buisson.

Je lui demandai :

— Comment l'avez-vous donc rencontré?

Elle me répondit :

— Ce n'est pas ma faute. Mon père est resté au moulin. Il est malade d'une fluxion de poitrine. Il fallait porter deux sacs de farine au père Borneyroux. Vous savez, on n'aime pas à perdre ses pratiques. Sur le chemin, comme je revenais, montée sur mon mulet, j'ai rencontré cet ivrogne. Il a voulu me maltraiter, je l'ai repoussé; il m'a saisie par le bras et m'a fait tomber à terre; j'ai eu peur, et je me suis sauvée en criant, parce que c'est un méchant homme; vous êtes arrivé, et tout de suite j'ai bien vu que je pouvais me fier à vous.

Alors, voyant que Catherine avait encore plus d'une lieue à faire avant d'arriver au moulin, je l'accompagnai avec ma charrette et mes bœufs, après avoir rattrapé son mulet qui broutait l'herbe tranquillement dans le bois.

Voilà, mère, comment nous avons fait connaissance.

— Et c'est tout ce qu'elle t'a dit? demanda ma mère.

III

TOUCHANT RÉCIT DES MALHEURS DE CATHERINE.

Je répondis :

— Non, mère, — quoique nous n'ayons pas beaucoup parlé ce jour-là. Moi, d'abord, je n'osais pas faire de questions à cause du service que je venais de rendre à Catherine. J'aurais eu l'air de me faire payer. D'ailleurs, la nuit venait; nous marchions lentement, à cause de ma charrette et de mes bœufs. Vous savez comme le chemin du moulin est étroit, et Catherine allait un peu devant avec son mulet, qu'elle tenait par le licol, car il était trop tard pour monter dessus. Au premier faux pas, elle serait tombée sur quelque rocher ou dans quelque trou.

Enfin, nous sortîmes du chemin couvert pour entrer dans la grande lande de Sainte-Feyre-la-Montagne. La lune éclairait tout le pays à plus d'une lieue. Là je vis que Catherine n'avait plus peur.

Comme le chemin s'élargissait, ou plutôt comme il n'y avait plus de chemin, car la lande appartient à la commune, et tout le monde a droit de la traverser de tous les côtés,

— Oh! Catherine, pouvez-vous croire?... Moi qui... (page 9).

elle se mit, pour marcher, sur la même ligne que moi et me dit presque en riant :

— Eh bien, François, vous ne parlez donc pas? On dirait que vous êtes triste. Est-ce que vous regrettez de m'avoir rendu service?

Je répondis vivement :

— Oh! Catherine, pouvez-vous croire?... Moi qui...

J'allais dire :

— Moi qui ai tant d'amitié pour vous...

Mais je m'arrêtai. Il me sembla qu'il n'était pas honnête de lui parler de cela pendant la nuit, au clair de lune, lorsque personne ne pouvait nous entendre et qu'elle-même ne pouvait retourner seule et sans danger au moulin. Mais je pensai que c'était une grande injustice à elle de me faire un pareil reproche. Elle le sentit, du reste, et me dit presque aussitôt :

— Je vous demande pardon, François. Si je vous ai fait de la peine, c'est bien malgré moi. J'aurais dû vous remercier de m'avoir si bien défendue... Tout à l'heure, quand vous avez traîné ce pauvre Pardouvy dans l'étang, j'ai eu bien peur qu'il ne vous donnât un coup de couteau. Il est si méchant et si brutal! Mais vous l'avez pris et jeté sur l'herbe comme un enfant. Vous êtes si fort, François, si fort et si courageux!

Pendant que Catherine parlait, je la regardais, et il me semblait ne l'avoir jamais vue auparavant, tant elle était différente. Vous dites, mère, qu'elle est maigre comme un cent de clous : je n'en sais rien; qu'elle a des yeux qui se moquent des gens : c'est bien possible; je ne m'y connais pas; mais je me sentais heureux de la protéger, et si content de m'être battu pour elle avec Pardouvy, que j'aurais de bon cœur, pour entendre encore l'éloge qu'elle faisait de moi, recommencé la bataille non seulement avec Pardouvy, mais avec ses deux frères et ses trois cousins.

Je crois même que je le lui dis, et que j'aurais jeté toute la paroisse dans la rivière plutôt que de laisser quelqu'un toucher à un seul de ses cheveux.

Tout à coup, pendant que nous parlions, mes bœufs s'arrêtèrent au bas de la montée. Les pauvres bêtes, attelées depuis le matin, et ne reconnaissant plus le chemin de l'étable, à cause du détour que j'étais forcé de faire pour ramener Catherine au moulin de Lestrange, dormaient à moitié et trébuchaient à chaque pierre du chemin. Il fallut donc s'arrêter, car nous étions encore à un quart de lieue du moulin, et Catherine n'osait pas revenir seule.

Elle s'assit sur un dolmen au milieu de la lande, pendant que je dételais mes bœufs pour leur permettre de brouter l'herbe courte et de souffler un peu. Puis je m'assis sur le dolmen.

Elle me parla d'abord de son père, Leroux, que vous avez bien connu.

Elle me dit qu'il était très malade depuis cinq jours; que le médecin n'y connaissait rien; qu'elle avait peur qu'il ne passât pas la semaine; qu'elle serait seule au monde si elle venait à le perdre, qu'elle n'aimait que lui, comme il n'aimait qu'elle, et elle se mit à pleurer si fort que je ne savais que dire pour la consoler.

Je lui demandai alors où elle avait connu Pardouvy.

Mais Catherine essuya ses larmes et me dit d'un air presque fâché :

— Oh! François, pouvez-vous croire que je parle jamais à cet ivrogne, excepté quand je ne puis pas faire autrement? C'est vrai qu'il vient souvent au moulin pour voir mon père. C'est vrai qu'il nous rend souvent — toujours malgré moi — de petits services. C'est vrai qu'il offre souvent à mon père de lui prêter sa jument ou son âne pour porter les sacs de farine, qu'il l'aide à planter ses haies, à relever son mur, à retailler ses arbres, à bêcher son jardin. Que voulez-vous que j'y fasse? C'est vrai aussi qu'il est plus riche que nous, car son bien vaut plus de trente mille francs, et l'on dit qu'il a plus de six mille francs d'argent placé; mais moi, je ne l'attire jamais, et quand il vient au moulin, je sors pour donner à manger à mes poules, à mes oies et à mes canards ou pour laver mon linge au ruisseau...

Je lui dis alors :

— Oui, Catherine; mais on raconte qu'il vous a demandée en mariage, et que vous ne l'avez pas refusé.

Catherine me répondit :

— On vous a trompé, François. Je l'ai refusé; mais mon père, qui lui doit de l'argent et qui voudrait l'avoir pour gendre, l'a laissé revenir au moulin, et Pardouvy, qui voit que je ne veux pas de lui pour mari et que je ne lui parle presque jamais, m'a guettée aujourd'hui sur la route, m'a parlé de ce mariage, et, comme je refusais encore, m'aurait sans doute maltraitée si vous ne l'aviez pas jeté dans l'étang... Mais maintenant que mon père est malade au lit, et que je suis seule au moulin, que vais-je faire?... Si cet ivrogne revient, comment me défendrai-je? Ah! si j'avais un frère !

Alors je lui dis :

— Et moi, Catherine, est-ce que je ne suis pas là pour vous défendre?

Et c'est vrai qu'à ce moment-là je l'aurais défendue contre quatorze Pardouvy.

Elle reprit :

— Oui, François, je sais que vous avez plus de force et de courage que tous les jeunes gens de la commune; mais qu'est-ce qu'on dirait si vous veniez tous les jours au moulin? Mon père serait le premier à s'étonner. Pardouvy irait dire partout des choses qui me feraient honte... Non, François, je vous remercie de m'avoir protégée ce soir, mais il ne faut pas revenir... Laissez-moi à mon mauvais sort. Je serai malheureuse, mais je me souviendrai toujours que vous m'avez sauvée ce soir, et je vous considérerai toute ma vie comme un frère.

IV

HISTOIRE INSTRUCTIVE D'ANDRÉ, PLUS FORT QUE TROIS DOUZAINES DE TURCS.

Alors mon père, qui jusque-là regardait sans rien dire tantôt les étoiles, tantôt la grange de Cadet Barcou qui était en face du banc, se tourna vers moi et demanda :

— Qu'est-ce que tu as répliqué, François, quand elle t'a dit qu'elle serait toujours malheureuse et qu'elle te regarderait toute sa vie comme un frère ?

— J'ai répliqué... Père, ne vous moquez pas de moi... Catherine est la meilleure fille et la plus aimable qui soit sur la terre. D'ailleurs elle vous aime et vous respecte tant, et toi aussi, mère, et elle a tant d'amitié pour mon frère Jean, et pour le petit Toinet, et pour mes deux sœurs!

— Enfin, dit mon père, qu'est-ce que tu as répliqué ? Plus tard, nous parlerons de Jean et de Toinet.

— Eh bien! voici, père. Ne vous en fâchez pas. Je lui dis que je l'aimais plus que toute la terre, et que si elle voulait (et si vous vouliez aussi), elle serait ma femme avant un mois.

— Qu'est-ce qu'elle répondit ?

— Elle ne répondit rien ce jour-là. Elle me serra la main, et m'engagea seulement à revenir au moulin quand son père serait guéri ; mais le vieux Leroux mourut deux jours après, et la pauvre Catherine, n'osant pas rester seule au moulin, alla passer trois semaines chez ses parents de Bâville, d'où elle n'est revenue que le 15 avril avec une de ses tantes qui l'aide à faire marcher le moulin.

— Enfin, dit mon père, tu l'as revue?

— Tous les mercredis soirs et tous les dimanches après la messe.

— Et tu veux te marier avec elle?

— Si vous y consentez, père.

— Et tu l'aimes tendrement?

— Autant, père, que vous aimez et respectez ma mère.

— Le vieux Leroux a du bien, dit encore mon père, mais il a aussi des dettes. Il buvait beaucoup avec Pardouvy et lui empruntait souvent.

— Nous travaillerons, Catherine et moi, pour payer ces dettes.

Mon père dit encore :

— François, tu es maintenant un homme; tu as vingt-deux ans déjà et de la barbe au menton; il faut te traiter en homme. Quand je t'aurai parlé, si tu demandes encore mon consentement, je te le donnerai. Mais écoute-moi d'abord.

Je ne pense pas comme ta mère. Catherine me plaît. Elle est gaie, elle travaille assez, elle a de jolis yeux, elle aime à danser et à chanter, et sera une bonne femme si elle trouve un bon mari. Tu la veux?... Elle te veut?... Prends-la. J'y consens et ta mère aussi.

Mais, François, continua mon père, as-tu songé à l'avenir? Si l'on t'appelle sous les drapeaux? Que feras-tu? Laisseras-tu Catherine seule au moulin après un an ou deux de mariage? Et si tu pars, quand reviendras-tu? Peux-tu le savoir?

Connais-tu l'histoire de mon oncle André Bûchamor, qui est allé aux Indes il y a quarante ans? J'étais encore enfant quand il partit. Lui, c'était un homme de six pieds de haut, fort comme trois douzaines de Turcs, le plus bel homme et le plus joli garçon de la paroisse. Il s'était marié à vingt ans avec une veuve de vingt-six ans que je vois encore, une grosse rougeaude assez jolie, qui tenait une auberge à trois lieues d'ici.

Comme elle avait de l'argent, du vin dans sa cave, des jambons à l'office, des fromages dans le cellier, un beau bien de quatre-vingts arpents d'un seul tenant et pas d'enfants, et qu'il était, lui, un peu paresseux, André crut faire une bonne affaire et l'épousa. Trois jours après, elle lui jetait des assiettes à la tête. Il la battit comme plâtre. Elle appela les gens de la maréchaussée. Lui se sauva par la fenêtre en les voyant entrer. Il courut toute la France comme un lièvre poursuivi par les chiens, et s'en alla par mer jusque dans l'Inde où, pour vivre, il se fit soldat. Six mois après, on dit qu'il était mort. La veuve épousa le garçon d'écurie ; André revint au bout de trente ans, maigre, pauvre, vieux, cassé, couvert de blessures. Personne ne le reconnaissait. Sa femme lui ferma la porte au nez, disant que ce n'était pas lui, qu'il était mort. Les enfants, car elle en avait eu de son troisième mari, le reçurent à coups de fourche. De désespoir, il se jeta dans la rivière. François, prends garde! Catherine t'aime et tu l'aimes; tu ne la battras pas, et elle ne te jettera pas d'assiettes à la tête, mais si tu vas à la guerre comme André, et si tu ne reviens pas avant dix ans, qui sait si Catherine ne t'aura pas cru mort, et n'aura pas pris un autre mari ?

— Oh! père, lui dis-je, n'ayez pas peur, je suis sûr de Catherine.

Et en effet, j'en étais sûr ! Je l'aimais tant et elle m'aimait tant !

— Fais bien attention, dit encore mon père, que la guerre va commencer, qu'elle est commencée déjà, qu'on peut dans un mois, dans trois jours, demain même t'appeler sous les drapeaux. Est-ce ta patrie que tu abandonneras ou Catherine?

Ma mère leva les yeux, posa son tricot et dit :

— S'il n'y a pas d'autre moyen de l'empêcher d'aller à la guerre, il vaut mieux qu'il épouse Catherine.

Alors le père se retourna de son côté et dit :

— Marianne, c'est mal parlé! si François se mariait pour ne pas aller à la guerre, je le renierais pour mon fils. Jamais un Bûchamor n'a eu peur de se faire tuer pour la France. Nous ne sommes pas gentilshommes, nous, ni riches, mais nous avons notre honneur à garder comme les rois et les nobles. Depuis cent ans, m'entends-tu bien, François? depuis cent ans, il y a eu sept Bûchamor qui se sont fait tuer autour du drapeau. Je dis sept, il y en avait sans doute bien davantage, mais nous, paysans, qui est-ce qui raconte notre histoire? Personne; nous ne la savons pas nous-mêmes. Eh bien! François, cette fois notre tour est venu.

Jusqu'à présent, nous nous étions battus pour la France et pour le roi, maintenant on se battra pour la France toute seule. On dit que les ennemis vont entrer chez nous; s'ils entrent, François, c'est à nous d'aller au-devant d'eux et de les recevoir à coups de baïonnette.

Et, crois-moi, si Catherine t'aime vraiment, elle saura bien t'attendre. Si elle t'aime, elle sera fière de ce que tu auras fait pour la patrie; elle t'en aimera davantage. Et si elle ne t'attend pas...

— Elle m'attendra, père.

Il se leva et dit :

Il faudra voir... Écoute, François, nous sommes aujourd'hui le 15 juillet, nous avons la moisson à finir, puis les labours, les regains et les semailles, — sans compter le pâtural que j'ai acheté au printemps et que je veux défricher cette année. Tout cela nous mènera bien jusqu'au 15 octobre, prends patience jusque-là.

— Trois mois, père, mais Catherine...

— Eh bien! quoi? as-tu peur que Pardouvy prenne les devants?

— Oh! père, pouvez-vous penser?... Mais au moins vous ferez la demande en mariage tout de suite?

— Demain dimanche, je te le promets... si ta mère y consent... Qu'en dis-tu, Marianne?

— Ah! répondit ma mère en piquant l'aiguille à tricoter dans son bas et mettant le bas dans sa poche, François est bien pressé, mais s'il n'y a pas d'autre moyen de l'empêcher d'aller à la guerre...

Mon père ouvrit la porte et dit :

— Marianne! Marianne! celui qui n'ose pas risquer sa vie pour son père et sa mère, pour ses frères, ses sœurs et sa patrie, celui-là, les femmes le méprisent et se détournent de lui, les hommes le frappent et Dieu le punit.

Ma mère poussa un profond soupir et ne répliqua rien. Elle voyait bien que mon père avait raison.

Il la prit par la main, doucement, car c'était un homme juste et bon et qui l'aimait beaucoup, comme elle méritait d'être aimée ; elle avait toujours rempli son devoir envers lui et envers nous ses enfants, et il lui dit :

— Il est tard, allons dormir, Marianne.

V

PORTRAIT DE JEAN.

J'étais content d'avoir parlé, mais la réponse de mon père me rendait triste. J'avais cru d'abord qu'il serait aussi content d'avoir Catherine pour bru que moi de l'avoir pour femme ; elle était si douce, si aimable, si joyeuse, si avenante ! Mais s'il était content, il ne le montrait guère, et ma mère encore moins, quoiqu'elle n'eût pas les mêmes raisons.

Que faire cependant? J'avais promis à Catherine de parler ce soir-là même de notre mariage à mes parents; elle attendait la réponse... Que faire?... avouer que mon père remettait le mariage à trois mois; mais si elle s'offensait... si Pardouvy profitait de l'occasion...

Pendant que je réfléchissais, j'entendis le bruit de quelque chose qui tombait à terre près de moi et qui se relevait tout à coup.

C'était mon frère Jean.

Vous n'avez pas connu mon frère Jean?... C'était un grand garçon de dix-huit ans, long comme un peuplier, souple comme une anguille, gai comme un pinson, éveillé comme un coq au matin, et qui faisait la joie de toute la maison. Ma mère en était folle; mes sœurs étaient fières de danser avec lui le dimanche; mon père lui pardonnait tout, et moi je l'aimais comme s'il avait été mon frère et mon fils en même temps. Cependant il n'était pas sans défauts; mais, voyez-vous, la bonne humeur et la joie sont si rares en ce monde, que ceux qui les apportent sont partout bien reçus.

Au milieu de mon ennui je fus donc très content de voir Jean, et je lui dis :

— D'où viens-tu, petit? Est-ce que tu tombes du ciel?

Il me répondit :

— Je viens du grenier. J'étais couché tout habillé dans le foin afin de me lever plus vite demain matin à trois heures quand le père nous appellera. Le bruit de vos voix m'a réveillé, et me voilà.

— Tu as tout entendu?

— A peu près. Tu vas te marier avec Catherine?

— Eh bien! qu'est-ce que tu en penses?

— Que tu n'es pas malheureux et que je serai content d'être de la noce.

Vous savez... quoiqu'on ait pris son parti, l'on est quelquefois bien aise de voir que les autres disent que vous avez bien fait. Je demandai donc à Jean :

— Alors, c'est ton avis que j'ai raison de me marier?

Il me dit en riant, comme il faisait toujours :

— Certainement, c'est mon avis que tu as raison. Toi, d'abord, tu as toujours raison. N'es-tu pas mon aîné?

— Enfin, tu trouves que Catherine est jolie, n'est-ce pas?

— Comme un cœur.

— Et qu'elle est bonne?

— Comme le bon pain.

— Et qu'elle a de l'esprit?

— Autant que M. le curé.

— Je fais donc bien de la demander en mariage?

— Tu fais si bien, dit Jean, que je voudrais que ce fût déjà fait, et que je tremble déjà de peur que ça ne se fasse pas.

Je l'embrassai de tout mon cœur pour cette bonne parole, mais lui :

— Ne me serre pas si fort, François, ou tu vas m'étouffer. N'est-ce pas naturel que ce qui te rend heureux me rende heureux aussi? Est-ce qu'entre frères ça peut être autrement? Est-ce que tu ne m'as pas toujours soutenu, aidé, consolé quand j'étais petit? Est-ce que tu ne t'es pas battu pour moi quand j'étais le plus faible? Est-ce que nous n'avons pas tout partagé ensemble? Est-ce que nous n'avons pas toujours travaillé à côté l'un de l'autre? Ah! François, après le père et la mère, c'est à toi que je penserais le dernier si je venais à être tué.

Je fus bien étonné. Jean et moi nous n'avions qu'un cœur et qu'une âme; mais il était si gai naturellement qu'il n'avait jamais pensé à la mort et ne m'en avait jamais parlé. Tout à coup, ce soir-là, quand je pensais à me marier, lui me parlait de mourir. Pourquoi?

J'avais entendu dire quelquefois qu'on a des pressentiments, que les âmes de ceux qui ne sont plus et qui nous ont aimés reviennent sur la terre, et, sans se faire voir, nous avertissent de ce qui doit nous arriver. Les gens qui ont tout appris disent que c'est faux, les bonnes femmes disent que c'est vrai. Moi, je ne sais pas ce qu'il faut croire. Quand mon père mourut, j'étais bien loin de lui, en Pologne, trois semaines avant la bataille d'Eylau.

Un matin je m'éveille, nous étions postés, mes camarades et moi, sur le bord d'une grande rivière que je vois encore, et qui coulait dans un vilain pays plat, bourbeux, boueux, où les fantassins s'enfonçaient jusqu'aux genoux. Pour se réjouir la vue, on avait des marais, des tourbières, des forêts de pins et du brouillard. Pour se réjouir l'estomac, on avait des pommes de terre, du blé qu'il fallait moudre et pétrir, car les meuniers et les boulangers ne savent rien faire là-bas, ou s'étaient sauvés de peur des coups de bâton; enfin, pour digérer, on avait de l'eau d'étang qui donnait la colique aux plus altérés, ou de l'eau-de-vie, qui remplace pour les Polonais le vin, le cidre et la bière.

Nous étions donc mal à l'aise tous les jours; mais ce matin-là je sentais quelque chose de terrible. Je ne savais pas quoi. Les camarades me dirent :

— Qu'as-tu donc aujourd'hui, Bûchamor?

Je répondis tout à coup comme par inspiration et sans y avoir pensé :

— Je ne sais pas. Il doit y avoir quelque chose chez nous, je pense à mon père.

Comme je parlais, le vaguemestre arrive et me dit sans s'arrêter :

— Bûchamor, une lettre pour toi !

Ça me trouble, je prends la lettre, je la tourne, je la regarde de tous les côtés; mais je ne savais pas lire... Ah ! ceux qui ne savent pas lire sont bien malheureux... Je cherche le sergent-major, c'est lui qui lisait toutes mes lettres. Il ouvre celle-là... elle était de ma sœur Goton.

« *François, notre père est mort ce matin...* »

Je vis alors ce que c'était, le malheur qui pesait sur moi depuis mon réveil.

L'âme de mon père courait devant la lettre de ma sœur pour me dire adieu.

Du moins, je l'ai pensé bien souvent; mais qui peut savoir ce qui se passe là-haut ? D'ailleurs, on ne croit ces choses-là que lorsqu'on les a vues.

Je fus donc très étonné quand mon frère Jean me parla d'être tué.

Comme nous passions, à ce moment-là, devant le cimetière du village, car, sans le dire, je m'en allais tout doucement vers le moulin de Lestrange pour donner à Catherine la réponse de mon père, et Jean me suivait sans faire semblant de rien, je crus qu'il avait peur de voir revenir les âmes des trépassés, et je le lui dis en riant pour le rassurer; mais il me répliqua :

— Ce n'est pas cela, François. Je ne suis pas triste ni peureux comme tu crois, au contraire; je n'ai jamais été aussi content que ce soir, surtout depuis que je sais que tu vas épouser Catherine.

— Pourquoi donc ?

— Je te le dirai quand nous serons revenus, François.

— Et d'où veux-tu revenir ?

Jean me regarda en riant :

— Du moulin, frère.

J'étais un peu ennuyé de voir qu'il m'avait deviné.

— De quel moulin?

— Du moulin de Lestrange, dit Jean, où la belle Catherine attend que tu viennes lui rendre réponse, François.

— Mais je n'ai rien à dire ce soir à Catherine, moi!

— Alors, continua Jean, c'est donc moi qui lui parlerai... Je lui dirai de ta part... Voyons, frère, qu'est-ce que je lui dirai?

Je répliquai :

— Puisque c'est ainsi, puisque tu veux à toute force réveiller Catherine, j'irai avec toi, Jean.

— C'est ça, dit-il. C'est ce que j'allais te demander. On est plus fort quand on est deux c   une jolie fille. Mais il est déjà bien tard. Est-ce que nous n'allons pas l'effrayer?

— Oh! non. Elle n'est pas seule, d'abord. Elle est avec sa tante Bornou, qui ne la quitte pas. D'ailleurs il fait beau ce soir. Je suis sûr qu'elle n'est pas encore couchée... Mais dépêchons-nous pour profiter du clair de lune.

VI

A LA FOIRE DE CROCQ.

Vous connaissez le moulin de Lestrange, celui que j'ai donné en dot à ma fille aînée et qui est au bas de la Roseille, à deux kilomètres d'ici. C'est là que demeurait Catherine.

Nous descendions lentement la côte par le petit chemin entre deux haies qui conduit à la rivière. J'étais un peu inquiet de l'accueil que Catherine allait me faire, car enfin une fille comme elle, l'une des plus belles de la paroisse, qui avait du bien, qui était sans père ni mère, maîtresse de ses actions, et dont on n'avait jamais dit de mal, ne devait pas croire que mon père se ferait prier pour la demander en mariage.

Quand nous fûmes à cent pas du moulin, qu'on voyait déjà entre les arbres à cause du clair de lune, le chien aboya de toutes ses forces et courut au-devant de nous. C'était le vieux Pataud, le grand-père de la grand'mère de celui que vous voyez là au coin du feu, et qui me regarde en remuant la queue parce qu'il a compris que je parle de quelqu'un de sa famille.

L'autre Pataud, l'ancien, celui de Catherine, aboyait pour me dire bonsoir et me faire fête. Je le caressai doucement pendant qu'il sautait sur moi et qu'il appuyait ses grosses pattes de devant sur mes épaules. Révérence parler, ce chien avait plus d'esprit que beaucoup d'hommes et savait distinguer l'ami de l'ennemi. Quand Pardouvy allait au moulin, il grognait avec fureur contre lui et l'aurait mordu vingt fois si Catherine ne l'en avait pas empêché : je vous le dis, c'était un bon chien et un fidèle ami; et quand il mourut, étranglé par un loup dans les bois, l'année suivante, je l'ai regretté bien longtemps. S'il avait vécu, bien des choses ne seraient peut-être pas arrivées... mais vous saurez tout cela par la suite. Il ne faut pas mettre la charrue avant les bœufs, ni, comme dit M. le curé, réciter les grâces avant le bénédicité.

Jean fit comme moi et caressa Pataud qui se laissa faire. Il avait l'air de dire dans son âme de chien : Qu'est-ce que c'est que celui-là ? d'où sort-il ? que vient-il faire dans mon moulin à l'heure où les honnêtes gens devraient dormir dans leur lit, s'ils ont un lit, et sur la paille, s'ils n'ont qu'un grenier ?...

Cependant, après l'avoir flairé deux ou trois fois, il lui fit bon accueil, sans doute à cause de moi, car Pataud connaissait la bonne société et savait qu'il faut traiter en ami les amis de ses amis.

Tout à coup il prit son élan et courut devant nous jusqu'au moulin, où je vis à la fenêtre Catherine qui m'attendait, aussi bien coiffée et aussi soigneusement habillée que si j'avais dû la conduire à la danse ce soir-là même.

Quand Catherine aperçut mon frère qu'elle ne reconnaissait pas d'abord, elle rentra dans la chambre, mais je l'appelai aussitôt.

— C'est vous, François? demanda-t-elle de la fenêtre. Qui est-ce qui vient avec vous?

— C'est mon frère Jean, Catherine.

— Ah! dit-elle, vous m'avez fait une peur... Quand j'ai entendu aboyer Pataud, j'ai cru que c'étaient de méchantes gens qui revenaient de la foire de Crocq, et j'ai réveillé ma tante Bornou qui couche à côté de moi.

Alors je lui racontai pourquoi j'étais venu avec Jean, et ce que mon père avait répondu à ma demande.

Elle m'écouta sans rien dire d'abord; puis tout à coup :

— Et bien! puisque c'est ainsi, bonsoir, François.

— Mais vous, Catherine, qu'est-ce que vous répondrez?

Elle leva les épaules et dit:

— Moi? rien. Portez-vous bien, François. Mes compliments à votre père et à toute la famille.

Je sentais qu'elle était en colère, et j'aurais voulu l'apaiser; mais aux premiers mots, elle me dit :

— François, quel âge avez-vous?

— Vingt-deux ans, Catherine. Vous le savez aussi bien que moi.

— Vingt-deux ans! pas davantage!

Et elle se mit à réfléchir en regardant la lune qui glissait dans le ciel derrière un gros nuage.

— Eh bien! mon bon François, votre père a raison. Vous êtes un peu jeune pour vous marier. Il faudra voir; il faudra réfléchir. J'ai ma petite cousine Lisa qui ferait mieux votre affaire. Elle aura bientôt trois ans. Vous irez à la guerre, vous porterez le sac et le fusil, vous tuerez beaucoup de monde, et quand vous aurez la barbe grise, peut-être serez-vous bon pour Lisa ou pour quelqu'une de ses filles... Mais moi, voyez-vous, il n'y faut plus songer. Vous êtes trop jeune encore, beaucoup trop jeune, François...

Je voulus m'excuser, expliquer que ce retard de trois mois ne venait pas de moi, mais que je n'avais pas pu le refuser à mon père; que d'ailleurs il n'aurait pas donné sans cela son consentement; que je l'aimais, elle Catherine, plus que jamais; que je donnerais ma vie pour elle...

Elle m'interrompit :

— Je vous l'ai dit, François. Vous êtes trop jeune. C'est Lisa qui vous convient... Ah! pourtant, prenez garde; ne revenez pas de la bataille avec un bras, un œil ou une jambe de moins. Je connais Lisa. Vous auriez beau dire : C'est pour la patrie que j'ai perdu mon œil, mon bras et ma jambe. Lisa vous planterait là...

Je ne peux pas vous répéter toutes les méchantes choses qu'elle me dit dans sa colère.

Enfin Jean, qui jusque-là sifflait doucement comme un merle dans le buisson, sans faire semblant de rien entendre, s'approcha de la fenêtre et demanda :

— Catherine?

Elle répondit :

— Que me voulez-vous, Jean?

Lui, sans s'étonner, continua :

— Petite sœur, si je trouve moyen d'avancer votre mariage et le bonheur de François, que ferez-vous pour moi, dites?

Elle fut si étonnée qu'elle ne sut d'abord que répondre.

— Vous voulez rire, Jean, dit-elle enfin. Par quel moyen?...

Jean dit :

— C'est mon affaire. Je connais un moyen sûr.

Moi-même je n'y comprenais rien. Quel moyen pouvait-il avoir?

Jean dit encore :

— Je sais des choses que personne ne sait encore ni chez vous, Catherine, ni chez nous, des choses terribles, épouvantables, qui vont faire mon bonheur et le vôtre, des choses que j'ai apprises à la foire de Crocq aujourd'hui, où j'étais allé vendre mes douze moutons et payer l'impôt au percepteur, des choses que vous saurez demain, des choses que je vous dirai ce soir, Catherine, si vous me promettez d'être bien sage et de ne pas chercher querelle à François, des choses qu'on n'a jamais vues et qu'on ne reverra peut-être jamais, des choses qui arracheront à mon père son consentement et qui feront dire à ma mère qu'elle voudrait voir François marié depuis trois mois...

Je l'écoutais avec inquiétude, croyant qu'il voulait rire et se moquer de nous. Mais il parlait sérieusement.

Il tira de sa poche un papier timbré et plié en quatre.

— Devine ce que c'est, François...

Et comme je ne répondais pas :

— C'est mon enrôlement de volontaire dans l'armée, dit-il.

— Toi!... enrôlé!

— Oui, moi!

— Mais tu es fou, Jean!

Il se mit à siffler un air de bourrée, les mains dans ses poches.

— Je ne suis pas fou, dit-il. Je suis plus sage que les gens qui ont de la barbe au menton, moi qui n'en ai pas. Voici ce que j'ai pensé... Mais d'abord, écoute comment cela est arrivé.

J'étais dans le champ de foire, à Crocq, ce matin, debout, tenant mon fouet à la main, gardant mes moutons et attendant la pratique. Justement elle donnait ferme aujourd'hui;

des marchands de Clermont se promenaient à droite et à gauche, achetant tout ce qui se rencontrait et payant comptant en bon louis d'or et en pistoles de poids. L'un deux, le père Morand, que tu connais bien, qui n'a qu'un œil, vient à moi et me dit :

— Eh ! garçon, c'est à toi ces moutons ?

— Comme vous voyez, père Morand.

— Combien la pièce ?

Je voyais qu'il en avait envie, je lui dis :

— Faudra voir.

Il me reprend :

— C'est tout vu, si tu veux, je t'en donne cinq francs par tête ; ils sont douze, ça fera six pistoles. Allons, tope là.

Il me tendait la main.

Moi, je me défie, et je pense en moi-même :

— Si le vieux offre du premier coup six pistoles, il en donnera bien quinze dans un quart d'heure. Le tout est de ne pas se presser.

Alors je réponds :

— Père Morand, vous voulez rire. Mes moutons sont gras comme des cailles en automne... Tâtez plutôt.

Et c'est vrai qu'ils étaient gras et bien nourris.

Lui me réplique :

— Je n'ai pas besoin de tâter.

Il les tâtait pourtant, les soulevait en les empoignant par la croupe pour connaître le poids, et faisant la grimace comme si ces pauvres bêtes avaient été attaquées de la clavelée et toutes les maladies du pays.

Enfin il me dit :

— Ils sont gras si l'on veut, mais c'est de mauvaise graisse, ça n'a que du suif. Révérence parler, c'est bon pour des Prussiens. Jamais un chrétien n'en voudra.

Je réponds :

— Tant pis pour les chrétiens.

Et je me mets, sans le regarder, à refaire la mèche de mon fouet.

Après un bon moment il me dit :

— Voyons ! garçon, sept pistoles et je paye le dîner. Ça va-t-il ?

Je réponds :

— Merci, je n'ai pas faim. D'ailleurs la soupe m'attend à la maison.

Voyant que je m'en tenais là, il monte à huit pistoles, puis neuf, dix, onze, douze, treize, quatorze, quinze ; là il s'arrête et dit :

— Si tu ne veux pas vendre, bonsoir.

Et il fait semblant de s'en aller. Moi je réponds tranquillement :

— Bonsoir.

Enfin, de fil en aiguille, j'en ai tiré vingt-quatre pistoles. Le père m'avait dit de les donner pour douze ou quinze, tu vois que le marché est bon. D'ailleurs, on n'en a pas fait de meilleur dans la foire.

Il paye comptant. Pendant qu'il comptait son or, car c'étaient de beaux louis sonnants qui brillaient au soleil, je lui dis :

— Père Morand, c'est une affaire faite, vous n'avez plus peur d'un dédit. Expliquez-moi donc pourquoi vous payez aujourd'hui mes moutons deux fois plus cher que le prix ordinaire ?

Il me répond d'un air malin :

— C'est parce que je t'aime mieux que quiconque...

Comme je riais, il reprend :

— Je puis te dire tout, n'est-ce pas ? Eh bien ! il paraît qu'on a besoin de moutons pour les armées. On en achète à tout prix, et je vais envoyer ceux-ci à Clermont, d'où on les conduira en Champagne pour l'armée de Dumouriez.

Moi, j'ouvre de grands yeux et je dis :

— Mais il y a donc du nouveau dans l'armée, père Morand?

Il me répond qu'à Clermont tout le monde est en branle, que les Autrichiens, les Prussiens et tous les Allemands s'avancent en France, qu'ils sont plus de trois cent mille, avec leurs rois, leurs ducs, leurs archiducs, leurs margraves, leurs burgraves et un tas d'autres seigneurs, qu'ils mettent tout à feu et à sang, et qu'ils menacent de fusiller ou de prendre tout ce qui osera leur résister...

Moi, voyant ça, je dis :

— Père Morand, on nous demandera bien la permission avant de nous prendre?

— C'est ce qu'ils criaient tous là-bas; mais on attendait les ordres de l'Assemblée de Paris pour les armer. Ça va venir d'un instant à l'autre.

Comme le père Morand finissait de parler, voilà qu'on entend sonner la trompette à l'autre bout du champ de foire. Les hommes, les femmes, les enfants, les bœufs, les vaches les moutons, les cochons même (sauf le respect que je vous dois, Catherine), tout ça dresse les oreilles en même temps. On aurait dit le cor de Roland, vous savez, ce cor si fameux dont le curé nous a parlé souvent et qu'on entendait à plus de trente lieues dans la montagne.

Celui qui sonnait de la trompette n'était pourtant qu'un simple courrier, le fils Bordin, qui arrivait de Clermont à bride abattue. On le reconnaît, on l'arrête, on s'assemble autour de lui, on crie tous ensemble : Qu'y a-t-il?

Lui répond :

— Place! place! Je vais à la mairie. Faites venir le maire. La patrie est en danger!

Heureusement le maire était là, aussi curieux que les autres de savoir des nouvelles. Il dit :

— Qu'est-ce que c'est que ça? La patrie est en danger et je n'en savais rien! Voyons ta dépêche, citoyen Bordin.

L'autre descend de cheval et remet la dépêche. Tout le monde crie : Lisez-la.

Le maire se mit à chercher ses lunettes. On lui arrache la dépêche. On la lit tout haut. Voici ce qu'elle disait : Que la patrie était en danger et que tous les citoyens sont appelés aux armes! Que les Prussiens ont passé le Rhin, qu'ils marchent sur Paris.

Tout le monde disait : Ah! les gueux!... Qu'ils viennent donc ici. On les recevra à coups de fourche. Le maire va chercher son écharpe, fait venir le tambour de la commune, fait battre la générale, rassemble la garde nationale et le conseil municipal, affiche lui-même le décret de l'Assemblée nationale, pose une planche sur deux tonneaux, une plume, de l'encre et du papier sur la planche. Tout ça a été fait en un quart d'heure. Pendant ce temps le tambour battait toujours la générale. Les femmes criaient : Ah! mon Dieu! n'est-ce pas malheureux! Quand on pense!... Ces brigands!... ça va venir chez nous et mettre le feu partout! On n'avait pas besoin de les appeler ici!... On aurait bien dû rester tranquille chacun chez soi; il n'y a jamais rien à gagner avec les gueux... Je l'avais bien dit à mon homme : De quoi vas-tu te mêler? Est-ce que tu veux gouverner le pays? Va donc d'abord labourer ton champ et soigner tes bestiaux... Mais il n'a pas voulu m'écouter... A présent, les voilà qui arrivent pour tuer tout, brûler tout, massacrer tout... Ah! mon Dieu! tout est perdu!

Les hommes ne disaient rien, mais comme le tambour battait toujours, on sentait qu'ils commençaient à se mettre en colère et à grincer des dents. Ils attendaient ce que le maire allait dire.

A la fin, quand il a vu que nous étions aussi serrés autour de lui que des épis de blé dans un champ, il a fait signe au tambour de s'arrêter, il a lu le décret de l'Assemblée, et il a dit qu'on allait inscrire les braves citoyens qui voulaient donner leur vie pour la patrie.

Alors, François, voici ce que j'ai pensé : La patrie est en danger. La patrie, c'est le père, la mère, le pays, la liberté, le clocher, les frères, les sœurs, tout ce que j'aime ; est-ce que moi, Jean Bûchamor, j'aurais peur de donner ma vie pour les sauver tous? Non, non, je ne laisserai pas les autres partir sans moi. On n'a pas besoin de moi dans la maison. François, mon aîné, aidera le père et la mère, il protégera les sœurs et le petit Toinet; moi, je vais prendre sa place. Il se fâchera d'abord, mais le père et la mère lui feront entendre raison; il restera ici; pendant que je me battrai, il travaillera, et tout le monde sera content, même Catherine, car il ne me l'a pas dit, mais je savais depuis longtemps, Catherine, que François ne pensait qu'à vous... Ne rougissez pas, petite sœur, ce n'est pas lui qui me l'a dit; c'est moi qui l'ai deviné en voyant comme il vous regardait à la messe et à la danse... Enfin, je me suis enrôlé, et j'ai bien fait, n'est-ce pas, Catherine?

Elle leva la tête d'un air étonné, comme si elle s'était réveillée tout à coup, et dit :

— Certainement, vous avez bien fait, Jean, certainement!...

— Alors, dit Jean, c'est convenu. Je partirai demain soir; adieu, Catherine.

— Adieu, Jean; adieu, François.

Et elle fit semblant de refermer la fenêtre.

Jean me poussa le coude et me dit tout bas :

— Demande-lui donc quel jour se fera la noce.

Je répondis tout haut :

— Jean, c'est le père qui décidera.

Je ne sais pas si Catherine avait entendu; mais elle ferma la fenêtre si rudement après que j'eus parlé, qu'on

— Certainement vous avez raison, Jean, certainement!... (p. 30).

aurait cru qu'elle voulait casser quelque chose dans la maison.

C'est une bonne chose qu'une bonne femme, mais c'est rare.

VII

BUCHAMON, OU SONT TES FILS?... OU JE VOUDRAIS ÊTRE, LA-BAS, SOUS LE DRAPEAU TRICOLORE...

Lorsque Catherine eut disparu, nous entendîmes sonner onze heures à l'horloge de Néoux. Jean et moi, nous reprîmes le chemin de la maison, sans rien dire d'abord, au clair de la lune, à travers les bois. Moi je réfléchissais. Jean avait l'air intimidé, ce qui n'était pas son habitude, comme s'il avait commis une mauvaise action.

A la fin il me dit :

— Qu'as-tu, François? On dirait que tu as quelque chose contre moi.

Je lui répondis :

— Jean, c'est vrai. J'ai quelque chose. Ce que c'est, tu le sauras demain.

Il me passa son bras autour du cou et me dit :

— François, voyons, tu es fâché; je veux savoir pourquoi; dis-le-moi tout de suite.

Alors mon cœur se débonda. Je lui dis :

— Jean, tu as mal agi. Quand la patrie est en danger, tu veux partir à ma place. Jean, tu me déshonores...

Il me répondit :

— Pardonne-moi, François, je croyais que tu aimais trop Catherine pour pouvoir la quitter.

Je lui répliquai :

— C'est le tort que tu as eu envers moi. J'aime mieux

Catherine mille fois que moi-même; mais j'aime mieux le père, la mère et la patrie que Catherine... Si pour épouser Catherine il fallait me déshonorer en restant au pays quand tout le monde va partir, ah! Jean, je renoncerais pour toujours au mariage!...

Jean me dit :

— Alors, qu'est-ce que tu vas faire?

Je répliquai :

— Ce que tu fais toi-même. Je vais à Crocq demain pour me faire enrôler dans le même régiment que toi. Après-demain nous partirons ensemble, et gare aux Allemands!

A ce mot, il sauta dans mes bras et me dit :

— Oh! François, quel bonheur!

Et après un moment de réflexion :

— Mais le père et la mère?

Je répondis :

— Le père en sera content. Je le sais. Il me l'a dit ce soir. Et la mère... oh! la mère... Eh bien, elle se consolera avec nos sœurs et le petit Toinet.

Voilà, mes enfants, comment il fut décidé entre votre oncle Jean et moi que nous serions tous deux soldats de la nation française. En ce temps-là, on ne disait déjà plus : le Roi. On ne parlait plus que de la Nation. Deux mois plus tard on proclama la République.

Voulez-vous savoir maintenant comment nous fîmes nos adieux le lendemain dimanche, à neuf heures, après la messe, à tous nos parents et amis?

Mon Dieu! rien n'est plus simple.

Le matin à cinq heures, en me levant, je sortis de l'étable où j'avais passé la nuit comme à l'ordinaire, car mon lit était placé au fond, tout au fond, à côté de la litière des vaches, et j'y dormais tout aussi bien que j'ai dormi plus tard dans des lits de prince et de seigneur, en Allemagne et en Italie.

Le père se faisait la barbe, comme c'était la coutume, une fois par semaine, le dimanche, et prenait ce jour-là une chemise blanche.

J'entrai le premier, suivi de Jean, mon camarade de lit, qui se tenait derrière moi, tout honteux, et n'osait presque plus parler.

Le père essuya son rasoir et, se tournant vers nous, dit d'un air sévère :

— Ah! te voilà, Jean. D'où sors-tu?

Je pris la parole pour Jean.

— Père, il a dormi avec moi cette nuit, comme à l'ordinaire; il était arrivé un peu tard de la foire de Crocq.

— Bien tard, en effet, reprit mon père en nouant sa cravate et regardant le pauvre Jean dans le miroir. Bien tard, puisqu'on ne l'a pas entendu rentrer.

Je dis encore :

— Père, il a craint de vous éveiller.

Il reprit :

— Et les moutons, les a-t-il ramenés de la foire?

— Oh! pour ça, non, répliqua Jean tout joyeux.

— Combien les a-t-on payés?... Dix pistoles?... douze?... quinze?... dix-huit?...

A chaque chiffre, Jean secouait la tête. A la fin, il dit d'un air modeste, mais content de lui au fond :

— Vingt-quatre pistoles, père.

— Vingt-quatre! dit le père étonné. C'est bien vendu, Jean.

Puis, par réflexion.

— Pourvu qu'on ne t'ait pas payé en assignats!

Vous savez, les assignats, c'était la plaie de ce temps-là. C'étaient des morceaux de papier où la nation avait mis son cachet, et qui valaient les uns dix francs, les autres cinquante francs, cent francs, cinq cents francs et jusqu'à mille francs. C'était hypothéqué sur les biens de la nation, sur les terres, les prés, les forêts, les vignes, les maisons, et tout ça ne pouvait pas s'en aller; mais que voulez-vous? Il aurait fallu avoir confiance, et c'est la confiance qui manquait surtout. On avait tant dit et tant crié que les prêtres et les nobles allaient revenir, qu'ils reprendraient leurs biens, qu'ils ne rembourseraient personne et même qu'ils feraient couper le cou à tous leurs ennemis et à tous les acquéreurs de biens nationaux, qu'on n'osait pas acheter, et que les assignats, qui auraient dû valoir autant que l'or et l'argent, diminuaient de valeur tous les jours.

En ce temps-là, j'ai vu vendre à l'encan deux propriétés nationales. Toutes deux furent payées le même prix, — l'une cent mille francs en assignats, l'autre quinze cents francs en or.

Mon père n'avait donc pas tort de s'inquiéter et de craindre que Jean n'eût été payé en assignats; mais quand il vit les beaux louis d'or sur la table, il dit :

— C'est bien, Jean, tu sauras faire tes affaires honnêtement.

Alors Jean me poussa le coude et me souffla dans l'oreille :

— Raconte le reste, je n'ose pas.

Je m'avançai et je dis :

— Père, il y a encore autre chose.

— Quoi donc ?

— Père, nous allons partir tous deux, Jean et moi, pour être soldats.

Puis je racontai ce que Jean avait vu à Crocq et ce qu'il avait fait.

Pendant que je parlais, le père s'assit. Il nous regardait tous deux sans m'interrompre, mais je voyais de grosses larmes qui roulaient dans ses yeux. Je crus d'abord qu'il avait du chagrin de notre départ, et cela me donna presque du remords... Je me trompais, le père pensait à autre chose.

Quand j'eus fini, il se leva, nous saisit tous deux dans ses bras et nous dit :

— Vous faites bien, et je suis content... Si j'étais plus jeune ou si vos sœurs et Toinet pouvaient cultiver le bien, je partirais avec vous. Que Dieu vous bénisse, mes enfants, et qu'il vous garde dans la bataille! moi, je suis fier de vous... Ah! je savais bien que le bon sang des Bûchamor ne pouvait pas mentir! Maintenant, quand on demandera : Bûchamor, où sont tes fils? je dirai : Mes fils sont où je voudrais être, là-bas, sous le drapeau tricolore; mes fils défendent la nation et la liberté, c'est derrière eux que la France travaille en paix, que les femmes et les enfants peuvent demeurer sans peur à la maison, travailler dans les champs et dans les ateliers. Ah! je suis heureux, mes fils vaudront mieux que moi.

Quand j'entendis ces paroles, je l'embrassai de toutes mes forces et je lui dis :

— Père, nous faisons notre devoir, mais c'est toi qui nous l'as enseigné.

Jean lui sauta au cou. Il riait et pleurait en même temps; il avait eu peur que le père voulût le retenir, mais le père le rassura :

— Au contraire, dit-il, j'aime mieux que vous soyez ensemble. Si l'un des deux est malade ou blessé, l'autre le soignera et nous en donnera des nouvelles. Mais tu es bien jeune, Jean, pour te faire soldat!

— Oh! père, j'ai dix-huit ans passés depuis six semaines; d'ailleurs, vous savez bien que pour marcher, courir, sauter et porter des sacs, je suis aussi fort que quiconque...

Et en effet, il était moins robuste que moi, mais, pour courir et sauter, il n'avait pas son pareil dans la commune.

— Et toi, François, dit le père, tu voulais te marier hier

au soir; ce matin tu veux te battre avec les Allemands; tu as changé d'avis bien vite!

Je répondis :

— Père, j'aime toujours Catherine et je vous prie de la demander aujourd'hui en mariage, mais je partirai demain matin.

— Alors, dit le père qui aimait à rire quelquefois, tu veux avoir du pain sur la planche pour ton retour. Mais sais-tu quand tu pourras revenir?... Et si elle n'a pas la patience de t'attendre?... Si elle veut t'épouser tout de suite ou renoncer à toi tout à fait, que feras-tu?

Je répondis en serrant la main de Jean :

— Père, je partirai.

— D'ailleurs, dit Jean, il y a bien d'autres Catherines dans le monde, si celle-là est trop pressée.

Cette parole ne me fit pas plaisir; mais pouvais-je m'en fâcher? Jean était si jeune et je l'aimais tant!

VIII

ROULEMENT DE TAMBOUR. « L'AUTORITÉ FAIT ASSAVOIR A SES CONCITOYENS... »

Après mon père, il fallait avertir ma mère de notre enrôlement. C'était le plus terrible. Les femmes ne pensent pas toujours comme les hommes. Elles n'aiment pas mieux leurs enfants, mais elles les aiment autrement. La mère a peur que le fils soit malade, qu'il se fasse tuer ou blesser, qu'il ne mange pas à sa faim et ne boive pas à sa soif; le père, lui, sait bien que la vie est remplie de misères, qu'on n'a pas toujours ses aises, qu'il faut être dur à la faim, à la soif, au froid, à la fatigue, qu'il faut qu'un homme soit un homme, et qu'il sache risquer sa vie quand l'honneur ou la patrie le demande.

Ma mère pleura donc beaucoup, car elle nous aimait tendrement, et parce qu'elle nous voyait partir elle nous croyait déjà perdus. Ma sœur Goton et ma sœur Marie criaient et pleuraient encore plus fort qu'elle; à les entendre on aurait cru assister à notre enterrement.

Le petit Toinet lui-même poussait des hurlements pour faire comme les autres, et aussi parce qu'il avait autant de plaisir à crier qu'à manger la soupe.

A la fin, le père dit :

— Vous allez me rendre sourd. Toi, Goton, et toi, Marie, allez brailler ailleurs, ou plutôt, car la messe va sonner, mettez vos coiffes et conduisez vos vaches au pré... Toi, femme, console-toi. Ça devait arriver un jour ou l'autre... Veux-tu les décourager de partir et les empêcher de faire leur devoir ?...

Ma mère ne répliqua rien. Elle voyait bien qu'il avait raison.

Quelques moments après, nous étions tous à la messe. La première personne que je vis en entrant dans l'église, ce fut Catherine.

Elle était habillée de noir à cause de la mort de son père, mais plus jolie qu'aucune des filles de la paroisse de Néoux. Elle avait de beaux pendants d'oreille, un collier de jais qui faisait mieux voir la blancheur de son cou, et les yeux baissés comme une sainte Vierge.

Cependant, quand je passai à côté d'elle en disant tout bas :

— Bonjour, Catherine!

Elle les leva sur moi et me regarda d'un air si doux, si charmant, si amiteux, que la vieille tante Bornou, qui l'accompagnait à l'église et qui récitait son chapelet, perdit le compte de ses prières et se fâcha tout bas contre sa nièce.

Je dis tout bas, mais j'ai tort, car la bonne vieille, étant sourde, croyait que tout le monde avait la même infirmité, et, pour se faire entendre, elle criait plus fort qu'un âne en détresse.

— Qu'est-ce que tu regardes-là, Catherine? Tu ferais bien mieux de dire les litanies... C'est François qui passe!... Eh bien! as-tu peur de le perdre?...

A la fin, Catherine impatientée, et qui devenait plus rouge qu'un coquelicot, lui dit tout haut :

— Taisez-vous donc, tante Bornou, vous allez donner des distractions à M. le curé.

Ma mère et mes sœurs allèrent se mettre à genoux à côté de Catherine qui leur fit place avec autant d'empressement que si elles eussent été la mère et les sœurs du sultan des Turcs. Elle les caressait des yeux. De leur côté, mes sœurs la regardaient avec curiosité comme si elles ne l'avaient jamais vue ni connue; mais quand une fille se marie, ça met en branle toutes les cloches et toutes les langues de la paroisse. On dirait qu'on n'a jamais vu pareille chose dans le monde.

Mon père alla s'asseoir à sa place ordinaire, à côté du sacristain, pour chanter et donner les répons. Quoiqu'il ne sût pas un mot de latin et qu'il n'eût jamais appris à lire, il avait une telle habitude de la messe qu'il tournait lui-même les feuillets, et toujours à propos, quand le sacristain était endormi ou occupé à se moucher.

Jean et moi nous montâmes dans la tribune. C'est là qu'on mettait les jeunes gens à cause de l'escalier en bois qui n'avait plus que sept ou huit marches, le reste étant usé et pourri par le temps. Je me suis laissé dire que cet escalier avait été construit il y a plus de dix-sept cents ans, en même temps que l'église, par le bienheureux saint Martial, premier évêque de Limoges. Mais que ce fût saint Martial ou un autre, les marches étaient si éloignées qu'on n'y pouvait monter qu'à la force du poignet, et que, pour arriver à la dernière, on risquait de tomber d'une hauteur de trente pieds et de se casser la tête sur le pavé.

Nous allâmes nous placer au premier rang de la galerie, — moi pour voir Catherine et pour en être vu, Jean pour être à côté de moi. Les camarades s'écartèrent un peu en nous disant bonjour avec amitié comme d'habitude; Pardouvy seul, presque caché dans un coin, me regarda comme s'il avait voulu mordre; mais je ne le craignais pas.

Comme nous arrivions à nos places, je fus bien étonné. Le maire allait s'asseoir dans son banc, l'écharpe tricolore autour des reins, comme s'il avait eu quelqu'un à marier ou quelque publication à faire.

Mais ce qui m'étonna davantage encore, ce fut de voir le vieux Forez poser son tambour dans l'église, à côté de lui, comme s'il n'avait attendu que l'ordre de battre la charge et d'aller à l'ennemi.

Vous n'avez pas connu le vieux Forez? C'était un brave homme dont personne, je crois, n'a jamais su le vrai nom, pas même lui. Il était né sur la grande route au coin d'un bois, sa mère était morte quelques jours après, le père était un chaudronnier ambulant, de ceux qui raccommodent les poêles et les casseroles, et qui viennent de l'Auvergne et du Forez. Celui-là en particulier venait du Forez; voilà pourquoi on lui avait donné le nom de son pays. Il était mort d'une fluxion de poitrine, deux mois avant sa femme, pour avoir eu chaud en travaillant et pour avoir bu de l'eau froide d'un puits pendant qu'il était en sueur. C'est une bêtise qu'on fait souvent à la campagne et qui a coûté la vie à plus d'un.

Le père Forez, donc, étant mort et sa femme aussi, qui le suivait partout et que tout le monde aimait et recevait bien, parce que les pauvres ont plus besoin les uns des autres que les riches et qu'ils s'entr'aident plus souvent, — le petit Forez fut pris par de braves gens qui l'avaient rencontré mourant de faim à côté de sa mère morte, et qui le mirent avec leurs autres enfants. La femme le nourrit de son lait, le mari lui enseigna ce qu'il savait faire, — labourer, faucher, ensemencer, moissonner. Arrivé à l'âge d'homme, il fut soldat, il revint quinze ans plus tard avec deux mille écus qu'il avait rapportés des Indes où l'on faisait en ce temps-là fortune, à ce qu'il paraît. Il trouva son père et sa mère adoptifs dans la misère, les enfants étaient morts, partis ou plus pauvres que leurs parents. Les meubles étaient saisis et vendus, les pauvres vieux ne vivaient plus que de la charité publique. L'un donnait la soupe, l'autre le pain, l'autre un pot de lait, l'autre le toit et la paille.

Forez, en arrivant, racheta leur cabane, un pré et une chènevière qu'ils avaient possédés, épousa leur plus jeune fille déjà mariée et veuve avec deux enfants, les sauva de la misère, et montra par là qu'une bonne action n'est jamais perdue. Dieu n'abandonne pas les honnêtes gens.

C'est ce vieux Forez (car il avait vieilli à son tour, et il avait bien soixante-huit ans passés le jour dont je vous parle) qui faisait l'office de tambour dans la commune.

C'est lui qui placardait les affiches du gouvernement, qui lisait les arrêtés du maire, et qui disait d'une voix de commandement, comme s'il avait parlé à trente mille hommes :

« *L'autorité fait assavoir à ses concitoyens...* »

Lorsque Jean vit le tambour, il me dit tout bas :
— C'est pour célébrer ton mariage.
Et il riait joyeusement en me regardant.

Tout à coup, vers le milieu de la messe, le curé alla s'asseoir dans le chœur à sa place ordinaire, le maire fit un signe, et le vieux Forez se mit à battre un roulement à réveiller tous les morts. On se regardait en disant : Qu'est-ce que c'est? Qu'y a-t-il? Est-ce que le feu est au village?

Enfin, le maire monta en chaire à la place même du curé.

Je le vois encore comme si j'y étais. Vous connaissez notre vieille église? on n'y a pas changé une pierre depuis ce temps-là, nous la remettrons à nos enfants comme nos pères nous l'ont laissée. A droite, au-dessus de la chaire, le portrait de saint Martial, évêque, avec sa mitre et sa crosse. Au fond de l'église, derrière l'autel, un portrait de Notre-Seigneur Jésus-Christ, mis en croix par les Juifs et les païens, et couronné d'une auréole : — celui-là même que vous pouvez voir aujourd'hui, mais le temps a noirci l'auréole, de sorte qu'on croirait que pour mieux marquer l'indigne traitement que ces scélérats firent subir à Notre-Seigneur, le peintre l'a représenté coiffé jusqu'aux oreilles d'un vieux chapeau défoncé par le haut et qui retombe sur ses yeux.

Tout était alors comme aujourd'hui. Nous avons de meilleures routes, de meilleurs chemins vicinaux, une mairie mieux construite, une maison d'école, deux ou trois fontaines de plus. L'église seule n'a pas changé, et cela vaut mieux ainsi. Quand je vois le vieux clocher au détour du chemin, trois fois plus haut que la cime des vieux chênes, je pense souvent que mon père, mon grand-père et tous ceux de ma famille reposent à l'ombre de ce clocher, que je suis né tout auprès, que j'y reçus le baptême, que j'y ai travaillé, que j'y ai connu et aimé mon père, ma mère, ma femme, mes enfants, mes plus chers camarades, que je serai enterré quelque jour dans le cimetière qui est en face à côté des miens, et je sens que je n'ai pas besoin d'une église plus belle ou fraîchement recrépie comme la maison d'un riche propriétaire. J'aime le lierre qui grimpe le long de la muraille, et les corbeaux qui font leur nid tout en haut sous le toit.

Ce jour-là, du reste, je le sentais plus que jamais. Et quand je vis le maire assis en chaire à la place où se tenait d'ordinaire le curé, et qui dépliait lentement un papier, je devinai ce qu'il allait dire et je pensai en moi-même :

— François, dans cette église se trouve à présent tout ce que tu aimes sur la terre, tout ce qui est pour toi la patrie. Jure de donner ta vie pour elle.

Du fond du cœur je fis le serment, et je l'ai tenu de toutes mes forces, Dieu le sait !

Pendant ce temps, le maire lut tout haut le décret de l'Assemblée nationale. C'était celui qui déclarait la patrie en danger et qui appelait aux armes tous les citoyens, le même que Jean avait entendu à la foire de Crocq.

Quand la lecture fut terminée, Forez fit un second roulement, et le maire annonça qu'on allait faire les enrôlements sur la place, au sortir de l'église. Le curé acheva de dire la messe, et nous sortîmes tous.

IX

LES ADIEUX.

Vous n'avez pas besoin que je vous dise les détails de la cérémonie. Tout se passa comme à Crocq. Nous fûmes trente-huit de la commune de Néoux à donner nos noms pour l'enrôlement, — trente-huit sans compter mon frère Jean, enrôlé depuis la veille. Et je puis dire que pas un de ces trente-huit n'avait auparavant songé à devenir soldat.

Non, pas un. Nous sommes gens de travail, nous autres montagnards, et nous n'aimons pas à courir les aventures sans nécessité. S'il ne tenait qu'à nous, chacun labourerait son champ, bâtirait sa maison, et vivrait en paix avec sa femme et ses enfants du fruit de son travail ; mais les Allemands et les Prussiens l'avaient voulu. Il fallait partir

Pendant ce temps, le maire lut tout haut le décret de l'Assemblée nationale, qui déclarait la patrie en danger (p. 42).

ou laisser égorger nos frères, les paysans d'Alsace, de Lorraine et de Champagne. Et quand ceux-là auraient péri, l'ennemi serait venu chez nous pour piller, voler, assassiner comme chez eux, et nous aurions vu cette canaille nous mener comme on la mène elle-même, à coups de bâton, à coups de plat de sabre!... Ah! nos pères nous avaient donné d'autres exemples à suivre, et ce n'est pas au coin du feu qu'ils attendaient l'ennemi.

Aussi, dès que le maire, qui était avec mon frère Jean et le curé, le seul de la commune qui sût écrire couramment, eut mis nos noms sur le papier, nous fîmes nos adieux aux parents et aux amis. Je cherchai des yeux Catherine.

Mon père, qui s'en aperçut, et qui devina mon inquiétude, s'avança vers elle avec ma mère et lui dit devant tout le monde :

— Catherine, mes deux fils vont partir demain matin pour l'armée. Toute la famille et les amis sont réunis pour leur dire adieu. Voulez-vous venir avec nous?

Catherine baissa les yeux et rougit en me regardant de côté. Ensuite elle répondit :

— Je le veux bien, si ma tante...

Mais la tante Bornou, qui était sourde la plupart du temps et surtout quand on lui demandait de l'argent, avait très bien compris cette fois qu'il ne s'agissait que de dîner en compagnie et sans payer son écot; elle cria donc qu'elle acceptait en même temps que Catherine.

Voyant ça, mon père dit :

— Jeanne Bornou, donnez-moi le bras, car la soupe aux choux nous attend et le petit salé aussi ; et ni la soupe ni le petit salé ne sont contents d'attendre. Faut croire que ça les refroidit.

Puis il ajouta :

— Jeanne, ma commère, vous souvenez-vous du temps où nous dansions la bourrée ensemble dans la grange du père

Smintéry, à Sainte-Feyre-la-Montagne. Il y a bien vingt-cinq ans de cela. Nous étions plus jeunes qu'à présent...

Et se tournant vers moi :

— Allons, François, offre le bras à Catherine. Jean donnera le sien à sa mère. Chacune le sien, ce n'est pas trop.

Après la messe, mes sœurs avaient tout préparé, le couvert était mis sur la vieille table de chêne.

Quand nous fûmes entrés dans la maison, mon père, avant de s'asseoir, se tourna vers Catherine et lui dit :

— Catherine, je ne vous prends pas en traître. François m'a dit qu'il vous aimait plus que sa vie, et qu'il voulait vous épouser. Le voulez-vous? Si vous le voulez, cette maison sera la vôtre, la mère de François sera votre mère, ses sœurs seront vos sœurs, et vous serez ma fille. Dites, le voulez-vous?

Elle dit tout bas et en baissant les yeux :

— Oui, père, je le veux.

— Embrassez donc votre mère et vos sœurs, dit-il, et en même temps il l'embrassa lui-même.

Après tous les autres j'eus enfin mon tour. Je fus mis à table à côté d'elle. La tante Bornou eut la place d'honneur. Puis tous les autres parents et amis s'assirent chacun suivant son âge et son rang, et l'on mangea et l'on but de toutes ses forces; car, dit très bien le cousin Doity, qui aimait beaucoup à dîner chez les autres, nous n'étions pas sûrs de boire et manger longtemps en ce monde.

Le père, en entendant ce mot, qui fit pâlir et presque pleurer ma mère, cria :

— Cousin, tais-toi, tu ne sais ce que tu dis.

Doity voulut répliquer. Mon père leva son verre et dit :

— A la patrie !

Et nous trinquâmes tous. Puis les vieux restèrent à table pour parler politique et se rafraîchir avec quelques bouteilles d'un petit vin blanc qui grattait le gosier et faisait tomber sous la table. Les jeunes se levèrent, Catherine la première et moi ensuite. Elle fit signe à Jean de nous suivre, et nous allâmes tous trois au fond de l'enclos.

Là, nous parlâmes longtemps de notre mariage, si longtemps que Jean, qui n'était pas venu pour son plaisir, bâillait à se décrocher les mâchoires.

A la fin il nous dit :

— Voyons, François, c'est entendu. Catherine t'aime et tu l'aimes. Quand tu reviendras, vous vous marierez. Après cela, vous irez au moulin, vous ferez beaucoup de farine et vous serez heureux. Eh bien, après ? Quand vous raconteriez cette histoire devant moi trois cent quatre-vingt-quinze fois de suite, ça ne serait jamais qu'un mariage, un moulin et des gens très heureux. Si vous n'avez rien à dire de plus, je m'en vais. Bonsoir.

Et il allait sauter par-dessus la haie, mais Catherine le retint.

— Soyez témoin, Jean, dit-elle, que François a juré de m'aimer éternellement et de m'épouser aussitôt après la guerre. Moi, de mon côté, je jure d'attendre son retour.

— Parbleu! répliqua Jean, vous n'aurez pas grand mérite. Dans quinze jours nous serons à l'armée; dans un mois nous battrons les Prussiens comme plâtre; dans deux mois la paix sera faite; dans trois mois nous serons de retour, et nous ferons la noce de François et la vôtre.

Jean le croyait. Catherine aussi. Moi aussi. Et c'est avec cette pensée que nous partîmes pour cette guerre qui devait durer vingt-trois ans et faire massacrer des millions d'hommes.

C'est une grâce que Dieu nous a faite quand il nous a caché l'avenir.

Le soir même je fis mes adieux à Catherine devant toute la famille assemblée et devant la tante. Catherine pleurait comme une Madeleine ; rien ne pouvait la consoler. Pataud même, le bon chien Pataud, qui l'avait accompagnée ce jour-là, me témoignait son amitié en me léchant la figure et les mains.

Enfin, le lendemain, à quatre heures du matin, je partis avec Jean et le père qui avait voulu nous accompagner jusqu'à moitié chemin de Crocq.

Trois jours après, nous étions à Clermont-Ferrand, incorporés dans la 2ᵉ demi-brigade.

Le 15 août, nous fûmes envoyés en Champagne, à l'armée de Dumouriez.

X

OÙ LE GÉNÉRAL DUMOURIEZ APPREND QUEL FUT LE PREMIER DES BUCHAMOR.

C'est maintenant, mes amis, que je vais commencer l'histoire de la grande guerre et vous raconter notre première bataille et le premier exploit de l'oncle Jean.

Écoutez bien, car cette bataille n'est pas celle où nous avons tué le plus d'ennemis ; oh ! non. Sous Napoléon, nous en avons livré de bien plus terribles où trois cents, quatre cents, et quelquefois neuf cents canons tonnaient à la fois, de façon à nous rendre sourds et à faire sortir le sang par les oreilles. A Leipsick, on se battit trois jours et l'on tua ou blessa, des deux côtés, presque cent vingt mille hommes. Imaginez-vous la moitié de la population de notre département couchée par terre, dans une plaine de quatre ou cinq lieues. Cela fait frémir, n'est-ce pas ?... A la Moskowa, il y en eut presque autant, — quatre-vingt-dix mille Français ou Russes !

Notre première bataille ne valait pas celles-là, heureusement ! Elle nous coûta moins cher et à l'ennemi aussi, mais elle était plus belle à voir; elle montra aux Prussiens, aux Anglais, aux Autrichiens, aux Suisses, aux Belges, à nos amis, enfin, comme à nos ennemis, que le soldat français, quand il est bien commandé, sera toujours le premier soldat du monde. C'est pourquoi je n'y pense jamais sans plaisir, et après cinquante ans il me semble que j'y suis encore, que je mets ma baïonnette fraîchement aiguisée au bout du fusil, et que je crie avec le vieux Kellermann, notre général, en voyant monter les Prussiens sur le plateau de Valmy : « Vive la nation ! »

Ce jour-là, pourtant, nous voyions le feu pour la première fois; on commençait à peine à nous apprendre l'exercice et la charge en douze temps; la plupart de nos officiers en savaient aussi peu que nous, et nous étions en face d'une armée si bien dressée et si bien commandée, qu'elle marchait comme une mécanique. Tous ces Allemands étaient si sûrs de vaincre qu'ils imprimaient dans leurs gazettes (c'est certain; un de leurs prisonniers me l'a lu) qu'au premier coup de fusil nous serions dispersés comme une volée de perdreaux.

Ils le croyaient si bien, les imbéciles ! que le roi de Prusse vint en personne pour en avoir la joie. Il amenait avec lui son fils, ses neveux, ses cousins, plusieurs dames, car il était galant, et un monsieur très-instruit et très-fameux qui devait faire des chansons sur nous après qu'on nous aurait battus. Il s'appelait, je crois, M. de Gœthe, et j'en ai entendu parler en Allemagne quand j'y tenais garnison.

Vous sentez que tout ce monde, habitué à bien manger, à boire sans soif, à coucher dans des lits de plume, avec des rideaux de soie pour se préserver du serein, ne s'attendait pas à trouver grande résistance chez nous. On avait promis au roi de Prusse qu'il entrerait dans Paris comme un âne dans un moulin; qu'il remettrait Louis XVI sur le trône, et qu'on lui donnerait, à lui, pour récompense, quelque ville ou quelque province avec une grosse somme d'argent; et bonnement il le croyait; mais, comme disait Jean, la soupe se trouva trop chaude, et l'Allemand s'y brûla les doigts.

Pour moi, dès les premiers jours, je vis que tout irait bien. Quand notre bataillon quitta Clermont-Ferrand, où l'on nous avait reçus et traités comme des frères, toute la ville voulut nous accompagner, musique en tête, en chantant la *Marseillaise*, jusqu'à plus d'une lieue sur la route de Paris. Les riches nous donnaient de l'argent, les pauvres voulaient boire avec nous « à la nation ! » les femmes attachaient des cocardes tricolores à nos chapeaux, les enfants voulaient porter nos sacs et nos fusils; on ne nous laissait payer nulle part; nous allions à la guerre, en ce temps-là, comme on va maintenant à la noce.

Enfin il fallut se séparer. Nous embrassâmes tout le monde. Nous-mêmes, les chapeaux au bout des baïonnettes, nous criâmes trois fois : Vive la nation ! vive la liberté ! et nous partîmes.

Ce fut partout le même accueil : à Nevers, à Sancerre, à Cosne à Montargis et à Paris, d'où l'on nous envoya, sans perdre une minute, au camp de Grand-Pré, dans l'Argonne, à dix lieues des Prussiens. C'est là que le bataillon des Creusois et des Auvergnats mêlés (car nous étions tous volontaires des deux départements du Puy-de-Dôme et de la Creuse) devait faire ses premières armes.

Le 1er septembre au soir, je m'en souviens encore, le général Dumouriez vint nous passer en revue dès notre arrivée. C'était un petit homme, qui paraissait leste et vigoureux, quoiqu'il eût déjà plus de cinquante ans; mais comme il était soigneusement rasé et poudré, sa figure démentait son âge; il avait l'œil fin et hardi, et il était prompt et décidé dans tout ce qu'il faisait ou disait. Avec cela un, intrigant fini, qui devait nous trahir et nous faire beaucoup de mal ; mais on ne le sut que plus tard. Ce jour-là, devant les Prussiens, il faisait son devoir.

Il arriva pendant qu'on faisait la soupe ; au camp, comme à la maison, c'est l'occupation importante de la journée ; la bonne soupe ne fait pas le bon soldat, mais elle le met en état de bien faire. Nous avions marché d'ailleurs pendant sept heures sans relâche ; cependant personne ne grogna quand on entendit le tambour et qu'on reçut l'ordre de se mettre en rang.

Le petit homme nous regarda longtemps, et s'adressant enfin à mon frère Jean qui était debout à côté de moi :

— Comment t'appelles-tu ? demanda-t-il.

— Jean Bûchamor, répondit mon frère.

Dumouriez se tourna vers le capitaine de la compagnie, qui nous avait conduits depuis Clermont, et lui dit en riant :

— Voilà un joli nom, capitaine, et qui promet.

Jean reprit :

— C'est mon nom de famille, mon général. Mon père s'appelle Bûchamor, comme mon grand-père.

Dumouriez eut l'air étonné. Ce n'est pas l'usage des soldats de répondre à leurs chefs sans être interrogés ; mais Jean était partout à sa place ; on sentait ça en le voyant. Quand il ouvrait la bouche, tout le monde se disait : Voilà un bon garçon qui va parler, et, ma foi, qu'on fût chef ou simple soldat, tout le monde l'écoutait. Ses yeux riaient, ses lèvres riaient, la joie de son cœur était sur tout son visage. Et bon avec ça ! et doux ! qui n'aurait pas fait de mal, je ne dis pas à une femme et à un enfant, mais à un pauvre chien galeux ! Et généreux à ne rien garder pour soi !... et intrépide !... Ah ! si vous l'aviez vu dans la bataille ! On aurait dit une jolie fille au bal. Les autres le suivaient d'instinct.

Dumouriez, donc, eut l'air étonné d'abord, et même je crus qu'il allait tourner le dos pour imposer silence à ce bavard.

Point du tout. Il le regarda bien en face, de la tête aux pieds, et fut sans doute content de l'inspection, car il lui dit d'un air malin :

— Jean Bûchamor! Jean Bûchamor! où donc ton grand-père a-t-il pêché ce nom-là?

— C'est le père de mon grand-père qui l'avait gagné à Malplaquet, dit Jean. Lui s'appelait François comme tous les aînés de la famille ; mais quand les camarades virent comme il tapait de bon cœur sur les ennemis, tantôt avec la crosse du fusil et tantôt avec la baïonnette, ils lui donnèrent le surnom de Bûchamor, et quand il revint à Néoux après la guerre, il trouva que ce nom valait bien tous les autres, et le garda.

Et sa femme, la mère de mon grand-père, en était si fière et si contente qu'elle disait souvent qu'elle ne changerait pas ce nom-là pour celui d'un prince.

— Comme ça, tu es de bonne race, dit le petit homme en riant toujours.

Jean répliqua :

— Vous le verrez quand vous voudrez, mon général.

— Eh bien! nous allons le voir tout de suite, dit Dumouriez. Es-tu fatigué?

Le capitaine prit la parole :

— Mon général, je réponds de ce jeune homme, mais nous avons fait ce matin une étape de sept lieues, le sac au dos, et...

— Oh! dit Jean, qu'est-ce que cela? J'en ai fait bien d'autres dans mon pays pour conduire mon blé au marché. N'est-ce pas vrai, François?...

Je répondis que c'était vrai.

— Et cet autre qui est son témoin, demanda Dumouriez, comment s'appelle-t-il?

— Mon témoin, répliqua Jean, c'est mon frère François, et si vous voulez de l'ouvrage bien fait, lui et moi nous le ferons.

Je fus si content de la réponse de Jean, que je l'aurais embrassé sur les deux joues si nous n'avions pas été dans le rang et sous les yeux du général.

Le petit homme dit à demi-voix au capitaine :

— C'est une mission dangereuse, et je n'ai personne sous la main. Mes officiers d'état-major sont les uns aux Islettes, d'autres au Chêne-Populeux, d'autres à la Croix-aux-Bois. Je ne me fie pas tout à fait aux gens du pays. Quelques-uns s'entendent avec les émigrés ; ces volontaires me plaisent mieux, le plus jeune surtout, qui a l'air hardi et joyeux; mais saura-t-il trouver le chemin de Verdun à travers la forêt d'Argonne?

Le capitaine avait l'air indécis.

Jean répondit :

— Mon général, qui a langue peut aller à Rome.

Cette réponse plut à Dumouriez. Il demanda encore :

— Savez-vous nager, ton frère et toi?

— Assez, répondit Jean, pour passer une rivière et un étang ; pas assez pour passer la mer. Mais, tenez, mon général, je vais vous dire tout de suite ce que nous savons faire. Moi, je sais courir et sauter; quant à François, pour taper, c'est son fort.

— Oh! oh! voyons ça, dit Dumouriez en riant. Sauterais-tu bien ce ruisseau ?

Jean quitta son sac, donna son fusil à un camarade, prit son élan et sauta de l'autre côté sans broncher. Le ruisseau avait vingt pieds de large.

— Parbleu, dit le général, si ton frère a le poignet aussi

solide que tu as le pied leste, vous n'êtes ni boiteux ni manchots dans la famille.

Alors je m'avançai modestement, et je dis :

— Mon général, si vous voulez voir, c'est bien facile.

Je pris dans le ruisseau une grosse pierre, trois fois plus grosse qu'une pomme, et d'un coup de poing je la cassai en sept morceaux.

— Ma foi, dit Dumouriez, ce n'est pas un poing que Dieu t'a donné, c'est un marteau.

Et se tournant vers le capitaine :

— Voilà les hommes qu'il me faut. Avec ça, les Prussiens n'iront pas loin.

Puis il ajouta :

— Bûchamor, laissez là vos fusils et vos sacs, et suivez-moi tous les deux.

XI

L'AMI CHRISTOPHE.

Nous traversâmes le camp sans rien dire, à la suite du général. Quand Dumouriez fut arrivé dans la maison où il logeait, il nous fit entrer dans une salle basse et écrivit sous nos yeux :

AU COMMANDANT BEAUREPAIRE, A VERDUN.

« *Ordre au commandant de Verdun de tenir jusqu'à la dernière extrémité. J'ai reçu des renforts. J'en attends de nouveaux. Plus de soixante mille hommes sont en marche de tous les points de la France pour nous rejoindre. Avant le 15 septembre, Verdun sera dégagé.*

» DUMOURIEZ. »

— Je pris une grosse pierre, et d'un coup de poing je la cassai en sept morceaux (page 52).

Il nous lut deux fois ce qu'il avait écrit, et dit à Jean :

— As-tu bien compris ?

— Oui, mon général.

— Répète-moi ça.

Jean répéta tout, du premier mot jusqu'au dernier. Je répétai après lui avec un peu plus de peine. Le général parut content.

— Vous n'avez plus besoin de ce papier, dit-il.

Et il le déchira, puis il nous donna le mot de passe.

— Et maintenant, ajouta-t-il, comment comptez-vous passer ? Car à cinq ou six lieues d'ici vous rencontrerez les hulans prussiens, et vous risquez d'être faits prisonniers ou même fusillés.

— Ça, dit Jean, c'est notre affaire.

— Tu ne comptes pas sans doute, reprit Dumouriez, traverser de force toute l'armée prussienne ?

Jean se mit à rire et dit :

— Mon général, c'est à François de parler le premier; c'est mon aîné. Tout ce que François fera, je le ferai.

Je demandai :

— Combien y a-t-il de lieues d'ici à Verdun ?

— Sept ou huit à peu près, dit Dumouriez. Mais les chemins sont mauvais. Je vous donnerai un guide jusqu'à nos avant-postes.

Il est trois heures, mangez tout de suite et partez dans un quart d'heure pour Verdun. En faisant une lieue par heure avec un bon guide, vous arriverez aux lignes prussiennes demain matin avant le point du jour. C'est le moment qu'il faudra saisir. Je vais vous faire donner des habits de paysan et vingt francs en argent à chacun. Le commandant Baurepaire triplera la somme quand vous serez à Verdun... Est-ce convenu ?

J'allais dire : Oui. Jean secoua la tête.

— Excusez-moi, mon général, dit-il. Pour l'argent, ce

n'est pas de refus; on a toujours besoin d'argent; mais pour les habits de paysan, je n'en veux pas.

Dumouriez fut étonné.

— Non, je n'en veux pas, reprit Jean. Je veux rentrer dans Verdun en grand uniforme et en plein jour, et je veux que les Prussiens me conduisent jusqu'à la porte.

Je lui dis :

— Jean, tu perds la tête.

— Voici mon projet, répliqua Jean; si tu n'en veux pas, François, je ferai comme toi. Nous allons partir ce soir, sans nous presser. Nous arriverons demain matin, vers neuf ou dix heures, à portée de fusil des Prussiens. Les hulans courront sur nous et nous feront prisonniers; nous les laisserons faire. Comme nous venons du camp français, on voudra nous interroger, on nous conduira à l'état-major. Mon général, je connais François. Il ne dit jamais rien; il ne parlera pas plus demain que les autres jours de la semaine. Moi, je parle toujours, je dirai tout ce qu'on voudra, et, par exemple, qu'il y a cent mille hommes au camp de Grand-Pré, qu'on en attend trois cent mille avant dix jours, que vous avez du pain, de la viande et du vin en abondance, en un mot tout ce qui me passera par la tête. Après l'interrogatoire, on nous renverra au poste, ensemble, parce qu'on ne se défiera pas de nous. Là, je me charge du reste. Il n'y a que quatre à cinq cents pas à faire sous les balles. François tape comme un sourd; moi, je cours comme un lièvre. Nous aurons bien du malheur si l'un de nous n'entre pas dans la ville.

— Il a, ma foi, raison, dit Dumouriez entre ses dents; cette façon de passer vaut l'autre.

Il nous répéta et nous fit répéter une dernière fois ses instructions, et nous renvoya.

Aussitôt que nous fûmes dehors, Jean me dit :

— Quand je te promettais, François, que tout irait bien!

Car il avait l'esprit si bien fait que tout le rendait heureux, et il ne doutait pas plus de passer au travers de cent mille Prussiens que de boire un verre de vin.

Pour moi, je voyais le danger; mais après tout, quand on est soldat, ce n'est pas pour se mettre à l'abri et pour ronfler dans un lit bien chaud. D'ailleurs, puisque Jean était de l'expédition, je ne pouvais pas le laisser aller tout seul. Qu'auraient dit le père et la mère? Et s'il était arrivé malheur, me serais-je jamais consolé de n'avoir pas été là pour le sauver ou pour le venger?

Nous dînâmes donc d'un morceau de pain, d'un morceau de petit salé et d'une bouteille de vin. Comme nous finissions, le guide arriva, qui devait nous conduire aux avant-postes, à l'entrée de la forêt d'Argonne.

C'était un homme grand et fort, comme tous ceux de ce pays-là, — moitié charretier, moitié braconnier, qui connaissait presque tous les sentiers et qui voyait la nuit aussi bien que le jour, à la façon des chats. Il avait de grandes bottes couvertes de boue qui venaient jusqu'au milieu de la cuisse, un grand fouet à la main et un air délibéré qui faisait plaisir à voir.

En entrant il nous dit:

— C'est vous que je vais conduire à Verdun?

Je répondis:

— Oui, c'est nous.

Il dit encore:

— Vous êtes bien jeunes. Irez-vous jusqu'au bout?

Jean répliqua:

— Va devant. Les vieux chevaux ne sont pas les meilleurs.

Tout en parlant, on entra dans les bois. Ce pays-là ne ressemble pas au nôtre. Avant d'y arriver, on traverse une grande plaine blanche comme de la craie et qui ne produit que des cailloux; c'est ce qu'ils appellent la Champagne pouilleuse. Puis des bois, des étangs, des marais où l'on s'enfonce jusqu'au genou et quelquefois jusqu'à la ceinture. Puis des montagnes de sept ou huit cents pieds de haut, de l'eau partout, et enfin une rivière, l'Aisne ; puis d'autres montagnes aussi couvertes de bois et aussi hautes que les premières; à deux ou trois lieues de là, une seconde rivière, la Meuse, et sur cette rivière la ville de Verdun où nous allions.

C'est ce que le guide nous expliqua d'abord. Au fond, quoique avec ses yeux durs et sa grosse voix il eût un peu l'air d'un loup, c'était un homme à qui l'on pouvait se fier.

Il nous dit :

— Je vous aurais bien accompagnés jusqu'à Verdun, mais ma femme et mes enfants ont besoin de moi. Ils demeurent ici, à Grand-Pré. Si je m'en allais, qui est-ce qui les ferait vivre ? D'ailleurs, j'ai mon idée.

Et il ferma l'œil gauche en secouant la tête deux ou trois fois, car c'était un homme très-fin et très-entendu en toutes choses. Cela se voyait de reste.

Nous marchâmes quelque temps sans parler; à deux lieues de là, montrant un fourré le long duquel nous passions :

— Voilà un bon endroit, dit-il, pour se mettre à l'affût de la grosse bête, de la bête puante.

— Est-ce que les sangliers sont très-communs dans le pays? demanda Jean.

— Oui, oui, les sangliers, répondit le guide, et les autres bêtes puantes aussi.

Et il nous faisait toujours le signe de l'œil pour indiquer qu'il avait dit quelque chose de très-fin; car c'était un malin.

— Les Prussiens, par exemple? dit Jean qui riait.

— Oui, les Prussiens, les cavaliers prussiens, les princes prussiens et le roi, et tout l'état-major, ajouta le guide. On se cache là huit ou dix bons garçons de chaque côté de la route, de ceux qui connaissent le pays, qui ont l'œil sûr et le pied leste; on s'étend par terre; on se couvre de feuilles jusqu'aux yeux pour n'être pas vu, et l'on attend la bête. Si les hulans de l'avant-garde vous voient les premiers, on ne s'arrête pas à tirer dessus; ça ferait du bruit. Les autres viendraient. En un quart d'heure on aurait cinq ou six mille hommes sur le dos; il vaut mieux s'en aller sans rien dire, ce qui est toujours facile dans le fourré. Les hulans ne peuvent ni vous suivre à cheval, ni quitter leurs chevaux; ou, s'ils veulent vous suivre à toute force, on s'en va de tous les côtés par deux et par trois; ils se dispersent à leur tour; s'ils sont à pied, ils marchent lentement à cause de leur harnais; s'ils sont à cheval, la forêt est pleine de trous où la bête s'enfonce avec le cavalier; c'est alors qu'on peut viser à l'aise et s'amuser...

— Moi aussi, dit Jean. Et si vous voulez, camarade, nous serons de la partie... Comment vous appelez-vous?

— Je m'appelle Christophe. Et vous, les amis?

Jean dit mon nom et le sien.

— Eh bien, continua Christophe, ça n'est pas de refus. Si l'occasion s'en présente, on pourra vous avertir. Dans ces affaires-là, plus on est de bons garçons, plus on rit.

Alors, pour m'instruire, je demandai:

— Est-ce que vous croyez que les Prussiens traverseront la forêt? On nous a dit qu'elle était bien gardée, qu'il y avait des fossés, des abatis d'arbres, des retranchements, des soldats et des canons partout!

Christophe ferma l'œil gauche de son air malin et répondit:

— Ça, c'est des histoires de journaux; c'est bon pour faire plaisir aux Parisiens, qui sont des gens très-polis et bien élevés, qui n'aiment qu'à dire ou entendre des choses agréables; mais ce n'est pas à moi, vois-tu, François Bûchamor, qu'on fera croire ça.

— Le général a l'air sûr de ce qu'il dit, interrompit Jean.

Christophe répliqua :

— Il a l'air... il a l'air... Je crois bien... c'est son métier, d'avoir l'air... S'il disait : *Je ne sais pas, faudra voir, je vais réfléchir*, on crierait que tout est perdu. Tenez, hier, en arrivant à Grand-Pré, il disait tout haut, vous comprenez, afin qu'on l'entende et qu'on le répète : *Les défilés de l'Argonne sont les Thermopyles de la France ; mais plus heureux que Léonidas, je n'y périrai pas...*

C'est des phrases, tout ça. Je ne sais pas ce qu'il veut dire avec ses Thermopyles et son Léonidas ; c'est des bêtes que je ne connais pas ; mais on n'est sûr de rien en ce monde, et quand il y a cinq portes dans une maison, les voleurs peuvent toujours entrer dans la maison. L'une des cinq est toujours mal fermée, le gardien s'endort et n'a pas mis le verrou. Eh bien la forêt d'Argonne est comme un mur, et les cinq portes qu'on a percées dans le mur sont celles de la Croix-au-Bois, de Grand-Pré, du Chêne-Populeux, de la Chalade et des Islettes. Si les Prussiens entrent par l'une des cinq, les quatre autres ne serviront plus de rien ; et, dans ce cas, les amis, c'est à nous d'attendre la bête au passage.

J'écoutais Christophe avec plaisir. Il avait du bon sens, un bon cœur, et il savait ce qu'il disait. Nous parlâmes encore longtemps des affaires du pays, des Prussiens, des Autrichiens, et Dieu sait de quelle façon il habillait toute cette race !

— C'est la plaie du pays, disait-il. Quand je pense qu'à cause d'eux on m'a réquisitionné mes chevaux qui ne me seront jamais payés, que mon commerce de bois ne va plus (à qui vendre ? personne n'achète pendant la guerre), et que ma femme et mes enfants vont peut-être mourir de faim, oh! je me sens une envie de tuer toute cette canaille!

Jean voulut le consoler et l'encourager en lui disant que ce serait bientôt fini, qu'on allait rosser les Allemands comme il faut. Christophe continua :

— Heureusement, il y a encore de braves gens dans le pays, et de bons patriotes. Tenez, celui que nous allons voir tout à l'heure, par exemple, voilà un homme de cœur, un digne homme, savant comme un livre, qui parle comme un avocat, et qui s'entend à la culture, à la bâtisse et à l'élève des bestiaux, à tout enfin. Vous pouvez aller chez lui à cinq heures du matin, à midi, à minuit, quand vous voudrez, il est toujours prêt à vous recevoir et à vous donner un bon conseil ou un écu de six francs.

Je demandai :

— Est-ce qu'il est riche?

Christophe répondit :

— Il serait riche s'il voulait, car il sait tout faire; mais quand il a un peu d'argent, il le donne ou le prête au premier venu, et sa fille est aussi généreuse que lui.

— Il est donc marié? dit Jean.

— Il l'est et il ne l'est pas, répliqua Christophe. Il est veuf, sa femme est morte il y a longtemps; il n'a plus qu'une fille de quinze ans, mademoiselle Anne, qui est jolie comme un bouton de rose, et bonne comme son père, et douce aux pauvres gens. Ah! l'enfant n'est pas bien riche, car le bien du père ne vaut pas en tout plus de cinquante mille francs, mais celui qui l'aura en mariage pourra se vanter d'être le mari d'une bonne femme. Mais nous y voici.

Regardez cette maison qui est éclairée dans le bois, à cent pas d'ici. Vous allez voir le père et la fille, car le maire de Grand-Pré m'a donné une commission pour M. Burtin.

Nous marchâmes en silence jusqu'auprès de la maison. Tout à coup Christophe nous dit :

— Restez là. J'entends du bruit dans l'intérieur. Est-ce qu'il est arrivé quelque chose ? Attendez-moi sans bouger. Je vais revenir.

Il s'avança doucement dans l'ombre, s'enleva à la force des poignets jusqu'à la hauteur de la fenêtre, qui n'était qu'à sept à huit pieds de terre, regarda pendant une minute et redescendit sans faire de bruit.

Quand il revint vers nous, son visage, sur lequel donnait la lumière de l'intérieur de la maison, était tout changé et plein de colère.

Il nous dit à voix basse, mais d'un air furieux :

— Prenez garde, les hulans sont là, et la pauvre demoiselle aussi. Je ne sais pas ce qu'ils ont fait du père : je ne le vois pas. Pauvre M. Burtin ! ils l'auront tué, sans doute. Oh ! les brigands !

Au même instant nous entendîmes des voix d'ivrognes qui chantaient une chanson allemande que je ne comprenais pas, puis un grand bruit de bouteilles cassées.

XII

BATAILLE AU FOND DES BOIS.

A cette nouvelle, nous tînmes conseil. Que faire ? le général avait dit d'aller tout droit à Verdun ; s'arrêter en route pour se battre avec les hulans était trop dangereux, nous n'avions pas le droit de nous faire tuer avant d'avoir vu le commandant Beaurepaire. La patrie avant tout.

Enfin, Jean demanda :

— Qu'est-ce qu'ils font là ?

Christophe répondit :

— Ils ont à moitié assommé le garçon de ferme qui a voulu défendre mademoiselle Anne et la vieille servante de M. Burtin. Il est là, par terre, étendu, couvert de sang. Eux boivent et crient; ils sont à moitié soûls; ils cassent des bouteilles; ils chantent des choses à faire dresser les cheveux sur la tête (heureusement la jeune demoiselle ne les entend pas, parce qu'elle ne sait pas l'allemand)... On dirait que ces gueux n'ont ni mère ni sœur dans leur pays.

— Et M. Burtin ? demanda Jean.

— Je ne l'ai pas vu, cependant je ne crois pas qu'ils l'aient tué, la petite demoiselle serait plus affligée que ça. Elle les regarde sans rien dire, d'un air fier qui fait plaisir à voir. On dirait que ça les tient en respect... Oh! c'est bien la digne fille de son père. Mais s'ils boivent encore, ils ne se reconnaîtront plus, et alors, Dieu sait ce qui peut arriver !

— Combien sont-ils ? demanda Jean.

— Cinq, dont un sous-officier, répondit Christophe.

Jean me prit la main et me dit :

— François !

Je sentais bien ce qu'il allait me demander, et je répondis :

— Eh bien, oui ! Es-tu content ?...

— Ah ! dit Jean, je savais bien que nous nous entendrions. Christophe, êtes-vous de la fête ?

— Allons donc, répliqua Christophe, si nous savons nous y prendre, ça sera fait en cinq minutes.

— Où sont leurs armes ? demanda Jean.

— Les sabres sont dans le coin, heureusement, ça les gênait pour manger et boire. Le sous-officier seul a deux pistolets à côté de lui sur la table, il fait face à la porte; quand nous entrerons, il faudra commencer par lui.

Cette convention faite, nous avançâmes doucement, sur

la pointe des pieds dans l'allée sablée. Heureusement, le bruit que faisaient ces ivrognes les empêcha de nous entendre.

Arrivé sous la fenêtre, Jean, qui marchait le premier grimpa pour les voir, et nous entendîmes une voix qui disait :

— Allons, ma belle petite mademoiselle, ne vous désolez pas; nous sommes de braves gens, nous autres Prussiens, et nous ne faisons de mal à personne, excepté quand on nous résiste. Buvez à la santé de Sa Majesté le roi Frédéric-Guillaume... Allons, buvez, buvez donc... Vous ne voulez pas? vous avez tort, bonne petite mademoiselle.

— Laissez cette enfant tranquille, dit la servante, et sortez d'ici, vilains ivrognes !

Nous n'entendîmes pas le reste. Jean sauta doucement à terre, reprit son fusil, car nous étions venus armés, mais sans sacs, et nous dit tout bas :

— Qu'elle est jolie !... Entrons tout de suite. La danse va commencer.

Christophe passa le premier parce qu'il connaissait la maison du haut en bas. Par bonheur, les hulans, pressés de boire, de piller et de repartir, avaient laissé la porte entr'ouverte, et celle même de la salle où ils mangeaient et buvaient n'était fermée qu'au loquet.

Il fut convenu que Christophe ouvrirait la porte, mais que Jean et moi nous entrerions ensemble le fusil à l'épaule en menaçant les hulans de faire feu s'ils ne se rendaient pas. Christophe devait nous suivre et se servir de son fouet comme une massue.

Aussitôt fait que dit. Christophe ouvrit brusquement la porte. Jean passa le premier et coucha en joue le sous-officier en criant :

— Rends-toi, canaille, ou je te tue !

L'autre était alors debout et présentait un verre de vin à mademoiselle Anne. Il faisait le gracieux, le joli cœur, il

— Ne tirez pas! je me rends (p. 63).

pinçait les lèvres ; on aurait dit qu'il l'invitait à danser la bourrée.

Elle, debout aussi, mais reculant jusqu'au mur, le regardait avec des yeux qui l'auraient fait rentrer en terre s'il avait eu un peu d'honnêteté et de bon sens.

C'est à ce moment que Christophe ouvrit la porte et que le Prussien se vit couché en joue par Jean, dont le fusil n'était qu'à trois pas de lui. Il demeura sans rien dire pendant le temps qu'une femme pieuse mettrait à réciter son bénédidité, puis il cria en français :

— Ne tirez pas ! Je me rends.

Et il posa son verre sur la table. Pendant ce temps, je couchais les hulans en joue et Christophe les tenait en respect avec son fouet et mettait la main sur les sabres.

Tout à coup, au moment où Christophe, après avoir jeté les sabres par la fenêtre, s'avançait pour lier les mains au sous-officier, il saisit un des pistolets et le déchargea sur Jean.

Mademoiselle Anne et la servante poussèrent un cri terrible. Heureusement, Jean n'avait aucun mal. Le pistolet rata.

— Scélérat ! dit-il. Et il déchargea son fusil sur le Prussien.

Le coup était meilleur et mieux ajusté, car le traître tomba roide mort.

Voyant ça, les autres se rendirent. Je remis à Jean mon fusil qui était encore chargé, et je leur attachai les pieds et les mains avec de grosses cordes. Christophe m'aidait de toutes ses forces et faisait des nœuds si serrés que leurs veines se gonflaient comme si elles allaient éclater.

Cette besogne faite, Christophe ferma soigneusement les portes, les fenêtres, les contrevents, et nous dit :

— Maintenant, mademoiselle Anne et la compagnie, bonsoir; comment vous portez-vous? Monsieur Burtin est en bonne santé, j'espère?

Alors je vis pour la première fois la petite demoiselle que nous venions de délivrer. Elle était pâle comme la mort. Elle avait eu grand'peur avant notre arrivée, et la vue de ce gueux de Prussien dont la cervelle était collée au mur, et dont les gros yeux et la bouche avaient l'air de rire encore, ça, et l'insolence de cet ivrogne, l'avait presque rendue malade.

Elle se remit pourtant, donna sa petite main à Christophe et lui dit :

— Je vous remercie, mon vieux Christophe. Mon père se porte bien, du moins je l'espère. Il est à Verdun depuis cinq jours. Ah! s'il avait pu savoir ce qui nous est arrivé ce soir et par quel hasard... Mon bon Christophe, je vous dois tout... Il faut que je vous embrasse pour lui.

Le braconnier répliqua :

— Mademoiselle Anne, ça n'est pas de refus, mais je n'étais pas seul. Ce sont ces deux braves jeunes gens qui ont tout fait... Et quant à M. Burtin, il s'est assez souvent mêlé de mes affaires pour que je m'occupe un peu des siennes en passant. Une fois n'est pas coutume.

Et il cligna de l'œil d'un air fin, comme c'était son habitude.

La demoiselle nous donna elle-même à boire et à manger, puis elle releva, aidée de Jean qui ne la quittait pas des yeux, le pauvre garçon de ferme qui avait été blessé par les Prussiens de deux coups de sabre, avant notre arrivée. Elle lava ses blessures et les pansa de son mieux ; car à la campagne, là-bas comme chez nous, le médecin n'est pas toujours là, et il faut qu'une femme sache un peu de tout.

Quand tout cela fut fini, la vieille servante de M. Burtin lui dit :

— Allons, mademoiselle Anne, il faut aller dormir si vous voulez partir demain à cinq heures.

— Vous partez? s'écria Jean d'un air inquiet. Est-ce que vous allez à Verdun?

Le bon garçon était si content de ses exploits et d'avoir sauvé une jolie demoiselle, qu'il ne voulait plus la quitter.

Il oubliait la mission de Dumouriez et ne pensait plus qu'à l'escorter toute sa vie.

La demoiselle le regarda en riant et lui dit :

— Monsieur Jean Bûchamor le bien nommé (c'est Christophe qui avait dit son nom et le mien), il faut que je vous dise tout. Mon père ne sait pas que je suis ici. Il me croit en sûreté bien loin, à Reims, où ma tante Jacquet vendait du coton filé. Je dis vendait : car elle n'en vendra plus jamais, la chère bonne femme, excepté en paradis. Elle est morte dimanche dernier. Mon père, qui n'en savait rien, a cru me mettre en sûreté chez elle pendant que lui-même allait s'enfermer dans Verdun avec d'autres gardes nationaux pour combattre les Prussiens.

Ici la vieille servante interrompit mademoiselle Anne :

— Va te coucher, dit-elle, je raconterai bien sans toi le reste à ces messieurs. Tu ne eux pas le savoir mieux que moi, n'est-ce pas?... Messieurs, voici l'affaire.

Lundi dernier, M. Burtin était assis au coin de la fenêtre et lisait son journal. Tout à coup il dit : « Mauvaises nouvelles! Les Prussiens sont à Longwy. Ils vont entrer en Lorraine... Allons, il est temps de donner l'exemple... » Moi je lui dis : « Monsieur, n'y allez pas. Tel va chercher de la laine qui revient tondu. Vous n'êtes plus jeune; vous n'avez jamais fait de sottise; il n'est pas temps de commencer. Laissez donc les jeunes gens faire leur métier, et vous, restez au coin du feu... Il faut savoir se connaître... Vous n'êtes plus fait pour vous faire massacrer par les Prussiens. »

Il ne m'écoute pas. Il boucle sa valise. Il me dit : Je vais à Verdun. Mais auparavant je veux vous conduire à Réthel; de là, Marion, tu iras à Reims avec ma fille et Gaspard, le garçon de ferme. Passé Réthel il n'y a plus de danger. Les Prussiens sont encore bien loin; mais si vous faites quelque mauvaise rencontre, Gaspard est un brave garçon qui vous protégera. Tu remettras ma fille à madame Jacquet ma cousine. J'irai la trouver après le siége.

Ah! oui, le pauvre monsieur, il ne savait rien de ce qui se passait. Madame Jacquet était morte depuis trois jours quand nous sommes arrivés à Reims. Son mari est mort depuis sept ans; elle n'a jamais eu d'enfants; personne n'a voulu nous recevoir.

Voyant ça, Anne dit : Retournons à la maison. Je serai plus près de mon père. D'ailleurs où aller?... Nous sommes revenues. Ce soir, les hulans sont entrés par surprise dans la maison quand on allait se coucher.

Gaspard a voulu nous défendre. Vous voyez dans quel état ils l'ont mis. Ils ont tout bu, tout cassé, tout sali. Je ne sais pas ce qu'ils auraient fait si vous n'étiez pas arrivés.

XIII

MADEMOISELLE ANNE.

Voilà ce que nous dit la vieille Marion. Jean l'écoutait de toutes ses oreilles en regardant la jolie demoiselle de tous ses yeux.

Oh! ce n'était pas une belle fille à la façon de Catherine. D'abord elle avait quatre ans de moins; quinze ans depuis le 6 août 1792, comme nous le dit Christophe qui l'avait vue naître; elle était petite plutôt que grande, et mince, souple comme un roseau sous le vent, mais droite comme un peuplier, et bien faite, et jolie! ah! jolie à en perdre la tête. Et des yeux! c'était doux, c'était fier, c'était bon, c'était simple, c'était modeste, c'était charmant. Rien qu'à la regarder, on se sentait heureux... Le bon Dieu n'en fait pas souvent de cette espèce.

Et c'était vraiment une demoiselle; non pas de celles qui ne savent rien faire que se peigner tout le jour, se regarder dans la glace, essayer des robes, faire des grimaces, mettre des gants, et parler du bout des lèvres comme si l'on n'était pas digne de les entendre, ou d'une voix tantôt plus flûtée que celle des serins et tantôt plus aigre que celle des pies-grièches.

Ça, c'est des bécasses, comme disait le vieux curé. Ça ne sait pas travailler, ça ne sait pas s'occuper, ça ne sait pas penser, ça ne sait que faire de ses dix doigts; quand c'est riche, ça ennuie son mari et ses enfants; quand ça n'a pas d'argent, ça ne trouve pas de mari, ou si ça en trouve, ça grogne, ça se fâche, ça ennuie tout le monde, et tout le monde s'en va.

Mais celle-là n'était pas une demoiselle pour rire. Je l'ai connue plus tard bien davantage et je l'ai vue de plus près, et je vous assure qu'on n'en trouverait pas une meilleure dans les trois cantons de Felletin, de Crocq et de Bellegarde. Non, non, vous iriez jusqu'à Pontaumur et Pontgibaud, et même jusqu'à Bourg-Lastic, et vous ne trouveriez pas.

A Clermont, peut-être! (il y a tant de monde), et encore, je n'en jurerais pas.

C'est qu'elle savait un tas de choses : coudre, repasser, lire, écrire, compter, tenir le ménage, faire ses robes, faire le dîner. Qu'est-ce qu'elle ne savait pas? Et avec cela, toujours occupée, mais toujours de bonne humeur, gaie comme un pinson, vive comme une alouette, et qui parlait toujours aussi doucement et aussi poliment aux pauvres gens qu'aux riches, et qui ne riait pas d'eux quand ils étaient partis, et qui leur donnait de l'argent quand elle en avait, et du pain quand elle n'avait pas d'argent, et qui les écoutait, et qui les consolait, et qui ne criait jamais : « *Ce vieux m'ennuie, fermez-lui la porte quand il reviendra* »; et qui ne disait de mal de personne, surtout des pauvres et des malheureux; et qui ne croyait jamais avoir plus d'esprit que son voisin, quoiqu'elle en eût quarante fois davantage; et qui n'employait tout celui qu'elle avait reçu de Dieu qu'à rendre service ou à rendre la vie agréable aux autres.

Ma foi, elle faisait plaisir à voir et à entendre. J'ai vu plus tard des capitaines, des colonels et même des généraux de division, des hommes qui dépensaient trois cent mille francs de rente, des maréchaux que Napoléon avait faits ducs et couverts de galon de la tête aux pieds; j'ai vu aussi leurs femmes lorsqu'elles allaient à la cour et que tous les rois de l'Europe leur donnaient la main pour la contredanse ou leur faisaient vis-à-vis; j'ai vu trois empereurs avec leurs impératrices, — de belles femmes si l'on veut, — toutes couvertes de soie, de satin, d'or et de diamants; j'ai vu des tas de rois et de reines de nouvelle fabrique qui sortaient je ne sais pas d'où, mais qui avaient aussi bonne mine que les autres et souvent meilleure mine; mais tout ça, voyez-vous, ça n'approchait pas de mademoiselle Anne.

Qu'est-ce que vous voulez? Elle avait ce que l'argent, les beaux habits ne donnent pas : c'est le respect et l'amitié de tout le monde. Elle ne parlait jamais la première, mais quand elle ouvrait la bouche, on n'écoutait plus qu'elle. Elle ne commandait jamais, et quand elle vous priait d'aller quelque part ou de faire quelque chose, les manchots retrouvaient des bras et les paralytiques retrouvaient des jambes pour lui obéir...

Ce soir-là, toute jeune qu'elle était, elle nous donna un

bon conseil, car elle avait l'esprit décidé. Elle nous dit :

— D'autres hulans vont peut-être revenir après ceux-ci. Il faut partir tout de suite. Moi, je retourne à Reims avec Gaspard et Marion.

Christophe secoua la tête :

— Mademoiselle Anne, vous ne pouvez pas aller seule. Gaspard est blessé, ne peut pas vous défendre. Marion ne saurait que crier; elle ne sait même pas conduire le char-à-bancs...

— Je le conduirai, dit la demoiselle. D'ailleurs, il n'y a pas moyen de faire autrement. Si d'autres hulans venaient, ils mettraient le feu à la maison, ils nous tueraient peut-être. Il vaut mieux laisser la maison vide...

Pendant qu'elle parlait, je lisais dans les yeux de Jean qu'il avait quelque chose à dire. Enfin, il s'avança et demanda si Gaspard connaissait le chemin de Verdun.

Le pauvre Gaspard répondit qu'il le connaissait.

Jean demanda encore si Gaspard voulait nous conduire jusqu'à une demi-lieue du camp prussien... Et si Gaspard a la force de nous suivre, ajouta-t-il, Christophe va rester avec mademoiselle Anne et Marion. Il prendra un sabre de hulan, une paire de pistolets...

— Et mon fouet, ajouta fièrement Christophe, qui vaut mieux que tous vos pistolets qui ratent et que vos coupe-choux qui ne peuvent même pas servir à peler des pommes de terre.

— Christophe conduira le char-à-bancs jusqu'à Réthel, continua Jean. De Réthel vous irez jusqu'à Châlons, et, si vous voulez, jusqu'à Paris.

Mademoiselle Anne n'osait pas accepter à cause de Gaspard. Mais le brave garçon dit qu'il allait mieux, qu'il était tout prêt à nous conduire, et enfin il pria tant la jeune demoiselle de partir avec Christophe et la vieille Marion, qu'elle y consentit pour lui faire plaisir, et aussi parce qu'elle voyait bien que son père serait terriblement inquiet s'il venait à savoir qu'elle habitait presque seule dans une maison au milieu des bois, à la portée des hulans.

— Mais, dit-elle, il faut que j'écrive deux mots à papa. Monsieur Jean, si vous entrez dans Verdun, voudrez-vous les lui remettre?

Jean dit :

— Je remettrai votre lettre, mademoiselle, ou les Prussiens m'auront fusillé auparavant.

Alors elle prit une plume et de l'encre et commença d'écrire. C'était un plaisir de voir sa petite main rose courir sur le papier comme un cheval qui galope dans la plaine.

Tout à coup, pendant que nous la regardions, je vis les quatre hulans qu'on avait jetés dans le coin, tous ensemble, comme des paquets de linge sale, se parler tout bas l'un à l'autre, et Christophe s'approcher d'eux sans faire semblant de rien et cligner de l'œil comme un malin pour m'avertir d'être attentif et sur mes gardes.

En même temps j'entendais un bruit léger comme celui de deux cordes qu'on frotterait l'une contre l'autre.

Je touchai le coude de Jean qui n'avait rien entendu, étant trop occupé à regarder la jeune demoiselle.

Il me comprit et mit la main sur son fusil.

XIV

TERRIBLE BATAILLE. CHRISTOPHE VOIT TOUTES LES ÉTOILES DU CIEL.

Nous étions donc sur nos gardes, et tout prêts à bien faire, lorsque Christophe, qui avait son idée, car c'était, comme je vous l'ai dit, un homme sage et qui tournait toujours sept fois sa langue dans sa bouche avant de prononcer une parole, fit signe de l'œil à la vieille servante et lui dit :

— Marion, mademoiselle Anne est bien gênée ici pour écrire.

— Mais non, mais non, Christophe, dit la jolie demoiselle ; au contraire, pendant que j'écris, je suis bien contente de vous voir...

— Et moi pareillement, demoiselle, reprit Christophe ; mais, voyez-vous, Bûchamor et moi, nous avons à causer d'affaires et...

— Et... je vous gêne ? dit-elle en riant. Eh bien, c'est bon, je m'en vais.

Elle sortit avec Marion.

Alors je compris l'idée de Christophe. Il ne voulait pas que l'enfant vît ce qui allait se passer.

Il alluma sa pipe de l'air d'un homme qui a bien soupé et qui ne pense plus qu'à digérer. Il étendit ses deux longues et fortes jambes du côté des Allemands, les appuya sur le bord d'une chaise et ferma les yeux à demi, comme s'il allait dormir.

Je dis à Jean tout haut dans le patois du pays :

— *Prenió gard'o cau couqi* (1).

Et pour que les hulans ne fissent pas attention, je lui chantai, sur l'air : *Levó te, mountagnó* :

(1) Prends garde à ces coquins !

« *Foudro binnt'touõ éventra quello bouaillõ. Regardo-lau, ma ne fa pas semblant de re !* (1) »

Jean comprit tout de suite. Il avait tant d'esprit, le petit. Il me répondit comme s'il avait chanté le second couplet de ma chanson :

« *Io sei prêt...* (2) »

Pendant ce temps les hulans continuaient leur besogne et coupaient avec les dents ou en les frottant doucement contre le mur les cordes qui les tenaient attachés. Je riais en moi-même de voir leur finesse; et je trinquais avec Jean à la santé de Catherine, du père Bûchamor, de la mère, des deux sœurs et du petit Toinet.

A nous entendre, on aurait cru que nous n'avions pas autre chose à faire que de boire entre amis. Nous voulûmes trinquer aussi à la santé de Christophe, mais il ronflait déjà comme le sonneur des cloches pendant le sermon du curé. J'avais même peur que ce fût tout de bon.

— Vois-tu, disait Jean, qui buvait à petits coups et en mettant beaucoup d'eau dans son vin, vois-tu, frère, nous sommes trop heureux, toi et moi. Ça ne peut pas durer. Ça n'est pas naturel. Depuis que nous sommes nés, il ne nous est pas arrivé le moindre accident. On dirait que le bon Dieu nous tient par la main. Toi, une bonne fille, la plus jolie de la paroisse, t'attend dans un bon moulin pour se marier avec toi quand tu reviendras de la guerre. Moi, c'est autre chose. J'ai envie de courir le monde. Voilà que les Prussiens viennent chez nous comme pour nous inviter à entrer chez eux. Le père et la mère voyant ça me laissent partir avec toi. On nous met dans le même bataillon, dans la même compagnie, dans la même escouade, dans le même lit;

---

(1) Il faudra bientôt éventrer cette canaille. Regarde-les, mais ne fais semblant de rien.

(2) Je suis prêt.

nous sommes ici comme si nous n'avions pas quitté la maison. Quand l'exercice m'ennuie, ou la faction, ou la corvée, ou n'importe quoi, je me dis : « De quoi te plains-tu, puisque François est avec toi ? Est-ce que tu voudrais être à Néoux, bien tranquille à dormir tout ton soûl, quand il serait, lui, à souffler dans ses doigts et à se faire tuer pour la patrie ? » Et, ma foi, ça me réjouit... Je pense aussi : nous voilà soldats ; mais quand on se battra, je connais François ; il se battra comme un Bûchamor, et moi aussi ; qui sait si l'on ne nous fera pas sous-officiers, ou officiers, — peut-être colonels ou généraux ! M. le curé m'a souvent raconté des histoires de gens qui n'avaient pas plus d'argent que nous et qui pourtant étaient devenus généraux, maréchaux et rois. Il y a longtemps, c'est vrai ; mais ce qui s'est vu dans les temps anciens peut se revoir encore... Toi, par exemple, François, pourquoi ne ferais-tu pas comme du Guesclin ?

Je lui dis :

— Jean, si du Guesclin a fait comme un brave homme, moi je ferai volontiers comme du Guesclin ; mais il faut savoir d'abord ce qu'il faisait.

Jean me répliqua :

— Écoute, François, je n'en sais pas long, mais enfin M. le curé m'a appris à lire et à écrire et m'a prêté des livres. C'est là que j'ai vu l'histoire de du Guesclin... Eh bien, c'était un bon Breton et qui n'était pas savant...

— Comme moi, Jean.

— Oui, comme toi... mais qui n'était pas bête... comme toi encore, mon vieux François, et qui tapait de toutes ses forces...

— Sur les Prussiens ?

— Non, François, sur les Anglais qui étaient les Prussiens de ce temps-là ; et il tapa si fort et si longtemps, et il avait le poing si dur, qu'après dix ou douze ans il les avait tous chassés de France... Eh bien, François, toi aussi tu n'es pas savant, toi aussi tu n'es pas bête, toi aussi tu tapes dur. Qu'est-ce qui t'empêche d'être un du Guesclin?

Cette idée de Jean, qui ne m'était jamais venue auparavant, me fit bien regretter de n'avoir pas été à l'école comme lui; mais que voulez-vous? Mon père, qui ne savait ni lire ni écrire, et qui d'ailleurs avait bien de la peine à nous faire vivre, n'avait pas pu me donner de maître avant la révolution de 1789 (d'ailleurs, à quoi ça m'aurait-il servi en ce temps-là?); plus tard, il envoya Jean, plus jeune que moi de quatre ans, chez le curé de Néoux, mais pour moi il était trop tard; j'avais la tête trop dure, car la tête durcit avec l'âge, et les idées n'entrent plus. C'est pour cela qu'il faut commencer de bonne heure à étudier.

Voyez les fils des bourgeois; ils ne sont pas d'une autre espèce que la nôtre, non, grâce au ciel! mais on les dresse de bonne heure à étudier, à lire, à comprendre; on leur raconte les histoires du temps passé, les bonheurs et les malheurs de la France; on leur parle de ceux qui ont rendu service à la patrie et qui se sont fait tuer pour elle, ou qui ont fait de beaux livres, de belles inventions; ça les encourage à bien faire, ces enfants, ou, s'ils n'écoutent pas, s'ils ne profitent pas de l'exemple, s'ils ne deviennent pas meilleurs, c'est leur faute; ils s'en repentiront tôt ou tard.

Mais l'histoire de Jean et la mienne vous apprendront mieux que tout le reste à quoi sert d'étudier et de devenir savant.

Pendant que nous parlions en buvant, et que Jean me racontait l'histoire de du Guesclin, tout à coup une main dont on ne voyait pas le bras s'avança sur la table, saisit un grand couteau à découper, et allait disparaître...

Au même instant, Christophe, qui ronflait de toutes ses forces, leva son fouet sur cette main et frappa un coup si fort avec le manche que toutes les assiettes sautèrent sur la table avec un bruit épouvantable.

En même temps le Prussien (car c'était un des hulans que nous avions faits prisonniers) poussa un tel cri qu'on aurait pensé que la maison allait s'écrouler. La main du pauvre garçon était en marmelade comme un jambon désossé. Ah! c'est que Christophe n'était pas tendre! Ces gens de la frontière, voyez-vous, comme la guerre se fait toujours chez eux, sont plus durs que les autres, et, ma foi, ils ont bien raison. Qui est-ce qui rebâtit leur maison quand elle est brûlée?. Personne. Aussi n'ont-ils pas pitié de celui qui la brûle! S'il se laisse prendre, tant pis pour lui.

Au cri que poussa le Prussien, les trois autres se levèrent tout debout, les pieds et les mains libres, car ils avaient coupé les cordes avec leurs dents, et voulurent se jeter sur nous. Les bouteilles et les couteaux pouvaient leur servir de sabre et de pistolets; mais le premier qui essaya de mettre la main sur une bouteille aurait mieux fait de se tenir tranquille; je lui donnai un bon coup de crosse dans la poitrine; il tomba entre les deux fenêtres en vomissant le sang et respirant à peine.

Le troisième, qui était un grand et gros gaillard au poil rouge comme celui des vaches, saisit une chaise à deux mains, la leva sur Christophe, et en frappa un coup si fort que si Jean n'avait pas paré à moitié avec une autre chaise, notre pauvre ami aurait eu le crâne fendu comme une bûche par un coup de hache. Ah! c'est que le hulan n'y allait pas de main morte!

Heureusement que le coup s'arrêta en chemin, mais Christophe en demeura étourdi pendant une minute et dut voir sans regarder au plafond tous les saints et toutes les saintes du paradis et toutes les étoiles du ciel.

Pendant ce temps, le quatrième cherchait à ouvrir la

fenêtre pour se sauver et peut-être pour avertir les camarades; mais Jean lui dit d'une voix de commandement :

— Halte!

En même temps il l'ajusta comme un lapin, et, ma foi, comme il avait tué à bout portant le sous-officier une demi-heure auparavant, le hulan, qui vit que Jean ne badinait pas, fit signe de la main qu'il se rendait, et lui cria en français.

— Ne tirez pas, bon monsieur, ne tirez pas; je me rends! je me rends!... Quand je vous dis que je me rends!

Quand je vis qu'il n'y avait plus rien à faire de ce côté-là, je me tournai du côté de Christophe qui, tout étourdi encore du coup qu'il avait reçu, n'était pas trop en état de se battre, et j'envoyai ma baïonnette dans le ventre du poil roux qui étendit les bras et tomba par terre roide mort comme un bœuf qu'on saigne à l'abattoir.

La bataille était finie. Le seul des quatre qui n'eût pas été touché avait une telle frayeur qu'on voyait bien qu'il ne recommencerait pas de sitôt. Deux autres ne pouvaient plus rien faire. Le quatrième n'était bon qu'à mettre en terre. Jean et Christophe m'aidèrent à lier les trois survivants.

— Pour cette fois, dit Christophe qui grognait terriblement à cause du coup qu'il avait reçu sur la tête, — pour cette fois, tas de choucroutman, je vous fais grâce, mais si l'un de vous essaye de recommencer... et comme l'un des hulans, celui qui n'était pas blessé, se plaignait d'être serré trop fort, il l'envoya d'un coup de poing à trois pas de là, le nez contre le mur. Le coup fut si fort que le nez saigna et que les dents claquèrent.

Jean voulut protéger le Prussien, mais Christophe lui dit :

— Tiens, regarde ce que j'ai trouvé dans la poche de ce coquin.

Et il lui fit voir une jolie montre en or.

— Où est-ce que tu as volé ça? demanda Christophe.

Le Prussien répondit quelques mots allemands pour faire croire qu'il ne comprenait pas. Pendant quelques minutes nous cherchions à nous expliquer; à la fin, Christophe impatienté, prit son fouet et lui dit :

— Écoute, Prussien, si tu me réponds en français, je te donnerai six coups de fouet, mais si tu me réponds en allemand, je t'en donnerai quarante. Choisis.

Alors le Prussien dit en français et sans se faire prier :

— Et vous, si vous ne me maltraitez pas, je vous dirai quelque chose qui fera plaisir à la belle petite mademoiselle qui demeure ici, et qui lui sauvera la vie.

Aussitôt Jean dressa les oreilles. Christophe qui tenait à son idée, dit :

— Eh bien, au lieu de six coups de fouet, tu n'en auras que trois; mais arranges-toi. Je ne veux pas en rabattre un de plus et je ferai bonne mesure.

Et comme Jean ouvrait la bouche, Christophe ajouta :

— Écoute, Jean Bûchamor, tu m'as tiré de peine tout à l'heure et tu es un brave garçon; aussi, tu vois, à cause de toi, j'en rabats la moitié, mais quant au reste, il le recevra, c'est sûr, et pour preuve...

En même temps il appliqua trois coups de son fouet au Prussien, qui sauta sur la table, et de là sur une chaise, sans pouvoir les éviter. Le dernier lui marqua la figure d'une tache bleue comme l'indigo.

— Maintenant, ajouta Christophe, justice est faite. Raconte-nous ce que tu veux dire pour mademoiselle Anne, et souviens-toi de marcher droit, car si jamais...

Et vous allez voir tout à l'heure que Christophe avait bien fait de fouiller dans les poches du hulan et de lui donner des coups de fouet; sans cela il serait arrivé de grands malheurs.

XV

« MONSIEUR DE GŒTHE, VOYEZ DONC UN PEU... »

— Mais d'abord, dit Jean, comment t'appelles-tu? de quel pays es-tu? Quel métier faisais-tu avant de venir ici pour assassiner les gens qui ne te voulaient pas de mal?

Le Prussien répondit :

— Je m'appelle Fritz, du nom du vieux Fritz, notre ancien roi, qui était une vieille canaille et un grand homme, l'oncle de celui d'aujourd'hui. Mon père est pasteur protestant et s'appelle Werner. Mes sept frères s'appellent: Ruben, Lévi, Juda, Manassé, Dan, Ephraïm et Zabulon. Mes cinq sœurs s'appellent : Lia, Sarah, Rachel, Rébecca et Débora. Moi, je m'appelle Fritz, comme je vous l'ai déjà dit, mais je m'appelle aussi Zacharie, c'est suivant le goût des personnes. Celles qui sont pieuses et qui prêtent de l'argent à la petite semaine préfèrent Zacharie, mais les dames préfèrent généralement Fritz, qui est un nom de guerrier, car les dames allemandes aiment beaucoup les militaires à cause de leurs grands sabres et de leurs éperons... C'est même ce qui m'a engagé...

Jean lui coupa la parole.

— Enfin tu t'appelles Zacharie Werner pendant la semaine et Fritz le dimanche, quand tu veux plaire aux dames. Je comprends ça, quoique tu me paraisses aussi joli en Zacharie qu'en Fritz... Et ton pays ?

— Je suis né à Berlin, mon père avait l'honneur de...

— Voyons, dit Jean, laisse-là ton père, ta mère et tes

frères... Nous sommes pressés de partir et nous n'avons pas le temps d'écouter tes histoires... Qu'est-ce que tu disais tout à l'heure de la petite demoiselle et du service que tu voulais lui rendre?

— Écoutez, dit le Prussien, jurez-moi d'abord que vous ne me ferez pas de mal.

— Je le jure, dit Jean.

— Et que vous empêcherez ce brutal de me frapper comme il a fait tout à l'heure.

Christophe le regarda en grognant comme un loup-cervier. Alors je promis pour lui et pour moi qu'on ne ferait aucun mal au prisonnier.

— Et que si je fais gagner cent mille francs à la jolie demoiselle, j'en aurai dix mille pour ma part? dit encore Werner.

— Qu'est-ce qu'il demande? demanda Jean.

— Dix mille coups de fouet, cria Christophe, c'est tout ce qu'il mérite; ce gueux-là, il voudrait nous faire des conditions.

Enfin le Prussien s'expliqua. Il paraît que la bonne madame Jacquet, de Reims, la tante de mademoiselle Anne, avait amassé une centaine de mille francs dans son commerce, qu'elle les avait légués par testament à la jeune demoiselle, quoiqu'elle eût des parents plus proches, et l'avait dit deux jours avant sa mort à son commis principal, qui était Allemand, de Berlin, — car ces gens-là savent si bien saluer, courber les épaules, plier le dos et faire tout ce qu'on veut, pourvu qu'on les paye, qu'ils entrent partout et qu'on les préfère souvent à de bons Français qui savent mieux le métier, mais qui n'aiment pas à être traités comme des chiens.

L'Allemand, voyant que la jolie demoiselle allait être riche, avait pris le testament dans le comptoir de la bonne dame aussitôt après sa mort, et, sans rien dire aux parents, était parti de Reims comme pour rentrer dans son pays à cause de la guerre; mais il n'était pas allé plus loin que le camp prussien près de Verdun, et, de là, il avait chargé son frère, sous-officier de hulans, celui-là même que Jean avait tué une heure auparavant, d'enlever la jolie demoiselle.

Pendant que le Prussien parlait, Jean grinçait des dents comme un léopard qui n'a pas mangé depuis trois jours.

Vous savez, le léopard est un animal à quatre pattes, très-féroce et très-gourmand, qui a la mine d'un chat en colère, des griffes plus pointues que des dents de scie, des mâchoires à broyer des pierres, qui ne mange que de la chair vivante, qui ne boit que du sang chaud, et qui a toujours faim et soif.

Du moins on me l'a dit, car, pour moi, je ne l'ai vu qu'une fois, à Paris, au Jardin des plantes, derrière des barreaux de fer; et comme il sortait de table, à ce que m'a raconté le gardien, il se promenait dans sa cage pour digérer.

Enfin, peu importe. Tout ce que je veux dire, c'est que Jean était dans une colère terrible quand il apprit qu'on avait voulu enlever mademoiselle Anne.

Il demanda :

— Qu'est-ce que ces gueux en voulaient faire ?

Le Prussien répondit :

— Oh! nous ne voulions pas lui faire de mal, bon monsieur, au contraire. Notre maréchal des logis ne voulait que l'emmener au camp, où son frère l'attendait. M. le pastuer aurait célébré le mariage, et à cette condition le bon M. Burckhardt aurait rendu à la jolie demoiselle le testament de madame Jacquet, ou plutôt il aurait été avec elle l'héritier de la vieille dame, car il est juste qu'une bonne femme partage avec son mari tout ce qu'elle peut recevoir en héritage.

— Et toi? demanda Christophe, quelle part avais-tu dans l'affaire, car enfin tu risquais beaucoup? Le camp français n'est pas loin d'ici, et vous n'êtes pas entrés dans la forêt par la grande route.

Le Prussien répondit :

— Monsieur Burckhardt avait promis cent francs par homme si l'affaire réussissait. Son frère, qui conduisait l'expédition, aurait eu sans doute davantage.

— Et tu nous ferais retrouver ce Burckhardt? demanda Jean.

Le Prussien dit :

— Quand vous voudrez. Ramenez-moi au camp prussien, et...

Christophe et moi, nous éclatâmes de rire. Ce bon garçon croyait que nous allions le lâcher pour qu'il avertît les Prussiens de courir sur nous !

Mais Jean, quoique plus jeune, était plus sérieux. Il lui dit :

— Écoute, Zacharie. Je vais à Verdun avec mon frère François, que voilà. Si ton monsieur Burckhardt est sur la route, c'est-à-dire dans le camp prussien, gare à lui; mais si tu nous as menti, gare à toi! Quant à ces histoires de testament, ce n'est pas notre affaire, c'est celle des notaires et de M. Burtin. Mais je te promets que si le testament se retrouve et s'il est tel que tu le dis, tu seras bien payé.

— Par qui demanda le Prussien qui était défiant.

— Par M. Burtin ou par la jeune demoiselle, répondit Jean.

Et si tu n'es pas payé en argent, ma foi tu l'auras été autrement, car tu auras évité tous les coups de fouet que tu avais si bien gagnés et que Christophe voulait te donner.

Zacharie fut forcé de se contenter de cette réponse.

Comme Jean finissait de parler, mademoiselle Anne ouvrit

la porte. Par bonheur, elle n'avait rien entendu, car il n'y avait pas eu de coup de fusil, et la vieille Marion, q'il lisait dans les yeux de Christophe ce qu'on allait faire, l'avait emmenée pour écrire, à l'autre bout de la maison.

Jean, qui eut peur qu'elle ne vît le cadavre du hulan et ne devinât le reste, prit la chandelle comme pour l'éclairer et lui dit :

— Mademoiselle, nous allons partir. Il faut descendre et atteler le char-à-bancs. D'autres hulans pourraient venir. Nous allons conduire ceux-là au camp, et continuer notre route jusqu'à Verdun. Christophe vous ramènera à Réthel et à Reims. Gaspard va monter à cheval. Zacharie Werner tiendra le cheval par la bride. François et moi nous marcherons à côté de lui. S'il bouge on lui brûlera la cervelle... Est-ce convenu, dites ?

La petite demoiselle remit à Jean une lettre pour son père et nous dit :

— Je ferai tout ce que vous voudrez... Avec Christophe, je n'ai peur de rien, ni Marion non plus... N'est-ce pas, Marion ?

La vieille Marion, à qui Christophe faisait signe de se dépêcher, descendit sans répondre en emportant la chandelle, ce qui nous obligea tous de la suivre, après que nous eûmes porté dans le bois les cadavres des deux Prussiens que Jean et moi nous avions tués pendant le combat.

— Il faudrait les enterrer, dit Jean.

Mais Christophe répliqua :

— Pourquoi faire ? Nous n'avons pas de temps à perdre... Allez de votre côté et moi du mien, camarade Bûchamor, et bonne chance. Vous me retrouverez à Grand-Pré ; moi, je serai bien aise de revoir deux bons compagnons, et de vous faire connaître à ma femme et à mes enfants. La Jeanne (c'est ma femme) sait faire de bonne soupe aux choux avec du petit salé, et je serai content de vous en faire goûter.

Et vous verrez mes petits. J'en ai neuf, cinq garçons et quatre filles. L'aîné des garçons a quatorze ans. Vous verrez comme il sait conduire les chevaux quand je n'y suis pas, et tirer un lapin... Un fier luron, je ne te dis que ça...

Nous remerciâmes Christophe de ses honnêtetés, et nous partîmes, mademoiselle Anne, Marion et Christophe, pour Réthel; nos prisonniers, Jean et moi, pour Verdun. Le garçon de ferme nous servait de guide; le pauvre garçon n'avait que tout juste la force de dire : *A droite !... à gauche !...* ou bien : *A droite et à gauche !...*

Nous marchions lentement dans les bois et dans les marais, nous enfonçant quelquefois jusqu'au genou dans la boue, d'autres fois butant et bronchant contre des troncs d'arbre.

Vers sept heures du matin, nous arrivâmes au dernier poste français, à l'entrée de la forêt d'Argonne. Là, nous donnâmes le mot de passe et le passe-port de Dumouriez, mais le chef du poste nous apprit une terrible nouvelle.

Verdun venait de se rendre, et le commandant de la place, Beaurepaire, s'était brûlé la cervelle pour ne pas voir cette honte.

En même temps on voulait nous renvoyer au camp de Grand-Pré, et j'allais obéir lorsque Jean me dit :

— Frère, nous avons promis d'aller à Verdun.

Je répondis :

— Jean, que veux-tu faire là-bas? Les Prussiens sont dedans. Beaurepaire est mort. On nous prendra, et peut-être on nous fusillera comme espions.

Mais Jean n'avait peur de rien. Il me dit :

— François, nous entrerons, et l'on ne nous prendra pas.

C'est moi qui te le dis. Dumouriez attend qu'on lui donne des nouvelles de Verdun, et nous en donnerons. Si le vieux père Bûchamor nous voyait, il nous dirait lui-même d'aller en avant comme des hommes. Après tout, on n'est tué qu'une fois, frère !... Enfin j'irai tout seul, si tu ne veux pas venir.

Alors je vis que l'enfant avait raison, et qu'il avait plus de bon sens que moi, quoique plus jeune. Et je lui dis :

— Allons, Jean, puisque tu fais l'aîné et que tu commandes, je vais faire le cadet, moi, je te suivrai.

Il m'embrassa et me dit :

— Vois-tu, François, je sens qu'il y a quelque chose dans l'air aujourd'hui... Je ne sais pas quoi ; mais la journée ne se passera pas sans que nous ayons rendu service à la patrie ou jeté quelque Prussien à l'eau.

Voyant sa résolution et la mienne d'entrer à Verdun le jour même, le commandant du poste nous fit donner des habits de paysans et une petite voiture chargée de choux, de pommes et de salade.

Cette fois, Jean ne refusa pas, car il n'y avait plus moyen d'entrer dans Verdun au milieu des coups de fusil, comme nous l'avions pensé d'abord et promis à Dumouriez. Nous n'aurions trouvé que des Prussiens dans la ville et nous serions restés prisonniers.

Au contraire, habillés en paysans, nous pouvions passer partout. Nos choux, nos pommes et nos salades servaient de passe-port.

Et, en effet, le passe-port se trouva bon jusqu'à la porte de Verdun ; mais c'est là que commençait le danger.

Au moment où nous passions le premier pont-levis, les Prussiens qui étaient déjà dans la ville nous barrèrent le passage avec leurs baïonnettes.

Jean me dit en patois, pour ne pas être compris d'eux :

— *Laissé me parlà tou sou* (1).

— On ne passe pas ! cria l'officier qui commandait le poste.

Alors Jean dit tout haut :

— S'ils ne me laissent pas passer, ils n'auront pas mes choux.

Et il fit reculer le cheval comme pour retourner la voiture et s'en aller.

— Laisse-là tes légumes, dit l'officier.

— Qu'est-ce qui les payera? demanda Jean.

Alors le Prussien se mit à rire :

— C'est le roi Louis XVI. Je vais te donner un bon sur sa cassette.

Il se moquait de nous, et Jean me regardait comme pour me dire :

— Si nous le jetions dans le fossé?

Mais il avait plus de cinquante hommes avec lui, sans compter ceux qui allaient et venaient.

Il comprit, du reste, l'idée de Jean, et dit quelques mots en allemand à ses hommes, sans doute pour leur donner l'ordre de nous saisir, car ces gueux se jetèrent sur nous et voulurent nous attacher les mains derrière le dos. En même temps, on emmena le cheval et la voiture.

Tout à coup, au moment où on allait nous pousser dans le poste, sept ou huit officiers d'état-major passèrent à cheval, au grand trot, accompagnés d'un monsieur en habit bourgeois qui trottait comme les autres, mais qui paraissait avoir plus d'esprit qu'eux, car tout le monde riait en l'écoutant.

Jean, voyant passer tout le monde, eut une inspiration. Il cria :

---

(1) Laisse-moi parler tout seul.

— Monseigneur, on m'assassine !

En même temps il fit un grand effort, se dégagea, saisit par la bride le cheval de celui qui était en tête de la troupe, et qui avait le plus de broderies sur son habit.

L'autre s'arrêta et dit au monsieur qui était en habits bourgeois :

— Monsieur de Gœthe, voyez donc un peu ce que veut ce garçon.

XVI

OU M. DE GŒTHE EXPLIQUE AU DUC DE BRUNSWICK LE CARACTÈRE DE LA NATION FRANÇAISE.

C'est dans cette occasion que je vis M. de Gœthe pour la première fois. Je ne savais pas alors qui c'était. Je le prenais pour un commissaire des vivres, pour ce que nous appelions en ce temps-là un *riz-pain-sel*. Mais on m'a dit que je m'étais trompé, que c'était un monsieur très-savant, qui faisait de beaux livres dans son pays, et qui était l'ami de beaucoup de princes.

Ce monsieur donc se tourna vers nous sur l'ordre du général, et demanda au commandant du poste ce qu'on voulait à Son Altesse, car il paraît que Jean, sans le savoir, avait mis la main sur un très-grand seigneur, et même, comme on nous le dit un instant après, sur une Altesse sérénissime, ce qui est quelque chose de très-considérable et presque sacré en Allemagne.

Comme on ne vous apprend pas dans vos écoles ce que c'est qu'une Altesse sérénissime allemande (et en effet il y a des choses plus pressées), je vais vous le dire en deux mots :

C'est un chrétien que le bon Dieu a fait duc, archiduc ou prince, comme son père, son grand-père et tous ceux de sa race, qui n'a pas besoin de travailler pour vivre, vu que les autres travaillent pour lui matin et soir ; qui monte à cheval après déjeuner pour faire la digestion ; qui dîne bien, solidement et en bonne compagnie ; qui a des palais, des parcs, du gibier (toujours bien gardé pour le cas où il aimerait la chasse); de beaux habits, cela va sans dire ; trente ou quarante domestiques, plus ou moins, suivant les pays ; — qui lève des impôts sur ceux qui travaillent, et qu'on salue, comme s'il était la propre image de Jésus-Christ en terre, lorsqu'il daigne traverser la rue.

Du moins, voilà ce que c'était qu'une Altesse, il y a soixante ans, en Allemagne. Comme je n'y ai pas mis les pieds depuis longtemps, je ne sais pas s'ils ont fait quelque changement là-bas.

L'Altesse de Jean était donc de cette espèce, et même la plus considérable de son espèce, car ce n'était pas moins que monseigneur le duc de Brunswick, général en chef de l'armée prussienne. Vous voyez si Jean avait la main heureuse. Ceux qui ne doutent de rien font souvent de bonnes rencontres.

Il se trouva — je l'ai vu ce jour-là, et plus tard on me l'a répété — que ce duc de Brunswick n'était pas un méchant homme ni un de ces généraux d'armée qui ne se plaisent qu'à effrayer les gens et à faire fusiller les malheureux qui ne peuvent pas se défendre. Quoique prince, il connaissait beaucoup de choses, et comme il était bon soldat et savait qu'à la guerre on est tantôt vainqueur, tantôt vaincu (Napoléon Ier lui-même s'est bien fait battre par des gens qui ne le valaient pas), il était assez doux pour les pauvres gens, quoiqu'il leur fît des menaces terribles dans ses proclamations.

Il s'arrêta donc avec son état-major et demanda, comme je vous l'ai dit, ce que voulait ce jeune homme, car vous vous souvenez que Jean, qui était habillé en paysan, qui n'avait pas un poil de barbe, ne pouvait pas faire l'effet d'un soldat terrible.

Le commandant répondit en allemand je ne sais quoi, mais je voyais à ses gestes qu'il disait que nous avions mérité le bâton, et, comme j'avais les mains à peu près libres, je pensais déjà à tordre le cou à ce gredin et à tous ceux qui étaient là, et à me faire fusiller sur place plutôt que de souffrir une pareille honte.

Mais Jean, qui ne comprenait pas plus que moi ce qu'avait dit l'officier, et qui voyait que Brunswick retournait son cheval pour partir, saisit tout à coup, comme par inspiration, la main de M. de Gœthe (il m'a raconté plus tard que ce qui lui avait donné cette hardiesse, c'est que le savant monsieur avait une plus belle physionomie que les autres), et il s'écria :

— Monsieur, ne nous laissez pas assassiner !

A ce mot, M. de Gœthe, qui nous regardait tous deux attentivement, se tourna vers le duc et lui dit en français, langue qu'il parlait comme vous et moi :

— Monseigneur, ce jeune homme a raison. Il ne faut pas le condamner sans l'entendre.

Alors Brunswick répondit :

— Eh bien ! amenez les protégés de M. de Gœthe à l'état-major, je veux les faire interroger à fond.

En même temps, il donna ordre à un officier de nous conduire et de veiller à ce que nous ne fussions pas maltraités.

L'officier obéit, et fit même conduire avec nous notre charrette chargée de légumes. Le commandant du poste qui avait voulu nous voler fut forcé de suivre. Je l'entendais jurer en allemand ; il nous montrait le poing comme s'il avait voulu nous exterminer, et de temps en temps il prononçait, en blasphémant, le nom de M. de Gœthe.

Mais il obéissait; c'est le principal.

Quant à Jean, il me regardait en riant de cet air bon enfant, joyeux et décidé en même temps, qui ne pouvait pas plus le quitter que la tonsure ne quitte le curé. Il disait :

— Tout ça finira bien, c'est moi qui t'en réponds.

Enfin nous arrivâmes sur une place au coin de laquelle était la maison de l'état-major. C'était chez une marchande de dragées; les Allemands avaient pillé la moitié de la boutique, cassé les bocaux et vidé plusieurs tiroirs quand le duc entra. Ça fut très-heureux pour la bonne dame et pour sa fille, une jolie fille, ma foi, qui était au comptoir, car les pillards se sauvèrent et nous restâmes seuls avec l'état-major, le duc et l'escorte.

Brunswick s'assit avec les autres, nous restâmes debout, Jean, moi et les soldats qui nous gardaient. Il fit signe à M. de Gœthe de commencer l'interrogatoire.

L'autre demanda qui nous étions, ce que nous venions faire à Verdun, et le reste.

Jean répondit :

— Je suis Français, j'ai voulu, avec mon frère François, celui que vous voyez là, amener des choux et des pommes de terre à Verdun. L'officier a voulu les avoir pour rien, — je ne sais pas comment ça s'appelle en Allemagne, dans mon pays on appelle ça voler. Nous avons résisté, il allait nous faire prisonniers et peut-être nous tuer quand vous avez passé avec monseigneur le duc. J'ai crié pour demander justice, voilà tout.

Brunswick reprit :

— L'officier dit que vous êtes des espions, ton frère et toi.

Jean répliqua :

— Qu'est-ce que c'est qu'un espion? est-ce un homme

qui vend de la salade? en ce cas, je suis un espion.

— Le garçon est hardi, dit alors M. de Gœthe toujours en français (je crois qu'il avait peur d'être entendu des soldats allemands); mais vous savez, monseigneur, c'est le caractère de la race. Ces jeunes gens sont bien traités dans leur pays; ils mangent à leur faim, ils boivent à leur soif; on leur dit depuis trois ans que tous les hommes sont égaux et libres : c'est cela qui les attache à leur révolution... Votre Altesse sait ce qui est arrivé hier et ce matin, et ce qu'a fait en particulier le commandant Beaurepaire, qui s'est brûlé la cervelle hier, en plein conseil municipal, plutôt que de rendre Verdun!... C'est une religion nouvelle que les Français veulent fonder, celle de la liberté, — et, comme toutes les religions, elle a déjà eu ses martyrs!...

Ce matin, — quand Votre Altesse est entrée dans la place, — a-t-elle remarqué ce soldat qui seul a tiré un coup de fusil sur notre avant-garde?... Certainement il n'espérait pas nous tuer tous, ni même plus d'un, deux ou trois hommes; il savait bien aussi qu'on le prendrait et qu'on le fusillerait à son tour... Est-ce qu'il a eu peur, cependant? est-ce qu'il n'a pas tiré?... Et quand il était sur le pont, est-ce qu'il ne s'est pas jeté dans la Meuse? est-ce qu'il ne s'est pas noyé volontairement? est-ce qu'il a eu la pensée de demander grâce?...

C'est une dangereuse nation que celle-là, et qu'il ne faut pas traiter à l'allemande, parce qu'elle n'y est pas accoutumée. Si on leur donne des coups de bâton, ils vont devenir enragés et nous poursuivre avec des fourches.

M. de Gœthe parla longtemps encore. Je ne me rappelle pas bien tout ce qu'il dit, mais l'autre l'écoutait comme un évangile, et enfin il nous fit remettre en liberté. Même, comme il était en train de bien faire, il nous rendit aussi notre charrette et le cheval qui la traînait.

Je ne dis pas qu'il n'y manquait pas quelques choux et quelques navets, mais ces pauvres Allemands ne peuvent pas se contenir quand ils voient des choux. Ça et le lard, c'est ce qu'ils demandent à Dieu tous les matins avec quelques bouteilles de bière pour se désaltérer, car il fait terriblement soif dans leur chien de pays, et j'ai vu, moi qui qui vous parle, des bourgeois, oh! de vrais bourgeois, de ceux qui ont pignon sur rue et chevaux à l'écurie, boire quatre heures de suite sans débrider, ni ôter leurs grands verres de leurs bouches, excepté pour y placer le tuyau de leur pipe. Chacun prend son plaisir où il peut; et après tout, ça vaut peut-être mieux de boire sans soif que d'avoir soif sans boire.

Enfin, nous retrouvâmes notre charrette et la moitié de nos choux, et nous sortîmes de la boutique de l'état-major en faisant de grands saluts à M. de Gœthe d'abord, qui avait plaidé pour nous, et ensuite à Son Altesse sérénissime et à toute la compagnie.

Comme nous fermions la porte, M. de Gœthe la rouvrit, vint dans la rue et dit à Jean :

— Mon garçon, tu me plais. Veux-tu entrer à mon service ?

Jean se mit à rire et répliqua :

— Merci bien, monsieur de Gœthe, je suis bien sensible à votre honnêteté, mais je n'ai jamais servi : je ne ferais pas votre affaire.

Le savant monsieur avait l'air contrarié. Il ne s'attendait pas à cela. Il dit encore :

— Tu n'auras presque rien à faire : — cirer mes bottes, brosser mes habits, conduire mes chevaux, prendre soin de mes bagages et servir de guide dans les mauvais chemins... Je te donnerai trois thalers par mois.

Jean avait l'air embarrassé. Enfin il dit comme pour marchander :

— Combien ça vaut-il, un thaler?

— Quatre francs! dit M. de Gœthe. Mais j'irai bien jusqu'à cinq thalers par mois, si je suis content de tes services.

— Et si je refuse, demanda Jean, qu'est-ce que vous ferez?

— Si tu refuses, dit le savant monsieur, je vous ferai prendre par réquisition, toi, ton frère, ton cheval et ta charrette, et vous n'aurez rien de moi, et vous suivrez l'armée prussienne jusqu'à Paris.

— Oh! oh! dit Jean, ça me décide, alors, — ça et les cinq thalers.

Le savant monsieur reprit:

— J'ai promis cinq thalers, mais seulement à la fin du mois et si je suis content de tes services.

Je laissais parler Jean, et j'étais bien étonné; mais comme je voyais dans ses yeux qu'il avait quelque chose en tête, je ne disais rien. Enfin il dit:

— C'est bien entendu, n'est-ce pas, monsieur de Gœthe? Si nous ne vous suivons pas de bon gré, nous vous suivrons de force.

Le savant monsieur répondit que Jean avait bien compris.

— Alors, dit Jean, nous allons laisser devant la porte la voiture et le cheval. Nous reviendrons, mon frère et moi, dans une demi-heure. J'ai une commission pour notre cousine Eulalie qui demeure à l'auberge du *Juif errant*, près du pont... mais c'est bien sûr, n'est-ce pas, que vous payerez les cinq thalers?

M. de Gœthe répéta qu'il en donnait sa parole, et il fit garder la voiture par un factionnaire prussien afin que Jean ne pût pas l'emmener.

Nous allâmes donc dans la ville, comme si nous avions

voulu chercher l'auberge du *Juif errant* et la cousine Eulalie.

Quand nous eûmes tourné le coin de la rue, Jean se mit à rire et dit :

— Si ce Prussien me rattrape jamais, je veux être pendu. Et dire que c'est le plus honnête et le plus savant de la bande! Il faut que les autres soient de fameux gredins.

Je répondis :

— Jean, c'est bien pensé ; mais comment sortirons-nous d'ici? Toutes les portes sont gardées.

— Bah ! dit Jean, c'était bien aussi difficile d'entrer que de sortir. Mais tâchons d'abord de retrouver M. Burtin et de lui donner la lettre de sa fille.

Malheureusement, on nous dit qu'il était parti le matin avec la garnison de Verdun, et qu'il avait dû aller à Reims.

Il n'y avait donc plus qu'à partir nous aussi; mais c'est là que nous fûmes bien embarrassés, moi du moins, car Jean disait qu'il n'y aurait pas plus de difficulté que pour passer la Roseille au pont de Lestrange.

Pendant deux heures nous nous promenâmes dans la ville, qui n'est pas aussi belle que Limoges, mais qui lui ressemble un peu. Il y a une belle rivière, la Meuse, des rues qui montent sur la colline, un bel évêché, plusieurs couvents, et l'on y fabrique beaucoup de dragées, mais nous ne pûmes pas savoir si ces dragées étaient bonnes, car les Prussiens dévoraient tout.

Enfin, vers quatre heures et demie, Jean me dit : On va fermer la ville. Il est temps de partir. On n'aura qu'un quart d'heure pour courir sur nous si l'on remarque notre fuite, et ma foi, toi et moi, nous avons bon pied, bon œil, nous leur ferons voir du chemin.

Malheureusement, on ne pouvait sortir de Verdun que par une porte, la même qui nous avait servi pour entrer, et l'officier du poste était le même qui nous avait arrêtés le matin et qui voulait nous faire donner des coups de bâton.

Le gueux était justement sur le pont-levis quand nous voulûmes passer. Il venait de boire et de manger comme un prince, et il se promenait les jambes écartées, le ventre en avant, la main gauche derrière le dos, et tenant sa pipe de la main droite.

Je dis tout bas :

— Jean, passe le premier. S'il veut t'arrêter, je le prends par les pattes de derrière, et...

Mais Jean répondit :

— Nous passerons ou nous périrons ensemble. As-tu envie d'être mis en réquisition pour cirer les bottes de M. de Gœthe?

A ce moment le Prussien nous reconnut. Il n'était qu'à dix pas de nous sur le pont. Il fit signe à cinq ou six soldats d'aller chercher leurs fusils et aux deux factionnaires de croiser la baïonnette. Puis il nous cria :

— Halte! où sont vos passe ports?

Je vis que nous étions perdus.

XVII

OU L'ON REÇOIT DES NOUVELLES DE GOTON, DE CATHERINE ET DE TOINET.

Jean et moi, nous n'avions pas d'autres armes que deux bâtons de houx, ce qui ne pouvait servir à rien contre des fusils et des baïonnettes.

Je pensais :

— Faut-il se faire tuer? faut-il se laisser prendre?

Se faire tuer ne servait à rien ni à personne. Nous ne pouvions même pas tuer quelques Prussiens avant de mourir. On nous égorgerait comme des moutons à l'abattoir. Personne ne saurait ce que nous étions devenus. Le père, la mère nous attendraient vingt ans, quarante ans peut-être. Catherine attendrait-elle? Et si elle attendait, à quoi bon?

Se laisser prendre, c'était pire encore. Nous serions entrés comme des rats dans la souricière, la trappe serait refermée, et personne ne s'inquiéterait de nous. Qui pouvait savoir combien de temps durerait la guerre, et si, après la guerre, on rendrait les prisonniers, et si nous reverrions jamais le beau clocher de Néoux, la Roseille, le moulin de Lestrange et Catherine?

Tout cela me vint dans l'esprit pendant le temps que le Prussien disposait ses hommes et ses baïonnettes. Je pensai alors qu'il fallait passer à toute force ou être tué.

Mais Jean, qui réfléchissait de son côté, me souffla tout bas :

— Fais le sourd, et ne t'étonne de rien. Tu vas voir pourquoi.

En même temps il me cria de toutes ses forces :

— Qu'as-tu fait du passe-port de M. de Gœthe?

Je demeurai sans rien dire comme il me l'avait recommandé.

Alors, il recommença :

— François! le passe-port de M. de Gœthe?... Tu entends bien, son passe-port?... N'ouvre donc pas la bouche comme ça... On dirait une carpe hors de l'eau... Voyons! le passe-port du savant M. de Gœthe?

Je répondis :

— Je n'ai jamais vu le passe-port de M. de Gœthe... Si M. de Gœthe a perdu son passe-port, ce n'est pas ma faute.

Ça, c'était vrai. M. de Gœthe avait pu perdre son passe-port, sa valise, sa voiture, ses chevaux, son argent et son appétit sans que j'y fusse pour rien.

— Eh bien, me cria Jean dans l'oreille, si tu l'as oublié a la maison, il faut aller le chercher.

En même temps il me prit par le bras et nous tournâmes le dos aux Prussiens. Le commandant du poste fut si étonné de cette manœuvre ou peut-être si effrayé du nom de M. de Gœthe, qu'il avait déjà vu avec nous trois heures plus tôt chez le duc de Brunswick, qu'il ne nous fit pas poursuivre.

A cent pas de là, Jean me regarda en riant.

— Eh bien, François, celui-là ne nous tient pas encore.

— Oui, mais la porte est fermée; nous allons cirer les bottes de M. de Gœthe.

— Ne t'inquiète pas, répliqua Jean, je parie que ce savant monsieur nous donnera un passe-port et que nous ne cirerons pas ses bottes. Oui, je parie ça, François, et encore autre chose, je parie que nous sortirons de Verdun, nous deux, ce soir ou demain matin au plus tard, et qu'après-demain nous rentrerons au camp.

Je lui dis :
— Enfant !
Il me répliqua :
— Tu verras.

Tout en parlant, nous retournâmes chez M. de Gœthe, puisqu'il n'y avait pas moyen de faire autrement, et Jean montra beaucoup de zèle et d'envie de faire plaisir au savant monsieur.

C'était, du reste, un homme de bon caractère et de bonne humeur, du moins pour un Allemand. Il aimait la société des puissants et des riches. Ça se voyait du premier coup; mais il ne méprisait pas et ne maltraitait pas les pauvres gens; il aimait à bien dîner, à bien boire, à bien dormir, à ne se gêner ni fatiguer pour personne, mais il ne se fâchait pas, ne se dérangeait pas, ne jurait pas quand les choses allaient de travers. Ce n'était pas le meilleur des hommes, mais, pour un Allemand, il était excellent.

Il se mit à rire quand il nous vit, Jean et moi, et dit à Jean :

— Je ne comptais plus sur toi, mon garçon.

— Pourquoi donc, monsieur ? demanda Jean.

— Je te croyais parti.

Jean répliqua :

— Monsieur, je ne partirai jamais sans vous en avertir, au moins par écrit. D'ailleurs, vous avez notre voiture pleine de choux, et le cheval. Croyez-vous que j'aie le moyen de perdre tout ça ? Et qu'est-ce que ça nous fait, à mon frère et à moi, de vendre nos choux ici ou là-bas, à Verdun ou ailleurs ? Pourvu qu'on nous paye, c'est l'essentiel.

Puis, se penchant vers moi, il me cria dans l'oreille, comme si j'avais été sourd, aveugle et paralytique :

— N'est-ce pas, François ?... pourvu qu'on nous paye...

Je répondis en criant encore plus fort que lui :

— Qu'est-ce que tu dis ?... que le savant monsieur veut nous payer d'avance ?...

Mais M. de Gœthe n'entendait pas de cette oreille-là.

Il remit à Jean une paire de grandes belles bottes toutes couvertes de boue, et ajouta :

— Cire-moi ça, mon garçon. Cire avec soin. Je vais ce soir au bal que la ville de Verdun offre à S. M. le roi de Prusse.

Et c'était vrai. Je suis fâché de le dire ; mais il y avait des gens à Verdun qui offraient des fleurs et des dragées aux Prussiens. Ces gens s'entendaient avec les émigrés pour amener les Allemands chez nous, et c'est pour eux que Brunswick avait fait annoncer partout qu'on mettrait à feu et à sang tout le pays, si quelqu'un voulait faire résistance.

C'est cela qui rendit la France entière si furieuse, qu'on parla pendant deux ans de couper des têtes comme de faucher l'herbe des prés, et que les républicains qu'on voulait tuer et qui se voyaient trahis, commencèrent à guillotiner. Mes enfants, c'est horrible de guillotiner, mais rappelez-vous qu'ils furent menacés les premiers, que ceux qu'on prenait en Vendée et ailleurs furent fusillés comme des chiens quoiqu'ils n'eussent fait qu'obéir à la loi et défendre la patrie...

Ah! tenez, je ne veux pas vous parler de ce que j'ai vu de mes yeux en ce temps-là et plus tard... Un autre jour cela viendra.

Je reviens à l'oncle Jean et aux belles bottes de M. de Gœthe.

Jean les prit sans se faire prier et passa avec moi dans un cabinet dont la porte était vitrée. Par un carreau cassé l'on pouvait entendre et voir tout ce qui se disait ou se faisait dans la chambre de M. de Gœthe.

Ce savant monsieur déplia sur la table une carte de géographie et se mit à étudier de toutes ses forces.

Pendant ce temps, nous parlions en patois, Jean et moi, pour qu'il ne pût pas nous comprendre, si par hasard il nous avait écoutés. Mais je crois bien qu'il ne pensait guère à cela, le bon Allemand, car il écrivait des notes sur un papier et comptait sur ses doigts comme s'il avait voulu faire le compte de l'aubergiste.

Ce n'était pourtant pas ça, car s'il n'était pas Prussien, il était avec les Prussiens, et c'est une règle établie dans l'armée prussienne (on me l'a dit plus tard et je l'ai vu moi-même quand cette canaille est rentrée en France vingt ans après) que jamais un Prussien ne paye son dîner à l'auberge quand il est plus fort que l'aubergiste.

Or, ce jour-là, ils ne payaient nulle part, étant plus de soixante mille à Verdun et aux alentours. Ce n'est donc pas la note de l'aubergiste que M. de Gœthe écrivait avec tant de soin.

Au bout d'un moment, un autre Allemand entra : un grand pâle, avec des cheveux jaunes et des lunettes, et qui tenait à la main beaucoup de journaux et de papiers.

Il salua M. de Gœthe en se courbant comme s'il avait voulu embrasser ses genoux.

Le savant monsieur se retourna et dit quelques mots allemands où nous ne distinguâmes rien, excepté le mot Burckhardt.

Jean me poussa le coude et me dit tout bas :

— Si c'était le nôtre ? Si c'était celui qui a voulu faire enlever mademoiselle Anne ?

Je lui répliquai :

— Il y a plus d'un âne à la foire qui s'appelle Martin.

Mais Jean s'entêta :

— Enfin, si c'était le nôtre ?

La conversation dura longtemps entre les deux Allemands. Ils riaient, ils lisaient les journaux. Je commençais à m'ennuyer beaucoup, quand tout à coup Jean me dit :

— Frère, viens avec moi.

Et il m'expliqua son idée, que vous allez voir, et qui était bonne, quoiqu'elle pût nous faire fusiller, si nous n'avions pas réussi ; mais qui ne risque rien n'a rien, et enfin, on ne meurt qu'une fois.

Il faut vous dire que le cabinet où nous étions, à côté de la chambre de M. de Gœthe, avait une seconde porte qui s'ouvrait sur le corridor et que le même escalier servait pour tout l'appartement, de sorte que Burckhardt ne pouvait pas, pour sortir, passer par un autre chemin.

J'allai m'asseoir au bas de l'escalier pour attendre Jean et lui porter secours au besoin.

Il entra, lui, dans la chambre, d'un air délibéré comme il faisait toujours, et dit à M. de Gœthe :

— Monsieur, je sors pour chercher du cirage dans la ville.

— Rentreras-tu bientôt? demanda le savant monsieur.

— Aussitôt que je pourrai, répondit Jean, pourvu qu'il ne m'arrive pas d'être arrêté comme ce matin.

Alors M. de Gœthe se mit à rire et dit quelques mots en allemand à l'autre. Il était de bonne humeur en pensant qu'il nous avait fait mettre en liberté et peut-être sauvé la vie; car, voyez-vous, mes enfants, il n'y a rien qui rende aussi gai et aussi content de soi et des autres que de faire une bonne action. Essayez-en quand vous en aurez l'occasion.

M. de Gœthe se tourna vers Jean et lui dit en français :

— Tu vas suivre mon ami M. Burckhardt, il te fera donner deux passe-ports prussiens : l'un pour toi, l'autre pour ton frère, en disant que vous êtes tous deux à mon service, et vous pourrez vous promener par la ville; mais je garde la voiture et le cheval pour être sûr que vous reviendrez.

— Ah! s'écria Jean transporté de joie, comment pourrions-nous quitter votre service? Cinq thalers par mois!... Car c'est bien cinq thalers, n'est-ce pas ?... Vingt francs par mois! vingt francs par mois! Pour ce prix-là, monsieur, on vous suivrait au bout du monde!

Là-dessus, le savant monsieur de Gœthe se remit à étudier la carte de France pendant que Jean et Burckhardt descendaient l'escalier au bas duquel je les attendais tous deux. J'avais entendu à peu près toute leur conversation, parce que Jean avait parlé très-haut tout exprès, afin que je pusse entrer si les affaires tournaient mal.

Il me fit signe de les suivre jusque dans la rue voisine. Par bonheur, il faisait nuit, et personne ne passait. Les Verdunois ne sortaient pas de leurs maisons pour ne pas rencontrer les Prussiens, et les Prussiens n'allaient qu'en troupe dans la ville de peur de recevoir des coups de couteau, car s'il y avait deux ou trois traîtres à Verdun, presque tous les autres étaient de bons patriotes qui ne demandaient qu'à se battre contre les Allemands et qui l'ont bien prouvé plus tard.

Burckhardt tourna le coin de la rue, et, à trois pas de là entra dans une maison où il demeurait presque seul. Nous l'attendîmes; il en sortit presque aussitôt avec les deux passe-ports signés et nous les donna.

Comme il allait rentrer, Jean lui dit:

— Monsieur Burckhardt, êtes-vous parent d'un sous-officier de hulans que j'ai rencontré cette nuit?

Le Prussien se retourna.

— Où donc? Est-ce qu'il est arrivé quelque chose?

— Je ne sais pas, répondit Jean, mais si vous voulez venir avec nous vous le saurez; je crois qu'il est blessé.

L'autre se défia, il ne nous connaissait pas. Il venait de nous donner des passe-ports, car il était employé dans la police de l'armée prussienne; mais il s'en était rapporté à M. de Gœthe.

— Attendez, dit-il, je vais chercher deux de mes hommes.

Et il voulut rentrer dans la maison, mais Jean me dit en patois:

— *Prenio-le por las pautas. L'empéchoré be de creda* (1).

Ça fut fait si vite qu'il n'eut pas le temps de dire *Jésus Maria*. Je lui tins les deux mains derrière le dos, Jean lui enfonça son mouchoir dans la bouche et me dit:

— Garde-le, je vais voir s'il y a des armes dans sa chambre.

Il monta et redescendit presque aussitôt. Burckhardt avait laissé la porte ouverte; Jean rapportait un poignard, deux paires de pistolets chargés et une forte corde avec laquelle j'attachai les mains du Prussien. Jean garda le poignard et

(1) Prends-le par les pattes, je l'empêcherai bien de crier.

une paire de pistolets et me donna l'autre. Puis il dit à Burckhardt :

— Écoute, coquin, nous te connaissons et tu ne nous connais pas; si tu bouges, si tu cries, je te tue comme un loup avec ce poignard. Si tu nous suis sans rien dire, et si tu nous aides à sortir de Verdun, je te laisserai aller quand nous serons sortis. Vois ce que tu veux faire.

Burckhardt fit signe qu'il obéirait.

Alors, Jean et moi, nous lui ôtâmes son bâillon, nous le prîmes chacun sous un bras et nous passâmes sous la porte de la ville.

Cette fois, l'officier s'avança pour demander nos passe-ports. Je montrai celui de Jean et le mien : pour le Prussien, comme il était connu de l'officier, on ne lui demanda rien, si ce n'est : — Où donc allez-vous si tard, Burckhardt?

Il voulut se retourner, et peut-être appeler au secours, car il avait peur de rester seul avec nous; mais Jean appuya la pointe du poignard entre ses deux épaules. Le Prussien piqué, de peur de le mettre en colère, répondit à l'officier en fermant les yeux d'un air fin : — Mission secrète, capitaine.

Deux lieues plus loin, Jean me dit :

— Nous devons être tout près des avant-postes français? Ce Burckhardt ne peut plus nous servir à rien, laissons-le aller.

Je le lâchai à demi, mais sans lui délier les mains.

Alors Jean me fit voir, à la lueur d'une lanterne sourde qu'il alluma, un paquet de papiers qu'il tenait caché sous sa blouse, et me dit :

— Vois, François, ce que j'ai pris dans sa chambre; nous avons de quoi lire jusqu'à la fin de nos jours.

En effet, il y avait des lettres, des journaux, des plans de fortifications, des cartes de géographie et le testament de madame Jacquet, de Reims, que Jean était venu chercher jusqu'à Verdun pour rendre service à la jolie demoiselle Anne.

Il cria :

— Tiens, François, vois-tu que j'avais raison de vouloir aller à Verdun ce matin?

Le Prussien lui dit :

— Rendez-moi au moins ce papier, ça ne peut vous servir à rien.

Mais alors je lui racontai ce que nous avions fait la nuit précédente, et comment son frère avait été tué pour avoir essayé d'enlever la jolie demoiselle.

Il devint furieux, et nous dit en grinçant des dents comme un loup :

— Je vous rattraperai ! je me vengerai !

Alors, pour le faire taire, Jean lui remit son mouchoir dans la bouche et nous l'attachâmes à un vieux chêne, car nous étions sur le bord de la forêt d'Argonne. Il se débattait et lançait des coups de pied et des coups de poing comme un enragé.

Enfin, nous en vînmes à bout, et quand il fut bien attaché, nous le quittâmes pour retourner au camp de Grand-Pré, et de là à Sainte-Menehould, où Dumouriez nous reçut très-bien, se fit raconter nos aventures, nous fit payer cent francs de gratification à cause des plans et des papiers de toute espèce que nous avions rapportés, et donna à Jean le grade de sergent.

Jean ne voulait pas, il disait :

— Mon général, c'est François qui a tout fait. Je ne peux pas accepter d'être sergent quand il reste simple soldat.

Dumouriez dit :

— François est un brave soldat et toi aussi ; mais tu sais lire et écrire, et il ne sait pas, lui. Qu'il apprenne, et je le ferai sergent comme toi, et même colonel.

Qu'il apprenne! C'était facile à dire ; mais il n'y avait

pas d'école au régiment ; et, pour apprendre tout seul, j'avais la tête trop dure.

C'est égal, nous fûmes très-contents tous deux, Jean et moi. Il disait, lui :

— Ah! si le père me voyait! Et la mère!... Je ne pourrai jamais m'accoutumer, François, à te donner des ordres comme aux autres.

Je lui répondis :

— Jean, fais ton devoir. Je ferai le mien. Tu seras général et du Guesclin, comme tu disais l'autre jour, et tu chasseras les Prussiens de France, et tu entreras en Prusse à ton tour ; tu auras de l'argent, des chevaux, de la gloire, des épaulettes. Mais, moi, j'aurai mieux que tout ça. J'aurai une bonne femme, Catherine, que j'aime comme la prunelle de mes yeux, et un bon moulin, et quand tu viendras nous voir sur ton cheval de bataille, monté comme un saint Georges, j'aurai un bon lit à t'offrir, une bonne bouteille de vin et une bonne tranche de bon bœuf.

— *Alleluia!* cria Jean. Et j'aurai aussi des petits neveux et des petites nièces qui se rouleront sur la paille dans la cour du moulin, ou qui sauteront sur le foin. Et je sauterai avec eux.

— Et, dis-je encore, quand tu seras fatigué de la guerre, si tu veux te marier, je te chercherai une bonne femme comme Catherine ou une jolie petite demoiselle avec des yeux bleus, des mains blanches, et un air doux et riant comme la fille de M. Burtin.

Jean se mit à rire.

Tout à coup le vaguemestre arriva tout chargé de lettres pour la compagnie. En ce temps-là, le courrier ne passait qu'une fois tous les huit jours, et l'on n'avait pas souvent de nouvelles de la famille. Aussi, je me précipitai quand le vaguemestre cria :

— Eh! François Bûchamor, j'ai deux lettres pour toi.

L'une était de ma sœur Goton et l'autre de Catherine. Toutes deux de la même main, parce que Goton et Catherine m'avaient fait écrire par la propre tante de M. le maire de Néoux, une demoiselle bien respectable et qui écrivait quasi toutes les lettres de la commune. Avant la révolution, c'était un fameux talent que de faire des jambages, des pleins et des déliés, — oui, un fameux talent et pas commun du tout.

Voici la lettre de Goton :

« Néoux, 18 août 1792.

» Mon cher frère François, je t'écris pour te dire que nous nous portons tous bien. Le père se porte bien, la mère se porte bien, Marie se porte bien, je me porte bien, Toinet aussi se porte bien ; mais il mange trop de crêpes, ça lui donne la colique.

» Monsieur le curé a voulu dire que la colique était la punition de ceux qui mangent trop de crêpes ; mais Toinet, qui est un impie, a répondu qu'il aimait mieux être puni de Dieu et manger des crêpes. Le père a dit : « Ceux qui » aiment trop à manger n'aiment pas à travailler. » La mère a dit : « Ce pauvre enfant, les crêpes lui font mal ! » Je vais lui donner de la crème, ça le guérira. »

» La mère avait raison. Depuis qu'on donne de la crème à Toinet, il ne se plaint plus de sa colique.

» François, il n'y a pas beaucoup de nouvelles ici. Le père a vendu la vache noire à M. Defournoux. Il vient d'acheter une truie mère avec ses douze petits cochons de lait. Nous les tuerons l'an prochain à Noël, quand vous serez revenus.

» On s'ennuie beaucoup ici. Il n'y a plus personne dans la commune. Tous les garçons sont partis, excepté Pardouvy et deux ou trois autres. On est forcée de danser avec eux ou avec des vieux de quarante ans qui sont mariés et qui ont des enfants comme père et mère.

» Dimanche, c'était la fête à Moutier-Roseille. Nous y sommes allées, Marie et moi, avec le père. La mère voulait venir avec nous, mais elle était fatiguée; à moitié chemin il fallut la ramener à Néoux. Ça nous retarda beaucoup.

» Et quand nous arrivâmes, qui est-ce qui dansait sur la place en face de Pardouvy?... Catherine, la belle Catherine, ta promise, avec des pendants d'oreille en or, un collier en or, des bracelets en or, et une croix en or. Et lui faisait le bel homme, et se carrait comme un seigneur. Quand elle nous vit, elle quitta la danse et vint nous embrasser; mais le père n'était pas content... Après ça, qu'est-ce que tu veux? Pardouvy et les autres lui font la cour, c'est bien naturel. Ça l'empêche de s'ennuyer en t'attendant.

» Adieu, frère, tu feras mes compliments à Jean. Le père t'envoie tous ses compliments, la mère t'envoie tous ses compliments, Marie t'envoie tous ses compliments, Toinet t'envoie tous ses compliments.

» Ta sœur pour la vie,

« GOTON BUCHAMOR. »

Au bas de la lettre il y avait encore ceci :

« La mère me charge de te dire de veiller sur Jean, parce qu'il est trop jeune, parce qu'il peut avoir la fièvre, parce qu'il est étourdi, parce que les Prussiens sont de méchantes gens et des canailles, et que si Jean se faisait blesser ou estropier, elle ne s'en consolerait jamais.

» Elle me charge aussi de te dire de ne pas te laisser prendre, ni tuer, ni blesser, de ne pas boire de l'eau froide quand tu as trop chaud, de penser tous les jours à elle et à nous. Elle a fait brûler hier deux cierges — un pour Jean, un pour toi. — Elle fera dire deux messes de quinze sous chacune dimanche et lundi pour que la sainte Vierge vous ramène.

» Le père a dit : C'est bon de dire des messes et de faire brûler des cierges. Ça fait aller le commerce. Mais ce n'est pas tout. Je veux que Jean et François reviennent de la guerre avec honneur.

» Je sais qu'ils reviendront. Jean a plus d'esprit; mais François n'a peur de rien. Jean ira en avant, parce que c'est son humeur; le petit hardi; il veut toujours voir du nouveau. Mais François ne reculera jamais, et si Jean s'avance trop, c'est lui qui le tirera de peine. Quand ils iront à la bataille, dis-leur de penser qu'ils combattent sous les yeux de Dieu pour la patrie, la famille, la liberté, la justice, et que je serais à côté d'eux, dans le rang, si j'étais d'âge à tenir un fusil.

» Dis-leur encore, Goton, qu'on ne les oublie pas ici, que toi et Marie vous labourez, vous semez, vous fauchez le regain à leur place, que je viens d'acheter pour eux à la nation cinq hectares de pâtural pour cent francs d'assignats qui valent bien vingt-cinq francs en argent, que je vais y faire des rigoles, que ça sera un grand pré qui donnera dans deux ans quatre-vingts voitures de foin, et qu'alors la belle Catherine sera presque pauvre à côté de François. Dis-leur ça, Goton, et que nous les aimons et les embrassons tendrement, ta mère et moi.

» Comme vous voyez, Jean et François, je fais la commission, et je vous embrasse aussi pour Marie qui trait les vaches et pour Toinet qui n'est pas encore revenu du communal avec ses moutons. »

XVIII

LETTRE DE LA BELLE CATHERINE.

Excepté les recommandations du père et de la mère, cette lettre ne me fit pas plaisir. Je n'étais pas content que Pardouvy eût dansé avec Catherine en mon absence, et si j'avais été là..., heureusement je n'étais pas là; car Pardouvy aurait passé un mauvais quart d'heure.

Jean, après avoir lu tout haut la lettre de Goton qui le fit rire au lieu de le mettre en colère comme moi, me dit :

— Voyons maintenant celle de Catherine.

« Lestange, 19 août, 1792.

» François, je vous écris la présente à seule fin de vous faire savoir que nous sommes en bonne santé, moi et la tante Bornou, — c'est-à-dire moi principalement, car la tante Bornou a eu les fièvres depuis quinze jours et ne quitte presque plus le lit, ce qui est mauvais signe pour une personne d'âge.

» Monsieur Barat, le médecin de Bellegarde, est venu la voir hier, il l'a bien examinée, il lui a fait tirer la langue, et il a secoué la tête en disant qu'elle ne passerait pas l'hiver. Il a demandé quarante sous pour avoir dit ça.

» Pauvre tante Bornou ! Ça me fait beaucoup de peine de penser que nous allons la perdre.

» François, la présente est pour vous avertir que je me

porte bien, et que je suis fâchée de votre départ. S'il n'avait tenu qu'à moi, vous seriez resté à Néoux, à côté de votre pauvre Catherine qui vous aime tant, et vous ne seriez pas allé à la guerre. Les Prussiens ne viendront pas de sitôt dans le pays, et s'ils viennent, après tout, ce sont des chrétiens comme les autres; peut-être en leur donnant un peu d'argent, des poules et des canards, on les fera partir. Qu'est-ce qu'ils peuvent demander de plus que boire, manger et de l'argent? Pourquoi fait-on la guerre, si ce n'est pas pour ça?

» François, j'ai beaucoup de chagrin, oui, beaucoup de chagrin, en vérité, quand je pense que vous pourriez être ici, à côté de moi, que vous seriez mon mari, que je serais votre femme, que le moulin serait à vous, et les deux prés, et la chènevière, et l'enclos, et le grand pâtural de Saint-Alvar, et le jardin, et les choux, et les raves, et tout ce que j'ai là, sous les yeux, et que mon pauvre défunt père estimait à plus de quinze mille francs. C'est vrai qu'il devait là-dessus quinze cents francs à Pardouvy, mais on vous aurait prêté quinze cents francs, et vous auriez remboursé; et Pardouvy ne viendrait pas tous les jours m'offrir de me donner quittance si je veux l'épouser.

« François, je ne peux cependant pas l'écarter à coups de fourche. Pensez donc!... seule avec ma tante Bornou, à une demi-lieue du village, c'est trop dangereux... Ah! si vous étiez ici, Pardouvy ne viendrait pas tourner autour de moi.

» Dimanche dernier, je l'ai vu à la fête de Moutier-Roseille. J'étais venue avec ma tante Bornou, et, après vêpres, j'attendais sur la place que ma tante voulût revenir au moulin; mais comme si elle l'avait fait exprès, elle restait à l'église et disait son chapelet.

» Je lui criai, car elle est un peu sourde, comme vous savez.

» — Tante Bornou!

» Elle ne leva pas seulement la tête et continua de marmotter dans ses dents.

» Je recommençai deux fois plus fort :

» Tante Bornou !

» — Laisse-moi faire ma prière, va danser !

» Comme si j'avais eu le cœur à la danse quand vous n'êtes pas là !

» J'étais vraiment indignée.

» Je dis encore :

» — Tante Bornou ! Je ne veux pas danser, je veux m'en aller.

» Elle ne m'écouta pas ; il fallut revenir sur la place au moment où Pardouvy arrivait avec quatre ou cinq de la commune.

» Là, vraiment, on aurait cru que c'était fait exprès pour moi. Tout le monde vint m'inviter comme si l'on s'était donné le mot pour me contrarier. Plus je refusais, plus on venait me tourmenter. On disait :

» — Qu'est-ce qu'elle adonc aujourd'hui, Catherine, pour rester à sa place ? est-ce qu'elle est malade ? est-ce qu'elle a des souliers trop étroits ? est-ce qu'elle a fait un vœu ?

» Et l'on riait, on se moquait de moi, l'on allait presque me montrer au doigt. Cadet, le violoneux, criait : Si la belle Catherine ne danse pas la première, je ne veux pas jouer, et personne ne dansera.

» A la fin, la tante Bornou sortit de l'église et me dit :

» — Allons donc, Catherine, qu'est-ce que tu attends ? Tu vois bien que tout le monde crie après toi. Veux-tu faire un scandale ?

» J'étais bien fâchée, mais comment faire ? J'étais toute honteuse. J'aurais voulu me cacher au fond des bois. A la fin, ne sachant plus où me mettre, je me levai pour partir, mais les garçons crièrent :

» — Enfin ! elle va danser, la belle Catherine !

» Et comme je me sauvais en baissant la tête, et toute rouge de confusion, je sentis que quelqu'un me prenait par le bras et me conduisait presque de force à la danse. Je ne vis pas d'abord ce que c'était, mais je le regardai ensuite. Il se trouva que c'était Pardouvy.

» Je vous jure, François, que ce n'était pas ma faute. J'aurais bien voulu qu'il fût à votre place et vous à la sienne; mais si j'avais refusé de danser avec lui, qu'est-ce que les autres auraient dit? Vous savez les coups de langue... On n'aurait pas manqué de raconter un tas de choses. Et personne pour me défendre. Une pauvre fille qui n'a ni père ni frère est bien malheureuse...

» Au moins je me promettais bien de m'en aller après la première bourrée, quand même la tante Bornou n'aurait pas voulu me suivre. Mais voilà que votre père arrive avec vos deux sœurs Goton et Marie et se met en face de moi en me regardant comme s'il n'avait pas été content. Goton lui parle en me montrant du doigt comme si j'étais une bête curieuse; enfin, je vis que toute votre famille était contre moi.

» François, ne m'en sachez pas mauvais gré. Je ne veux rien dire contre votre père. Je l'aime et je le respecte comme s'il était le mien; mais vraiment, dimanche, il n'était pas juste envers moi.

» Est-ce que je pouvais m'empêcher d'aller à la fête de Moutier-Roseille, le jour de la mort de saint Barbeyre, le plus saint martyr de la paroisse? Vous-même, François, vous auriez trouvé que je faisais mal.

» Est-ce que je pouvais aller à Moutier-Roseille, à une lieue et demie de notre moulin (car ce moulin est à vous, François, comme votre Catherine qui vous aime et qui vous attend tous les jours pour être votre femme devant les hommes et devant Dieu); est-ce que je pouvais aller si loin sans la tante Bornou?

» Vous ne l'auriez pas voulu, n'est-ce pas?

» Quand la tante Bornou voulait faire ses prières (elle n'a jamais fini de dire son chapelet), est-ce que je pouvais la ramener malgré elle au moulin, elle, une femme d'âge, qui ne marche plus qu'avec un bâton et qui venait de faire une lieue et demie à pied? Est-ce qu'on n'aurait pas dit que je voulais enterrer cette pauvre femme parce que je suis son héritière? — car vous savez, François, qu'elle m'a promis de me léguer par testament la terre du Boisjoli qui a trois arpents et demi; la chènevière de la Croix-Pineau, qui est de quinze senterées; le petit pré de la Gasne, qui peut nourrir une vache, et la maison de la Chazotte avec le jardin. Une si bonne tante et qui n'était venue qu'à cause de moi méritait bien des égards.

» Enfin, quand je fus sur la place de l'église et assise avec les autres, et quand on vint me prendre de force pour la danse, est-ce que je pouvais dire devant tout le monde ce que je pensais au fond du cœur : Je n'ai que mon François, je ne pense qu'à mon François, je n'aime que mon François, je ne veux danser qu'avec mon François? »

» Voilà ce que Marie et Goton n'ont jamais voulu entendre, Goton surtout. Car Marie est plus raisonnable. Mais Goton est un peu fâchée, parce qu'elle avait compté que Pardouvy la ferait danser. J'entendis qu'elle disait à Marie, en parlant de moi.

» — Il n'y en a que pour elle.

» Eh! mon Dieu! je le lui aurais bien cédé de grand cœur son Pardouvy! Je lui dis même quand je vis la grimace de Goton :

» — Allez donc l'inviter. Je ne veux plus danser avec vous, si vous n'y allez pas!

» Mais lui s'entêta, je ne sais pas pourquoi, et me dit qu'il ne danserait avec personne, excepté avec moi. J'en fus bien fâchée; mais ce n'est pas ma faute si Goton ne lui plaisait pas, et si, quand elle veut rire, elle a l'air de faire la grimace.

» Pourtant, après la bourrée, je dis à Pardouvy que je ne voulais plus danser avec lui ce jour-là, et j'allai embrasser votre père, qui me dit :

» — Je suis content de t'avoir vue, Catherine. Tu danses comme une hirondelle.

» Marie ne dit rien, comme c'est son habitude.

» Mais Goton me dit d'un air pincé :

» — Elle a si bien dansé que je vais l'écrire demain à mon frère François. Ça lui fera plaisir d'apprendre que Catherine ne s'ennuie pas en son absence et qu'elle danse à toutes les fêtes et avec tout le monde.

» Quand je vis son injustice, je répondis :

» — Oui, Goton, avec tout le monde, et pour preuve, je retourne à la danse.

» Et, en effet, j'ai dansé toute la soirée avec tous les garçons, parce que je ne voulais pas qu'on crût que Goton pouvait m'empêcher de faire ce que je veux. Est-ce que vous auriez voulu, François, que Goton fût maîtresse chez moi et me défendît ou me commandât quelque chose ?

» Enfin, puisqu'elle a dit qu'elle vous écrirait, je vous écris à mon tour, François, car il n'est pas juste qu'on vous raconte des choses qui ne sont pas, qui n'ont jamais été, qui ne seront jamais. Revenez tout de suite, mon François. Votre Catherine vous attend.

» CATHERINE LEROUX. »

Lorsque Jean eut fini sa lecture, je lui dis :

— Il n'y a pas autre chose, petit ?

Il retourna la lettre de tous les côtés, et répondit en riant :

— Non, frère ; est-ce que tu trouves qu'il n'y en a pas assez ?

Je dis encore :

— Je trouve qu'il y en a de trop... Si je tenais ce Pardouvy !...

Jean répliqua :

— Ce n'est pas Pardouvy qu'il faudrait tenir, c'est Catherine, car si Pardouvy mourait aujourd'hui, elle danserait demain avec un autre.

Il me dit encore beaucoup de choses, et entre autres, celle-ci :

— François, nous avons autre chose à faire que de nous inquiéter de Catherine et de ses bourrées. Avant tout, il faut chasser les Allemands de France ; quand ils seront loin, rossés, battus, et qu'ils auront demandé la paix, nous reviendrons à Néoux, toi et moi, tout couverts de gloire pour avoir sauvé la patrie, et alors, tu pourras choisir entre toutes les Catherines du pays. Il n'y en aura pas une, riche ou pauvre, qui ne soit fière de s'en aller à l'église sous le bras de François Bûchamor, le vainqueur des Prussiens, et d'être ma belle sœur. Et quand le père et la mère viendront au-devant de nous avec Goton et Marie, et quand nous reverrons le vieux clocher, et la vieille église, et la vieille maison, et les arbres que nous avons plantés, toi et moi, et qui auront grandi, quand nous retrouverons nos bœufs, nos vaches, nos moutons, notre âne, et mon vieux chien, et nos oncles, nos tantes, nos cousins, enfin tout ce qui nous aime dans la commune, ma foi, si Catherine est du nombre, ça nous fera plaisir ; mais si elle préfère danser la bourrée avec Pardouvy, qu'elle danse. Faute d'un moine, comme dit le proverbe, l'abbaye ne chôme pas. Et il y a toujours plus de jolies filles à marier que de bons garçons pour les épouser.

Enfin il m'en dit tant et tant, que je pris patience. D'ailleurs, nous avions bien d'autres affaires ; quinze jours plus tard, c'était la fameuse bataille de Valmy.

XIX

LA BATAILLE DE VALMY.

Voulez-vous que je vous raconte ce que j'ai vu de la bataille, ou ce que les autres ont dit plus tard? J'aime mieux, pour moi, vous dire ce que j'ai vu; le reste, vous le retrouverez dans les livres.

Il y avait à peu près quinze jours que nous étions revenus de Verdun, Jean et moi, après l'expédition que je vous ai racontée, lorsqu'un matin on nous dit que nous étions tournés.

Celui qui nous dit cette belle chose était un de ces malins qu'on voit dans tous les métiers et dans tous les pays, qui veulent toujours en savoir plus que personne, et qui ne font jamais rien de bon. C'était un petit homme de mauvaise mine qui avait fait tous les métiers et qui n'avait réussi dans aucun. Il avait été saltimbanque, souffleur de comédiens, marchand de vieux galons, et enfin huissier (sauf votre respect); mais il n'avait réussi nulle part.

Comme sa charge ne valait plus rien pendant la révolution, il lâcha tout et se fit soldat; mais là aussi, rien ne pouvait le contenter. Il avait toujours quelque chose à dire contre l'exercice, contre la gamelle, contre les camarades, contre les chefs, contre tout.

Un soir donc, celui-là revint je ne sais d'où, et rapporta cette nouvelle que nous étions tournés, que les Prussiens marchaient sur Paris nous laissant derrière eux, qu'ils y seraient avant nous, que tout était perdu, enfin que nous étions tournés.

Je me souviens de ce mot-là, vous allez voir pourquoi.

Nous étions rassemblés cent ou cent cinquante à l'entrée de la forêt d'Argonne, près du défilé des Islettes, et nous faisions la soupe au coin du feu.

A ce mot de *tournés* que nous ne comprenions pas, je lui dis, me défiant de lui parce que sa physionomie me déplaisait :

— Qu'est-ce que ça signifie, Lagrinche ? (c'était son nom).

Il me regarde en plissant les yeux d'un air malin, comme s'il avait voulu se moquer de moi, et répondit :

— Ça signifie, Bûchamor, que nous sommes enveloppés, que nous allons être acculés à la forêt comme des sangliers, et que nous serons forcés de nous rendre sans combat, comme un troupeau de moutons.

Ce mot me mit en colère. Je lui dis :

— Mauvais gueux ! ce sont les gens comme toi qui se rendent sans combat, et si tu répètes encore ça, que nous sommes tournés, moi François Bûchamor, je jure de te casser les reins.

Il devint plus blanc qu'un linge, parce qu'il voyait bien que je l'aurais fait tout de suite, et il alla plus loin porter sa nouvelle, et dire que nous étions trahis, qu'on voulait nous livrer à l'ennemi, qu'il fallait capituler, et le reste.

Trois ou quatre imbéciles l'écoutaient ; mais presque tous les autres disaient comme moi : C'est un mauvais gueux qui veut trahir ou un poltron qui veut se sauver.

Pendant qu'on parlait, Jean arriva.

Vous n'avez jamais vu et vous ne verrez jamais un plus joli garçon que votre oncle Jean en costume de sergent, à dix-huit ans. Il était grand, il était bien fait, il était leste, il avait des yeux vifs, le teint rouge, de belles petites dents blanches, et au-dessus six poils noirs—trois de chaque côté du nez — qui lui servaient de moustache, et il riait toujours et à tout le monde. On aurait dit qu'il aimait au même degré les hommes, les femmes, les enfants, les chats, les chiens et toute la nature.

Il entra donc dans le cercle que nous faisions autour du feu du bivac et demanda :

— Qu'est-ce que disait Lagrinche, tout à l'heure ?

On le lui expliqua, Jean leva les épaules d'un air de compassion, et répliqua :

— D'abord, ce n'est qu'un huissier, et ça n'entend rien aux opérations militaires. Qu'est-ce qu'il vous raconte ? Que les Prussiens ont pris le défilé de la Croix-aux-Bois... C'est vrai... Eh bien, après?... Qu'ils ont traversé la forêt, et qu'ils sont maintenant en Champagne?... Très-vrai encore. Mais qu'est-ce que ça fait? Entrer n'est rien. C'est sortir qui est difficile. Il y a cinq portes dans la forêt d'Argonne. Je l'ai vu sur la carte. Les Prussiens ont ouvert une des cinq, mais les quatre autres restent fermées et nous tenons le verrou.

— Qu'est-ce qu'il disait donc, que nous étions tournés et que nous allions nous rendre ? demanda un Auvergnat.

— Il disait ça, ce Lagrinche! cria Jean. Il disait ça, le malheureux!... Mais ça n'a pas le sens commun. Oui, les Prussiens ont passé l'Argonne. Oui, l'on peut les voir entre Paris et nous. Ça, c'est vrai... Mais attendez la fin. Si les Prussiens sont entre Paris et nous, à notre tour nous sommes entre eux et Berlin. Ils sont pris autant que nous sommes pris, et dix fois davantage, car une autre armée les attend devant Paris, et nous allons les suivre s'ils vont de ce côté-là, et ils seront entre deux armées, comme un fer à cheval entre le marteau et l'enclume.

Ils nous ont tournés, mais nous les tournerons aussi. S'ils nous mettent le pistolet sur le front, nous leur mettons le poignard sur la poitrine. Quand l'un des deux tourne l'autre, l'autre aussi tourne l'un. Ça se voit du premier coup; si vous tenez de vos deux mains les poignets de votre ennemi,

7.

vous ne pouvez pas plus bouger que lui, à moins que quelqu'un ne vienne aider l'un ou l'autre.

Eh bien, c'est ce qui nous arrive. Si l'armée prussienne marche sur Paris, elle y trouvera cent mille hommes et deux cents canons, et se fera battre comme plâtre, nous n'aurons qu'à recevoir les prisonniers. Si elle marche sur nous en tournant le dos à Paris, nous n'avons qu'à demeurer en place, adossés à la forêt. On ne peut pas nous prendre par derrière, et nous attendrons que l'armée de Paris vienne prendre à dos les Prussiens pendant que nous ferons face.

Et c'était vrai, Jean avait raison, nous l'avons bien vu quelques jours plus tard. L'enfant comprenait, il savait lire et écrire, il consultait la carte, enfin il avait l'instinct.

En ce temps-là, beaucoup de gens avaient l'instinct des grandes choses; savez-vous pourquoi? C'est que les pères et les mères ne leur disaient pas à tout moment : « Prends garde de te casser un bras si tu sautes ce mur, ou la jambe si tu sautes ce fossé, ou de te noyer si tu tombes dans la rivière, ou de te faire tuer si tu vas à la bataille; prends garde de déplaire à plus riche ou plus puissant que toi; ne sois pas trop hardi, c'est dangereux; ni trop fier, c'est bon pour les grands seigneurs; n'épouse pas une fille qui n'a rien, quand même ce serait une belle et bonne fille qui sait travailler et conduire sa famille. »

Non, l'on ne nous disait pas toutes ces choses comme aujourd'hui, et ça valait mieux. Le père Bùchamor, mon père, me répétait souvent : Si tu veux faire bien, François, pense souvent que ton père et ta mère te regardent; ne fais, quand tu es loin d'eux, que ce que tu voudrais qu'ils vissent de toi s'ils étaient là. Au dernier jour de la vie, François, tu ne regretteras pas d'avoir eu trop peu d'argent ou trop peu de plaisir, mais de n'avoir pas rempli ton devoir. »

» Il avait raison, le père, et si l'on pensait souvent à cela la vie deviendrait plus facile et la mort plus douce.

C'est le lendemain du jour où Jean nous racontait les projets des Prussiens et les nôtres, que la bataille se livra.

Je m'en souviens encore, c'était le 20 septembre. Où nous étions campés, j'aurais peine à le dire; tout le pays n'est qu'une plaine semée de cailloux blancs entre lesquels on voit passer quelques brins d'herbe. Les moutons, pauvres bêtes qui ne mangent jamais à leur faim, s'en contentent; mais les chevaux et les bœufs, qui sont de plus gros seigneurs, n'en voudraient pas. Pas d'arbres jusqu'à la forêt d'Argonne qui était derrière nous; j'ai repassé par là dix ans plus tard, je n'ai rien reconnu. Je n'ai pas même retrouvé le moulin près duquel le bataillon des Creusois et des Auvergnats mêlés était avec Kellermann; on a planté des pins à un endroit, on en a coupé ailleurs. Un vilain pays qui ne ressemble à rien, où l'eau est croupie, où le blé manque, où le vin manque, où l'on ne trouve rien de fort ni de beau, excepté les habitants qui ne vivent pas à leur àise, mais qui sont de rudes travailleurs et de rudes soldats.

C'est donc là que nous étions le 20 septembre au matin, tout enveloppés de brouillard, quand le premier coup de canon se fit entendre vers neuf heures.

Boum!

Et bientôt après, boum! boum!! boum!!! on n'entendait plus autre chose.

Surtout on ne voyait rien; nous étions à l'avant-garde, Jean et moi, avec tout le bataillon, et nous venions de manger la soupe quand la musique commença.

Je regardais les camarades, le bruit ne leur faisait pas peur; au contraire, Jean, qui était à côté de moi, en serrefile, me dit :

— Est-ce qu'on ne va pas bientôt commencer?

Il croyait qu'on allait se donner toute la journée des

coups de sabre et de baïonnette, et qu'on égorgerait au moins cinquante mille hommes le premier jour. Nous devions voir ça, en effet, lui et moi, mais plus tard. Il fallait que les rois et les peuples devinssent enragés comme cela est arrivé après vingt ans de guerre, comme à la Moskowa et à Leipsick; à Valmy, la danse ne faisait que commencer et l'on ne s'exterminait pas encore.

Les boum! boum! continuaient toujours, mais on ne voyait et l'on n'entendait rien de plus, excepté quelquefois :

« Serrez les rangs! »

Mauvais signe. C'est un boulet mieux ajusté que les autres qui venait de faire un trou parmi nos hommes; on rebouchait le trou sans rien dire. A la fin même on s'habitua, quelques-uns commençaient à rire. On disait :

« Ce n'est que ça? »

On distinguait à peine dans le brouillard un point rouge et un peu de fumée. Le boum! ne venait qu'après, comme s'il avait attendu, pour partir, que les autres fussent arrivés. C'était beau à regarder, comme si l'on avait tiré à la cible, et que nous n'eussions pas eu autre chose à faire que de crier : Bravo! touché!

A la fin, cependant, quelques-uns s'impatientèrent.

Jean me dit :

— Ça peut durer dix jours. Ils ne nous tuent presque pas, nous ne les tuons pas davantage. Il n'y a pas de raison que ça finisse; si nous allions là-bas pour prendre leurs canons, qu'en penses-tu, François?

Je répondis :

— Jean, qu'est-ce que nous ferions de toute cette mitraille? Tu vois bien qu'il faudrait des milliers de chevaux pour l'emporter. Où la traîner avec nos bras dans cette boue profonde? Laissons-les là, ils s'y sont mis, qu'ils y restent. Nous avons du pain, du vin, de la viande, toutes sortes de délices; enfin nous sommes chez nous, que veux-tu de plus? Si ça dure dix jours, comme tu dis, la pluie va venir qui les trempera jusqu'aux os. Ils voudront changer de linge, parce que ce sont des gens soigneux qui craignent de s'enrhumer; ils s'en iront, nous les suivrons jusque dans leur pays, la baïonnette entre les épaules, et nous aurons leurs canons et leurs bagages sans tirer vingt coups de fusil.

C'est égal; on commençait à s'ennuyer, quand vers midi (c'était sans doute l'effet du canon), les brouillards se dissipèrent et le soleil se montra.

Nous vîmes alors toute la plaine qui descendait en pente douce pendant un quart de lieue, depuis l'endroit où nous étions postés jusqu'aux Prussiens, dont on voyait les casques reluire avec leurs pointes en cuivre qui ressemblaient à des racines de choux.

Au même instant, un obus prussien tomba près de nous, sur un caisson rempli de cartouches et le fit éclater dans nos rangs. Le capitaine causait alors avec le lieutenant, tous deux furent tués. Dix ou douze hommes de la compagnie furent jetés par terre, dont cinq ne se relevèrent pas. L'un des cinq était le brave Dumonteil du Mazeau-Blanc, qui fut frappé de cinq balles. Nous avions passé la moitié de notre vie ensemble, et je sais qu'il voulait demander en mariage ma sœur Goton quand la guerre arriva. Il me l'avait dit pour que j'en parlasse à mon père, et le père ne disait pas non, et je sais que Goton aurait dit oui, car ils avaient depuis longtemps de l'amitié l'un pour l'autre.

Mais ce jour-là, tout fut fini. Dumonteil, se sentant mourir, me cria : François! François!

Je le relevai :

— François, dis à Goton que je l'aimais bien...

Et montrant le poing aux Prussiens :

— Oh! les gueux... Pauvre Goton, nous devions nous marier à la Noël...

— Dumonteil, le chirurgien va venir, nous te ramènerons, tu reviendras au pays, tu l'épouseras, je la demanderai pour toi au père.

Il me répondit :

— François, tu lui diras que je suis mort dans le rang, en faisant mon devoir, afin qu'elle sache que celui qui l'aimait était un brave garçon et qui aimait bien la patrie aussi.

Puis il ajouta :

— Soulève-moi un peu.

Je le soulevai, il fit un dernier effort et cria :

— Vive la nation ! vive la nation ! vive la nation !

Et il mourut.

Comme je rentrais dans le rang, nous entendîmes tout à coup un grand bruit de tambours et de trompettes qui venait du côté des Prussiens.

— Cette fois, cria Jean, nous les tenons ; ça va commencer.

En effet, on les voyait se former en colonne épaisse où nos canons commençaient à faire des trous profonds. Les boulets leur venaient de face et par côté ; ils recevaient les nôtres de face, et ceux de Dumouriez en flanc. Mais ils continuaient de monter sans se presser, comme s'ils avaient été à la parade.

Les officiers étaient derrière eux avec des cannes pour donner la schlague à ceux qui auraient eu envie de reculer ; les généraux étaient derrière les officiers ; les princes derrière les généraux, le roi et le prince royal de Prusse derrière les autres princes, et tout ce monde avait la canne à la main pour frapper sur les inférieurs ; c'est pour cela qu'ils se vantaient d'avoir la meilleure armée de l'Europe, commandée par un fameux général, — le général Bâton.

Pour nous, sans avoir besoin des conseils de ce général, nous étions aussi sûrs de battre les Prussiens que si nous les avions tenus pieds et poings liés. Ah ! ce n'est pas avec le bâton qu'on nous faisait marcher.

Le vieux Kellermann, notre général, passa à cheval devant les rangs sans s'inquiéter des boulets qui pleuvaient comme la grêle, mais qui s'enfonçaient heureusement dans la boue et ne ricochaient pas. Il nous cria :

— Camarades, tout va bien, vive la liberté ! vive la nation !

Nous mîmes tous nos chapeaux au bout des baïonnettes en criant, d'une voix qu'on dut entendre à plus de vingt lieues :

— Vive la nation ! vive la liberté !

Car on ne criait pas encore comme plus tard : Vive la république ! Elle ne fut proclamée que deux jours après, à Paris.

A ce cri, les Prussiens s'arrêtèrent. Ils étaient à moitié chemin et n'avaient plus que trois cents pas à faire pour arriver jusqu'à nous, mais ils n'osèrent pas aller plus loin. Trois fois les tambours donnèrent le signal de la charge, trois fois ils s'arrêtèrent. Enfin, nous les vîmes redescendre lentement sous les boulets ; le jour baissait, on ne les poursuivit pas.

Le soir, on fit joyeusement la soupe ; dans la nuit, on nous fit reculer d'une demi-lieue pour nous rapprocher de la forêt et du camp de Sainte-Menehould, où se tenait Dumouriez avec son armée.

Cette fois, tout le monde était tranquille et sûr de vaincre. On avait vu ces fameux Prussiens, ce fameux Brunswick, tous ces gens qui devaient nous avaler d'une bouchée. Ils n'avaient pas osé seulement nous approcher.

On disait : « Ce n'est que ça ? Comment ! ces malins qui devaient aller jusqu'à Paris, s'arrêtent du premier coup ! »

On riait et l'on faisait des chansons sur Brunswick, sur le roi de Prusse, sur son fils, sur ses cousins, on chantait la *Marseillaise*, on criait : Vive la nation ! on était heureux, et Jean disait :

— Il faudra rendre à ces Prussiens la visite qu'ils viennent de nous faire; mais il ne faudra pas s'arrêter comme eux dans l'antichambre. Il faudra passer le Rhin et aller jusqu'à Berlin.

Et en effet, nous l'avons fait; mais un peu plus tard, après la bataille d'Iéna.

Ce que je viens de vous dire, mes enfants, c'est ce que j'ai vu de la bataille de Valmy. Mais peut-être voulez-vous savoir ce que devint votre oncle Jean?

Voici la lettre qui fut écrite quinze jours après la bataille et qui vous le racontera mieux que je ne pourrais faire.

Puis se tournant vers moi, le vieux Bûchamor me remit la lettre et dit :

— Toi qui sais lire et même parler latin comme M. le curé, lis-nous ça.

Alors je lus tout haut ce qui suit.

XXI

«Verdun, 5 octobre 1792.

» Frère,

» J'ai bien des nouvelles à t'annoncer, des bonnes et des mauvaises; mais d'abord, rassure-toi, personne n'est mort, ni malade, ni blessé, excepté moi qui avais ce matin une balle dans la poitrine, tout près de l'épaule; mais M. Burtin, notre ami, tu sais, celui dont nous avons sauvé la fille, l'a retirée avec précaution. Il dit que ça ne sera rien.

» Voici comment cet accident est arrivé. Le lendemain

de la bataille, on t'envoya chercher du pain sur la route de Châlons, où l'on attendait le convoi.

» Moi, resté seul, je m'ennuyais comme une vieille botte de gendarme, quand tout à coup je vois arriver Christophe, tu sais, notre ami Christhophe, de Grand-Pré, qui nous a servi de guide dans l'Argonne. Il me dit en clignant de l'œil :

» — Je connais un bon coup à faire.

» Moi, je réponds :

» — J'en suis.

» Il me dit : Demandez la permission au général. Emmenez dix hommes résolus comme vous et qui ne craignent pas de se mouiller les pieds dans le marais. M. Burtin, qui est sorti de Verdun, vous attend dans la forêt avec moi et une vingtaine de bons garçons armés de carabines.

» Le roi de Prusse va passer, cette nuit, avec une escorte de vingt-cinq ou trente hulans. On l'attendra. On le prendra. Et, s'il résiste, on le tuera. S'il se rend, on l'emmènera prisonnier. C'est à la nation de voir ce qu'elle en voudra faire.

» Moi, voyant ça, je demande la permission à Kellermann. Je lui explique l'affaire. Il me dit : C'est très-bien ; mais tâchez de le prendre plutôt que de le tuer, quoique, s'il était tué, la perte ne fût pas grande.

» Je pars avec Christophe. Je rencontre M. Burtin. Je lui remets le testament de la tante Jacquet. Il me remercie, m'embrasse et me dit que sa fille, mademoiselle Anne, tu sais, la jolie demoiselle, lui a écrit tout ce qui s'était passé, et lui a dit mille choses de toi, de moi, de nous, de Christophe.

» Là-dessus et comme nous en étions aux compliments, voilà le roi de Prusse qui passe. Nous tirons dessus. L'escorte riposte. Quelques hulans sont jetés à terre ; d'autres se sauvent. Moi, j'attrape la balle que M. Burtin m'a retirée ce matin de la poitrine. Deux autres bons garçons sont tués.

Le roi reste dans nos mains, ou ce que nous prenions pour le roi, car ce n'était que le colonel Manstein.

» Le colonel se voyant pris, nous dit :

» — Menez-moi au général Dumouriez. J'ai des choses importantes à lui dire.

» On l'y mène. Dumouriez, me revoyant, me dit :

» — C'est donc toujours toi, Bûchamor ? Pour le coup, tu ne seras plus sergent; tu seras lieutenant.

Faut savoir que M. Burtin avait fait valoir mes services, et raconté que sans moi l'on n'aurait rien pu faire. Il l'a dit par amitié. Dumouriez l'a cru, c'est l'essentiel. Je n'allais pas, tu penses bien, donner un démenti à un ami.

» Il paraît que Manstein et Dumouriez sont convenus de quelque chose, car la retraite des Prussiens a commencé le lendemain, on ne les a pas poursuivis. Ils ont tout évacué, même Verdun, sans se faire prier. C'est là que je suis maintenant avec M. Burtin et mademoiselle Anne, qui m'appellent leur ami et me comblent de bon vin, de bonne viande et de tisane.

» M. Burtin m'a dit : Jean, vous pouvez aller loin. Il faut étudier et devenir savant. Vous avez l'étoffe. Voici des livres. Pendant que vous gardez la chambre, lisez, étudiez; la république a besoin de braves soldats et de savants.

» Il est sorti en me laissant un gros livre appelé Plutarque. Il dit qu'il n'y a rien de plus beau. J'ai déjà lu la vie de Brutus et de quelques autres. C'est vrai que ces gens-là valaient mieux que nous.

» Adieu, frère. Je t'embrasse de tout mon cœur.

» Jean Buchamor.

» Mademoiselle Anne t'envoie ses compliments et une bonne veste de laine pour te garantir du froid pendant la nuit.

» Voilà les bonnes nouvelles. Écoute maintenant les mauvaises.

« Goton m'écrit que la belle Catherine n'a pas pu t'attendre, qu'elle a dit partout que tu étais mort, qu'on le lui cachait, mais qu'elle le savait bien ; que si tu n'étais pas mort, elle aurait reçu quelque lettre de toi. Et tout ça parcqu'elle va se marier dans un mois avec Pardouvy.

» Qu'est-ce que tu veux, frère ? Une femme qui ne peut pas attendre un mari pendant six mois ne vaut pas qu'on le regrette. D'ailleurs, comme dit l'autre, pour une de perdue, dix de retrouvées. Adieu. »

DEUXIÈME PARTIE

ZURICH

I

LA PAIX (1797).

Le lendemain, le vieux Bûchamor reprit :
En 1797, on fit la paix. Je venais de passer le Rhin avec Hoche. Bonaparte, celui que plus tard on appela Napoléon, était en Italie. Il entrait en Allemagne par un bout, nous par l'autre. Voyant ça, et qu'avec les soldats de la république française on ne gagnait que des coups, les Allemands crièrent qu'il fallait en finir, et montrèrent par là leur grande sagesse et leur bonté de caractère ; car, je vous l'ai déjà dit, quand vous êtes le plus fort, ils deviennent doux comme des moutons et ne demandent qu'à cirer vos bottes ; mais si c'est le contraire, et si par malheur ils sont cinq contre un, oh ! alors ils ne vous lâchent pas avant de vous avoir assommé et d'avoir volé votre dernière chemise.

Çà, c'est leur habitude.

Ils crièrent donc, voyant qu'ils n'étaient pas les plus forts :

— Qu'est-ce que vous voulez, messieurs les Français ? Parlez, faites-vous servir.

Les avocats de Paris répondirent :

— Nous voulons la rive gauche du Rhin, Mayence, Cologne et le reste. C'est un beau pays. Voilà quatre ans que nous en sommes les maîtres. On nous aime là comme des frères ou des cousins germains. D'ailleurs, quand le Rhin sera entre vous et nous, comme il est large et profond, c'est un bon fossé qui marquera bien les limites, et qui nous empêchera de nous battre à l'avenir.

Les Allemands dirent qu'on avait raison, et donnèrent tout ce qu'on demanda. Bonaparte, de son côté, s'arrangea en Italie. Il ôta les vieilles républiques pour les transplanter dans un nouveau terrain, comme on transplante un pied de salade d'un carré de jardin à l'autre. Il mit celle de Venise à Milan, et donna Venise aux Autrichiens (ce n'est pas ce qu'il fit de meilleur); il emballa toute l'argenterie des Italiens avec leurs plus beaux tableaux qui représentent des saints, des vierges, des martyrs, des églises et tout ce qu'on voit dans la nature, et il les envoya à Paris pour faire plaisir aux Parisiens.

Moi, j'ai vu ces choses au Louvre, sept ans plus tard, quand j'y montais la garde, et j'entendais les bourgeois dire que c'était magnifique. Mais je ne suis pas de leur avis. C'est beau si l'on veut, parce que tout le monde ne peut pas en faire autant; quant à moi, j'aime mieux regarder mon champ et mon pré, et le ruisseau qui passe au milieu du pré. Chacun son goût, n'est-ce pas?

Pour finir, tout le monde fut content ou fit semblant de l'être. Moi, j'étais dans le bonheur jusqu'au cou, je pensais : « On va me renvoyer à Néoux, je reverrai le père et la mère, les deux sœurs et le petit Toinet, qui doit être grand à présent, car il a pris de l'âge; je ferai connaissance avec mes deux petits neveux (car ma sœur Marie s'était mariée en 1793, un an après notre départ, avec Pierre Marchand, du village de Meimange, un veuf de quarante ans qui avait du bien); enfin, je me remettrai au travail, et quant à Catherine...

Ma foi, je n'y pensais presque plus. Comme Goton l'avait écrit, elle s'était mariée avec Pardouvy. C'était une affaire finie. Pourquoi aurais-je pensé à elle qui ne pensait plus à moi? Si j'avais été témoin du mariage, je me serais peut-être fâché; mais je n'en eus pas le chagrin.

Quand Pardouvy la conduisit devant M. le maire, j'étais à Mayence, où le roi de Prusse, avec soixante mille hommes, me tenait bloqué et enfermé comme un rat dans une ratière.

Car, depuis la bataille de Valmy, nous avions fait beaucoup de chemin, tantôt en avant, tantôt en arrière. Avec Dumouriez, nous avions pris la Belgique. Avec Custine, d'autres avaient pris le Rhin. Le drapeau tricolore flottait partout, les bons bourgeois d'Allemagne nous faisaient signe de venir chez eux et de les délivrer de leurs princes; à Mayence, on criait : Vive la république française! vive la liberté! On s'enrôlait dans notre armée, on nous embrassait comme des frères. Puis, tout à coup, le vent changea.

Les princes revinrent avec deux ou trois cent mille soldats. Nos généraux se mirent à faire de la politique au lieu de se battre. Dumouriez, qui se croyait le premier homme du monde et le maître de tout pour avoir gagné sur les Autrichiens la bataille de Jemmapes, voulut renverser la république et trahir. Custine, qui était un marquis sans cervelle, laissa les Prussiens s'assembler autour de Mayence; et nous, qui faisions l'avant-garde et qui tenions la place, nous fûmes bloqués comme je vous l'ai dit...

Nous, c'est-à-dire François Bûchamor, votre grand-père, quinze ou vingt mille autres bons garçons de la même espèce, Meunier, Aubert-Dubayet, Marceau, Merlin (de Thionville) — un représentant de la Convention, Lorrain enragé, qui voulait être de toutes les batailles — et le fameux Kléber, un architecte de Strasbourg que la république avait fait général, et qui, pour la remercier, frappait sur les Prussiens comme un marteau sur une enclume. Ces cinq étaient nos chefs.

Je vous dirai ce siège une autre fois... suffit qu'il dura six mois et qu'il aurait duré bien davantage si nous avions eu de quoi dîner; mais quand les bœufs, les moutons, les chapons, les canards, les chevaux, les chiens, les chats, les rats, le blé, l'orge et l'avoine furent mangés, quand il ne resta plus à mettre dans la soupe que du pain de son, des cendres, de la sciure de bois et quelques vieilles bottes, alors on capitula.

Oui, mes enfants, votre grand-père, François Bùchamor, tel que vous le voyez, a capitulé, et avec lui beaucoup d'autres qui le valaient bien, ou qui valaient mieux encore; mais il faut tout dire. J'ai capitulé quand il ne restait plus rien à mettre sous la dent, rien, entendez-vous bien, absolument rien. Ah! si nous avions été en rase campagne, ou si nous avions eu huit jours de vivres! Mais, dans ce cas, il n'y a que les lâches ou les traîtres qui capitulent... Tenez, j'ai connu en Prusse un général qui s'était laissé prendre dans sa ville avec toute sa garnison, sans tirer un coup de fusil... Ce n'était qu'un Prussien, c'est vrai, c'est-à-dire quelque chose que je ne voudrais toucher qu'avec des pincettes.

Ça s'est élevé depuis l'enfance avec des coups de bâton, ça ne sort pas comme nous d'une race dont on parlait il y a plus de trois mille ans par toute la terre, et que Dieu même a toujours tenue dans la main comme sa fille chérie, celle qui doit servir d'exemple et de modèle à toutes les autres, — eh bien, malgré tout ça, et quoiqu'il soit bien injuste de demander à un simple Allemand de se conduire comme un soldat de la république française, une et indivisible, on le mena devant un conseil de guerre, on le condamna à mort, on le déshonora, on confisqua tous ses biens, et comme il était trop vieux pour qu'on pût le fusiller, on le mit en prison pour le reste de ses jours; enfin, on fit un exemple, comme ils disent.

Mais Kléber et François Bûchamor n'étaient pas de ceux qui capitulent tant qu'il leur reste un morceau de pain et une gousse d'ail, — je m'en vante!

Nous fîmes des sorties pendant six mois, presque tous les jours. Vers la fin du sixième mois, nous avions le ventre si creux qu'on pouvait lire le journal au travers. Voyant ça, Kléber dit aux Prussiens :

« Entrez; moi, je retourne en France avec les camarades, et j'emmène mes canons, mes caissons, mes fusils, mes bagages et tout ce qui m'appartient, sans compter les bourgeois de Mayence qui voudront nous suivre avec leurs femmes, leurs enfants et leur mobilier. Si ça ne vous convient pas, on va s'expliquer une dernière fois à la baïonnette. Arrive que pourra. Le plus fort mangera la soupe de l'autre. »

En disant ça, il ne risquait pas grand'chose, car les chiens eux-mêmes n'auraient pas voulu goûter de notre soupe, s'il y avait eu des chiens à Mayence. Mais depuis un mois nous les avions dévorés jusqu'à l'os.

Enfin, nous rentrâmes en France, et c'est alors que j'appris le mariage de Catherine avec Pardouvy; mais j'étais si furieux d'avoir capitulé, quoique ce fût la faute de Custine et non la mienne — car s'il avait fait son devoir et attaqué les Prussiens par derrière pendant qu'ils nous faisaient face, jamais Mayence ne serait sortie de nos mains; — j'étais, comme je vous le dis, si furieux, que la perfidie de Catherine ne me troubla pas, comme elle aurait fait en d'autres temps.

D'ailleurs, qu'est-ce que vous voulez? Nous avions trop

à faire pour nous désespérer longtemps. On allait au nord, au midi, au levant, au couchant; on s'endormait tard, on se levait de bonne heure, on doublait les étapes pour marcher plus vite; on passait les rivières sur des ponts quand on avait des ponts, à la nage quand il n'y en avait pas; on allait au feu trois fois par semaine; on ne mangeait pas tout son soûl; on se battait avec des chrétiens de toutes les espèces et qui juraient dans toutes les langues connues; en Espagne, où je suis resté deux mois avec Dugommier, on avait affaire à des Basques qui grimpent sur les montagnes comme des chats, et qui vous jettent de là-haut sur la tête des rochers épouvantables, sans compter les coups de fusil et les boulets de canon; en Belgique on croisait la baïonnette avec de bons grands garçons d'Autrichiens, de Hongrois et de Croates, qui se faisaient tuer bravement pour le service du *Kaiser* (c'est leur manière de prononcer le nom d'empereur); en Hollande, outre les Hollandais, qui sont de braves gens, riches, tranquilles et bien nourris, avec lesquels nous avons fait amitié presque tout de suite, on voyait devant soi toute une armée de beaux hommes, grands, fermes, solides, habillés de rouge comme des homards cuits, qui, pour vous souhaiter le bonjour, vous disaient du fond de la gorge : *Good morning, sir!* et quand on leur donnait un coup de sabre : *Goddam!* pour faire savoir qu'ils n'étaient pas contnets.

Ceux-là, c'était des Anglais. Je ne les ia vus qu'une fois à Hondschoote, près de Dunkerque, un pays assez laid, où les gens travaillent pourtant beaucoup et font de l'huile, de la farine et je ne sais quoi encore; mais, comme vous savez, avec trente lapins blancs on ne peut pas faire un cheval blanc; avec une plaine de trente lieues de long on ne peut pas faire un rocher de trente pieds de haut, et, ma foi! sans rochers il n'y a guère de pays qui méritent d'être vu. Pour moi j'aimerais mieux la commune de Sainte-Feyre, que l'ont peut voir d'ici et qui ne rapporte pas tous les ans deux cents boisseaux de seigle ou de blé noir, que les trois quarts de la Belgique, où le froment pousse comme s'il était chez lui.

A Hondschoote donc, j'étais avec Houchard, un vieux brave homme de général pas malin du tout, qui pourtant battit les Anglais comme c'était son devoir, mais qui n'eut pas la bonne inspiration de les jeter tous dans la mer comme on le lui avait commandé de Paris. Voyant qu'il était si négligent, on lui coupa la tête par ordre supérieur. Ça, je n'en donnerai pas mon avis; c'est de la politique.

C'est égal, je fus content de les avoir rencontrés, eux et leur général, un bon gros duc, gras et frais, bête, à ce qu'on dit, comme un pot, et qui s'appelait York, comme un jambon. Les prisonniers nous dirent que c'était un très-grand seigneur d'Angleterre et même le propre fils du roi, et ils l'appelaient milord-duc d'un air aussi respectueux que s'ils avaient parlé de Dieu le père, et quelque temps après que nous l'eûmes rossé, on le fit maréchal pour le consoler ou peut-être pour lui faire croire qu'il avait gagné la victoire.

II

EN IRLANDE

Mais si je vous disais toutes mes batailles, tous les coups que j'ai donnés ou reçus, tous ceux que j'ai vu tuer, amis ou ennemis, cela pourrait durer autant de jours qu'il y a de mois dans l'année. J'aime mieux vous raconter ce qui nous arriva, à l'oncle Jean et à moi, d'abord quand on fit la paix, et plus tard lorsque la guerre recommença et qu'on nous envoya, lui et moi, avec le fameux Masséna, jusqu'à Zurich, en Suisse, pour montrer aux Autrichiens et aux Russes ce que nous savions faire.

Écoutez, mes enfants, écoutez, et profitez, car ce sera peut-être dans quelques années votre tour de prendre le sac et le fusil et d'aller au feu. Dans ce monde, on n'a jamais fini de s'égorger avec les voisins; je crois que le jugement dernier nous surprendra pendant que nous serons occupés à nous fendre la tête au son de la trompette de l'ange. C'est une malédiction de Dieu sur les hommes.

Et cependant, quand on est attaqué, il faut bien se défendre. Quand un coquin veut vous assassiner, il faut bien le jeter à l'eau. Quand un chien enragé veut vous mordre, il faut bien l'assommer.

Il le faut, sinon pour vous, du moins pour vos parents, vos enfants, la justice et la patrie. Enfin il faut être fort et bien armé pour se faire respecter soi-même et pour faire respecter les siens.

Voici donc ce qui nous arriva :

C'était le 1ᵉʳ septembre 1797, je m'en souviens comme d'hier. J'attendais mon congé depuis trois mois avec une impatience que vous comprenez. Depuis cinq mois la paix était faite. Depuis cinq ans je n'avais pas vu mon père, ma mère et le vieux clocher de Néoux. Je bâillais au corps de garde comme une carpe au soleil, attendant mon tour de faction, dans la citadelle de Strasbourg, quand tout à coup on m'appelle chez le colonel.

Devinez qui était mon colonel?

Jean, mes enfants. Ni plus ni moins que Jean, l'oncle Jean, mon camarade Jean, qui avait fait son chemin sous la république, car, en ce temps-là, avec du courage, du coup d'œil, un bon poignet et de l'instruction, on devenait en moins de rien colonel, général et tout, et l'on gagnait des batailles par douzaines, comme Hoche, Augereau, Soult, Bernadotte, qui, lui, dans la bagarre et le remue-ménage des rois et des royaumes, attrapa une couronne et s'en coiffa si bien et si solidement qu'on n'a jamais pu la lui ôter, et que ses enfants hériteront après lui.

Jean n'était que colonel. A vingt-trois ans, c'est joli. D'autres s'en seraient bien contentés. Moi, j'étais toujours simple soldat. (Que voulez-vous? quand on ne sait pas lire!) Aussi fier, malgré tout, de monter la garde à mon poste que lui de commander son régiment un jour de parade.

Donc on l'avait fait colonel, mais depuis trois jours seulement, car il revenait d'Irlande où le ministre de la guerre l'avait envoyé deux ans auparavant : histoire de tracasser les Anglais dans leur pays, comme ils nous tracassaient en Vendée. Jean était parti avec quelques centaines de camarades sur une belle frégate. Il avait passé la mer. Hoche devait le suivre avec trente mille autres. Mais, vous le savez, la mer ce n'est pas la terre; quand le vent souffle sur terre et vous pousse au visage la pluie ou le vent, vous pouvez vous arrêter, vous mettre à l'abri sous les tentes, dans les maisons, derrière les rochers ou dans la forêt.

Mais quand il souffle sur mer, il n'y a pas d'endroit pour se cacher. On court quelquefois devant lui pendant sept ou huit cents lieues sans pouvoir s'arrêter, et alors on voit des pays dont on n'était pas curieux, et l'on regrette mille fois le doux plancher des vaches.

C'est ce qui arriva à votre oncle Jean. Il ne courut pas aussi loin; mais le vent souffla si fort que toute la flotte fut dispersée. Les uns revinrent en France avec le général Hoche et moi, qui étions sur le même vaisseau. D'autres coururent à droite et à gauche sur la mer et rentrèrent un peu plus tard. Jean, lui, arriva tout droit en Irlande.

C'est un grand pré qui s'élève à soixante ou quatre-vingts pieds au-dessus de la mer, à ce qu'il m'a raconté, et qui a cent quatre-vingts ou deux cents lieues de tour. Il y pleut les trois quarts de l'année. Le reste du temps, le brouillard couvre tout, les villes, les forêts, les champs et les rivières, qui sont aussi nombreuses là-bas que les ruisseaux chez nous. Vous voyez d'ici le pays.

Aussitôt que Jean eut mis pied à terre (il était alors lieutenant-colonel d'état-major), il eut des aventures de toutes les espèces. D'abord, il se trouva presque seul avec le général Humbert et douze cents Français en face de toute l'armée anglaise. Ces douze cents hommes, c'est tout ce qui avait pu débarquer. Le reste était en pleine mer, à quatre ou cinq cents lieues, en grand danger de se noyer.

Jean fut d'abord un peu étonné. Ce n'est pas ce qu'on lui avait promis quand il s'était embarqué. On avait dit partout que nous allions délivrer l'Irlande, et que cent mille Irlandais nous attendaient sur la côte pour se lever en masse, comme nous avions fait en 1792, pour nous embrasser comme des frères et pour jeter les Anglais à l'eau. Jean comptait là-dessus et le général Humbert aussi, et le général Hoche encore davantage.

Pas du tout. Au lieu de cent mille Irlandais armés de bons fusils, de canons, et prêts à bien faire, Jean rencontre une trentaine de malheureux aux coudes percés, aux joues creuses, aux dents longues, aux yeux profonds et tristes, semblables à des chats maigres, efflanqués, n'ayant plus que la peau sur les os, qui se disputaient une douzaine de pommes de terre dans un champ et qui lui tendaient la main en demandant à manger. Le pauvre Jean, qui n'avait pas grand'chose à manger dans son sac, non plus que le reste de sa troupe, car Hoche avait compté trouver des provisions en Irlande, partagea pourtant avec eux ce qu'il avait, et demanda où se trouvaient les cent mille Irlandais.

Un de ces malheureux lui dit dans son patois, plus par gestes que par paroles, car il ne parlait ni anglais ni français, mais quelque chose qui se rapproche du bas breton, comme Jean l'apprit d'un de nos soldats qui était de Quimper-Corentin, — ce malheureux donc lui dit qu'on les avait trahis, que les Anglais avertis les avaient attaqués avant qu'ils eussent des fusils et des baïonnettes, que leurs principaux chefs étaient déjà pendus ou qu'ils allaient l'être, que les plus heureux étaient en fuite et se cachaient dans les bois; que, quant à lui et à ses camarades, n'ayant rien à perdre que la vie (cela se voyait assez à leur mine et à leurs habits), ils étaient restés là, rôdant sur le rivage, vivant de leur pêche, de quelques pommes de terre oubliées dans les champs, et guettant les milords d'Angleterre au coin des haies pour leur rendre, d'un coup de hache sur le crâne, tout ce que ces gueux leur faisaient souffrir depuis sept cents ans.

Jean m'a dit souvent que ça faisait frémir de voir la faim de ces Irlandais, leur misère et leur rage contre ceux qui les avaient dépouillés de tout, qui bâclaient des lois à Londres contre les pauvres gens et qui chassaient de leurs maisons, la baïonnette au bout du fusil, des milliers d'hommes, de femmes et d'enfants. Cela criait vengeance à l'Éternel.

Voilà la première rencontre de Jean en Irlande. Pas gaie, comme vous voyez. Deux jours après, les premiers Anglais arrivèrent. Ceux-là n'étant guère plus de deux ou trois mille, on les battit assez facilement, et Jean, pour sa part, en fit un vrai carnage. Les gazettes du temps en ont assez parlé, Dieu merci! Mais derrière ce premier corps venait toute l'armée. Quand ils furent vingt contre un et tinrent nos soldats enfermés, on finit par capituler.

Qu'est-ce que vous voulez? Vingt contre un!

Les autres capitulèrent avec le général Humbert, et il ne faut pas les blâmer, car ils s'étaient bravement conduits, et les Anglais furent les premiers à le reconnaître; mais Jean ne voulut pas capituler, lui. On eut beau faire, le presser, l'exhorter, lui donner l'ordre, il dit toujours : « Jamais on ne verra le nom de Jean Bûchamor au bas d'un papier de cette espèce ; j'aimerais mieux faire comme le brave Beaurepaire, qui s'est brûlé la cervelle à Verdun, le jour de l'entrée des Prussiens ! »

Et il l'aurait fait comme il le disait ; d'ailleurs il avait, pour rester libre à tout prix et sortir d'Irlande, une raison qu'il ne pouvait pas avouer aux camarades et que je vous dirai plus tard. Suffit de savoir qu'à sa place j'en aurais fait autant.

Au moment où l'on posait les armes devant les Anglais, il traversa leurs rangs, habillé en garçon de ferme, avec une barbe blanche de six pouces qu'il s'était collée au bas des oreilles, et chantant une vieille chanson bretonne que le bas Breton de Quimper-Corentin lui avait enseignée et que les Anglais prirent pour de l'Irlandais.

De temps en temps, il s'arrêtait de chanter pour jouer de la cornemuse comme on en joue dans notre pays aux fêtes de la commune, et il en jouait si bien que le colonel d'un régiment écossais, — attendez ! comment s'appelait donc ce régiment ? *Highlander*, je crois, et ça se prononce *hailand'r*, vous savez, ces Anglais ne font rien comme les autres, — le colonel lui proposa, le croyant Irlandais, de l'engager dans sa musique.

Mais Jean, sans s'interrompre, fit signe de la main qu'il ne voulait s'engager nulle part, et se sauva en jouant avec sa cornemuse la plus belle de ses bourrées d'Auvergne. Comme il faisait du brouillard et que la nuit venait, on le laissa partir. D'ailleurs il avait l'air si vieux, si vieux, à ce qu'il m'a dit, sous ses habits percés, et sous sa barbe blanche, qu'en France tous les passants lui auraient offert deux sous, et que là-bas tous les gens riches, qui sont Anglais de naissance et n'aiment pas les Irlandais, lui fermaient leurs portes.

Cependant on finit par le recevoir et même par le traiter en ami, quoiqu'on sût à peu près son histoire ; mais c'était dans une maison irlandaise. Des deux fils de la maison, l'un s'était fait tuer, l'autre s'était fait pendre en se battant contre les Anglais. La mère et les deux filles restaient seules et le traitèrent comme s'il eût été leur fils et leur frère.

Pauvres femmes ! Jean ne m'en a jamais parlé sans avoir des larmes aux yeux ; mais je vous dirai cette histoire un autre jour.

Enfin, après avoir passé plusieurs mois dans cette maison du bon Dieu, Jean partit sur un bateau pêcheur avec trois camarades et un pilote irlandais, qui risquait d'être pendu à cause de la guerre, et revint en France, trois mois après la paix qu'on venait de conclure avec les Allemands. Nous n'avions plus d'ennemis que les Anglais.

Voyant ça, comme il mettait le pied à Cherbourg, le ministre de la guerre lui dit :

— Lieutenant-colonel Bûchamor, vous revenez d'Irlande, où vous avez fait de très-belles choses. C'est bien. La patrie est contente de vous. Elle vous nomme colonel et vous ordonne d'aller rejoindre votre régiment dans quinze jours au plus tard.

Là-dessus, Jean, qui n'avait pas la langue dans sa poche, lui riposte :

— Mon général, si c'était un effet de votre bonté que je pusse aller voir père et mère, que je n'ai pas embrassés depuis cinq ans ?

L'autre lui rétorque :

— Allez vite, et dites-leur de ma part que s'ils ne sont pas contents du colonel Jean Bûchamor, ils sont vraiment trop difficiles. C'est moi Bernadotte qui le leur dis, et j'ai raison de le dire, car je vous ai vu manœuvrer sous le feu, et mille millions de carabines ! je ne connais pas un meilleur soldat ni peut-être un meilleur capitaine dans toute l'armée du Rhin!

C'est ainsi que Jean alla voir le premier mon père, ma mère et mes sœurs, qu'il leur montra ses épaulettes d'or et son sabre d'honneur donné par Hoche, et ses pistolets qu'il avait reçus pour récompense à la bataille de Fleurus, que le père et la mère l'embrassèrent comme du pain, et qu'ils auraient bien voulu le garder éternellement; mais il fallait rejoindre son régiment. Pour les consoler, il leur dit qu'il me ferait donner un congé d'un an, et que si la paix durait toujours, je resterais avec eux la vie entière, mais que lui reviendrait le plus souvent et resterait le plus longtemps qu'il pourrait.

— Pourquoi ne restes-tu pas aujourd'hui? demanda la mère.

Jean se mit à rire et répondit :

— Qui est-ce qui commanderait le régiment à ma place?

Elle baissa la tête et le laissa partir en pleurant.

Jean s'en alla au petit pas et tristement pendant une demi-lieue, parce qu'il regrettait beaucoup de les quitter; mais quand il fut là, il partit au galop pour arriver plus vite à Strasbourg.

Il avait de bonnes raisons pour galoper. Vous les connaîtrez plus tard.

III

LE NOUVEAU COLONEL

Le jour qu'il arriva, on mit le régiment sous les armes, on le fit reconnaître, comme ils disent; mais, dans le fait, il était déjà connu de presque tous ceux qu'il allait commander et parmi lesquels il avait servi cinq ans. Il leur fit un petit discours comme qui dirait :

« Camarades, vous êtes des braves. Nous nous sommes vus en Belgique, en Hollande et en Prusse; et si c'est nécessaire, nous tâcherons de faire honneur encore à la 26ᵉ demi-brigade, qui a toujours bien mérité de la patrie. Vive la république ! »

Après quoi, tout le monde cria tellement Vive la République! vive le colonel Bûchamor! que c'en était attendrissant, à ce qu'on m'a raconté, et que tous les camarades de la commune de Néoux en étaient fiers, comme s'ils étaient tous devenus colonels du même coup.

Et c'est vrai qu'il faisait honneur à la commune ! Vous n'avez jamais vu plus bel homme à cheval. Lui et la bête n'étaient qu'un. J'ai vu Lassalle, le hussard des hussards, un gaillard qui, pour le maniement du sabre et la manière d'enfoncer un carré d'infanterie, n'avait pas de supérieur sur la terre et sur la mer; j'ai vu le fameux général Espagne, un cuirassier de Bellegarde, à deux lieues d'ici, haut comme une église, fort comme vingt douzaines de Turcs, et qui galopait au milieu des soldats prussiens avec sa cavalerie, renversant tout sur son passage; j'ai vu, enfin, Murat, le roi Murat, le beau-frère de Napoléon... Eh bien ! aucun de ceux-là n'avait meilleure mine à cheval et pour aller à l'ennemi que votre oncle Jean Bûchamor, colonel du 26ᵉ régiment de ligne, frère cadet de François du même nom, ici présent. Tous ceux qui l'ont connu vous diront comme moi que, dans le Berry, le Bourbonnais, la Marche, l'Auvergne et le Limousin, à quarante lieues tout autour de Néoux, on n'aurait pas trouvé son maître, je ne dis pas pour la force du poignet, quoiqu'il fût robuste, bien portant et solide en selle, mais pour le sang-froid, le coup d'œil et la manière de tenir sa troupe sous les balles.

Ça, c'est un don de nature.

Tenez... vous connaissez bien le vieux M. de Fénestrange (1), le plus vaillant cavalier de l'armée d'Italie, celui dont on raconte tant d'histoires effrayantes (mais il ne faut pas croire la moitié de ce qu'on dit) et qui a sabré de sa main plus d'ennemis qu'il n'y a de jours dans l'année ?

Un soir, l'an dernier, je le rencontrai à la foire de Vallières, et, quoiqu'il ne parle presque à personne, il vint à moi la main tendue (les soldats de la grande république se reconnaissent toujours) et voulut absolument dîner avec moi. Au dessert, pendant que nous parlions des batailles du vieux temps, il me disait : « François, les anciens s'en
» vont. Notre tour viendra bientôt. Vous êtes aujourd'hui
» le seul de la commune de Néoux parmi ceux qui partirent
» en 1792... Le seul sur trente-huit ! Et moi, le seul de la
» commune de Banise, où nous étions dix-sept ! Tous les
» autres sont au cimetière, dans les neiges de la Russie,
» en Allemagne, en Espagne, en Égypte, en Italie... Vous
» souvenez-vous, François, de Fleurus, où j'étais, mais sans
» vous connaître, quoique du même pays, avec vous et votre
» frère Jean ? C'est Jourdan, un ancien mercier de Limoges,
» qui nous commandait. Moi, j'étais sous-lieutenant des
» aérostiers. Jean était déjà lieutenant au 26ᵉ de ligne. On
» le fit capitaine deux jours après la bataille, et il l'avait
» bien gagné ! Quel bon enfant ! quel brave officier ! et comme
» il entendait le métier ! comme il enlevait ses hommes !
» On aurait pu lui donner le commandement d'une division
» aussi bien que d'une compagnie. Il était partout à sa
» place. »

C'est la vérité, et M. de Fénestrange s'y connaissait.

Pour revenir à mon histoire, je n'étais pas à la parade

---

(1) Les personnes qui ont lu l'histoire tragique de M. de Fénestrange, publiée chez Dentu, sous ce titre *l'Aventurier*, reconnaîtront sans peine le célèbre compagnon d'armes de François Bùchamor.

où Jean passa son régiment en revue. On m'avait envoyé, avec vingt-cinq ou trente autres, pour courir sur les talons d'un mauvais gueux appelé Schinderhannes, qui volait et assassinait tout le pays entre les Vosges et le Rhin, en se faisant aider, bien entendu, par douze ou quinze cents coquins de son espèce, Prussiens et Badois presque tous, qui se répandaient partout dans les villages et faisaient une peur terrible à tous les honnêtes gens. Un peu plus tard, du reste, il fut pris par la gendarmerie, et il eut le cou coupé, comme c'était son droit; mais, cette fois, il nous avait échappé, car le gaillard courait comme un cerf, et, après trois semaines de marches forcées dans les montagnes et dans la plaine, on nous fit rentrer à Strasbourg.

Deux heures plus tard, Jean me fit appeler.

IV

UNE PARTIE DE BOXE.

Moi, j'entre sans me douter de rien, car les camarades, par plaisanterie, avaient fait exprès de me cacher le nom du nouveau colonel.

Je vois un grand jeune homme, mince de taille, large d'épaules, bien cambré des reins, qui, debout, le front appuyé sur la vitre, regardait dans la cour et me tournait le le dos. Ses épaulettes neuves brillaient comme deux soleils; je dis :

— Mon colonel, me voilà.

Il se retourne, me prend dans ses bras, m'enlève, me serre à m'étouffer, et me crie :

— Frère, est-ce que tu ne me reconnais pas?

Ma foi, j'étais si étonné et si joyeux de le retrouver là,

que j'en avais perdu l'esprit et la parole. Depuis plus d'un an je ne savais pas ce qu'il était devenu; j'avais eu peur qu'il ne fût tué ou au moins prisonnier chez les *Goddem!* et tout à coup je le revoyais plus beau, plus fier, plus gai que jamais, et colonel par-dessus le marché. Je l'embrassais, je le touchais pour voir si c'était bien lui; j'avais envie de rire et de pleurer en même temps.

Enfin, je lui dis :

— Ah! Jean, que tu m'as causé d'inquiétude et de chagrin. Comment as-tu pu rester un an sans nous écrire, au père, à la mère et à moi? Je n'osais plus moi-même écrire au père de peur qu'il me demandât ce que tu étais devenu.

Il se mit à rire et me dit:

— François, ne gronde pas. Si j'avais écrit, quel est le facteur qui t'aurait porté ma lettre par mer? J'étais caché dans un trou d'Irlande, à trois cents lieues d'ici. Les Anglais me guettaient pour me mettre sur leurs pontons avec les autres. Fallait-il, pour le plaisir de bavarder, me faire prendre comme un lièvre au gîte? Ne valait-il pas mieux prendre patience, jouer de la cornemuse dans les villages, contrefaire le sourd, ne répondre à personne excepté à la bonne dame irlandaise et à ses deux jolies filles qui m'ont donné le moyen de me sauver sur un bateau pêcheur, et enfin revenir, comme tu vois, et comme dit la chanson :

Bien portant et content?

Alors il me raconta toutes ses aventures d'Irlande depuis que je n'avais plus entendu parler de lui.

Jean en avait vu, pendant ce temps-là, *de toutes les couleurs*, comme il le disait lui-même. Un jour on avait manqué le reconnaître et le mettre en prison pour s'être pris de querelle dans un cabaret de Dublin avec un gros bourgeois anglais qu'on appelait gentleman.

Jean était assis et mangeait un morceau de rosbif avec des pommes de terre, tout seul à une table. Il avait posé à côté de lui sa cornemuse dont il jouait, comme je vous l'ai dit, dans les villes et dans les villages, moitié pour gagner sa vie, moitié pour cacher sa qualité de Français.

Voyant ça, l'Anglais, soit pour le faire exprès, soit par maladresse, s'assit sur la cornemuse qui était gonflée de vent et qui se mit à crier comme un animal vivant qu'on écorche.

Jean se retourne, prend le gentleman au collet sans dire un mot, le remet debout sur ses pieds, le jette contre le mur, et reprend sa cornemuse.

Tous les Irlandais éclatèrent de rire, d'abord parce qu'ils n'aiment pas les Anglais, et ensuite parce qu'ils sont toujours contents de voir une bataille ou de se battre pour leur propre compte.

Jean, qui comprenait ça, n'était pas content. Avec sa cornemuse, il avait l'air d'un pauvre diable et d'un meurt-de-faim, ce qui n'est bien vu nulle part. L'Anglais, au contraire, était chaudement habillé, avait l'air d'un gros gaillard, solide, bien nourri et dont le gousset était bien garni. Si la police se mêlait de l'affaire, lui, Jean, était sûr d'avoir contre lui tous les juges qui sont toujours pour les gentlemen.

— C'est égal, dit Jean, je pensais dans mon âme : Si le père Bûchamor me voyait, qu'est-ce qu'il me conseillerait de faire? Et je me tins prêt à tout ce qui pouvait arriver.

De son côté le gentleman ôta son habit et offrit à Jean de lui casser les reins.

Jean, sans répondre, ôta le sien et fit signe au propriétaire du cabaret de garder sa cornemuse et de préparer un cercueil pour l'enterrement du gentleman. Ça fit rire tous les Irlandais; mais ça mit le gros Anglais dans une telle fureur, qu'il commença à boxer comme un taureau qui donne des coups de corne à droite et à gauche.

Vous n'avez jamais vu boxer, mes enfants? Il paraît que c'est la plus belle chose qu'on puisse voir en Angleterre, et que, quand deux braves Anglais doivent faire une partie de boxe, c'est-à-dire s'aplatir le nez, se pocher les yeux ou se casser les dents, tout ce qu'il y a de mieux parmi les milords, les gentlemen, les évêques et les jolies demoiselles arrive de plus de cent lieues pour les voir.

Vous jugez s'il y avait des amateurs dans le cabaret; mais il faut leur rendre cette justice que vingt-cinq au moins sur trente, sans le connaître, priaient en faveur de Jean, le bon Dieu d'abord, puis la sainte Vierge et saint Patrick, qui est le plus grand et le plus puissant de tous les saints d'Irlande.

Ce n'est pas qu'ils crussent que Jean avait raison ou tort; mais ils voyaient que le gentleman était Anglais, et ça leur suffisait.

Du reste, la sainte Vierge et les saints ne se mirent pas du côté de Jean, et même il reçut sur la tête un tel coup de poing que, s'il ne l'avait pas paré à moitié, « son affaire, comme il me disait lui-même, était faite ».

Il en demeura étourdi pendant quelques secondes et vit trente mille étoiles en plein midi.

Alors le gentleman, très-content, ouvrit la bouche en criant :

— Aoh! aoh! aoh!

Et leva le poing pour recommencer.

Mais Jean, furieux, se souvint très à propos d'un coup de savate qu'il avait appris au régiment, d'un Parisien du faubourg Saint-Antoine; il leva le pied si haut et si juste qu'il enfonça d'un seul coup la mâchoire du gentleman au moment où l'autre criait pour la quatrième fois : *Aoh!* et lui coupa la langue à moitié. On voyait pendre le morceau.

Le pauvre Anglais tomba évanoui, la figure pleine de sang, avec cinq dents cassées, et, pour le consoler, les Irlandais criaient de toutes leurs forces : Hip! hip! hurrah! ce qui est leur manière d'applaudir et voulaient porter Jean en triomphe. Mais lui, qui voyait venir les gens de la police, prit sa cornemuse, paya le cabaretier sans marchander, enfila la venelle, traversa une place et quatre ou cinq rues, toujours courant, toujours poursuivi, et enfin entra dans une ruelle où l'on perdit sa trace.

— Sais-tu, me disait Jean, ce qui m'avait fait reconnaître pour Français? C'est ce malheureux coup de savate. Dans ces pays-là on ne joue que du poing ou du couteau. Moi qui n'en savais rien, je me servis du pied, ce qui manqua de me faire mettre en prison pour le reste de mes jours.

Voilà, mes enfants, comme il faut toujours connaître les coutumes de tous les pays et ne pas donner, par erreur, un coup de pied pour un coup de poing si l'on ne veut pas être pendu.

V

PENSÉES DIVERSES SUR LE MARIAGE.

Nous passâmes presque toute la soirée, Jean et moi, à nous raconter ce que nous avions fait l'un et l'autre depuis un an.

Enfin, il se leva, prit un air grave, et me dit :

— Devine, François, pourquoi je t'ai fait venir ici?

Je le regardai étonné.

Il tira de sa poche un long papier et demanda :

— Serais-tu bien aise de voir le père et la mère?
— Oh! oui.
— Et de partir demain matin?
— Tout de suite, si tu veux.
— Eh bien! voici ton congé. Tu vas souper avec moi, tête à tête. J'ai bien des choses à te dire, — pour toi d'abord, ensuite pour le père et la mère à qui je n'ai pas osé en parler parce que je n'étais pas assez sûr... Tu me comprendras tout à l'heure... Enfin tu partiras demain matin avec neuf autres de la commune de Néoux. Vous aurez tous un congé de six mois, et, si l'on fait la paix avec les Anglais, un congé définitif. C'est le citoyen Bernadotte, ministre de la guerre, qui me l'a promis.

— Et toi, Jean, que feras-tu?
— Moi, je reste avec mon régiment. D'ailleurs, j'ai d'autres affaires que je vais t'expliquer, François, et sur lesquelles je veux te demander conseil.

Il tira la sonnette, fit servir le souper, déboucha d'avance trois bouteilles de vin de Bourgogne, ferma la porte pour n'être pas dérangé, remplit nos verres, et me dit en riant :

— François, qu'est-ce que c'est que le mariage?

Je fus si étonné de sa question que je ne savais que répondre.

Il reprit :

— Je vois bien qu'il faut t'aider, frère. Eh bien, le mariage est un des sacrements de l'église; est-ce vrai, ça, oui ou non?

Il dit encore :

— Et c'est une bonne chose que les sacrements, n'est-ce pas?

Je répondis qu'il n'y avait rien de meilleur.

— Alors, continua Jean, puisque nous sommes tous deux du même avis, frère, passons à la seconde bouteille et réponds-moi. Puisque le mariage est un sacrement et que le sacrement est une bonne chose, on fait donc bien de se marier!

Je pensai à Catherine, et je dis en grognant :

— C'est selon.

— Ah! oui, reprit-il en riant, c'est selon la femme, n'est-ce pas? Ça va sans dire. Il n'y a pas de bonne soupe aux choux si le lard est rance, ni de bonne salade sans huile d'olive, ni de bon mariage sans une bonne femme...

Mais enfin, si j'en trouvais une, jolie, pleine d'esprit, douce, charmante, de bonne famille, qui te connaît et qui t'aime déjà, et si je te demandais ce que tu en penses, que dirais-tu, frère?

— Je dirais, Jean, que tu fais bien de te marier, si c'est ton plaisir.

— Eh bien! reprit-il, tant mieux. Je suis bien content que tu penses comme moi, car j'ai trouvé la femme.

— Et tu vas te marier?

— Ma foi, c'est à moitié fait; car, pour moi, je veux.

— Et elle?

Ici, Jean se gratta la tête d'un air embarrassé.

— Elle? Je ne sais pas. Je n'en ai pas encore parlé au père.

— Mais enfin, qui est-ce?

— Eh! François! tu la connais bien. C'est mademoiselle Anne Burtin.

— La jolie petite demoiselle à qui nous avons sauvé la vie dans la forêt de l'Argonne il y a cinq ans?

— Elle-même. Elle est grande aujourd'hui; elle est plus belle que jamais; elle a vingt ans; son père — qui m'avait reçu dans sa maison après la bataille de Valmy lorsque je fus blessé en poursuivant les Prussiens dans l'Argonne, — son père m'a soigné comme un ami, presque comme un fils, pendant que j'étais malade; il me pansait, m'enseignait mille choses dont je ne m'étais jamais douté avant de le connaître; il a fait mon éducation, car, avant lui, je ne savais que lire, écrire et servir la messe du curé de Néoux, enfin je lui dois d'être un homme. Et elle!

— Est-ce que tu lui dois aussi quelque chose?

Jean me dit d'un ton sérieux :

— Peut-être... Tiens, François, pendant que j'étais en Irlande et que je vivais comme un mendiant, sans pain et sans souliers, me cachant de peur d'être fait prisonnier, j'ai bien souvent pensé que sans l'espérance de la revoir je me serais laissé prendre au gîte et je crèverais d'ennui avec les camarades sur un ponton anglais...

Oui, c'est pour elle que j'ai passé la mer sur un petit bateau grand comme une coquille de noix, au risque de me noyer cent fois pendant la traversée... C'est à cause d'elle que je suis libre. Et je lui dois bien quelques remercîments.

— Tu vas la demander en mariage tout de suite!

— Peut-être dans quelques jours, répondit Jean, car je ne l'ai pas vue depuis dix-huit mois...

— Mais si elle s'était mariée en ton absence?

A ce mot, que je disais par plaisanterie, Jean devint plus sombre qu'une porte de prison.

— Comment, frère! Est-ce vrai? Le saurais-tu déjà!

Je lui dis :

— Est-ce qu'elle t'a promis de t'attendre?

— Non.

— Eh bien, va, elle t'aura attendu, sois-en sûr; les femmes n'ont jamais envie de faire que ce qu'on ne leur demande pas.

Cette parole le fit rire malgré son inquiétude. Mais j'avais tort de mal parler des femmes, puisqu'il est si difficile de s'en passer, et je me souvenais trop du mauvais tour que m'avait joué Catherine en épousant Pardouvy.

Vous connaissez le proverbe qui dit que le mariage est comme un sac où l'on a mis dix mille vipères et une anguille, dix mille méchantes femmes pour une bonne; mais celui qui fit le proverbe était un mauvais homme, injuste et faux. Il aurait dû dire au contraire qu'il y avait dans le sac dix mille anguilles pour une vipère, et dans le mariage dix mille bonnes femmes pour une méchante.

Seulement, il faut bien faire attention, comme dit le père Lancelot, de Pontcharaud. Je ne sais pas comment on s'y prend, presque tout le monde met la main sur la vipère.

VI

LE PÈRE ET LA MÈRE.

Vers deux heures du matin, Jean me dit :
— Frère, il faut dormir. Tu partiras demain avec le détachement. Tout est réglé, étape par étape. Tu traverseras Belfort, Besançon, Nevers, Moulins, Gannat, Clermont, Pontgibaud, Pontaumur, Saint-Avit d'Auvergne, Crocq, Saint-Maurice, et, quand tu seras à Néoux, tu embrasseras pour moi le père et la mère, les sœurs, et Toinet qui a beaucoup grandi et qui sera un homme l'an prochain. Adieu !

Nous nous embrassâmes une dernière fois et je partis le lendemain.

Nous étions dix de la commune de Néoux, tous simples soldats pour la même raison qui m'avait empêché d'être officier, c'est-à-dire parce qu'ils ne savaient pas lire.

Le plus ancien était Marien Combredeix, de la Chazotte, un de ceux qui ont duré le plus longtemps et qui ont fait le plus d'honneur au pays. Un brave garçon, plein de courage et d'honneur, un peu lent dans ses discours, comme tous ceux qui réfléchissent beaucoup, un peu froid avec ceux qu'il ne connaissait pas, mais vrai dans tout ce qu'il disait, sûr dans tout ce qu'il promettait, et dont la parole valait de l'or. Quant à la fatigue et au travail, il ne disait jamais : C'est assez. Je l'ai vu faire vingt-six lieues en trente heures, avec son sac et son fusil, dîner d'un morceau de pain et d'un verre d'eau sur la route, et se mettre en faction devant l'ennemi d'un air aussi tranquille et aussi satisfait que si le caporal de garde l'avait éveillé après dix heures de sommeil pour dîner avec les amis. Les gens de cette espèce sont rares par tout pays.

Après Combredeix venait Girard, de Néoux, surnommé l'Espagnol parce qu'il avait fait la guerre en Espagne; sa sœur épousa Gilbert Delorge, dont le fils est aujourd'hui notaire à Auzances; celui-là fut tué douze ans plus tard au siége de Tarragone. Je vous dirai le nom des autres à mesure qu'il me reviendra dans l'esprit.

Suffit de savoir que c'était tous de bons garçons et de fiers soldats. Chacun a ses défauts, n'est-ce pas? Et ceux-là comme les autres; mais, pour être durs à la fatigue et ne pas broncher devant le canon, je puis dire qu'on n'aurait pas trouvé, dans n'importe quel régiment, dix hommes plus solides que ces dix-là.

Et, voyez-vous, marcher sans relâche et sans se plaindre, voir, sans impatience, quand il le faut, les boulets entrer dans les rangs et emporter d'un coup des files entières, voilà le plus difficile, voilà ce que le Français ne sait pas toujours faire. J'ai vu, moi qui vous parle, des batailles que nous aurions gagnées à coup sûr si les chefs et les jeunes soldats n'avaient pas été trop pressés de bien faire et n'avaient pas crié, comme des étourdis, à cinq cents pas de distance :

— A la baïonnette!

Qu'est-ce qui arrivait? Qu'on mettait la baïonnette au bout du fusil, que les canons français se taisaient de peur de tirer sur nos troupes, que les ennemis, Anglais ou Alle-

mands, faisaient feu sans relâche, postés sur une montagne
ou derrière quelques murs de fermes ou de parcs, que
leur mitraille faisait des trous horribles chez nous, que,
pour en finir plus vite, on prenait le pas de course, que les
faibles (qui ne sont pas toujours les moins vaillants) demeu-
raient en arrière, que les autres arrivaient en désordre devant l'ennemi, qu'on les visait à vingt pas, qu'on les fusillait à coup sûr en commençant par les officiers supérieurs,
que la troupe, n'ayant plus de chefs, ne savait plus se conduire, qu'on hésitait, non par crainte de l'ennemi, mais
pour entendre des ordres qu'on ne recevait pas toujours,
qu'on était criblé de sept ou huit feux de file sans pouvoir
répondre, qu'on commençait à reculer, qu'on descendait la
montagne aussi vite qu'on l'avait montée, qu'on faisait ce
manége-là sept ou huit fois dans la journée, et qu'enfin, le
soir, on avait perdu la bataille sans que l'ennemi l'eût gagnée,
car il ne nous poursuivait pas; il ne nous attaquait pas à la
baïonnette; il ne se pressait pas d'avancer : il restait sur
place... Vous me direz qu'on ne peut pas toujours vaincre,
et que François Bûchamor a été vainqueur assez souvent
pour supporter de temps en temps, par-ci par-là, quelques
défaites, surtout quand les ennemis étaient quatre ou cinq
fois plus nombreux... Mais qu'est-ce que vous voulez? la
vieille République nous avait gâtés. En ce temps-là, on ne
reculait pas. On ne capitulait pas. On ne recevait ni croix,
ni pensions, ni argent; mais quand on avait bousculé les
ennemis, conquis une ou deux provinces, agrandi la République, on entendait lire, quinze jours plus tard, à l'ordre
du jour : L'Assemblée nationale déclare que l'armée de
Sambre-et-Meuse a bien mérité de la patrie. Les rois de
l'Europe s'en mordaient les pouces de colère, et François
Bûchamor, en portant son sac et son fusil, pensait :

— Le père et la mère seront contents, et la patrie aussi.
Ah! l'on n'a pas ce bonheur-là tous les jours!

Mais, comme dit l'autre, ne mettons pas la charrue avant les bœufs. Avant de vous parler des Anglais, des Prussiens ou de n'importe qui, il faut que je vous dise d'abord comment nous fûmes reçus à Néoux, en l'an V de la République française une et indivisible.

Naturellement, je n'ai pas besoin de vous raconter que tout le monde nous fit fête sur la route. Cela va de soi. Quand on s'est battu pour la patrie et pour la liberté cinq ans de suite, on mérite bien quelques égards. Mais tout ça n'était rien auprès de ce qui nous attendait à Néoux.

C'est le 15 septembre 1797 que nous arrivâmes, à un quart de lieue d'ici, deux par deux, en rang, fiers comme des vainqueurs de l'Europe que nous étions; car il n'y a pas à s'en dédire, nous avions vaincu l'Europe; et si l'Asie, l'Afrique et l'Amérique s'en étaient mêlées, François Bûchamor, Marien Combredeix et les autres les auraient vaincues pareillement. On est Français, et de la commune de Néoux, ou bien on ne l'est pas; qu'en dites-vous?

Nous chantions, en marchant, la belle chanson :

> La victoire en chantant nous ouvre la carrière;
> La liberté guide nos pas;
> Et du nord au midi la trompette guerrière
> A sonné l'heure des combats.
> Tremblez, ennemis de la France,
> Rois ivres de sang et d'orgueil,
> Le peuple souverain s'avance;
> Tyrans, descendez au cercueil!

Avant d'entrer dans le village, comme nous savions qu'on était averti de notre arrivée et qu'on avait envie de venir au-devant de nous, nous fîmes un détour pour prendre un bain dans la Roseille, à une lieue au-dessous de Pontcharaud, et pour tirer des sacs nos habits neufs, afin de faire honneur à la 26ᵉ demi-brigade, « *dont auquel*, comme disait le sergent Manoux, de Bourg-Lastic, qui était un beau parleur et un orateur fini, *nous avions celui d'être incorporés parmi.* »

Quand nous fûmes séchés, brossés, astiqués et en état de nous montrer aux dames, nous reprîmes le chemin de Néoux dont on voyait déjà le clocher. Vous me croirez si vous voulez, mes enfants : il n'y en a pas de plus beau dans l'univers. J'ai vu Saint-Pierre de Rome, où notre saint-père le pape va dire la messe deux fois par an, à Noël, et à Pâques ; j'ai vu Notre-Dame de Paris où Napoléon se fit sacrer devant trente rois ou vice-rois de sa fabrique qui s'agenouillaient avec respect pendant que François Bûchamor, votre grand-père, présentait les armes avec ses camarades et que toute l'Europe regardait ; j'ai vu le Kremlin de Moscou, le jour même où les Russes y mirent le feu pour ne pas nous le laisser ; mais rien, non, rien ne peut surpasser le vieux clocher que vous voyez d'ici.

Au moins, c'est ce que nous pensions tous en approchant de Néoux.

Mais qu'est-ce que j'aperçois tout à coup au détour du chemin ?

Le père Bûchamor et la mère qui venaient au devant de moi en habits de fête comme pour aller à la noce. Et derrière eux la moitié de la commune, les femmes et les enfants, et jusqu'aux chiens du village qui nous reconnaissaient et qui aboyaient de joie.

Moi, voyant ça, je sors du rang, je laisse là Marien Combredeix qui marchait côte à côte avec moi, je prends mon élan avec mon sac sur le dos, et j'arrive à temps pour embrasser la mère, qui était si contente, qu'elle ne pouvait pas parler, qu'elle pleurait, qu'elle riait et qu'elle paraissait près d'étouffer.

Ensuite je la quittai pour aller au père, qui m'attendait debout, appuyé sur son bâton comme un patriarche ; il me saisit dans ses bras sans parler, car ce n'était pas sa manière, et me serra de toutes ses forces sur sa poitrine.

Je dis :

— Bonjour, père. Bonjour, mère. Me voilà.

Alors ma mère cria :

— Ah! mon pauvre François, comme nous t'avons attendu! Maintenant, tu ne nous quitteras plus, n'est-ce pas?

Et elle m'embrassa de nouveau en pleurant.

Le père dit :

— Nous t'avons attendu, François, et moi autant que tous les autres; mais tu as bien fait de rester là-bas; et maintenant, si tout est fini, tu fais bien de revenir. François, tu es un brave garçon; je suis content de toi, et de Jean aussi. Vous avez fait tous deux votre devoir.

Alors ma mère ajouta :

— Oh! Jean est colonel à présent; il sera général dans un an et tout ce qu'il voudra.

Et je vis qu'elle était plus fière de Jean que de moi.

Elle nous aimait bien tous les deux, comme aussi tous ses autres enfants; mais Jean avait toujours été son préféré; il avait tant d'esprit; il était si joli garçon et si bon enfant et si gai; d'ailleurs, il faut avouer que Jean Bûchamor colonel lui faisait plus d'effet que François Bûchamor, simple fusilier de la 26ᵉ demi-brigade... C'est bien naturel.

Cependant tout le monde ne peut pas être colonel, et il faut bien se contenter de ce que Dieu vous donne.

Le père, lui, avait d'autres idées.

Il avait vu dans l'Evangile que tous les hommes sont égaux devant la face de Dieu, et il répétait souvent qu'on n'a pas besoin d'être riche, ou bien habillé, et de commander aux autres, mais d'être libre et maître de ses actions. Il était content que Jean fût colonel, parce que Jean l'avait bien gagné; mais il n'était pas moins content que je fusse là, près de lui, ayant fait mon devoir de soldat, comme Jean avait fait son devoir d'officier.

C'était un homme sage et plein de bon sens, le vieux Bûchamor, mon père, quoiqu'il n'eût pas fait autre chose en sa vie que de fendre le bois, labourer, moissonner, faucher et travailler durement pour donner du pain à sa famille.

Mais j'oublie ce que je voulais vous dire, mes enfants, à mon âge on est content de parler du temps passé et de tous ceux qu'on a aimés. Et d'ailleurs qu'est-ce qui peut vous intéresser plus que de connaître l'histoire de ceux qui sont nés avant vous et qui vous ont donné la vie ?

On vous parle, dans les écoles, des rois, des princes et des généraux; moi, je vous parle de votre arrière-grand-père que personne n'a connu hors de son village, mais qui fut honoré de tous ses voisins et regretté de toute sa famille pour son bon sens, son courage et son bon cœur.

Qu'on en mette autant sur ma tombe; je n'en demande pas davantage.

VII

VIVE L'ARMÉE DE SAMBRE-ET-MEUSE ! VIVE LA RÉPUBLIQUE !

J'avais à peine dit quelques mots à mon père et à ma mère, lorsqu'un grand roulement de tambour se fit entendre sur le haut de la côte, auquel un autre roulement répondit tout de suite au fond de la vallée.

Nous fûmes bien étonnés, non du premier roulement qui venait de Peytavy, de Meimange, tambour de la 26ᵉ demi-brigade, et notre compagnon dans le rang, mais du second auquel personne de nous ne pouvait s'attendre, car il n'y avait pas à notre connnaissance, et quand nous partîmes en 1792, un seul tambour dans les quatre communes de Néoux, de Saint-Pardoux-le-Neuf, de Saint-Feyre-la-Montagne et de Saint-Avit-de-Tardes. D'où venait donc celui-là?

Je me tournai vers le père et je lui dis :

— Père, il y a du nouveau ici. On se salue avec des roulements de tambour, comme les vaisseaux saluent les forts à coups de canon.

Le père répliqua :

— Tu verras bien autre chose tout à l'heure. Toute la commune vient au devant de vous avec monsieur le maire en tête, le conseil municipal et le drapeau. Moi, j'ai passé le premier avec ta mère pour te voir plus tôt; mais je vais rejoindre le conseil... Et devine qui est-ce qui bat le tambour?

Je cherchais; alors ma mère me dit en riant :

— C'est Toinet. L'an dernier, nous l'avons envoyé à Aubusson pour apprendre son métier de maréchal-ferrant, chez le père Borniche aîné, tambour-major de la garde nationale; et le mauvais garnement s'est mis à battre le tambour tous les soirs après la journée faite de manière à empêcher de dormir tous les bourgeois les plus distingués de la ville.

— Bon! dit le père, j'aime mieux qu'il ait appris à battre le tambour et qu'il empêche de dormir des bourgeois distingués que s'il avait fait de mauvaises connaissances.

— Et si tu voyais, dit ma mère, comme il a grandi, comme il est devenu fort! Un sac de farine de deux cents livres ne lui fait pas peur à présent... Mais tu vas le voir toi-même... tiens, le voilà.

En effet, tout en parlant, nous avancions toujours. Après son premier roulement, Peytavy battait la marche, et nous vîmes enfin une chose que je n'oublierai de ma vie, quand même j'aurais encore mille ans à vivre.

A cent pas au bas du village, sur le chemin de Villefort, à côté du ruisseau qui traverse le pré d'Arfeuille, on avait bâti une grande cabane de feuillage sur laquelle était planté le drapeau tricolore avec cette inscription :

Vive la République française
Une et indivisible!
Vivent les braves soldats de la commune de Néoux!
Vive l'armée de Sambre-et-Meuse!
Honneur aux défenseurs de la patrie!

A l'ombre du feuillage, étaient assis, sur des bancs de bois, le maire, celui qu'on appelait monsieur Jean-Baptiste, tant on avait oublié son nom de famille ; c'est celui que nous avons perdu l'an dernier, presque en même temps que le vieux curé, et que je regretterai toujours. A droite et à gauche, les membres du conseil municipal, parmi lesquels mon père alla prendre sa place, et, derrière eux, tout le reste de la commune, hommes, femmes et enfants.

Quand je vis tout ce monde, nos parents, nos amis, mon père, ma mère, mon frère, mes sœurs qui nous attendaient depuis le matin et qui criaient de toutes leurs forces pour témoigner leur joie de nous revoir, je me dis :

— François, qu'est-ce qui te manque pour être heureux sur la terre?

Mais, le soir même, je vis ce qui me manquait et que rien ne pouvait me rendre. Je le croyais, du moins, en ce temps-là.

Quand le maire, monsieur Jean-Baptiste, nous vit descendre le petit chemin qui vient de Poncharaud, il fit signe à Toinet, qui s'était arrêté depuis un instant, de battre un nouveau roulement auquel nous répondîmes de notre mieux en criant de toutes nos forces :

— Vive la République!

En même temps, nous partîmes au pas de course, et, dans le temps qu'un ivrogne mettrait à boire un verre de vin, nous arrivâmes en face de monsieur le maire et du conseil municipal.

Le maire s'avança vers moi et dit :

— François Bûchamor, Marien Combredeix (il nomma aussi tous les autres), je suis chargé de vous déclarer que la commune de Néoux est fière de vous, que depuis cinq ans nous savons tous que vous n'avez pas cessé de bien mériter de la patrie, que vous avez fait honneur à tout le pays et à vos familles, et que vos victoires ont été celles de la justice et de la liberté.

Puis, élevant la voix de manière qu'on pût l'entendre de loin, il cria :

— Vive la France ! Vive la République ! Vive la Liberté !

Nous criâmes tous la même chose après lui.

Alors, comme je vis que personne n'osait lui répondre, car on est timide dans nos villages et l'on sait mieux travailler que parler, je fis un pas en avant et je dis :

« Monsieur le maire, messieurs les conseillers municipaux,

» Je viens vous dire, au nom de nos camarades, que nous sommes tous bien sensibles à votre honnêteté.

» Pendant cinq ans, nous avons fait tout ce que nous pouvions faire pour la patrie.

» Si la République a besoin de ses enfants, nous sommes prêts à recommencer.

» Vive la République française !

» Vive la commune de Néoux !

» Vive monsieur le maire ! »

Et tout le monde cria avec moi et plus fort que moi; et

l'on rompit les rangs, et l'on s'embrassa de toutes ses forces, moi, Toinet, et mes deux sœurs Goton et Marie, et mon beau-frère, et mes deux neveux, qui étaient bien gentils, blonds et frisés, et qui me sautaient dans les jambes, et que M. Jean-Baptiste, le maire, qui était un homme joyeux et plein d'esprit, appelait *morvoux* et *brenoux*, parce qu'on ne les mouchait pas souvent, excepté avec les doigts, mais qui s'appelaient de leurs noms de baptême : Pierret et José.

Pendant ce temps, je regardais de tous côtés, cherchant des yeux quelque chose que je ne trouvais pas.

Ma sœur Goton me dit :

— Mon pauvre François, je sais bien qui tu cherches; mais elle n'est pas là.

Je fus fâché qu'elle eût deviné mon idée, et je lui répondis brusquement :

— Je ne cherche personne.

Goton me dit encore :

— Pas même Catherine Pardouvy, ton ancienne promise?

Je répondis en faisant semblant de bâiller.

— Catherine? Quelle Catherine?... Ah! oui, celle qui demeurait au moulin de Lestrange. Est-ce qu'elle n'est pas mariée depuis longtemps?

Au fond, j'étais fâché que Goton eût deviné ma pensée, et content qu'elle me parlât la première de Catherine. Je pensais : Goton m'en parle pour en dire du mal, parce que les femmes ne s'aiment pas beaucoup entre elles; mais c'est égal, j'aime mieux entendre dire du mal de Catherine que de ne pas savoir ce qu'elle est devenue.

Alors Goton se mit à me raconter tout ce qui s'était passé; comment Catherine, croyant que je ne reviendrais jamais, avait fait la coquette avec l'un, avec l'autre, surtout avec Pardouvy, qui l'aimait depuis longtemps; qu'elle dansait avec lui dans les bals, qu'elle recevait souvent ses visites, et qu'enfin elle avait consenti à l'épouser.

— Mais, ajouta Goton, elle a dû s'en repentir depuis ce temps, car il n'a pas passé deux jours sans se soûler au cabaret et, quand il rentrait au moulin, sans la battre. Elle a chèrement payé sa fortune !... Maintenant elle doit être bien heureuse.

Je demandai :

— Pourquoi donc?

Goton me répondit :

— Parce qu'il est mort depuis quinze mois. Il s'est noyé dans la Roseille le jour de la Fête-Dieu. On l'a trouvé le lendemain au fond de sa propre écluse où il était tombé après avoir trop bu chez la mère Mouilletrou, dont il était la meilleure pratique.

Comme Goton finissait de parler, M. le maire fit signe à Toinet de reprendre son tambour et de battre un roulement.

Alors on fit silence.

Il dit :

— Mes amis, tous les braves soldats de Sambre-et-Meuse qui sont ici, tous les membres du conseil municipal de la commune de Néoux sont invités à venir dîner chez moi tout à l'heure.

Ce soir, après dîner, toute la commune est invitée à venir danser dans ma cour. Je veux danser le premier une bourrée, et avoir François Bûchamor pour vis-à-vis. Vive l'invincible armée de Sambre-et-Meuse! Vive la République!

Tout le monde cria : Vive l'armée de Sambre-et-Meuse! Vive la République! Vive M. le maire!

VIII

LE DÎNER DE MONSIEUR LE MAIRE.

Une heure après, on se mettait à table.

Messieurs les membres du conseil municipal d'abord, comme c'était leur droit, puis Marien Combredeix, Peytavy et les autres camarades avec moi, et enfin Toinet que M. le maire avait invité par exception, d'abord à cause de son talent comme tambour, et ensuite, comme dit M. le maire, parce qu'il tenait la place du brave colonel Jean Bûchamor, l'honneur de la commune de Néoux, la fleur de l'armée de Sambre-et-Meuse.

— Et, dit-il encore, au dessert, je remettrai quelque chose à François Bûchamor, son frère. C'est un paquet que j'ai reçu ce matin même pour lui de la part de M. l'administrateur du département.

(En ce temps-là, on appelait administrateur ce qu'aujourd'hui vous appelez préfet.)

Cette parole de M. le maire m'étonna beaucoup; car qu'est-ce que cet administrateur pouvait me vouloir, lui dont je ne savais pas même le nom?

Le père se tourna de mon côté, aussi étonné que moi-même; mais Toinet, à qui le maire avait dit deux mots et qui venait de déposer à côté de lui un paquet dont je ne distinguais pas la forme et la grosseur, nous fit signe que c'était quelque chose dont nous serions contents l'un et l'autre. Le coup d'œil de Toinet me rassura, mais je ne m'attendais guère au bonheur qui devait m'arriver ce jour-là.

Quand tout le monde fut assis, on regarda le dîner que la vieille Françoise, la servante de M. le maire, avait mis sur la table. Et vraiment ce dîner valait la peine d'être regardé.

D'abord il était à trois services, car M. Jean-Baptiste n'était pas de ceux qui font les choses à moitié. Quand il invitait ses amis à dîner, on pouvait boire et manger huit jours sans débrider.

Ce jour-là, voici ce qu'il nous donna :

D'abord, une bonne soupe de bœuf et de petit-salé mêlés ensemble. Ça, c'était pour ouvrir l'appétit, si l'on avait eu besoin d'ouvrir une porte qui, dans nos montagnes, n'est jamais fermée. Quand on travaille ferme, on mange solidement.

Après la bonne soupe vint le bouilli, puis le pâté chaud avec une croûte fumante et dorée et des côtelettes de veau à l'intérieur; c'est une chose dont les rois et les empereurs voudraient manger toujours. Les pâtés (car il y avait quatre plats de chaque espèce à cause du nombre des invités) furent avalés en un clin d'œil; alors on apporta des truites accommodées au beurre et au persil, mais si finement que le père Trottebas, du Tay, ne pouvant pas s'en rassasier et n'en ayant peut-être jamais mangé de sa vie, en dévora cinq en deux minutes et manqua de s'étrangler en avalant l'arête de la sixième.

Voyant ça, et de peur d'accident, M. Jean-Baptiste fit remplir tous les verres et porta la santé de la République.

Alors on trinqua comme des braves, et si fortement, que le bruit des verres fut entendu à plus d'un quart de lieue. Puis M. Jean-Baptiste, qui était, comme vous savez, le meilleur des hommes et celui qui aimait le mieux à rire, remarqua que mon père faisait signe à Toinet de mettre de l'eau dans son vin, et lui dit tout haut :

— Allons, Toinet, ton père a raison. Il faut être sobre, mon ami. Bois de l'eau, Toinet, bois de l'eau, c'est le moyen de devenir habile et savant.

Le pauvre Toinet, qui déjà se sentait la tête un peu

lourde, remplit d'eau son verre et le vida d'un trait. Puis tout à coup il cria :

— Eh! monsieur le maire, c'est du vin blanc qu'on nous a donné.

En effet, c'était un bon tour de monsieur le maire. Comme l'eau de la fontaine est souvent un peu jaune, il avait fait mettre dans la carafe du vin blanc qui est à peu près de la même couleur; de sorte que plus l'on croyait verser d'eau dans son vin, plus on se grisait.

Le cri de Toinet fit rire tout le monde, et M. le maire lui dit d'aller mettre sa tête sous le robinet de la fontaine, et que ça le réveillerait. En même temps il fit apporter de l'eau véritable pour tous ceux qui n'avaient pas l'habitude du vin blanc.

Ensuite on servit des longes de veau cuit au four, des gigots qui sortaient de la braisière, des rognons de veau rôtis à la broche, des pâtés de viande froide, des dindes en daube, des dindes rôties, des perdreaux, trois lièvres, — deux en civet et un à la broche, — deux petits cochons de lait farcis à l'intérieur, cinq pâtés de pommes, cinq pâtés de poires, cinq pâtés de prunes, et enfin une telle quantité de bonnes choses que tout le monde pensa qu'il serait impossible d'en manger plus de la moitié ce jour-là.

Mais on se trompait, car M. le maire nous dit que ce qui ne serait pas mangé à dîner serait avalé à souper après la danse.

Il faut tout dire. Si M. le maire était l'homme le plus riche de la commune, il savait se faire honneur de sa fortune, et sa maison était ouverte à tout le monde, aux pauvres comme aux riches. Ah! quel excellent homme, et sage, et fin, et prudent, et qui, tout en riant, savait donner un bon conseil et vous empêcher de faire une sottise.

Enfin, à force de manger, de boire, de crier et de chanter, car on chantait des chansons de toute espèce, le dessert arriva. Mais alors M. le maire fit signe de la main qu'il avait quelque chose à dire et posa sur la table, à côté de son assiette, le paquet que Toinet avait apporté.

Ensuite il coupa la ficelle, ôta le papier d'abord, puis la paille, et enfin nous montra un beau sabre d'infanterie tout neuf.

Nous le regardions tous avec étonnement.

Lui alors se leva, et s'adressant à mon père qui était assis en face de lui, il dit :

— Claude Bûchamor, le gouvernement de la République t'envoie, pour ton fils François, un sabre d'honneur.

A ces mots, le père se leva, les yeux humides, les lèvres tremblantes, si heureux et si fier de moi, qu'il ne pouvait pas prononcer une parole.

M. Jean-Baptiste dit encore :

— Claude, c'est à Valmy, à Jemmapes, à Fleurus, à Wattignies, en combattant pour la patrie et pour la liberté, que ton fils a gagné ce sabre d'honneur. Déjà le cadet, Jean, était colonel. Claude, la commune de Néoux te remercie. Tes deux fils ont fait glorieusement leur devoir. Heureux le père qui entend l'éloge de ses fils!

Voici ce que dit M. Jean-Baptiste, et beaucoup d'autres choses encore, car personne ne parlait mieux que lui et à propos.

Quant à mon père, il prit la main que le maire lui tendait et la serra de toutes ses forces; puis, se tournant vers Toinet que M. Jean-Baptiste avait eu soin de placer à côté de lui, il lui dit :

— Toinet, quand tu seras un homme (et c'est bientôt), je ne te demande qu'une chose, c'est de faire ton devoir comme Jean et François.

Il n'en dit pas davantage pour le moment, mais c'était assez. Je voyais son bonheur dans ses yeux.

IX

LE BAL.

Enfin on se leva de table, nous les premiers, car on avait pris à l'armée de Sambre-et-Meuse l'habitude d'expédier le dîner en quelques minutes, et les membres du conseil municipal restèrent encore assis pendant plus d'une heure, buvant et causant avec le maire des affaires de la commune.

Il était déjà sept heures du soir et M. Jean-Baptiste avait fait poser dans la cour trente ou quarante draps de lit pour construire une tente et garantir les danseurs de la pluie qui commençait à tomber. En même temps, il avait fait mettre debout, à cinq pas l'un de l'autre, plus de cinquante tonneaux vides sur lesquels on voyait des chandelles allumées; de sorte que jamais, depuis que le monde est monde, on n'avait vu pareille illumination dans la commune de Néoux. Enfin, pour achever la fête et donner du cœur aux plus fatigués, il avait fait venir deux joueurs de cornemuse de Crocq et deux joueurs de violon, l'un de Felletin et l'autre de Boussac; et au fond de la cour, la vieille Françoise, sa servante, aidée de deux ou trois voisines, était chargée d'offrir du pâté, du jambon et du vin à tout le monde.

Presque toute la commune était là et nous attendait avec impatience, car ceux qui ne dînent pas ont toujours quelque chose à dire contre ceux qui dînent. Toutes les filles se mirent à baisser les yeux en nous regardant de côté, les hommes vinrent nous donner la main, et les petits enfants se frottèrent contre nous, tâtant nos habits pour voir comment nous étions faits, et tout fiers de voir de si près et de toucher les soldats de Sambre-et-Meuse.

Ah! c'était quelque chose que d'être soldat de la grande République.

Je n'avais pas fait trois pas dans la cour lorsque ma sœur Goton, qui me vit la première, prit mon bras et m'entraîna comme si elle avait eu quelque nouvelle importante à me dire.

Mais elle ne pensait à rien qu'à faire voir à tout le monde mon sabre d'honneur dont Toinet, sorti du dîner avant le dessert, avait répandu partout la nouvelle; et, ma foi, Goton prenait sa part de ma gloire et se promenait en me donnant le bras d'un air aussi fier que si elle était devenue, par un coup du sort, impératrice de la Chine.

Il faut dire aussi qu'elle avait pris sa plus belle robe rouge, son plus beau fichu bleu, son plus joli bonnet blanc, qu'elle avait le teint rouge à faire plaisir; une jolie croix d'or sur la poitrine, et qu'elle était vraiment bien jolie quoiqu'elle eût le visage un peu dur quand on la contrariait. Mais qui est-ce qui n'a pas ses défauts? Et vous verrez bientôt que Goton avait ses qualités. C'était même, je puis le dire, une sœur excellente et comme on n'en voit guère.

Quand nous eûmes fait deux fois le tour de la cour, Goton s'arrêta dans l'ombre, sous le tilleul, et me dit tout bas:

— Croirais-tu qu'elle a eu l'audace de venir?
— Qui?
— Catherine.
— Ah!
— Oui, je l'ai vue là, tout à l'heure, qui se cachait derrière deux ou trois autres pour te voir; mais j'espère bien que tu ne penses plus à elle.

Il est bien certain qu'en arrivant à Néoux je ne pensais plus à Catherine; ou, du moins, j'avais été si indigné de sa conduite et de son mariage avec Pardouvy que je ne voulais plus la revoir, mais il n'y a rien qui dégoûte davantage un homme de ce qu'il voulait faire que de comprendre

Et c'est vrai qu'elle était jolie avec ses cheveux noirs et sa
mine hardie... (p. 174).

qu'on le lui ordonne et qu'on a l'air de croire qu'il ne saura pas se conduire.

Aussitôt que Goton m'eût défendu de penser à Catherine, je n'eus plus qu'une envie : c'était de la voir.

Après tout, pensai-je, Goton se mêle de ce qui ne la regarde pas.

Je lui dis en riant :

— Où est Catherine, afin que je ne sois pas exposé à la rencontrer!

Mais avant que Goton eût le temps de répondre, je sentis que quelqu'un me regardait. Je tournai les yeux de ce côté et je vis Catherine, habillée de noir comme une veuve, et plus belle que jamais. Elle était assise sur une grosse bille de bois, le bras posé sur l'épaule d'une petite fille de sept ans qui cria :

— Catherine! Catherine! le voilà! Oh! le beau soldat!
— Tais-toi donc, Lisa! dit Catherine.

Mais Lisa n'écoutait rien. Elle s'échappa et courut vers moi pour me parler, puis tout à coup s'arrêta comme intimidée.

Je lui dis (car je la reconnus tout de suite, parce que c'était la cousine de Catherine) :

— Bonsoir, Lisa.

Elle, d'un air assuré, voyant que je riais, répondit :

— Bonsoir, François.

Je lui dis encore :

— Lisa, tu es bien jolie. Veux-tu m'embrasser?

Et c'est vrai qu'elle était jolie avec ses cheveux noirs, ses yeux noirs et vifs et sa mine hardie.

Elle me répliqua :

— François, je n'embrasse pas les garçons. Ta barbe me piquerait.

Goton me dit à l'oreille :

— C'est Catherine qui l'envoie; mais j'espère bien que...

Je répliquai :

— Goton, M. le maire te cherche pour commencer la bourrée avec toi. Va danser et laisse-moi causer avec Lisa.

Goton leva les épaules :

— J'en étais sûre! dit-elle. Tu vas épouser la veuve de Pardouvy!

Comme le conseil municipal entrait à ce moment-là dans la cour, mon père et M. Jean-Baptiste en tête, je n'eus pas besoin de répliquer. Goton alla donner la main à M. le maire; je m'assis sur une des marches de l'escalier du jardin, et je dis à la petite fille :

— Tu as bien grandi, Lisa? Veux-tu venir danser avec moi?

Elle me répondit d'un air sérieux :

— Merci, François. Je fais comme Catherine, je ne danse pas. Toi, François, et les autres soldats, vous êtes trop grands...

— Et les garçons de ton âge?

— Ceux-là sont trop petits.

— Et monsieur Jean-Baptiste, le maire?

— Il est trop vieux.

— Alors tu vas rester seule dans ton coin, car si tu ne veux de personne, personne aussi ne voudra de toi.

Lisa se redressa d'un petit air orgueilleux et me dit :

— Je n'ai besoin de personne. D'ailleurs, je ne serai pas seule, je suis avec Catherine.

— Oui, mais Catherine va danser et te planter là.

C'était une manière de savoir ce que Catherine allait faire. Lisa répliqua :

— Catherine ne danse pas. Elle est en deuil.

Je demandai comme si je n'avais rien su :

— En deuil! Et de qui?

— De son mari qui s'est noyé dans l'écluse, répondit l'enfant.

— Et elle l'a beaucoup regretté ?

C'est pour arriver à cette question que je venais d'attirer Lisa près de moi. Elle me répondit :

— Comme ci, comme ça. Cousin Pardouvy la battait quelquefois, surtout quand il avait bu.

— Mais elle a bien pleuré quand il est mort ?

— Pleuré! dit Lisa, je le crois bien! Elle a crié toute la journée jusqu'à ce qu'on l'a porté à l'église et de là au cimetière.

— Et le lendemain ?

— Oh! le lendemain, dit Lisa, elle est venue chez nous, à la Chazotte, et elle a dit à ma mère qu'elle était bien malheureuse, et quand ma mère a demandé pourquoi, elle a dit que Pardouvy avait eu bien des torts envers elle, mais qu'elle avait tout pardonné, qu'avant de se jeter à l'eau il avait fait son testament en sa faveur, qu'elle se trouvait héritière de tout et qu'elle ne se consolerait jamais d'avoir perdu un si bon mari et un si brave homme.

Alors je dis à Lisa :

— Est-ce qu'elle n'a pas d'enfant ?

— Elle n'avait que le petit José, qui est mort avant son père.

— Alors elle est seule dans son moulin ?

— Oh! non. Elle n'est pas seule. Elle est avec la vieille tante Bornou et le gros Claude, le garçon meunier.

— Et toi, Lisa ?

— Oh! moi, j'y vais presque tous les jours.

— Et tu l'aimes bien Catherine ?

— Oh! oui, je l'aime bien. Nous parlons souvent de toi.

— Depuis quand ?

— Depuis qu'on a dit que tu allais revenir.

— Qu'est-ce qu'elle te raconte de moi ?

Alors Lisa me répondit finement :

— Demande-le lui.

Cette fois je n'avais plus rien à répliquer. Je vis que Lisa, toute jeune qu'elle était, commençait à deviner ce qu'il faut dire et ce qu'il ne faut pas dire.

Alors je me levai, en ouvrant la bouche et en étendant les bras comme si j'avais eu grande envie de dormir et je lui dis :

— Bonsoir, Lisa. Puisque tu ne veux pas danser avec moi, je vais chercher une danseuse ailleurs.

Et, en effet, j'allai danser la bourrée à quatre avec M. le maire, ma sœur Goton et Marion Dagnaux, une jolie petite fille et ma parente, par sa grand'mère qui était la cousine germaine de la mienne.

Monsieur Jean-Baptiste ne s'épargnait pas, quoiqu'il eût déjà près de quarante ans. C'était, après mon frère Jean, le premier danseur de bourrée de la commune. Pour moi, tout le monde avoua que je faisais bien mon service et que je n'avais pas oublié les bonnes choses au régiment.

Quant à Goton, elle était aux anges d'avoir M. le maire pour lui donner la main, et moi pour lui faire face.

Ensuite, tous les jeunes gens qui se trouvaient là choisirent leurs danseuses, et l'on tapa des pieds et des mains, et l'on cria de joie, et l'on tourna, et l'on vira, et l'on mangea, et l'on but de telle façon, M. le maire exhortant chacun et donnant l'exemple, qu'il fut parlé de cette soirée-là dans tout l'arrondissement, et que personne, excepté les vieux, ne quitta la place avant minuit.

A la fin, quand on vit que les chandelles s'éteignaient, que les joueurs de cornemuse perdaient le souffle, et que les violons n'allaient presque plus, on alla remercier M. Jean-Baptiste et lui dire adieu.

Comme je sortais, je regardai la place où Catherine était restée assise pendant toute la soirée. Il n'y avait plus personne. Goton, qui avait pris mon bras, me dit :

— François, j'ai quelque chose à te raconter demain qui te fera plaisir.

Alors, je lui dis :

— Bonsoir, sœur. Demain tu pourras me dire tout. Aujourd'hui, je dors.

C'était vrai. Après quinze jours d'étapes et cinq heures de danse, je ne pensais plus qu'à dormir.

X

LE PRÉ D'ARFEUILLE.

Quand j'ouvris les yeux, il était déjà sept heures du matin. Je regardai par la fenêtre; il faisait un soleil de septembre; dans nos montagnes, c'est la plus belle saison. En face de moi, je voyais le pré des Ronzières; au bout du pré, la ligne des chênes, et derrière les chênes la montagne et le sentier qui mène à Pontcharaud, vers la Roseille.

Les oies chantaient en sortant de l'étable : *cra, cra, cra,* et allaient paître dans le communal avec les moutons et quelques vaches maigres. J'entendis quelqu'un qui montait l'escalier de ma chambre. C'était ma mère.

Elle m'embrassa en me disant :

— François, as-tu bien dansé cette nuit?

— Oui, mère, et tellement dansé que j'ouvre à peine les yeux et qu'il fait grand jour.

Elle me dit encore :

Goton m'a raconté que tu étais le plus bel homme de toute la commune et le plus beau soldat, et qu'elle avait été bien fière de se promener en te donnant le bras.

Je répondis :

— Mère, Goton veut rire. Elle était contente de me voir, et elle a cru que tous les autres pensaient comme elle.

Ma mère reprit :

— Non, non, ce n'est pas ça. Goton m'a dit que tout le monde t'avait remarqué... surtout quand tu avais dansé avec Marion Dagnaux. Tu sais que Goton n'aime pas trop celles qui sont aussi jolies qu'elle ; eh bien, elle m'a dit que Marion et toi vous aviez été applaudis de tout le monde à la troisième bourrée.

Et là-dessus ma mère me dit beaucoup de belles choses qu'elle croyait vraies, naturellement, parce qu'il lui semblait qu'après Jean Bûchamor, colonel, il n'y avait rien de plus beau ni de meilleur que François Bûchamor ; c'est une grâce que Dieu fait à toutes les vraies mères de leur persuader qu'il n'y a rien de plus beau ni de meilleur que leurs enfants ; et c'est par ce moyen qu'il les récompense de la peine qu'elles se sont données pour les nourrir, les élever et les conduire à l'âge d'homme.

Pendant que nous parlions ensemble, ma mère et moi, et qu'elle me faisait raconter mes campagnes et celles de Jean, neuf heures sonnèrent au grand coucou d'Allemagne dans la maison de M. le maire qui était voisine de la nôtre, et je vis venir au coin de la rue mon père accompagné de Goton et de mon frère Toinet.

Alors ma mère descendit pour tremper la soupe et je la suivis pour souhaiter le bonjour à toute la famille.

En entrant, le père dit :

— Marianne, tu nous oublies ce matin. Voilà une demi-heure que nous attendons la soupe au pré. Goton commençait à crier. Toinet se brossait le ventre en regardant du côté de la maison ; mais moi j'ai deviné que tu te faisais raconter les histoires de François et j'ai ramené tout le monde...

Déjà ma mère remplissait les écuelles de soupe aux

choux. Quant tout fut fini, elle se mit à table avec les autres et nous mangeâmes de bon appétit.

Après un moment, mon père me dit :

— François, tu vas prendre ton dard et venir avec nous. Je veux voir si tu as encore le bras bon et si tu n'as pas oublié le métier. Nous avons commencé, Toinet, Goton et moi, à faucher le regain du pré d'Arfeuille.

Je lui dis :

— Père, les soldats de Sambre-et-Meuse sont capables de tout. Dis-moi seulement ce que je dois faucher et je le faucherai.

Le père répliqua :

— Bien parlé ! François. Marianne, après la soupe, donne-nous du pain, du fromage et un verre de vin à chacun, car le bon ouvrier a besoin d'être bien nourri. N'est-ce pas, Toinet ?

— Oh ! oui, dit Toinet en soupirant.

— Et, continua mon père, un bon verre de bon vin d'Auvergne ne lui fait pas peur ?

— Oh ! non, répondit Toinet.

— Et que dirais-tu d'un morceau de petit-salé ?

— Je dirais, répondit Toinet, en se passant la langue sur les lèvres comme s'il eût déjà goûté la graisse du petit-salé, je dirais qu'on ne se régale pas mieux chez les bourgeois.

Mon père alors se mit à rire.

— Eh bien ! Toinet, nous nous régalerons dimanche prochain. Aujourd'hui, il faut travailler. Allons, va devant avec Goton. Toi, François, viens chercher ton dard dans la grange. Il est juste à la même place où tu l'as laissé quand tu es parti avec Jean il y a cinq ans.

— Ah ! mon pauvre Jean, dit ma mère, qui pensait toujours à son fils chéri, pauvre, pauvre Jean ! Où est-il maintenant ?

Le père répliqua :

— Il est à son régiment. Il est colonel. Il sera bientôt général. Ne vas-tu pas le plaindre, Marianne ? Il a un bel uniforme, deux chevaux, beaucoup d'argent ; il n'a perdu ni bras ni jambe à la guerre ; il est aimé et respecté de ses chefs et de ses inférieurs ; qu'est-ce que tu veux de plus ?

— Je voudrais le voir, dit ma mère.

— Femme, tu es trop curieuse. Fais comme lui. Après t'avoir vue pendant deux jours, il en avait assez et ne pensait plus qu'à rejoindre sa troupe.

Je sentis que le père n'était pas content de la conduite de Jean et je voulus l'excuser. Je dis :

— Père, c'est le ministre de la guerre qui l'a mandé. Sans cela, Jean serait resté longtemps avec vous.

Le père me regarda et reprit :

— François, tu fais bien de le dire... Et maintenant, va chercher ton dard ; nous allons rejoindre Goton et Toinet qui nous attendent.

Vous connaissez tous le grand pré d'Arfeuille, qui a quarante arpents de long, ou, pour parler comme le gouvernement, à peu près quatorze hectares. C'est celui qui est au coin de la route de Villefort et que traverse le ruisseau du Bezu.

Quand nous fûmes à l'entrée mon père me dit :

— François, regarde ce pré, ces arbres, ce ruisseau ; sais-tu à qui tout cela appartient ?

— A vous, père ? lui demandai-je étonné.

Il me frappa sur l'épaule et me dit en riant :

— François, c'est ta part et celle de Jean. Je vous le donne, c'est pour vous que je l'ai acheté il y a cinq ans. Si vous étiez restés tous deux à la maison pendant que les autres allaient se battre pour la patrie, vous auriez gagné la valeur du pré et bien davantage ; il ne faut pas que vous soyez plus pauvres parce que vous avez fait votre devoir... François, quand j'ai acheté ce pré, il y a cinq ans, c'était un marais ;

tu t'en souviens. Au lieu de foin, on récoltait des joncs; maintenant, j'ai quatre-vingts voitures de foin excellent; on n'y voyait que des sangsues et des grenouilles, on y voit maintenant un ruisseau d'eau vive et plein de truites... Sais-tu qui a fait ce changement?

— Toi, père?

— Oui, moi, ta sœur Goton et Toinet, nous avons travaillé tous trois pour Jean et pour toi.

— Mais mes sœurs?...

Mon père dit:

— Tes sœurs ne seront pas sans dot, ne crains rien. Mais, pour ce pré, personne n'y touchera que vous deux. Il y a trois mois, mon gendre Marchand, celui qui a épousé ta sœur Marie, a voulu m'en dire un mot, car tu penses bien qu'un pré comme celui-là fait des envieux; je lui ai répondu : — Marchand, quand François et Jean se battaient à deux cents lieues d'ici pour la République au risque de perdre la tête et les membres dans la bataille, quand ils avaient froid et faim, quand ils montaient la garde dans le brouillard, et soufflaient dans leurs doigts sur la glace, à cinquante pas de l'ennemi, vous aviez les pieds chauds au coin de votre feu, vous battiez votre blé dans la grange, vous alliez vendre vos moutons à la foire et dîner au cabaret, vous faisiez vos affaires, enfin; eh bien; moi, je fais celles de mes fils; je travaille pour eux pendant qu'ils se battent pour vous et pour moi.

Voyant ça, Marchand n'a plus rien dit, parce qu'il attend encore quelque chose de moi et qu'il a peur de me fâcher.

— Mais Goton?

— Oh! Goton a été la première à me dire de vous garder le pré. Goton était si fière d'avoir deux frères qui font honneur à la famille et à la commune de Néoux, qu'elle vous donnerait tout sans compter, et qu'elle travaillerait pour vous du matin au soir. Depuis la mort du pauvre Dumonteil, qui fut tué à Valmy, elle ne pense plus à se marier, et elle dit tous les jours :

— Quand François et Jean se marieront, je resterai avec eux et j'élèverai leurs enfants.

Et c'était vrai. Goton a tenu parole. Elle a renoncé à elle-même, quoiqu'elle fût d'âge à se marier et que mon père eût promis trois mille francs en mariage, sans compter le trousseau ; elle a préféré rester vieille fille et tante, et garder la maison en notre absence, et quoique je lui aie dit souvent, et Jean et Toinet aussi, que nous serions contents si elle se mariait, elle ne le voulut pas, disant toujours que, puisque le bon Dieu lui avait enlevé Dumonteil, qui était le seul qu'elle aurait voulu épouser, elle resterait fille éternellement, qu'elle nous attendrait en filant sa quenouille et tournant son rouet sur le pas de la porte, et que c'était à nous de nous marier et de continuer le nom et la famille des Bûchamor.

Et si quelqu'un de vous, mes enfants, s'étonne que Goton ait pensé des choses que les nobles seuls pensaient autrefois et qu'elle ait été si fière d'un nom de paysan, je vous dirai que ce nom, depuis cent ans, de père en fils, est respecté dans la commune de Néoux, parce qu'il n'a jamais été porté que par d'honnêtes gens, et qu'il n'y a pas beaucoup de familles en France ni peut-être dans le reste du monde dont on puisse en dire autant.

J'ai même quelquefois pensé que Goton en était trop fière, et qu'elle n'avait pas voulu se marier parce qu'elle ne croyait pas qu'il y eût un homme digne d'elle dans la commune. Mais si c'était son idée, pourquoi non ?

L'on fait bien de s'estimer soi-même ; cela vous préserve de beaucoup de sottises et de beaucoup de lâchetés.

Enfin Goton était fière de son père, de sa mère, de ses frères et d'elle-même, et à cause de cela quelques-uns et surtout quelques-unes ont essayé de rire d'elle, mais quand elle était loin, car devant elle ils n'auraient pas plus bronché qu'un troupeau de moutons.

Elle avait la langue pointue, et si quelqu'un l'avait attaquée de paroles, Dieu merci, elle était en fond de ce côté-là. C'est comme si le roi de Prusse avait voulu, pendant la bataille d'Iéna, expliquer à Napoléon le maniement de l'artillerie.

Mais c'est assez parler de Goton. J'y reviendrai plus tard, et vous verrez quelle femme c'était.

XI

FINESSE DE GOTHON.

Tout en parlant, mon père faisait avec moi le tour du pré d'Arfeuille. Il relevait les pierres tombées du mur; il refermait les claies; il replaçait les buissons de houx pour empêcher les vaches et les moutons des voisins de venir paître chez nous.

Enfin il me dit:

— François, est-ce que tu penses retourner bientôt à l'armée?

Je lui dis:

— Père, ce sera comme vous voudrez.

Et, un peu étonné, même un peu fâché de sa question, j'ajoutai en faisant semblant de rire:

— Est-ce que vous avez déjà assez de moi?

Il posa sur le mur la pierre qu'il tenait dans ses mains, avec autant de soin que si ç'avait été, au lieu de granit, une porcelaine de cinq cents francs, la tourna de tous les côtés, pour s'assurer qu'elle était en place, releva la tête, me regarda, et dit:

— Tu mériterais que ça fût vrai.

Il ajouta :

— François, on ne vous apprend donc rien au régiment, excepté : *Portez arme!* et *Croisez...ette!*... Comment! voilà cinq ans que la guerre est déclarée, cinq ans que tu es parti, vingt-quatre heures que tu es revenu, et tu crois que je voudrais déjà te voir loin d'ici! Et tu me dis ça quand je te montre que pendant cinq ans, ta mère, ta sœur Goton, ton frère Toinet et moi, nous n'avons pensé qu'à ton retour et à te faire un nid bien chaud pour l'avenir!...

Je lui dis :

— Père, j'ai tort. Pardonne-moi. J'aurais dû comprendre...

— Tu n'as pas besoin de comprendre. Tu devrais savoir d'avance que mon premier désir est de te garder près de moi, dans la maison... François, si je t'ai dit le premier d'aller à la guerre, c'est parce que tu le devais; maintenant que la paix est faite, et tant qu'on n'aura plus besoin de toi, reste avec nous. Et si tu veux te marier, marie-toi. Ça nous fera plaisir à tous.

Je répondis vivement :

— Oh! père, pour ça, non. Si vous voulez me garder avec vous, je le veux; mais pour le mariage ne m'en parlez pas!

Le père se mit à rire :

— Tu penses à Catherine, dit-il.

Il avait deviné.

— Et comme elle t'a laissé là pour un ivrogne qu'elle croyait plus riche que toi, tu ne veux plus te remarier?... François, tu as raison, celui qui se marie fait bien; celui qui ne se marie pas fait mieux. C'est l'apôtre saint Paul qui l'a dit, — au rapport de M. le curé; — si tu changes d'avis, tu me le feras savoir. Et maintenant, allons faucher. Je vois Goton qui nous regarde du coin de l'œil pour deviner ce que nous disons là, et Toinet qui se demande si je suis devenu paresseux comme lui.

Puis, comme j'ouvrais la claie pour entrer dans le pré d'Arfeuille avec mon dard sur l'épaule, il ajouta :

— Si tu ne veux pas te marier, défie-toi, ta mère et ta sœur ont déjà quelqu'un à te proposer.

— Qui donc, père?

— Tu la connais bien. C'est Marion Dagnaux. Tu as dansé avec elle cette nuit. Et Goton dit déjà que tu lui conviens parfaitement.

— Et vous, père, qu'est-ce que vous en pensez?

— Moi! que veux-tu que j'en pense? La première, Catherine, ne me déplaisait pas trop; mais elle a mal tourné. Je ne veux pas me mêler de la seconde.

Comme il parlait encore, Goton vint au devant de nous et me dit en riant :

— Allons, François, c'est assez fauché; je vais faner. Toi, fauche à ma place avec Toinet.

Puis, quand le père s'étant écarté, se mit à aiguiser son dard, elle me dit finement :

— Frère, après souper, ce soir, je veux te parler.

Ce mot me rappela qu'elle m'avait dit la même chose la veille et que le père devait avoir raison, quand il m'avertissait qu'on voudrait me marier avec Marion Dagnaux.

Du reste, Toinet s'approcha, et Goton ne parla plus, tout en fanant, que des histoires de la commune. Elle nous raconta tout ce qui s'était passé à Néoux depuis cinq ans. Moi, pendant qu'elle parlait, je pensai deux choses : l'une, que Marion Dagnaux pouvait épouser n'importe qui, sans me faire de peine; l'autre, que je serais bien aise de montrer à Catherine que je n'avais aucun souci d'elle, et que s'il y avait une personne dans la commune à qui je ne voudrais jamais parler, cette personne était celle que j'avais tant aimée autrefois, la veuve de Pardouvy.

Le reste de la journée se passa tranquillement. Je fauchais avec Toinet. Le père fauchait, fanait, relevait les pierres tombées de son mur; Goton fanait et parlait sans être interrompue ni contredite de personne. Les pinsons chantaient et volaient d'un arbre à l'autre; les mésanges se plantaient sur la tête des bœufs et des taureaux, ou se promenaient sans frayeur presque sous leurs pieds; les grillons des champs criaient comme c'est leur habitude, le matin, à midi et le soir; enfin je me sentais heureux, voyant que j'étais rentré chez moi, dans ma famille, au milieu de mes amis, de mes parents, et que je n'avais eu jusque-là qu'à remercier Dieu de tout ce qu'il faisait pour moi.

Le soir, après souper, ma sœur Goton prit mon bras et me conduisit sur le petit banc de bois que vous voyez encore, au fond.

Elle avait l'air d'une personne qui est sûre d'annoncer une bonne nouvelle et d'être bien reçue.

Elle me dit :

— François, es-tu content de vivre ici?

Je répondis :

— Certainement, Goton. Pourquoi ne serais-je pas content de revoir toi, le père, la mère, Toinet et les autres?

Elle reprit :

— Est-ce que tu penses encore à la veuve Pardouvy?

Cette question ne me fit pas plaisir. Je lui dis :

— Ne me parle plus de Catherine.

Pour dire la vérité, je ne voulais plus penser à Catherine; mais surtout je ne voulais plus en entendre parler par Goton. Il y a des choses qu'on sait, mais qu'on n'aime pas à s'entendre dire. Malheureusement, Goton ne comprenait pas ça. Elle était comme beaucoup de femmes et même des meilleures, elle ne savait pas s'arrêter. La langue lui démangeait souvent.

Elle continua donc :

— Pourquoi n'en parlerais-je pas? Je ne veux pas que tu sois dupe, François, je t'aime trop pour cela. Catherine, vois-tu, va chercher à t'entortiller. Elle te dira qu'elle t'a cru mort, qu'elle t'a pleuré longtemps, qu'elle t'a regretté toujours, qu'elle était seule sur le bord de la rivière, près des grands bois, qu'elle avait peur de tout le monde, qu'elle avait perdu son père, que Pardouvy la suivait partout, qu'il lui faisait presque peur... Oh! va, elle t'en dira bien d'autres encore. Quand il faut parler, sa langue n'est pas paralysée...

Je dis en riant et pour arrêter Goton :

— Mais, dis-donc, sœur, la tienne aussi est en bon état, car tu parles toute seule depuis cinq minutes.

Goton continua :

— Peux-tu comparer!

Et elle avait l'air indigné.

Je dis encore :

— Goton, si c'est pour entendre l'éloge de Catherine que tu m'as amené ici, je m'en vais.

En même temps, je me levai; mais elle me retint par le bras :

— Allons, puisque tu le veux, n'en parlons plus.

Et après un moment de réflexion :

— T'es-tu bien amusé, à la danse cette nuit?

— Oui, beaucoup.

— Marion Dagnaux a dit que tu dansais la bourrée mieux que personne.

Ici Goton démasquait ses batteries. Je dis d'un air endormi :

— Marion aussi ne danse pas mal.

— Comment! pas mal! s'écria Goton indignée. Personne ne danse mieux qu'elle!

— Excepté toi, Goton.

Ce compliment lui fit plaisir; et c'est vrai qu'elle dansait bien.

Mais Goton revenait toujours à son idée.

— Sais-tu que c'est une jolie fille, Marion!

Je répondis :

— Je n'en sais rien. Je ne l'ai pas regardée.

— C'est une fille de quinze mille francs, ajouta Goton.

— Quinze mille francs!

— Oui, François, quin...ze...mil...le... francs!

Alors je dis :

— Pas possible!

Elle reprit :

— C'est sûr. Quinze mille francs que son mari touchera chez le notaire, le jour du contrat.

Je riais en moi-même de voir que Goton, qui pensait si peu à ses propres intérêts, voulût absolument faire ma fortune. Je lui demandai d'un air sérieux :

— Est-ce qu'ils sont en or ou en argent, ces quinze mille francs de Marion?

Elle répondit :

— En or, si tu veux, et en argent, si tu l'aimes mieux. C'est Pierre Lonzy, son oncle et son tuteur, — car elle n'a plus ni père ni mère, — qui me l'a dit; et il le sait mieux que personne puisqu'il a déposé l'argent chez M. Jean-Baptiste.

Je dis encore :

— Eh bien, j'en suis bien aise.

Goton continua :

— Elle est bien jolie, Marion!

— Oui, assez.

— Et d'une bonne famille.

— Oh! pour ça, je l'avoue.

— Elle t'aime déjà beaucoup!

— Elle te l'a dit?

— Pas tout à fait, répliqua Goton qui ne voulait pas **mentir**; mais je l'ai vu dans ses yeux.

Alors je me mis à siffler l'air de

> Digo, Jeannetto (1)
> Volò te louga.
> Nenni mo mai,
> Vole me morida.

Je dis encore :

— Alors, tu voudrais avoir Marion Dagnaux pour belle-sœur?

— Ma foi! répliqua Goton, ça vaudrait toujours mieux que d'avoir la veuve Pardouvy!

Je vis qu'elle était en colère. Alors, pour la calmer :

— C'est donc pour m'empêcher d'épouser Catherine que tu me proposes Marion?

— Pour ça, d'abord, et aussi pour que tu épouses Marion.

— Eh bien! Goton, rassure-toi, je te promets de n'épouser ni l'une ni l'autre.

— Mais, dit-elle, Marion est une bonne fille...

— Oui, tu me l'as déjà raconté. Elle est jolie, elle danse bien, elle a quinze mille francs en écus sonnants, et elle serait contente d'épouser François Bûchamor, de l'armée de Sambre-et-Meuse... Eh bien! je te crois; mais moi, rien ne me presse. Je suis dégoûté du mariage.

— Pourquoi? demanda Goton.

— Pour rien... Parce que, comme dit l'autre, dans une comédie que j'ai vu jouer à Lille :

> Et les femmes, enfin, ne valent pas le diable!

En même temps, je vis que Goton allait se fâcher. Alors je me levai et je lui dis :

---

(1) Dis-moi, Jeannette, veux-tu te louer (être servante)? — Non, ma mère, je veux me marier.

— Excepté toi, Goton, toi et la mère, cela va sans dire.

Ensuite, j'allai me coucher sans attendre sa réponse; mais, avant de dormir, je pensai :

— Qu'est-ce que Catherine a pu dire de moi à la petite Lisa et que Lisa n'a pas voulu me répéter hier?

XII

FRANÇOIS BUCHAMOR REPREND SES TRAVAUX.

Nous passâmes ainsi trois semaines, tous occupés à labourer, herser, ensemencer, moisonner le blé noir que les gens de Paris appellent sarrasin, battre le seigle en grange, récolter nos raves et nos pommes de terre tardives, et ne parlant plus d'autre chose.

Je reprenais goût au métier, car un bon ouvrier retrouve toujours avec plaisir ses anciens outils, et je travaillais de si bon cœur que mon père ne cessait de me regarder et de me citer en exemple au pauvre Toinet.

Ce n'est pas que Toinet fût un mauvais ouvrier. Loin de là; quoiqu'il n'eût pas plus de quinze ans, il maniait déjà la hache et la pioche comme un ancien et même mieux qu'un ancien. De plus, il avait sur moi un grand avantage. Mon père, averti par Jean de donner de l'instruction à ses enfants, l'avait envoyé de bonne heure, pour apprendre à lire et à écrire, chez M. le curé, et Toinet avait bien profité de ses leçons. Il lisait couramment; il écrivait de même.

Le soir, quand l'ouvrage ne pressait pas trop, dans la mauvaise saison, il faisait quelquefois la lecture pendant la veillée. Tout le monde l'écoutait avec plaisir, presque avec respect, car il était le savant de la famille. C'est lui qui nous racontait l'histoire des rois, des papes et des empereurs, et des grandes batailles où l'on avait tué trente ou quarante mille hommes d'un coup, de celles où l'on avait vaincu, et de celles où l'on s'était fait battre.

Pour ces dernières, Toinet n'aimait pas à nous en parler. Il ne voulait dire que nos victoires ; mais mon père, qui s'en aperçut, le reprit :

— Raconte-nous celles-là aussi. Les victoires nous font honneur, mais les défaites servent à notre instruction. Quand on ne veut plus être battu, il faut d'abord savoir comment on s'est fait battre... Toinet, il y a de tout dans la vie, — des bonheurs et des malheurs mêlés ; — il faut apprendre à jouir des uns et à se préserver des autres.

Voilà comment nous passions le temps, et cela dura jusqu'à ce que la guerre revînt, que la France fut en danger comme elle l'avait été en 1792, et qu'elle eut encore besoin des services de François Bûchamor et de ses camarades, qui croyaient bien en avoir fini avec les Allemands et labourer en paix leur champ comme des gens paisibles qu'ils étaient. Mais, avec cette mauvaise race, il faut toujours recommencer, ou plutôt, car j'ai souvent pensé qu'ils étaient plus bêtes que méchants, on les pousse à la bataille comme on fait lutter les ours contre les bouledogues dans les foires, sans qu'ils sachent pourquoi, et, quand ils refusent, leurs maîtres leur donnent des coups de bâton. Car enfin quelle raison avaient ces Prussiens et les autres Allemands en 1792 de se mêler de nos affaires ?

Oui ! quelle raison ? Excepté l'envie de piller, de voler, d'assassiner et de vivre sans rien faire, à nos dépens, comme des brutes, pendant que nous aurions travaillé, nous, Français, pour les nourrir, les empiffrer et les soûler, eux et leurs princes !

Et qu'est-ce qu'ils y gagnèrent, les malheureux, si ce n'est de se faire battre et chasser au delà du Rhin par la vieille République, et plus tard, quand ils voulurent regimber et recommencer la bataille, par Napoléon, le jour d'Iéna? S'il avait su, lui, profiter de cet exemple, et ne les avait pas à son tour traités comme ils avaient voulu nous traiter en 1792, est-ce que nous ne serions pas encore aujourd'hui les maîtres du Rhin? Quand je me rappelle comment nous fûmes reçus à Mayence, à Cologne, à Trèves, dans le Palatinat, au commencement de ces grandes guerres, par les bourgeois et les paysans de ce pays-là, qui nous embrassaient comme des frères et criaient avec nous : « Vive la liberté ! Vive la République française ! » je ne peux pas croire que ces mêmes gens aient tiré sur nous en 1814; et cependant c'est la vérité ! Mais Napoléon en avait trop fait. A force de prendre leur argent pour payer ses fonctionnaires, sa cour, sa police et ses généraux, à force de leur prendre leurs fils pour en faire des conscrits et les envoyer en Espagne et en Russie, il tourna tout le monde contre lui, et ceux-là surtout qui n'étaient Français que depuis une quinzaine d'années, et qui n'avaient pas l'habitude de se faire tuer pour la gloire et la patrie comme nous autres, qui savons ça dès le jour de la première communion.

Enfin, qu'est-ce que vous voulez ! Le bon Dieu a voulu certainement que le peuple français fût le premier de tous les peuples. Ça, c'est juste, puisqu'il est le plus brave et le meilleur. Mais il n'a pas voulu qu'il fût le maître de la terre, et ça se comprend. Quand on est maître de la terre, on veut mettre le pied partout, on méprise les autres hommes, on prend leur liberté qui est le plus précieux des biens (vous le sentez surtout quand vous l'avez perdue!), on prend leur argent auquel ils tiennent comme la teigne aux teigneux, on se fait craindre, on se fait détester, on devient méchant, brutal, injuste, orgueilleux, on croit être d'une autre espéce que les voisins, et enfin on se fait battre à son tour. C'est ce qui nous arriva sous Napoléon.

Je vous raconterai ça plus tard.

Aujourd'hui, je vais reprendre mon histoire, celle de Catherine et celle de l'oncle Jean. Je vous dirai la fameuse bataille de Zurich, qui dura quinze jours, et dans laquelle François Bûchamor, simple grenadier de la 26e demi-brigade, Jean Bûchamor, colonel, et le fameux général Masséna (sans compter les autres) sauvèrent la patrie.

C'est là qu'on fit pour la première fois connaissance avec les Russes et qu'ils nous chargèrent à la baïonnette, chose que les Allemands, pendant cinq ans de guerre, n'avaient jamais eu l'amour-propre d'essayer avec les soldats de la République française... ou quand ils l'avaient essayée, il leur en a toujours cuit, comme dit l'autre.

Les Russes crurent qu'ils feraient mieux, et, en effet, nous eûmes de la peine; ce sont de braves troupiers, qui se battent bien, qui ne reculent jamais, et qu'il faut tuer sur place pour en venir à bout. Mais, en ce temps-là, c'était encore mon jeune temps, quoique j'eusse déjà vingt-huit ans, le Français ne doutait de rien un jour de bataille. Nous avions vaincu si souvent! Nous étions si sûrs de vaincre encore! Ah! le beau temps, mes enfants! En reverrez-vous jamais un pareil?

Mais avant de vous parler de Zurich, j'entends qu'on me demande si je n'ai jamais revu Catherine, mon ancienne promise, et si je ne lui ai jamais parlé.

Oui, certes, je l'ai revue, je lui ai parlé, et même je me suis réconcilié avec elle, quoique j'eusse bien juré de ne lui parler jamais; et j'ai manqué à mon serment comme font la plupart des hommes, et cela fut très-heureux pour moi comme vous le verrez plus tard.

Cela vous apprendra, en même temps, qu'il ne faut pas manquer à ses serments, mais qu'il faut en faire le moins qu'on peut, et que votre grand-père, tout vieux qu'il est, avec sa barbe blanche, était capable autrefois de faire des folies tout comme un autre.

Écoutez seulement.

XIII

L'INNOCENCE DE CATHERINE.

C'était un dimanche matin, au sortir de la messe, que l'affaire s'engagea.

Il y avait déjà longtemps que je voyais venir l'ennemi et qu'on m'avertissait de ses pratiques. Ma sœur Goton surtout, moitié par amitié pour moi et pour l'honneur de la famille, moitié parce qu'elle n'avait jamais aimé Catherine, ne cessait presque pas de me dire :

— La veuve Pardouvy n'est pas contente. Elle avait compté jeter l'épervier sur toi et te mettre dans son sac. Elle s'est vantée, il n'y a pas longtemps, qu'elle n'aurait qu'à te voir pour te ramener à elle, et même elle l'a dit devant Marthe Meimaneix et plusieurs autres qui me l'ont répété. Moi, j'ai dit : Si mon frère faisait jamais une chose pareille, s'il parlait jamais à Catherine, je ne voudrais plus le voir de ma vie; mais je le connais trop bien pour avoir peur de ça. Vous pouvez dire à Catherine que s'il ne reste plus que lui pour l'épouser dans toute la commune, elle restera veuve pendant toute sa vie. On ne se moquera jamais de François Büchamor ! N'ai-je pas bien fait, réponds, frère ?

Je lui répliquai :

— Certainement, tu as bien fait, Goton; mais tu aurais encore mieux fait de ne pas t'en mêler.

Alors Goton me dit qu'elle soutiendrait malgré tout et

malgré moi-même l'honneur de ma famille et le mien.

Voyant ça, et qu'elle s'entêtait dans son discours, je pris ma pioche et j'allai creuser une rigole dans le pré d'Arfeuille, et charger une voiture de fumier pour la terre de Pelades, que mon père labourait.

Et dans le fond de l'âme, je pensais :

Quel besoin Goton a-t-elle de verser toujours du vinaigre sur ma plaie et de me rappeler des choses auxquelles, si elle ne m'en parlait pas, je ne penserais peut-être plus ?

C'est vrai que le mariage de Catherine m'avait fait beaucoup de peine autrefois. C'est vrai qu'à la guerre et pendant cinq ans je m'en étais consolé et que je l'avais presque oubliée. C'est vrai qu'en la revoyant et en apprenant qu'elle était veuve, j'avais senti quelque chose, dans le cœur, où il entrait de la colère, du mépris et du regret. C'est vrai que je ne voulais plus ni l'épouser, ni la voir, et qu'en même temps, lorsque j'étais obligé par mon travail de m'approcher du moulin de Lestrange, où elle demeurait, j'avais de la crainte et du désir de la rencontrer. C'est vrai enfin que l'on aurait mieux fait de ne m'en parler jamais, et c'est ce que faisait sagement mon père. Mais, comme disait le curé de Bellegarde, il n'y a pas d'autre moyen d'arrêter la langue des femmes que de la couper ; et, en vérité, ma sœur Goton méritait d'être mieux traitée, car, au fond, c'était pour mon bien tout ce qu'elle disait ; elle le croyait, du moins.

D'un autre côté, après cinq ou six semaines, je vis bien que la belle Catherine s'étonnait un peu de ne pas me voir, ou, quand elle me voyait, de ne pas avoir l'occasion de me dire un mot.

Je ne dirai pas qu'elle me regrettait, mais qu'elle avait un peu de honte de n'être pas regrettée. Les femmes veulent bien quitter, mais non pas être quittées. De temps en temps, elle se promenait autour de son moulin, ou elle venait à Néoux, et passait devant la porte en regardant de côté; mais tout cela ne servait à rien, je détournais la tête.

Enfin, comme je vous l'ai dit, un matin, au sortir de la messe, je la rencontrai sur le pas de la grande porte de l'église. Elle était venue des dernières, et n'avait trouvé de place qu'à côté du bénitier. Moi, au contraire, j'étais dans le chœur, à l'autre bout, tout près de mon père.

Quand la messe fut finie, tout le monde sortit, et moi parmi les derniers, parce que je l'avais vue de loin et que je ne voulais pas lui parler.

Mais elle dit si longtemps son chapelet, la tête baissée, sans regarder personne, que je vis bien que ses prières n'en finiraient jamais, et qu'il fallait passer sous le feu de l'ennemi. Alors je me levai lentement, en tournant mon chapeau dans mes doigts et regardant les murailles, la statue de la sainte Vierge, le banc de M. le maire, l'escalier de la tribune, les chaises et les noms des propriétaires, de manière à me trouver au bénitier sans faire semblant de l'avoir aperçue.

Alors elle leva les yeux sur moi comme par hasard, — des yeux si doux! — et s'arrêta comme étonnée. On aurait pensé qu'elle me croyait à cinq cents lieues de là.

Elle me dit, presque à voix basse :

— Comment! c'est vous, François!

Sa voix était plus douce encore que ses yeux. Je sentis ma colère, mon mépris et tout le reste fondre aussi vite que le beurre dans la poêle. J'essayai pourtant de montrer que j'étais indigné, et je dis :

— Oui, c'est moi, Catherine... Comme ça, Pardouvy se porte bien?

Elle pleura ou elle fit semblant, et me dit :

— Ah! François, pouvez-vous être si méchant?...

Ça, vous savez, c'est la manière des femmes. Quand elles

ont tort, et qu'elles voient qu'on va leur faire des reproches, elles crient que vous faites leur malheur, et pendant que vous cherchez à vous justifier, elles rient au fond de l'âme.

Naturellement, je fis comme les autres, je crus que j'avais été très-méchant, et je cherchai des raisons pour me justifier. Mais comme l'église n'était pas un endroit où l'on pût parler librement de ces choses, et comme d'ailleurs elle craignait de se faire remarquer par ceux qui se promenaient devant la porte, elle sortit la première et me dit :

— François, je sais qu'on m'a calomniée... Votre sœur Goton vous raconte tous les jours du mal de moi... Mais si vous voulez savoir ce qui m'a forcé d'épouser Pardouvy, venez au moulin après vêpres. J'y serai avec la petite Lisa, ma cousine, et ma tante Bornou. Je vous expliquerai tout.

Puis, sans attendre ma réponse, elle passa devant, prit la main de la petite Lisa et retourna au moulin.

Comme je rentrais à la maison, Goton me demanda :

— As-tu vu cette effrontée avec ses pendants d'oreille, sa croix d'or et son collier de jais autour du cou? Qu'est-ce qu'elle voulait donc te dire tout à l'heure?

Je répondis :

— Elle m'a demandé de l'eau bénite.

C'était vrai, comme vous voyez, et quant au reste de la conversation, je n'étais pas obligé de le raconter à Goton.

Vous dire que je dînai avec appétit et que je n'attendis pas vêpres avec impatience, ce serait mentir. Certainement, je savais bien que Catherine avait tous les torts envers moi, qu'elle m'avait indignement abandonné, qu'elle était coquette, qu'elle ne m'avait jamais aimé, ou si peu que cela ne pouvait pas compter, enfin que je ne l'aimais plus, non, plus du tout, et qu'il me serait tout à fait égal d'apprendre qu'elle allait se marier avec n'importe qui... Tout cela n'empêchera pas qu'après vêpres je pris au pas accéléré le chemin de Lestrange.

Je pensais :

— Il faut que je la confonde, et je la confondrai. Ce qui ne m'empêcha pas de refaire ma barbe avec soin, quoiqu'elle eût été faite à cinq heures du matin le même jour, de refaire ma queue, que je portais frisée derrière la tête comme au régiment, de brosser mon uniforme neuf, et enfin de prendre toutes mes précautions pour qu'elle regrettât éternellement de n'avoir pas épousé le fils aîné de Claude Bûchamor, le frère du colonel Jean, le fusilier François de la 26e demi-brigade de l'invincible armée de Sambre-et-Meuse.

Qu'est-ce que vous voulez? On est Français ou l'on n'est pas Français, n'est-ce pas?

Et si l'on est Français, on ne veut pas faire peur aux dames.

Ça, c'est élémentaire.

De son côté, je crois que Catherine s'était astiquée pareillement, car lorsque j'arrivai sur le bord de la Roseille, à dix pas du moulin, et que je l'aperçus assise de l'autre côté de l'eau et tressant des chapeaux de paille avec la petite cousine Lisa, je vis qu'elle était sous les armes et qu'il n'y avait pas un pli à son corsage, ni un cheveu qui sortît sans permission de son bonnet, et qu'elle avait de beaux bas blancs dans ses souliers cirés.

En entendant le bruit de mes pas, Pataud, son chien — fils de l'ancien qui avait été témoin de nos fiançailles, — Pataud aboya de toutes ses forces comme un bon braillard qu'il était, et, tout en aboyant, tourna autour de moi pour savoir si j'étais ami ou ennemi.

Aussitôt la petite Lisa leva la tête, me reconnut et cria :

— Tiens, Catherine, voilà François Bûchamor. Bonjour, François !... Passez donc sur l'écluse. Il n'y a pas d'eau.

Je passai en effet, et je dis en arrivant, d'un air cérémonieux :

— Bonjour, Lisa. Bonjour, madame Pardouvy.

Alors, Catherine, qui faisait semblant de regarder d'un autre côté et de tresser son chapeau de paille, se tourna vers moi, et d'un air étonné :

— C'est vous, François?... Bonjour. Où donc allez-vous par là?

Je répondis :

— Je vais à la pêche, madame Pardouvy.

En effet, je portais sur l'épaule mon épervier, que j'avais pris par précaution et pour éviter les mauvais propos :

Catherine reprit :

— Avez-vous pris beaucoup de poissons, François?

— Pas encore, madame Pardouvy. Mais j'étrennerai tout à l'heure... Si seulement c'était un effet de votre bonté de me laisser pêcher dans votre écluse...

— Avec plaisir, François, avec plaisir.

— On n'y a pas jeté l'épervier, dit Lisa, depuis que le cousin Pardouvy s'y est noyé.

Ce souvenir ne fit pas plaisir à Catherine; mais Lisa, qui n'en savait rien et qui parlait à tort et à travers comme la plupart des enfants, leva ce malheureux lièvre. Il n'y avait pas moyen de faire compliment à Catherine sur la vie ou sur la mort du pauvre Pardouvy.

Pour empêcher que Lisa ne revînt sur ce sujet, Catherine lui dit :

— As-tu donné à manger aux vaches?

— Elles sont au pré, répliqua Lisa.

— Eh bien, va les chercher.

Cet ordre fit grogner un peu Lisa, qui voulait entendre la conversation et surtout en prendre sa part; mais elle obéit et je me trouvai seul avec Catherine sur le bord de l'écluse. Alors nous commençâmes à causer sérieusement. Je lui dis :

— Vous avez voulu me parler, Catherine; eh bien! j'écoute.

Et je tâchais d'avoir l'air aussi froid qu'une pierre. Mais c'était trop contre mon humeur et mon inclination. Dès qu'elle jeta les yeux sur moi, je sentis qu'elle me ferait croire tout ce qu'il lui plairait.

D'abord il faut avouer qu'elle était encore la plus belle personne de la paroisse.

Je ne sais pas comment elle faisait; mais elle avait l'air si doux, si aimable, si gracieux, si amiteux, que tout le monde lui aurait donné le bon Dieu sans confession. Tantôt elle levait les yeux vers le ciel comme si elle eût voulu prier tous les saints anges; tantôt elle les baissait vers la terre comme si elle eût voulu vous cacher toutes ses pensées; ou bien elle les fixait sur les vôtres, mais d'un air si modeste, qu'on était touché et attendri jusqu'au fond du cœur; quelquefois aussi, quand elle était en colère, ses yeux lançaient des flammes, et je vous réponds que ce n'est ni François Bûchamor ni aucun de son espèce qui aurait osé ou voulu lui tenir tête... Aux Allemands, aux Russes, à la bonne heure! Aux balles et aux boulets, tant qu'on voudra, mais aux yeux gris de Catherine Pardouvy, ma foi, non!

Heureusement, ce jour-là, Catherine n'était pas en colère, Dieu merci! Loin de là, elle était tout sucre et tout miel. Quand elle vit que j'étais là, et qu'elle crut me tenir, elle me dit :

— François! comme vous me parlez! C'est donc tout ce que vous avez à dire à votre pauvre Catherine qui avait tant d'amitié pour vous!... Ah! si vous saviez tout ce qui s'est passé depuis votre départ!... Tout ce que j'ai eu à souffrir!... Mais on ne vous l'a pas dit. On ne m'aimait pas dans votre famille...

Ici, je fis un signe de la main.

Catherine reprit :

— François, je ne parle pas de votre père et de votre mère, que j'aime à cause de vous et que je respecte comme je le dois; mais votre sœur Goton ne m'a jamais voulu de bien.

Je l'interrompis.

— Catherine, ce n'est pas ma sœur Goton qui vous a fait épouser Pardouvy.

Catherine s'écria :

— Ah! non, certes! Et si je ne suis pas restée fille, ce n'est pas la faute de Goton. Elle me l'a bien assez envié, ce pauvre Pardouvy!

Mais là, elle vit que sa haine contre Goton l'entraînait trop loin. Elle poussa un soupir, croisa ses mains sur ses genoux et me dit :

— François, pourquoi n'êtes-vous pas resté à Néoux? Je vous le disais bien : Restez, nous nous marierons tout de suite, vous n'irez pas à la guerre!... Mais vous avez voulu partir. Oh! je sais bien, François, ce que vous allez dire, que vous avez bravement fait votre devoir, que vous vous êtes battu pour la patrie, comme dit votre père, et qu'on parle de vous comme d'un brave soldat qui a tué des vingtaines d'ennemis.

Elle s'arrêta un instant et soupira encore, comme si elle eût été la plus malheureuse des femmes :

— Ah! oui, j'ai entendu souvent parler de vos batailles!... Toutes les fois que M. le maire recevait un journal et qu'il apprenait qu'on s'était battu quelque part, il faisait dire partout qu'il avait des nouvelles à raconter, et mille choses pareilles...

Vous pensez si tout le monde était curieux d'entendre ça, surtout quand il était question de la 26º demi-brigade et du bataillon des Creusois. On disait toujours : Est-ce qu'on ne raconte rien de ceux de la commune de Néoux?

Et lui, de temps en temps :

— Écoutez, il y a quelque chose... Le bataillon était à Valmy, à Jemmapes, à Fleurus... Le lieutenant Bûchamor (votre frère Jean), a été blessé, porté à l'ordre du jour. On l'a fait capitaine... Et moi, je n'osais pas dire, mais je pensais : Et François? mon François... Cela se lisait dans mes yeux... Mais M. le maire, qui voyait ma peine, me disait : Catherine, Catherine, on ne parle pas des simples soldats comme des généraux, sois sûre pourtant que François est un brave garçon et un bon soldat qui fait bien son devoir. Tout cela ne me consolait pas, outre que vous ne pouviez pas m'écrire, et je passais les nuits sans dormir en pensant à vous.

Un jour enfin, M. le maire nous appela et dit qu'il venait de lire dans son journal quelque chose qui faisait honneur au bataillon des Creusois et à la commune de Néoux.

C'est quand vous étiez en Allemagne... Je ne me rappelle pas le nom... Il dit que dans un village où vous étiez entré seul avec un camarade, vous aviez surpris sept soldats allemands qui buvaient au coin du feu, que vous les aviez couchés en joue sans leur laisser le temps de prendre leurs fusils, et que vous les aviez ramenés prisonniers au camp. Et après qu'il eut fini de lire son journal et qu'il eut dit que les deux braves soldats c'était vous et Marien Combredcix, mais que vous étiez le premier et que vous aviez mené toute l'affaire, vous devinez combien je fus fière et glorieuse.

Je pensais en moi-même : Qui est-ce qui est plus brave et meilleur que mon François? Mais s'il va tous les jours à la bataille, on me le tuera, et je pleurais, je vous regrettais, et je me désespérais...

A ce moment j'interrompis Catherine :

— C'est pour vous consoler que vous avez épousé Pardouvy.

Alors elle me regarda d'un air si tendre qu'elle aurait at-

tendri un crocodile, qui est, à ce qu'on dit, une bête très-
féroce, et elle répliqua, les larmes dans les yeux :

— Ah ! François, pouvez-vous dire ? vous ne savez donc
rien de ce qui s'est passé ?...

Je répondis sans bouger de place :

— Catherine, je suis venu ici pour l'apprendre.

XIV

SUITE DE L'INNOCENCE DE CATHERINE.

Alors voici ce qu'elle me raconta.

Que d'abord, quand j'étais parti, elle était rentrée au moulin si malheureuse, qu'elle ne voulait ni manger, ni boire, ni parler à personne; qu'elle ne travaillait plus; qu'elle s'asseyait des journées entières sur le mur du jardin en regardant le chemin par où j'avais coutume de venir; que son chien, le bon Pataud, comprenant son malheur, hurlait matin et soir pour marquer qu'il me regrettait aussi; que la tante Bornou, qui lui tenait compagnie avec Pataud, avait essayé vingt fois de la consoler; qu'elle lui disait souvent : Catherine, il reviendra, sois-en sûre, et s'il ne revient pas, eh bien, qu'est-ce que tu veux? Il y a remède à tout, comme dit M. le curé, excepté à la mort... On croit se marier avec l'un, pas du tout... on se marie avec l'autre.

Alors j'interrompis Catherine, et je lui dis en colère :

— Votre tante Bornou est une vieille bête!

Catherine me répliqua :

— Elle avait tort, François; mais à son âge on n'en sait pas plus long. D'ailleurs, elle m'aimait, elle m'aime encore comme sa fille, et comme il ne lui reste plus d'enfants, elle veut me faire son héritière, à présent que son mari est mort. Il faut bien savoir supporter quelque chose d'une si bonne tante.

Je dis :

— Si vous m'aviez aimé, Catherine, si vous aviez voulu tenir votre promesse, vous m'auriez attendu, quand même elle aurait menacé de vous déshériter.

Catherine posa sa main sur mon bras pour me faire signe de me taire :

— François, François, vous ne connaissez pas la tante Bornou, c'est la meilleure femme du monde, et si vous saviez ce qu'elle disait de vous devant Lisa, il y a trois jours, vous l'aimeriez comme je l'aime.

Là, je fus curieux de savoir ce que pensait la tante Bornou, et je tournai Catherine de toutes les manières pour le savoir, mais elle refusa toujours de répondre comme si elle regrettait d'en avoir trop dit.

Voyant ça, je repris :

— Enfin, c'est pour obéir à la tante Bornou et pour ne pas perdre son héritage, que vous avez épousé Pardouvy.

Catherine, qui venait de rougir, se mit à soupirer :

— Ah! François, vous rappelez-vous la lettre que je vous écrivis trois mois après votre départ?

— Et qui m'arriva la veille de la bataille de Valmy? Oui, je me souviens que vous aviez beaucoup dansé à la fête de Moutier-Roseille, et que vous aviez fait la coquette avec Pardouvy.

Catherine leva les bras et les yeux vers le ciel :

— Je me doutais bien qu'on vous dirait du mal de moi. Votre père me regardait d'un air de juge. Votre sœur Goton se moquait de moi... Eh bien! c'est vrai, j'eus tort de danser ce jour-là, et surtout avec Pardouvy; mais c'est la faute de Goton et des autres. Depuis trois mois, je ne parlais plus à personne; on en causait dans la commune; on me egardait à la messe comme si j'avais eu quelque chose d'extraordinaire, on se moquait presque de moi ; la tante Bornou me dit...

Ici, j'interrompis Catherine :

— Encore votre maudite tante Bornou !

— C'est vrai. Elle eut tort ce jour-là : mais si vous saviez comme elle vous aime aujourd'hui !... Enfin, elle me dit que si j'avais été mariée avec vous, ça m'aurait fait honneur de rester à la maison pendant que vous étiez à la guerre, mais que je ne l'étais pas, que je ne le serais peut-être jamais, qu'une honnête fille, même promise à son futur, ne doit jamais avoir l'air de le regretter trop, que ça fait tort à sa réputation, que vous étiez le plus brave, le plus fort et le meilleur garçon de la paroisse (car c'est une justice à lui rendre qu'elle n'avait jamais mal parlé de vous), mais qu'on n'était jamais sûr de rien, qu'on ne savait jamais qui vit ni qui meurt, qu'enfin, en attendant votre retour, je ferais bien de danser un peu comme les autres, et que vous-même, si vous étiez là, vous n'en seriez pas fâché, car, ajouta-t-elle, il t'a vu danser vingt fois, tantôt avec Pierre et tantôt avec Jacques, et il n'a pas crié contre toi.

Je dis alors à Catherine :

— Vous avez dansé avec Pardouvy. Je comprends ça... c'était pour ne pas faire tort à votre réputation et ne pas déplaire à la tante Bornou ; mais le reste ?... Quand vous vous êtes mariée, est-ce aussi par égard pour la tante Bornou qui vous donne de si bons conseils ?

Elle me répliqua les larmes aux yeux :

— Le reste, ah ! le reste, François, ne le savez-vous pas ? Un soir, pendant que votre pauvre Catherine, sans rien dire à personne, pensait à vous au fond de son moulin, tout d'un coup, j'entends des gens qui revenaient de la foire de Felletin, et qui disaient en passant, mais sans me voir :

— On dit que Bûchamor a été tué.

— Bûchamor! cria un autre. Lequel?

— Celui qui devait épouser Catherine.

A ce mot, je sors du moulin, je cours sur le chemin, je prends cet homme par le bras, comme si j'étais folle, et je lui dis :

— Qu'est-ce que vous dites?... Que François Bûchamor, mon François, a été tué?

Lui me regarde :

— Mon Dieu, Catherine, je suis bien fâché... Je ne savais pas que vous pouviez l'entendre... Il a été tué vers Mayence... On le racontait ce matin à la foire de Felletin; mais vous savez, ce n'est peut-être pas vrai... Le monde est si menteur!

Alors, je cours à Néoux. Je vais chez votre père. Il était aux champs et travaillait. Je vois votre mère qui pleurait, Goton qui criait :

— Ah! mon pauvre frère! ah! mon pauvre François, je ne te reverrai donc plus! C'est fini!

Je veux savoir qui est-ce qui a porté la nouvelle : elle ne répond pas et crie encore plus fort. Je m'en vais... Je ne pouvais presque plus marcher, tant j'étais désespérée... M. le maire me dit pour me consoler : — Ma pauvre Catherine, c'est vrai que François a reçu un terrible coup de baïonnette dans la poitrine, et qu'on l'a porté à l'hôpital, mais il en réchappera peut-être... Est-ce que c'était vrai, François?

— Ce n'est pas moi, Catherine. C'est Jean qui fut blessé.

— Oui, mais comme vous n'écriviez pas, ni lui non plus, on crut que vous étiez mort.

— Et alors, vous pensâtes à Pardouvy?

— Que vous êtes méchant, François!... Si vous saviez

comment les choses se sont passées, comment Pardouvy me
fit parler par tous ses parents et ses amis, comment il me
menaça des huissiers à cause de l'argent qu'il avait prêté à
mon père, quelles promesses il me fit et comme il venait se
promener tous les soirs autour du moulin avec son fusil de
chasse, comme il effrayait tout le monde, à tel point que
la tante Bernou me dit qu'elle me quitterait, qu'une femme
d'âge comme elle ne pouvait pas s'exposer à être tuée soir
et matin, comment je craignis de rester seule au monde et
que Pardouvy ne m'assassinât quelque soir..., car vous
savez s'il était violent!... Mais pourquoi vous raconter toutes
ces choses?... Goton vous empêchera toujours de les croire...
Ah! qu'une pauvre fille est malheureuse quand elle n'a ni
père ni frère pour la protéger...

Catherine s'arrêta un instant, puis elle dit :

— Enfin, ne sachant plus que faire, menacée de voir
vendre mon moulin devant le tribunal, menacée d'être tuée
à coup de fusil, menacée d'entendre dire de moi mille choses
qui n'étaient pas vraies, mais qui m'auraient perdue de réputation, croyant que mon François était mort, et ne sou-
haitant plus rien que de mourir moi-même, je fis ce que
tout le monde me disait de faire, je me mariai avec Pardouvy... J'ai eu tort, François, je le confesse. Mais, qui n'en
aurait pas fait autant à ma place?

Est-ce qu'une pauvre fille peut vivre seule dans la campagne, et faire aller le moulin toute seule? Est-ce qu'elle
peut se défendre contre les mendiants, les vagabonds, les
ivrognes, et toute la mauvaise race du pays?

Je dis à Catherine :

— Eh bien! n'en parlons plus. Au moins, vous avez été
heureuse avec Pardouvy?

Elle me regarda en montrant le blanc des yeux :

— Heureuse!... Ah! certes, s'il n'avait dépendu que de
lui, le pauvre garçon m'aurait rendue la plus heureuse

femme du monde; le jour même de notre mariage, il me donna toutes ses clefs, tout son argent, tous ses papiers, toutes ses créances, — et il en avait pour plus de trente mille francs; — il me dit : « Tiens, Catherine, tout cela est à toi, et, si je meurs avant toi, je veux que tu en sois propriétaire, et tant que je vivrai je ne te demanderai aucun compte, ni personne après ma mort. »

Il l'a fait comme il l'avait dit. Et quand, par accident, pour avoir un peu trop bu (c'était son seul défaut, comme vous savez), il s'est noyé dans l'écluse, son testament a montré qu'il ne voulait pas d'autre héritière que moi.

Maintenant, François, vous savez tout... Je sais, moi, que vous n'avez pas voulu me parler depuis votre retour, et, si j'étais injuste comme vous, je n'aurais jamais parlé, vous laissant croire ce qu'il vous plaît de croire, et écouter les histoires d'une mauvaise langue.

Je lui dis :

— Catherine, ce n'est pas une mauvaise langue qui m'a dit que vous m'aviez oublié pour Pardouvy; c'est Goton.

Elle fit un signe de tête pour expliquer que c'était la même chose; puis elle reprit :

— Je n'ai plus rien à vous expliquer, François; vous pouvez continuer votre pêche.

Alors je répliquai :

— Ma pêche est finie, Catherine, c'est à mon tour de parler.

XV

UNE VEUVE TROP ENTENDUE EN AFFAIRES.

Mais, comme j'allais commencer, je vis venir de loin la tante Bornou qui s'avançait lentement, appuyée sur son bâton, et me faisait, de plus de cinquante pas, des signes d'amitié.

Je pensai que je n'aurais pas le temps de parler longuement, et, regardant Catherine dans les yeux :

— C'est vrai, tout ce que vous m'avez dit là, Catherine?

— Oh! pouvez-vous croire?...

— Vous m'avez cru mort, quand vous avez épousé Pardouvy?...

— Demandez-le à tout le village, qui l'a cru comme moi pendant longtemps.

— Et vous m'avez toujours regretté?

— Oh! François!

— Vous me le jurez?

— De bon cœur, François! Je vous le jure!

— Et si quelqu'un vous demandait en mariage à présent, qu'est-ce que vous répondriez, Catherine?

Je vis qu'elle souriait et rougissait en même temps.

— Mais, je ne sais pas... Je n'ai jamais pensé à ça... C'est suivant les personnes...

— Naturellement. Eh bien, si cette personne était quelqu'un qui vous aime depuis longtemps et plus que tout?

— Ah! François, dit-elle en me regardant finement et se croyant sûre de me tenir, ce n'est pas aux femmes de parler les premières.

Alors je me levai :

— Eh bien, Catherine, je...

Et, ma foi, je crois que François Bûchamor ici présent, votre grand-père, allait faire une sottise dont il se serait repenti jusqu'à quatre-vingt-quinze ans si Dieu lui prête vie jusque-là ; mais, tout à coup, trois ou quatre pierres du mur contre lequel Catherine et moi nous étions appuyés s'écroulèrent derrière nous avec un grand bruit et vinrent rouler à nos pieds. Au même instant, Lisa sauta en riant par dessus, et dit à Catherine :

— Les vaches sont rentrées, et voici la tante Bornou qui arrive.

Catherine, en colère, lui dit :

— Tu avais bien besoin d'aller déranger la pauvre tante Bornou qui aime tant à dormir après vêpres.

— J'ai cru bien faire, dit Lisa étonnée.

— Et les pierres du mur que tu viens de renverser, est-ce aussi pour bien faire, petite sotte?

— Ah! dit Lisa, François Bûchamor qui est si fort m'aidera bien à les relever.

— En effet, je me mis à l'ouvrage, et, en une minute, les pierres furent remises à leur place. Pour nos murs qui n'ont pas de mortier, c'est bientôt fait.

Comme je finissais, la tante Bornou arriva, et il fallut faire des politesses sans nombre.

— Comment vous portez-vous, mère Bornou? Vous avez toujours bonne mine.

Et j'entendis l'histoire de son pauvre défunt, qui était mort de vieillesse au pied d'un arbre pendant qu'il gardait ses moutons un jour de pluie, et qu'on avait enterré l'année précédente. Après le défunt, on parla de tous ceux du village qui étaient morts dans l'année, et l'on raconta ce que chacun d'eux avait laissé à sa femme et à ses enfants; enfin les discours de la tante Bornou n'en finissaient pas.

Voyant ça, Catherine impatientée se leva et rentra au moulin.

Moi, qui n'avais plus d'autre raison de prendre patience et d'écouter les histoires de la bonne femme, je m'en allai à mon tour et je repris le chemin de Néoux.

A trois cents pas de là, comme je marchais dans le sentier, chantant tout seul :

> Amour sacré de la patrie
> Conduis, soutiens nos bras vengeurs!
> Liberté, liberté chérie,
> Combats avec tes défenseurs;

comme c'était ma coutume quand je me sentais heureux de vivre, j'entendis une petite fille qui marchait près de moi, de l'autre côté de la haie, et qui se mit à chanter la même chanson en imitant ma voix comme elle pouvait.

Je reconnus Lisa et je lui dis :

— Eh bien, Lisa, où vas-tu donc?

— Chez nous, François, à la Chazotte.

— Pourquoi n'es-tu pas restée avec Catherine

— Parce que Catherine se fâche toujours.

— Mais elle est bien bonne aussi pour toi?

— Oh! oui. Elle m'a donné de beaux souliers, mais j'aime mieux lui rendre ses souliers et qu'elle ne me gronde pas; et, ma foi, je les lui ai rendus tout à l'heure.

En effet, Lisa avait les pieds nus, de jolis petits pieds tout blancs malgré la poussière, parce qu'elle venait de les laver dans la Roseille.

Je lui dis, pour la faire parler un peu :

— Mais, Lisa, si Catherine te donne des souliers, tu lui dois l'obéissance ou tu es une ingrate.

Alors Lisa se redressa fièrement :

— Je ne suis pas ingrate, François, et j'aime bien ma cousine Catherine; mais je ne veux pas qu'elle croie que je suis sa servante à cause de ses souliers, et j'aimerais mieux aller pieds nus toute la vie.

Je me mis à rire de sa petite colère et je lui demandai :

— Lisa, qu'est-ce que la tante Bornou disait de moi à Catherine cette semaine?

Lisa prit un air fin :

— Vous le savez bien, François.

— Tu vois bien que non, puisque je le demande.

— Eh bien, c'est à propos de votre mariage.

— Quel mariage, Lisa?

— Vous le savez bien... votre mariage avec Catherine.

A ce mot, je fus plus attentif qu'un chasseur à l'affût... On avait donc d'avance été certain que je reviendrais à Catherine, que je lui pardonnerais, que je l'épouserais, et la maudite, l'éternelle tante Bornou avait donné son avis et peut-être dicté le contrat...

Je repris avec un peu de finesse :

— Lisa, puisque tu sais tout, dis-moi donc pourquoi la tante Bornou s'oppose à mon mariage?

Alors Lisa, prise au piége, et contente de se montrer plus savante que moi, me répondit :

— Vous vous trompez, François, la tante Bornou ne s'oppose pas à votre mariage; au contraire, tenez, lundi soir, à la veillée, elle disait à Catherine : *François reviendra à toi. Quand je te dis qu'il reviendra! Je m'y connais, peut-être!*...

Et Lisa, de sa joyeuse petite voix d'enfant, imitait en riant la voix cassée de la tante Bornou qui ressemblait au cri d'un vieux tourne-broche mal graissé. Puis elle continua :

— Alors Catherine a dit : Ah! ma tante, si j'avais pu deviner!

Et elle imitait la voix de Catherine.

— Eh bien, après, répondit la tante Bornou, te voilà bien malheureuse et lui aussi. Tu as épousé Pardouvy, c'est vrai, mais il t'a laissé sa fortune. Te voilà riche, Catherine, la plus riche de la commune. Plus de trente mille francs d'argent, plus de vingt-cinq mille francs de terre, sans compter ce que je te laisserai un jour. Crois-tu que François va faire le difficile? Va, va, il sera encore bien heureux de te retrouver veuve et de te conduire à la mairie.

Alors Catherine a dit :

— Je connais François, il est fier comme tous les Bûchamor.

— Quand il serait plus fier que le cousin germain de notre saint-père le pape, dit la tante Bornou, il se mariera avec toi aussitôt que tu voudras; on ne refuse jamais une jolie femme et une grosse dot. Et après tout, s'il est trop fier pour te demander en mariage, il ne manque pas de gens dans la commune qui le valent bien.

Alors, continua Lisa, ma cousine Catherine a répondu :

— Ah! il n'y en a pas qui vaillent mon François! C'est un homme fort et déjà presque riche, car son père lui donne tout de suite la moitié du pré d'Arfeuille, qui vaut plus de six mille francs.

— Ça, c'est vrai, dit la tante Bornou, pour un bel homme, et fort, et robuste, c'est un bel homme qui se tient bien sous les armes! Et qui te ferait joliment respecter dans la commune! Car il vous empoigne un sac de blé comme si c'était une petite flûte, et il a frotté les Allemands à la guerre comme tu frottes ton linge à la lessive pour le rendre propre. L'autre jour, Marien Cambredeix a dit devant moi : « Vous voyez bien ce François, avec son air endormi et sa mine de bon enfant qui ne se fâche jamais : c'était un des meilleurs de toute l'armée de Sambre-et-Meuse, où il y en avait tant de bons. A la baïonnette, et pour piquer le ventre d'un Prussien, c'est son affaire principale et particulière. »

Peu à peu je me sentais réconcilié avec la tante Bornou. Je demandai à Lisa :

— Est-ce qu'elle n'a pas dit autre chose?

— Oh! si! La tante Bornou, d'abord, ne s'arrête jamais de parler... Elle a dit que certainement vous valiez mieux que n'importe quel garçon de la commune, mais que si vous faisiez le difficile, il valait mieux épouser un chien coiffé que de rester veuve, et surtout qu'il fallait bien prendre garde au contrat... Alors Catherine a répondu :

— Oh! pour ça, fiez-vous à moi, tante Bornou. Je veux toujours rester maîtresse de mon bien et je n'en donnerai pas un écu ni pour François Bûchamor, ni pour personne. C'est comme ça que j'ai fait avec mon pauvre Pardouvy, et je m'en suis bien trouvée... Quand on est maîtresse de l'argent, on est maîtresse de tout... Et, vois-tu, plutôt que de ne pas garder ma dot et mon bien, j'aimerais mieux tout de suite me marier avec mon garçon meunier... oui, avec Claude.

— Mais il n'a que dix-neuf ans, dit la tante Bornou, et tu en as vingt-cinq.

— Ça ne fait rien, cria Catherine en colère. J'aime mieux Claude s'il obéit, que François Bûchamor s'il veut commander à la maison.

A ces mots, je sentis comme une sueur froide; Lisa était trop jeune (elle n'avait que sept ans) pour inventer ou changer quelque chose. Comme une enfant, elle répétait au hasard ce qu'elle avait entendu. C'était donc vrai que Catherine voulait faire de moi son domestique, et cette amitié qu'elle m'avait montrée, ces yeux levés au ciel et pleins de larmes, cette voix douce, ce regret du passé, toutes ces choses n'étaient que pour m'attirer dans ses filets comme un saumon étourdi qui cherche sa route dans la rivière, et pour me tenir à sa discrétion.

Si elle m'avait aimé, est-ce qu'elle aurait calculé tranquillement avec la tante Bornou les moyens de me mettre en esclavage?

Je fus si indigné, que Lisa s'en aperçut et me demanda :

— Qu'avez-vous donc, François? Vous ne dites plus rien. Est-ce que je vous ai fâché, par hasard?

Je l'embrassai et je lui dis :

— Au contraire, Lisa, tu m'as fait grand plaisir. Et tu m'as rendu un grand service.

— Alors, tu m'inviteras à ta noce?

— Certainement, Lisa, quand je me marierai.

— Et je veux être à l'église tout près de toi.

— Je te le promets, Lisa.

Je ne croyais pas dire si vrai. Mais qui peut connaître l'avenir?

— Et quel jour te marieras-tu, François?

— Je ne sais pas, Lisa. Je n'y ai pas pensé.

— Alors j'y penserai pour toi... C'est Catherine qui va être contente de quitter ses habits de deuil, elle qui n'aime pas le noir!

Je dis :

— Pourquoi Catherine quitterait-elle le deuil?

— Pour se marier avec toi.

— Lisa, j'ai changé d'avis. Je n'épouserai jamais Catherine.

Et c'était vrai.

Comment! J'avais consenti à la revoir, j'oubliais sa trahison, j'oubliais Pardouvy, je rendais à Catherine toute mon amitié et elle ne pensait qu'à faire une bonne affaire.

Lisa demeura d'abord toute interdite. Elle me regarda de ses grands yeux bleus, comme si elle n'avait pas bien compris; puis elle se mit à courir du côté de la Chazotte, pour annoncer à tout le village cette grande nouvelle que François Bûchamor, de l'armée de Sambre-et-Meuse, ne voulait plus se marier avec Catherine Pardouvy.

Le soir même, toute la commune de Néoux le savait.

Après souper, ma sœur Goton me dit :

— Eh bien! François, il paraît que la veuve a voulu t'enjôler, et que tu l'as refusée... C'est bien fait. Il ne manque pas d'honnêtes filles dans la paroisse pour prendre la place de celle-là... Hier encore, Marie Dagnaux me disait...

Je répliquai :

— Goton, laissez-moi tranquille, toi et les autres. Je ne veux pas me marier aujourd'hui ni jamais.

Et ma foi, j'étais si indigné contre Catherine et contre sa fausseté, que j'avais pris toutes les femmes en horreur, comme si elles eussent été toutes fausses, avares, coquettes et menteuses.

Pour vous raconter tout de suite et en deux mots ce qui arriva, Catherine apprit d'abord par ses amies, puis par Lisa, ce que j'avais dit d'elle; puis elle essaya de me voir encore, comptant que d'un regard elle me reprendrait; mais comme elle vit que je l'évitais toujours, ou que je passais à côté d'elle sans la regarder, elle commença à dire que j'avais voulu la demander en mariage, mais qu'elle m'avait refusé, — à quoi je ne répondis rien, mais ma sœur Goton, qui n'aimait pas qu'on parlât mal de son frère ni d'aucun de la famille, se fit expliquer par Lisa tout ce qui s'était passé et le raconta à son tour, le matin de la foire de Felletin, à toutes les femmes de Néoux, de Sainte-Feyre-la-Montagne, de Saint-Pardoux, de Gioux, de Pontcharaud, de Charasse et de tous les pays environnants, de sorte qu'on en parlai dans l'après-midi à Faux-la-Montagne, à neuf lieues de là.

Un cancan de femme, comme dit l'autre, va toujours plus vite et plus loin qu'une balle de fusil ou qu'un boulet de canon.

Alors Catherine, furieuse, fit comme elle l'avait annoncé; et, pour montrer qu'elle ne tenait pas à moi, elle épousa cinq mois plus tard son garçon meunier, Claude.

Trois jours avan mariage, peut-être pour me donner des regrets ou pour me braver, elle vint avec la tante Bornou m'inviter, en grande pompe, à la noce, et non-seulement moi, mais mon père, ma mère et mes sœurs.

Nous la remerciâmes de son honnêteté, du moins pour le dîner, mais nous allâmes danser le soir dans la grange de M. Jean Baptiste, le maire, qui était en ce temps la salle de bal de toute la commune.

Je donnai la main à Catherine pour la bourrée; elle déploya toutes ses grâces, et tous les hommes avouèrent qu'elle n'avait jamais été plus jolie; je l'avouai moi-même et je crois que je le lui dis.

Elle me répondit :

— Ah ! François, si vous aviez voulu !

Là-dessus Claude, un peu troublé, je crois, par le vin rouge et le vin blanc dont il n'avait pas l'habitude, prit ma place et fit danser sa femme. Et moi, je pensai qu'elle était bien belle et bien riche, et que Claude faisait une bonne affaire en l'épousant; mais qu'un honnête homme ne se marie pas comme il va à la foire, seulement pour faire un bon marché et pour avoir la vie assurée, sans travailler. La première condition du mariage, pour le mari, c'est d'avoir confiance dans sa femme. Auprès de la confiance, tout le reste n'est rien.

Ce n'est pas la coutume, je le sais bien, de penser surtout à ça. Mais c'est de là que viennent tant de mariages malheureux et tant de querelles de famille, qui passent des parents aux enfants, qui font naître les procès par milliers comme mouches en avril et qui nourrissent et engraissent, les avoués, les huissiers et tous les justiciards de tous les pays.

Je vous reparlerai plus tard de Catherine. Il faut que je vous fasse lire une lettre que mon père reçut, vers ce temps-là, de mon frère Jean, qu'on n'appelait plus dans toute la commune que le colonel Bûchamor, ou tout bonnement, — le colonel.

Jean venait d'avoir, des aventures de toute espèce, et il s'en était tiré heureusement, car il se tirait toujours de tout.

XVI

UNE DEMANDE EN MARIAGE.

Ici, le vieux François Bûchamor se leva gravement, chercha dans le tiroir de sa grande armoire une vieille lettre noircie, me la mit dans la main et dit :

— Toi qui sais déchiffrer tous les papiers publics, lis-nous ça, sans te presser, couramment, afin qu'on voie bien quel homme c'était que Jean et qu'il méritait de n'être pas oublié de sa famille et de ses amis.

Je lus :

« Méry en Argonne, 10 janvier 1798.

» Mes chers parents,

» Je vous avais quittés pour aller à Strasbourg et faire partie de l'armée du Rhin. Presque en arrivant on m'envoie à l'armée d'Angleterre. Le ministre de la guerre m'écrit que le général Bonaparte, désigné par le gouvernement de la République pour passer le détroit et porter jusque dans Londres le drapeau tricolore, a demandé des officiers instruits qui aient fait leurs preuves devant l'ennemi et qui connaissent un peu l'Angleterre.

» A ce titre, et comme je revenais d'Irlande où j'ai vu les Anglais de près, on m'expédie au Havre pour prendre les ordres du général Bonaparte qui faisait alors une tournée d'inspection sur les côtes de la Manche.

» J'arrive le matin de bonne heure, et sans ôter mes bottes je me présente à l'état-major.

» Le général allait sortir. Il me regarde fixement, paraît étonné de me voir couvert de poussière, car j'étais venu à cheval et en poste pour aller plus vite, et me dit durement :

— Qui êtes-vous ?

» Je me nomme.

— Vous venez d'arriver, colonel ?

— Oui, mon général, et pour ne pas vous faire attendre, je me suis présenté tout de suite.

— C'est bien. Venez avec nous.

» Pendant trois heures de suite nous visitons le port et les fortifications. Il faisait trois questions par minute, écoutait à peine les réponses et ne s'arrêtait nulle part. L'état-major et les officiers du port avaient peine à le suivre.

» Une chose me frappait dans ses questions. Il ne s'inquiète jamais de savoir si l'on a dit vrai ou faux ; il veut seulement qu'on réponde et qu'on n'hésite jamais. Voyant ça, je me promis bien de le payer de cette monnaie.

» Dans l'après-dîner, je revins à l'état-major, habillé cette fois, rasé, astiqué de manière à faire honneur au fils de ma mère. Il parut content et me dit :

— Colonel, vous revenez d'Irlande ?

— Oui, mon général.

— Vous étiez prisonnier là-bas ?

— Non, général. Quand mes camarades capitulèrent, je m'échappai sous un déguisement, et je suis revenu quinze mois plus tard sur un bateau pêcheur.

— Tant mieux, dit-il. Je n'aime pas ceux qui se laissent prendre. Ce sont toujours des sots, et quelquefois bien pire... Quelle est l'étendue de l'Irlande ?

— Soixante lieues de long, quarante lieues de large.

— Comment le savez-vous ?

— Je l'ai parcourue à pied dans tous les sens pour échapper aux Anglais.

— Combien de soldats anglais dans l'île ?

— Vingt mille.

— Comment vivent-ils avec les Irlandais ?

— A couteaux tirés.

— Si nous débarquons en Irlande, le peuple prendra-t-il les armes pour nous?

— Oui, si vous apportez des fusils.

» Etc., etc.

» Il parut content de mes réponses. C'est un homme hardi qui aime ceux de son espèce.

» Au bout de deux jours, il me dit :

— Colonel, vous me convenez. Je vous garde avec moi. Je veux faire votre fortune.

» Il avait l'air de sonder, de chercher ce que je pensais, de me faire une question et de songer à autre chose.

» Moi qui ne songe à rien qu'à contenter le père et la mère Bûchamor, je répondis :

— Mon général, votre confiance m'honore. Quant à ma fortune, la République s'en charge, et si elle m'oublie, je connais dans la commune de Néoux un endroit où le travail ne manque jamais, et où l'on n'a pas besoin d'être riche pour vivre heureux.

» Il me répliqua brusquement :

— C'est bien, colonel; ces sentiments sont dignes de votre réputation.

» Au fond, il était fâché, je crois; mais ça m'est égal. Je ne veux être le protégé de personne. On dit pourtant que tout son état-major et lui-même ont gagné des millions dans la campagne d'Italie; mais cela ne me tente pas... A qui ces millions ont-ils été pris? A ceux qui travaillent et qui ne peuvent pas se défendre. Ce n'est pas là, père, ce que vous m'avez enseigné.

» Maintenant, j'arrive au vrai sujet de ma lettre, car vous devez voir que je tourne depuis un moment autour de quelque chose.

» Mes chers parents, vous savez ce que je vous ai dit il y a dix mois, quand je suis allé vous voir en revenant d'Irlande : — je voudrais me marier (si ça vous convient, toutefois) avec une jeune et jolie demoiselle de bonne famille que j'aime mille fois plus que mes yeux, et que François doit connaître, car il l'a vue il y a six ans, trois semaines avant la bataille de Valmy, et il lui a sauvé la vie presque à lui tout seul.

» C'est mademoiselle Anne Burtin. Père, et vous, mère, que dites-vous de mon projet?

» Là-dessus ma mère répondit :

— Certainement, si la demoiselle est, comme tu le dis, de bonne famille, si elle a du bien, et si vous vous convenez tous deux, je ne suis pas pour m'y opposer.

» Et mon père ajouta :

— L'affaire de Catherine a si mal tourné que je ne veux plus dire ni oui, ni non. Mais je signerai ton contrat quand tu voudras.

» Alors, j'espérais n'avoir plus rien à faire que de demander mademoiselle Anne Burtin en mariage (car c'est elle que je voulais); mais voici l'obstacle.

» J'écris à M. Burtin, qui s'est montré pour moi comme un second père, ... si je sais quelque chose et si je suis colonel, c'est à lui que je le dois, c'est lui qui a guéri mes blessures après Valmy.

» C'est lui qui m'a donné le goût de la science et qui a pris autant de peine pour me former l'esprit que vous, mes chers parents, pour faire de moi un bon soldat et un bon citoyen.

» J'écris donc. Point de réponse. Depuis deux ans je n'avais aucune nouvelle de M. Burtin ni de mademoiselle Anne. En Irlande, pays ennemi, je n'écrivais à personne de peur de me dénoncer moi-même aux Anglais.

» Inquiet de ce silence, je demande un congé au général Bonaparte.

» Lui me demande brusquement :

— Un congé, colonel ? Pour quoi faire ?

— Pour me marier, mon général.

— Vous êtes bien jeune.

» Ici je pensai qu'il se mêlait de ce qui ne le regarde pas. Je lui dis en riant :

— Mon général, on n'est jamais trop jeune pour bien faire.

» Il haussa les épaules et reprit :

— Avant de vous marier, je veux vous envoyer en Orient.

» Et, comme j'allais le remercier de cette marque de confiance et refuser, il ajouta :

— Un soldat ne doit connaître que sa consigne. Vous partirez demain pour Paris, vous porterez mes dépêches au Directoire, vous aurez un congé de trois jours pour aller voir votre fiancée, et de là vous irez par Marseille, Naples, l'Égypte et la mer Rouge jusque dans l'Inde.

» Comme je ne répondais rien, il dit encore :

— N'ayez donc pas l'air consterné, colonel. Je vous offre l'une des plus belles occasions d'acquérir de la gloire qui puissent être données à un homme. Vous irez à la cour de Tippoo-Sahib, sultan de Mysore, vous lui porterez mes instructions et celles du Directoire, vous resterez un mois à Seringapatam, un mois, pas davantage, — vous ferez un traité d'alliance avec le sultan, etc., etc.

» Je passe le reste de la conversation. Il paraît que Bonaparte a des vues sur l'Orient, et je ne serais pas étonné qu'avant peu l'on entendît parler de quelque grande expédition de ce côté-là. Mais tout ça, c'est de la politique.

» Le lendemain, je pars pour Paris comme il me l'avait annoncé. Je vais voir les citoyens directeurs qui me font mille questions sur Bonaparte. Comment vit-il ? à quoi pense-t-il ? Qu'est-ce qu'il dit des affaires publiques ?

» Moi, que toutes ces questions ennuyaient, car je ne suis pas fait pour répéter aux uns les discours des autres, je leur réponds que je n'ai pas l'honneur de ses confidences et je sors pour aller voir la citoyenne Joséphine Bonaparte, sa femme, qui me reçoit d'un air charmant (car il faut lui rendre cette justice que je n'ai jamais vu de femme plus aimable), et qui me demande à son tour ce que les citoyens directeurs pensent de Bonaparte et ce qu'on en pense dans l'armée. Moi je réplique que je ne connais les pensées de personne excepté les miennes, et qu'à mon avis le général Bonaparte est un fameux général. Je pouvais dire ça sans me compromettre.

» Comme je sortais, un jeune homme de mon âge court après moi dans l'antichambre, me rattrape sur l'escalier, et me dit :

— Colonel Bûchamor, vous êtes un brave.

» Moi je me retourne et je lui riposte :

— Citoyen, vous en êtes un autre, comment vous appelez-vous ?

» Il me répond :

— Je suis Lucien Bonaparte, le frère cadet du général.

— Moi, pressé de partir, je le salue poliment, et je tourne les talons.

» Il reprend sans s'étonner :

— Colonel Bûchamor, permettez-moi de me féliciter de l'heureux hasard qui me fait rencontrer chez mon frère l'un des plus braves soldats et des plus célèbres officiers de l'invincible armée de Sambre-et-Meuse...

» Et il continua sa phrase sans respirer en me disant des choses si gracieuses, si flatteuses, si je ne sais quoi, qu'en l'écoutant je croyais avaler des cuillerées de miel et que je pensais en moi-même : « Dieu de Dieu! Y a-t-il des particuliers aimables sur la terre et qui savent tourner un compliment et rendre justice au mérite!...

» Comme j'en étais là, voilà qu'il tourne bride tout à coup et me dit :

— Colonel, n'est-ce pas une chose honteuse qu'un homme de votre capacité (je sais que mon frère vous regarde à juste titre comme l'un des plus brillants officiers de l'armée) ne soit pas encore général?...

» Là-dessus je réponds modestement que je n'ai pas à me plaindre et que Jean Bûchamor, colonel à vingt-trois ans, est content de son lot et ne désire pas autre chose.

— Je sais, je sais, a répliqué Lucien Bonaparte, et c'est justement votre modestie qui rend l'injustice du Directoire plus criante ; mais quelle justice peut-on attendre de ce gouvernement d'avocats?

» Il s'est arrêté comme s'il attendait ma réponse. Moi, pour reconnaître son honnêteté, j'ai dit :

— C'est vrai que tous ces avocats m'ont l'air d'un tas de pas grand'chose.

— D'un tas de rien-du-tout, a continué Lucien.

» Comme je ne veux contrarier personne, j'allais descendre l'escalier sur ce mot; mais il me retient pour me dire :

— Voyez-vous, colonel, si ces avocats continuent, ils perdront la France...

— Alors, je lui réplique :

— Ah! fichtre!

» Lucien, voyant ça :

— Il n'y a qu'un moyen de la sauver. C'est de les jeter à l'eau. Qu'est-ce que vous dites de ça, colonel?

» Moi, je lui réponds :

— Certainement, citoyen, il faut sauver la France.

» Alors il me prend la main, la serre de toutes ses forces, et me dit en me regardant dans les yeux :

— Colonel Bûchamor, la France ne sera pas ingrate. Vous ferez son salut; elle fera votre fortune.

» J'ai descendu les marches de l'escalier quatre à quatre. Je n'ai pas confiance dans ces Bonapartes. Ils parlent trop de faire la fortune des gens. Quand on n'a que des intentions honnêtes, on n'a pas besoin de faire tant de promesses. M. Burtin, qui est un savant homme, m'a dit vingt fois que c'est ainsi qu'un fameux coquin, appelé César, attira de son côté tous les mauvais gueux de son temps et s'en servit pour ôter aux honnêtes gens leur argent et leur liberté.

» Si je croyais que ces Bonapartes!... Mais il sera toujours temps de les arrêter s'ils veulent mal faire.

» En attendant, j'ai pris la route de l'Argonne pour aller voir M. Burtin et mademoiselle Anne.

» Tout en galopant, car j'allais à cheval et en poste pour tromper mon impatience, je pensais en moi-même:

» Comment serai-je reçu? Se souviendra-t-elle de moi? M. Burtin me voudra-t-il pour gendre, lui si savant et qui aime tant la science? Et qu'est-ce que je peux offrir? Je suis colonel, c'est vrai, mais je n'ai pas d'autre argent que ma solde et quelques économies, car on n'a jamais pillé dans l'armée de Sambre-et-Meuse... Et mademoiselle Anne, qui me montrait autrefois tant d'amitié, est-ce qu'elle ne m'aura pas cru mort, après deux ans de silence, tué par les Anglais, ou noyé dans l'Océan? Et si elle m'a cru mort, elle à qui d'ailleurs je n'aurais jamais osé dire que je voulais l'avoir pour femme, ne s'est-elle pas mariée?

» Voilà comme je me tourmentais par avance.

» Hier, enfin, j'arrive à neuf heures du matin, à la porte de la maison, au milieu des bois. François connaît bien l'endroit. C'est le même où nous avons tué trois soldats prussiens, un mois avant Valmy.

» En arrivant, je vois toutes les fenêtres ouvertes et la grande porte aussi. Un homme en manches de chemise, qui fendait du bois sous le hangar, se retourne et me dit joyeusement :

— Tiens, te voilà, colonel !

» En même temps, il pose sa hache dans un coin et vient m'embrasser. C'était M. Burtin.

» Comme j'ouvrais la bouche pour lui demander des nouvelles de sa santé :

— Te voilà frais, Bûchamor, frais et dispos, et rouge et bien portant !.. C'est une bénédiction... Il paraît que le climat de l'Irlande est bon... Qu'est-ce que tu demandes ? Si je me porte bien ? Mieux que jamais. Tu vois, je fends les bois comme Philopœmen, un fameux scieur de long des temps passés. C'est bon pour la santé, ça préserve de la goutte, ça dispose à la vertu...

» Qui cherches-tu des yeux ?... Ma fille ?... Elle est dans les champs. Elle est allée voir ensemencer et va revenir tout à l'heure... Elle sera contente de te revoir. Nous avons été pendant un an bien inquiets de ton sort, elle et moi... On racontait que tu avais été tué en Irlande... Moi, je disais : Ce n'est pas possible. Mon ami Jean est comme le soldat de la chanson :

> Ne pleurez pas, bonne maman,
> Votre cher Hippolyte ;
> Si je sommes tué, vraiment
> Je vous l'écrirons bien vite ;

s'il était mort, il l'aurait fait savoir à ses amis.

» Tout à coup je lis dans le journal que le citoyen Jean Bûchamor, revenu d'Irlande, vient d'être nommé colonel du 26e de ligne... Moi d'abord, ça me rassure et ça me fait plaisir... Mais vois l'esprit contrariant des filles : Anne était indignée. Comment ! il n'a pas trouvé un moment pour te donner de ses nouvelles !... Bon ! ne cherche pas à te justifier, on ne t'écouterait pas. Aussi, quand nous avons reçu ta lettre, nous avons pris la résolution de ne pas répondre, d'abord pour punir ta négligence, ensuite pour t'obliger à venir chercher la réponse... Notre ruse a réussi. Te voilà, c'est bien... Pour moi, je te pardonne. Tu dois venir de loin et avoir faim et soif. Assieds-toi et mange. Il est trois heures, on ne soupera qu'à sept heures. Voici du pain, du vin, du jambon.

» Tout en parlant, il me servait lui-même, découpait, versait à boire, faisait mille questions. Enfin, quand je l'ai vu si bien disposé, je me suis levé et j'ai dit :

— Monsieur Burtin, vous êtes le meilleur des hommes, et après mon propre père, l'ami le plus cher que j'ai sur la terre. Je voudrais vous parler d'une chose très-importante, qui intéresse l'un de mes amis, et même, à vous parler franchement, c'est pour cela que je suis venu vous voir.

» Il m'a répondu en riant :

— Je me doutais bien que tu avais quelque chose à demander. Tu me flattais trop... Eh bien ! voyons l'affaire importante de ton ami.

— Monsieur Burtin (j'étouffais presque en parlant, tant je craignais sa réponse!), promettez-moi d'abord que si la demande de mon ami vous déplaît, vous ne serez pas fâché contre moi.

— Je te le promets, colonel.

— Et que vous me permettrez de venir vous voir en ami comme par le passé.

— Oh ! oh ! dit-il en riant, est-ce que tu vas me demander quelque chose de malhonnête ? Dans ce cas, tu feras mieux de te taire.

» Alors j'ai continué :

— Monsieur Burtin, qu'est-ce que vous diriez si mon ami, qui est jeune, de bonne santé, bon enfant, enfin tout... excepté riche et grand seigneur, mais qui aime votre fille par-dessus tout, venait vous la demander en mariage?...

» Il me regardait en silence et d'un air sérieux; enfin, il m'a répondu :

— Ça demande réflexion. Qu'est-ce que c'est que ton ami? Est-il avocat, avoué, notaire, huissier, gendarme, épicier ou n'importe quoi?

» J'ai dit en tremblant :

— Il est colonel du 26° de ligne.

» Alors il éclata de rire :

— Comment! c'est toi, mon pauvre Jean! C'est toi qui viens pour m'enlever ma fille! Juste récompense de ce que j'ai fait pour toi il y a cinq ans! Ah! tu demandes Anne en mariage !...

» Puis il me dit en me serrant la main :

— Mon ami, c'est elle que cela regarde... Moi, tu me conviens... Elle... je ne sais pas...

— Vous savez, monsieur Burtin, que je n'ai que ma solde.

» Il m'a répliqué :

— Ça, ce n'est pas mon affaire; c'est celle de ma fille. Si elle ne tient pas à l'argent (et pourquoi y tiendrait-elle? L'ai-je élevée pour cela? Est-ce que je prête à la petite semaine?), la solde du colonel Buchamor doit lui suffire; d'ailleurs, elle a quelque fortune, l'héritage de sa tante d'abord, ce fameux héritage qui manqua de lui coûter la vie ou de lui faire épouser un coquin de Prussien (c'est presque la même chose); j'ai aussi quelques économies... enfin, je te le répète, si elle veut de toi, j'y mets les deux mains.... Et maintenant, allons nous promener... Es-tu ici pour longtemps?

— Pour trois jours.

» Et j'ai raconté la mission que Bonaparte et le Directoire m'ont donnée pour Tippoo-Sahib.

» Ici, mon mariage, qui jusque-là marchait sur des rou-

« Au même instant nous avons rencontré mademoiselle Anne qui revenait par le sentier des bois (page 227).

lettes, a failli se rompre le cou. M. Burtin est devenu si sérieux et a froncé si terriblement le sourcil en secouant la tête d'un air mécontent que je me suis cru perdu. Il m'a dit enfin :

— Trois jours seulement, et tu vas, chez Tippoo-Sahib, à deux mille lieues d'ici! Eh bien, nous verrons ça quand tu reviendras.

» Au même instant nous avons rencontré mademoiselle Anne qui revenait par le sentier des bois, plus belle que jamais.

» Mais, tenez, chers parents, pour vous dire tout de suite ce qui s'est passé, je suis le plus heureux des hommes. Anne a répondu qu'elle m'épouserait volontiers, si son père le voulait. Quand il a dit que j'allais dans l'Inde, voir ce maudit Tippoo-Sahib, elle a promis d'attendre mon retour (et vois-tu, François, c'est une autre femme que ta Catherine, qu'il fallait toujours tenir au doigt et à l'œil ; celle-ci m'attendra trente ans s'il le faut!). Enfin, mon mariage est décidé, puisque vous m'avez donné d'avance votre consentement, et vous aurez (c'est moi qui vous le garantis) une bru comme on n'en voit pas dans les cinq parties du monde.

» Elle est si jolie que tout le monde se retourne pour la voir passer; elle est si douce que tous les animaux l'aiment et la suivent dans la campagne, elle a tant d'esprit que tout le monde l'écoute quand elle parle, enfin, si nous n'étions pas en République, j'aurais peur que le fils du roi voulût l'enlever de force pour en faire sa femme et l'asseoir sur le trône de France.

» Au reste, François la connaît. Demandez-lui ce qu'il en pense. »

XVII

LA GUERRE EST DÉCLARÉE.

Comme j'allais continuer la lecture de la lettre de l'oncle Jean, le vieux François Bûchamor se leva, reprit le papier, le serra avec soin dans l'armoire et nous dit :

— C'est assez pour aujourd'hui. Vous lirez le reste une autre fois. Jean ne s'ennuyait pas de parler de mademoiselle Anne à mon père et à ma mère, et il avait raison, car c'était une femme très-belle, pleine d'esprit, que tout le monde aimait, même les autres femmes, tant elle était bonne pour tous, et qui pouvait faire honneur à la famille ; mais ce n'est pas une raison pour vous répéter des paroles d'amoureux qui, après cinquante ans, n'intéressent plus personne.

Suffit de savoir que son mariage fut remis jusqu'au retour de l'Inde, et qu'il maudit vingt fois le général Bonaparte, ses missions et le sultan Tippoo-Sahib ; mais enfin il fallut partir et quitter son futur beau-père et sa fiancée, qui le regrettaient beaucoup tous deux, et qui lui firent promettre et même jurer qu'il ne se laisserait pas noyer au fond de la mer, ni assassiner sur la grand'route par les brigands, ni dévorer par les tigres dont les forêts de l'Inde sont remplies, ni retenir par le sultan Tippoo qui voudrait peut-être en faire son général en chef, ni prendre ou tuer par les Anglais, ni mourir de la fièvre, du choléra-morbus ou de la morsure des serpents venimeux, et qu'il reviendrait bien portant et constant, comme dit la chanson.

Jean, de son côté, fit promettre à mademoiselle Anne qu'elle penserait à lui matin et soir, qu'elle l'aimerait toujours, qu'elle l'attendrait sans trouble et sans inquiétude, dût-il rester là-bas dix ans... et le reste.

Quand elle eut tout promis avec le consentement de son père, Jean monta à cheval et partit au galop pour Venise, en Italie, d'où il alla dans l'Inde, tantôt par mer, tantôt par terre, tantôt en voiture, à bourrique, à mulet, tantôt en bateau à voile, et pendant vingt mois, ni le père et la mère Bûchamor, ni moi, nous ne pûmes en avoir de nouvelles.

En ce temps-là, le facteur de la poste aux lettres ne faisait pas sa tournée tous les jours comme à présent ; toutes les six semaines, on allait à la ville pour vendre ses moutons ou ses bœufs à la foire, et l'on demandait au directeur de la poste s'il avait par hasard des lettres à votre adresse.

Alors, monsieur le directeur, homme juste mais de mauvaise humeur et qui n'aimait pas à être dérangé quand il fumait sa pipe, vous répondait avec la politesse de tous les gens de bureau :

— Qu'est-ce que c'est ? Qu'est-ce que vous me voulez ? On ne peut donc pas rester tranquille un instant ici.

Vous demandiez votre lettre le chapeau à la main, bien humblement.

Lui vous regardait comme une bête curieuse, et répondait sans se déranger :

— Il n'y a rien pour vous. Allez-vous-en, et fermez la porte à cause des courants d'air.

La plupart du temps on s'en allait sans répliquer, car enfin monsieur l'employé du gouvernement ne peut pas avoir tort ; mais quelquefois la mère ou la sœur ou la femme insistait (les femmes sont toujours plus entêtées que les hommes) et le forçait à chercher dans ses tiroirs, et à trouver au fond, tout au fond, quelque vieille lettre oubliée ; et alors on apprenait qu'un tel se portait bien et vous faisait ses compliments deux ou trois ans après que le pauvre garçon avait été tué en bataille par les Allemands ou les Anglais ou qu'il était mort du typhus à l'hôpital.

Enfin nous ne sûmes pas ce que Jean était devenu. Monsieur le maire, qui était notre ami particulier et qui lisait souvent le journal, disait pour nous rassurer : « Ce n'est rien. L'Inde est bien plus loin que l'Irlande, et cependant là aussi Jean ne pouvait pas vous écrire. Je vous garantis que Jean reviendra et qu'il sera général. S'il était mort, mon journal me l'aurait dit. »

En attendant, chacun à la maison avait repris sa vie de tous les jours. Le père Bûchamor bêchait, labourait, ensemençait, récoltait tout comme à l'ordinaire. Moi, je l'aidais de mon mieux. Goton voulait me marier, moitié pour faire mon bonheur à ce qu'elle croyait, moitié pour faire enrager Catherine et pour empêcher que notre cousine Marie Dagnaux ne mourût fille. Ma mère m'en parlait souvent. Mon père disait : « Je donne mon consentement, mais je ne donne pas mon avis. Si François veut se marier, tant mieux; mais s'il ne veut pas, il ne faut pas le presser. »

Marie, mon autre sœur, qui était mariée depuis six ans et qui avait déjà trois enfants, dont deux petits garçons jumeaux, ceux que M. le maire pour rire appelait *Morvoux* et *Brenoux*, Marie faisait comme mon père, mais par d'autres raisons. Si j'étais resté garçon, la part de ses enfants aurait été plus grosse.

Quant à Marie Dagnaux, c'était une grosse belle fille indolente qui ne travaillait guère, mais qui ne demandait qu'à se marier, avec moi, ou avec un autre, comme en effet il arriva après mon départ, où elle épousa Levacher, de la Courtine, qui a fait plus tard de mauvaises affaires. On vendit son bien, il y a vingt-cinq ou trente ans. C'est un huissier qui l'acheta.

Comme nous en étions là, heureux de vivre en famille, heureux de travailler en commun et de voir le bien s'arrondir, voilà qu'un soir M. le maire Jean-Baptiste revint d'Aubusson à cheval. Je le vois encore avec ses grandes bottes de cuir bouilli, son chapeau en arrière, son bissac d'où sortaient, d'un côté deux grands pains blancs de quatre livres, et de l'autre un quartier de mouton tout saignant et un morceau de bœuf. C'était sa provision de la semaine.

Quand il eut mis pied à terre, il appela sa servante, commanda le souper qui se composait d'une bonne soupe aux choux, d'un morceau de petit-salé et d'une bonne omelette avec un fondu, — car c'était un homme riche et qui pouvait se donner ses aises comme un bourgeois.

Puis il ôta ses grosses bottes et appela mon père qui soupait assis devant sa porte d'une écuelle de lait et d'un gros morceau de pain bis.

— Viens donc, Bûchamor, dit-il. J'ai de grosses nouvelles aujourd'hui... Et toi aussi, François, tu n'es pas de trop.

A ce mot de nouvelles, mon père et moi nous achevâmes notre souper en une minute, et nous entrâmes.

Alors le maire remplit de vin nos deux verres et dit :

— Asseyez-vous et buvez. Ce sont des choses terribles...

— Oh ! dit mon père, c'est Jean qui est mort !

M. Jean-Baptiste répliqua :

— Jean se porte bien, ou du moins mon journal n'en dit rien. Jean est dans l'Inde. Il s'agit d'autre chose, Bûchamor, la guerre est déclarée.

— Encore ! dit le père. On n'en finira donc jamais !

— Et cette fois, continua le maire, nous avons toute l'Europe contre nous, même les Russes et les Turcs, qui, dans la dernière guerre, ne nous voulaient aucun mal. Bonaparte a voulu conquérir l'Égypte. Le gouvernement français l'a laissé faire. Il a emmené trente mille hommes là-bas et nos meilleurs généraux. Notre flotte a été brûlée par les

Anglais. Le voilà maintenant enfermé pour la vie à cinq cents lieues de France... Les autres, c'est-à-dire les Anglais, les Allemands, les Russes, les Italiens, croyant que nous ne pouvons plus nous défendre, et que Bonaparte étant absent, Hoche étant mort, notre armée ne pouvant plus repasser la mer, tout est perdu pour nous, nous déclarent la guerre. On vient, en pleine paix, d'assassiner nos ambassadeurs à Rastadt. Les princes de l'Europe traitent les républicains français comme des loups enragés qu'il faut poursuivre avec des fourches et tuer en quelque endroit qu'on les trouve... Avant ceux de Rastadt, on avait assassiné un général français, Duphot, à Rome même. C'est la police du pape qui l'a tué en plein jour. Un troisième a été tué de la même manière et au même endroit il y a quelques années. Un quatrième, Bernadotte, a manqué d'être égorgé à Vienne l'an dernier, pour avoir planté sur sa maison le drapeau tricolore.

Tout cela en pleine paix. Et ces bandits nous appellent buveurs de sang!... Enfin, le Directoire a déclaré la guerre et fait décréter une levée de deux cent mille hommes. Tous les vieux soldats vont partir. François, avant la fin de la semaine, tu recevras ta feuille de route... Cela ne te fait pas de peine, j'espère?

Je répondis :

— Non, aucune peine.

Au fond, pourtant j'étais triste. Mon père se leva et dit :

— Monsieur Jean-Baptiste, tout cela est bien malheureux. Après cinq années de massacres, on pouvait bien espérer de rentrer chez soi et de labourer en paix son champ. Enfin, Dieu l'a voulu. Prenons patience.

M. Jean-Baptiste nous offrit à chacun un second verre de vin; mais nous refusâmes tous deux. Nous n'avions pas le cœur à la joie.

Mon père, au lieu de rentrer à la maison, me conduisit

dans le pré des Rouzières, afin de n'être pas entendu d'un autre que moi.

Là, il me dit :

— Tout cela ne serait pas arrivé si, quand nous eûmes chassé de notre pays les Prussiens et les autres Allemands, nous avions fait la paix; mais voilà, l'appétit vient en mangeant. On s'est mêlé des affaires de la Hollande, de la Suisse, de l'Italie, de l'Égypte, on s'en mordra les doigts. C'est Bonaparte et les avocats de Paris qui ont fait la sottise, c'est avec notre sang qu'on la payera. Reprends ton sac, François, — ton sac et ton fusil; je ne te reverrai pas de sitôt.

Il regardait à terre et resta un moment sans parler. Enfin il ajouta :

— Cependant il faut partir, car si la France était vaincue, si l'ennemi entrait chez nous, tout le monde en porterait la peine.

Tout à coup quelqu'un se dressa derrière le mur contre lequel nous étions appuyés, et nous dit :

— Père, est-ce que François partira tout seul cette fois? Est-ce qu'il n'y a rien pour moi? Est-ce que je vais moisir comme un vieux pain dans la huche pendant que mes frères se battent?

C'était Toinet qui, se doutant de quelque chose, car la servante de M. le maire avait couru pour avertir ma mère, nous avait suivis sans faire de bruit.

Mon père lui répondit :

— Toinet, tu n'as que seize ans. Reste à la maison. Plus tard, ce sera ton tour. A présent, laisse partir les hommes.

La semaine suivante, comme M. le maire me l'avait annoncé, je reçus ma feuille de route et j'allai rejoindre l'armée d'Helvétie, qui était alors en face des Autrichiens et des Russes. C'est là que je devais retrouver Jean, au fort de la bataille.

C'est Masséna qui commandait l'armée d'Helvétie : retenez bien ce nom, mes enfants. On ne fait pas souvent des généraux comme celui-là, et, quoiqu'on n'ait pas parlé autant de sa victoire de Zurich que de celle d'Austerlitz, celle de Zurich valait mieux que l'autre, parce qu'elle sauva la patrie.

XVIII

COURTE DESCRIPTION DE LA SUISSE.

Si j'avais le temps, je vous raconterais toute ma campagne de 1799. Elle en vaut la peine. François Bûchamor fit son devoir cette année-là, il s'en vante ; et les camarades le firent comme lui, et plus qu'eux tous, le général Masséna.

Je ne vous dirai pas que nous fûmes toujours vainqueurs et que nous menâmes les Russes et les Autrichiens tambour battant depuis le 1er janvier jusqu'au 31 décembre. Ça, c'est bon à raconter après boire, entre braillards de cabaret. Les vieux soldats savent bien que les choses ne vont pas si aisément et que nous avions en face de nous de braves gens qui se battaient bien et qui se faisaient tuer hardiment.

Les Russes surtout. Je les ai revus depuis à Austerlitz, à Eylau, à Friedland, à la Moskowa.

Toujours les mêmes hommes. Plus solides qu'un mur. Comme disait Napoléon, « quand on les a tués avec la baïonnette, il faut les pousser avec la crosse pour les faire tomber. » A la Moskowa, ce fut pire encore. Sans le canon qui les abattit de loin par milliers, on n'en serait jamais venu à bout ; mais là, ça se comprend. Ils étaient devant

Moscou, leur ville sainte; eux aussi, ce jour-là, combattaient pour leur patrie. Ah! l'on est bien fort, quand la patrie est derrière vous, quand les femmes et les enfants vous tendent les bras. Nous l'avions vu chez nous en 1792. Nous l'avons revu en Espagne, sous l'empire, et plus tard en Russie et jusqu'en Allemagne, où Napoléon se fit vaincre par des gens qu'il avait vaincus cent fois.

Qu'est-ce que vous voulez? Dieu est avec ceux qui se battent pour la patrie et la justice; et s'il n'est pas avec eux aujourd'hui (car enfin il ne s'est pas engagé à leur donner toujours la victoire), il sera de leur côté demain, ou après-demain, ou dans dix ans, ou dans cent ans. Le tout est de recommencer.

Comme je vous le disais, les Russes se battirent bien, et à la baïonnette. Les Autrichiens aussi, — surtout ceux de Bohême et de Croatie, qui ne ressemblent pas aux Allemands et qui sont plutôt comme les cousins germains des Polonais et des Russes.

Leur général, l'archiduc Charles, était un vaillant homme de guerre qui savait bien son métier, et qui allait au feu, quoique prince, comme s'il avait eu sa fortune à faire. Il n'eut pas de bonheur dans ses campagnes, ayant presque toujours en tête Hoche, Moreau, Masséna ou Napoléon, c'est-à-dire la fine fleur de l'armée française et des vieux soldats de la République; mais il s'en tira comme un brave, et, ma foi, je ne sais pas s'il y avait un autre général en Europe qui s'en serait tiré comme lui.

Il s'en tira même si bien — au commencement de la campagne — que Masséna fut forcé de reculer de quinze lieues. Nous gardions le Rhin et les bords du lac de Constance, que les Suisses, qui ne font rien comme les autres, appellent *Bodensée;* nous revînmes derrière le lac de Zurich et une rivière qu'on appelle la Limmat, et nous attendîmes là les Autrichiens et les Russes.

Comme vous n'avez jamais vu ces lacs et ces rivières, je vais vous dire en deux mots ce que c'est.

Le Rhin est un grand fleuve qui descend des plus hautes montagnes que j'aie jamais connues. On les voit de plus de vingt lieues, et elles sont blanches comme du lait à cause de la neige qui les couvre quasi toute l'année. C'est ce que les gens du pays appellent le Saint-Gothard. Si je vous disais toute l'eau qui sort de là et qui s'en va de tous les côtés et dans toutes les mers, vous seriez étonnés.

Je me suis laissé raconter que c'est dans ce pays que Dieu a caché la source des plus grandes rivières de l'Europe, et ma foi, ça doit être vrai, car on ne voit partout que des ruisseaux énormes qui sortent de lacs profonds de quinze ou dix-huit cents pieds et larges de quatre ou cinq lieues. De chaque côté des ruisseaux on aperçoit des montagnes énormes et quelquefois si proches, qu'elles s'élèvent au-dessus de l'eau, aussi droites qu'un mur, et forment comme un long corridor. Au-dessus, pas de toit, rien que le ciel.

C'est si beau, que les gens riches de tous les pays viennent là tous les ans pour se promener, boire, manger, dormir et vivre doucement sans travailler, pendant que les Suisses gagnent leur vie à faire trois mois d'été la cuisine du matin jusqu'au soir, des montres et des fromages le reste du temps.

Mais cette année-là, je veux dire l'an VII de la République française, les aubergistes ne firent pas de bonnes affaires, et les marchands de fromages ne gagnèrent pas grand'chose dans leur métier. Toute l'Europe vint se battre chez eux.

Voici ce qui s'était passé.

Les Suisses ont toujours été et seront toujours de braves gens; personne ne peut dire le contraire; mais ils avaient en ce temps-là un défaut terrible. Ils se querellaient matin et soir; ceux de Berne, étant les plus forts et les plus nombreux, voulaient commander à ceux de Lausanne et prendre leur argent, disant que ça s'était fait de tout temps et que ceux de Lausanne avaient été condamnés en naissant par le Seigneur Dieu des armées à nourrir ceux de Berne.

A quoi ceux de Lausanne répondaient :

« C'est justement parce que ça dure depuis longtemps qu'il faut que ça finisse. »

Alors ceux de Berne, qui étaient de gros seigneurs, menacèrent de les faire mourir sous le bâton ou de leur faire tordre le cou.

Mais ceux de Lausanne crièrent que nous avions proclamé chez nous la liberté, l'égalité et la fraternité, et que c'était notre devoir de les aider; que, d'ailleurs, ils étaient nos amis depuis longtemps, et que ceux de Berne (du moins les gros seigneurs) étaient les amis des Allemands, nos ennemis.

Voyant ça, l'armée française entra en Suisse pour y mettre la paix (car c'est notre passion principale de mettre la paix chez les voisins). Ceux de Berne prirent les armes et se firent battre; ceux de Lausanne nous reçurent très-bien, parce que nous leur avions sauvé la vie; et nous, toujours pour maintenir la paix et aussi parce que le pays était beau, nous y restâmes en garnison.

Je dis : Nous, quoique je n'y fusse pas en ce temps-là, mais j'arrivai quelques mois plus tard, quand les Autrichiens et les Russes vinrent nous attaquer, et les camarades me racontèrent tout ce qui s'était passé en mon absence, comment on avait battu les Bernois et pris Berne, comment le trésor des seigneurs de Berne avait disparu, car ces hommes sages et économes avaient en réserve une cave toute remplie de millions, mais qui fut bientôt vidée par nos généraux et nos ordonnateurs en chef; on me dit que les Bernois criaient famine et demandaient du secours à toute l'Europe; et qu'enfin soit pour aider ces braillards, soit parce que les rois et les princes de l'Europe nous voulaient mal de mort, on nous avait déclaré la guerre.

Du moins, c'est ce qu'on m'a raconté, et c'est tout ce que j'avais besoin de savoir; car nous ne faisions pas de politique au régiment, nous laissions ça au gouvernement et à l'Assemblée nationale. Quand on était en face de l'ennemi, l'on criait : « En avant, marche! à la baïonnette, et vive la République! » Et, ma foi, ça réussissait généralement. Tout ce que j'ai su de cette histoire me vient d'un Suisse de Lausanne, nommé Frottardoz, qui s'était enrôlé avec nous pour vexer les gros bourgeois de Berne et qui tapait sur eux et sur les Allemands avec une joie terrible. Un bon soldat, brave soldat, solide au feu, qui s'était engagé pour délivrer sa patrie, qui resta avec nous par plaisir et pour la solde, et qui fut tué sept ans plus tard à côté de moi, à Auerstædt, par une balle prussienne. Il était alors sergent.

Un soir, c'était le second jour de vendémiaire an VIII, ou, comme vous dites à présent, le 21 septembre 1799, nous étions à causer, lui et moi, et une centaine d'autres camarades, vers neuf heures à peu près, dans un joli village appelé Dietikon, au bord de la Limmat, qui est une belle rivière, profonde et si claire qu'on y voit nager les truites comme on distingue dans l'air le vol des oiseaux. Il faisait beau temps et l'on s'attendait à quelque chose. Les Russes étaient campés de l'autre côté, à quatre ou cinq cents pas environ, et leurs sentinelles, en faction derrière les saules, soufflaient de temps en temps dans leurs doigts, car la saison était froide, et le soleil des Suisses n'est pas chaud comme le nôtre, tant s'en faut. La fin de leur septembre ressemble terriblement au commencement du novembre des Français. Ça, c'est un défaut de leur pays; ils ont de l'eau, de l'herbe, du grand air, des montagnes, du blé, des bestiaux et de la liberté ; mais ils n'ont pas chaud. On ne peut pas tout avoir.

Nous étions donc là, assis autour du feu dans une grange, et racontant des histoires pour nous distraire, lorsque mon ami Marien Combredeix, dont je vous ai déjà parlé, entra.

Il s'assit, comme les autres, sur une botte de paille, allongea ses jambes vers le feu, et nous dit :

— Devinez la nouvelle que j'apporte !

On fut si étonné de voir que Marien Combredeix apportait une nouvelle (car c'était un brave garçon qui n'était pas curieux ni bavard) que tout le monde fit silence pour l'écouter.

Il dit :

— Cette nuit, ceux qui savent nager le feront voir.

Tout le monde cria :

— Qu'est-ce qu'il y a?

— Il y a qu'on va passer la Limmat, et donner un coup de torchon aux Russes.

Les autres levèrent les épaules. Mais moi qui savais que dans la famille Combredeix on ne parle jamais sans être sûr de son affaire, je lui demandai :

— De qui tiens-tu cela?

— D'un qui le savait bien, et que tu connais mieux que moi, répondit Combredeix. J'étais tout à l'heure en faction devant la porte du général Masséna. Voilà qu'on ouvre tout à coup. Je vois Masséna qui dit à quelqu'un en lui donnant la main :

— Puisque vous le voulez absolument, colonel, c'est une chose décidée. Vous commanderez l'avant-garde. Choisissez bien vos hommes. Justement, le brouillard commence. Dans une heure, on n'y verra plus à trois pas devant soi. C'est le moment favorable.

L'autre réplique :

— Mon général, laissez-moi faire. Je réponds de mon ancien régiment comme de moi-même. J'ai besoin de cent cinquante hommes : j'en trouverai six cents, et je ne parle que de ceux qui savent nager. Sans cela, ils voudraient tous venir.

Au même instant j'ai pensé :

— Je connais cette voix. Si Jean Bûchamor, notre ancien colonel, n'était pas dans l'Inde, à deux mille lieues d'ici, je croirais que c'est lui.

A ces mots, je me levai plein de joie, sans vouloir en entendre davantage, et je criai :

— Comment! Marien, mon frère est ici?

— Arrivé depuis une demi-heure de Seringapatam, à ce qu'il m'a dit, et qui te cherche dans tout le village... Mais tiens, le voici.

XIX

LE PASSAGE DE LA LIMMAT.

Au même instant, Jean entra comme une bombe et se jeta dans mes bras en criant :

— Comment! François, tu es là, et, sans Marien Combredeix que j'ai rencontré par hasard, je ne l'aurais pas su!

A ces mots, tout le monde se leva pour lui faire honneur et place autour du feu; Jean donna des poignées de main à tous ceux qu'il connaissait, principalement aux anciens de la commune de Néoux qui l'avaient vu simple soldat, et nous dit :

— Camarades, s'il ne fallait que bien se battre, je vous emmènerais tous; mais il faut savoir nager. Ça, c'est autre chose. Que ceux qui ne peuvent pas quitter le plancher des vaches se mettent d'un côté; on viendra les chercher quand on aura des barques, c'est-à-dire vers minuit ; les autres viendront avec moi.

Il s'en trouva environ vingt-cinq sur cent que nous étions là ; ces vingt-cinq allèrent chercher leur fusil.

Je lui demandai tout bas :

— Et nous ?

— Nous ! dit Jean en riant, eh bien, tu vois, nous allons chercher celles des Russes qui sont de l'autre côté de la rivière.

Puis il me prit à part pendant que les autres s'apprêtaient et ajouta :

— François, causons maintenant de nos affaires. Comment vont le père, la mère, et Toinet, et Goton, et tous les autres ?

— Tous en bonne santé, mon colonel. Mais toi-même, Jean, as-tu fait bon voyage ? Quelle marque as-tu donc là sur le front ?.. Un coup de sabre ! je ne connaissais pas celui-là.

Il se mit à rire.

— Un vrai coup de cimeterre, François, qui devait me fendre la tête, mais qui, par la protection de la divine Providence, n'a fait que m'écorcher la peau et m'ébranler un peu le crâne ; heureusement, nous avons la tête dure dans la famille... Je te raconterai ça une autre fois, quand nous aurons le temps.

Il me faudrait toute la nuit pour te dire tout ce qui m'est arrivé là-bas depuis vingt mois. Imagine-toi un pays, l'Inde, qui est grand comme un monde, des forêts où l'on voit des arbres de deux cents pieds de haut qui sont faits comme des parapluies et qu'on appelle, pour cette raison, palmiers, — c'est-à-dire, bien entendu, pour cette raison ou pour une autre ; — figure-toi, à l'ombre de ces palmiers immenses qui sont comme la haute futaie de ce pays-là, des taillis sans fin d'arbres plus petits, au milieu desquels on entend rugir les tigres et les panthères, et grogner les rhinocéros, on voit se promener des éléphants énormes, qui, de leur trompe, — un nez qui leur sert de bras, touchent le second étage des maisons, — et l'on entend siffler dans les marais ou dans les herbes tous les serpents de la création. Voilà, mon vieux François, ce que j'ai vu pendant un an.

— Il ne t'est pas arrivé d'accident?

— Presque rien, car il ne faut pas compter un mauvais gueux de crocodile qui essaya de m'avaler tout cru pendant que je me baignais en Égypte, dans le Nil, mais il fut bien attrapé. Comme j'étais à trois pas de terre quand je le vis, je sortis de l'eau plus vite que l'éclair, et, sans prendre le temps de m'habiller, au lieu de ma jambe qu'il visait, je lui fis avaler mon sabre. Il se tordait comme s'il avait eu la colique. C'est égal : ça m'a dégoûté pendant quelque temps des bains de rivière.

Une autre fois, en touchant terre près de Pondichéry, je fus presque noyé.

Une autre fois, pour avoir voulu tenir compagnie au sultan Tippoo-Sahib, qui se battait contre les Anglais et les Mahrattes et qui ne faisait rien sans me demander conseil, je reçus le coup de sabre que tu as vu tout à l'heure... A présent, François, j'ai quelque chose de plus sérieux à te dire. Je vais me marier.

— Avec mademoiselle Anne Burtin?

— Précisément.

— Elle est ici?

— Pas encore, mais j'irai la retrouver bientôt. J'ai écrit à son père en arrivant en France, il y a quinze jours ; malheureusement, comme j'avais des dépêches de Tippoo et des renseignements de toute espèce à donner au Directoire, on m'a gardé là-bas la moitié d'une semaine. On m'a fait raconter ce qui se passe en Égypte et les victoires du général

Bonaparte qui font beaucoup de bruit mais qui ne servent pas à grand'chose. Enfin, comme je demandais un congé de deux mois pour me marier, on m'a répondu d'un air très-aimable que la patrie avait trop besoin de gens comme moi pour me laisser aller si vite, et que j'allais partir avec des renforts, rejoindre Masséna et l'armée d'Helvétie, et reprendre le commandement de mon ancien régiment... Quand j'ai entendu que la patrie avait besoin de moi, j'ai bouclé mon sac et me voilà... Je suis arrivé à huit heures j'ai vu Masséna, j'ai annoncé l'arrivée prochaine de cinq mille hommes de renfort qui sont à deux lieues d'ici, mais trop fatigués pour me suivre, et j'ai offert mes services.

Lui, voyant que je ne demandais qu'à bien faire, m'a proposé le commandement de l'avant-garde. Cette nuit nous allons surprendre les Russes et emmener leurs barques. Ce sera l'affaire d'un quart d'heure. Après ça, nous reviendrons chercher les camarades en bateau, de peur qu'ils ne se mouillent les pieds en passant la rivière; c'est malsain pour les rhumatismes. Demain matin, nous serons de l'autre côté de la Limmat, et si chacun fait son devoir, après-demain, nous serons à Zurich. Les Russes vont être bien surpris. On dit que le général Korsakoff a promis de nous mener tambour battant jusqu'à Paris. Nous verrons demain ce qu'il sait faire... Eh bien, François, que dis-tu de tout ça?

— Je dis, Jean, que le père et la mère vont être bien contents d'apprendre que tu es en France...

Il me regarda fixement :

— On croirait, frère, que tu n'es pas aussi content, toi. Est-ce que tu as quelque chose contre moi?

Il avait raison. Je n'étais pas content comme j'aurais dû l'être. J'avais de mauvais pressentiments. Je pensais en moi-même :

— S'il venait à être tué cette nuit !... Car enfin, qui sait où nous allons ? Les Russes sont peut-être avertis... Quel malheur si Jean...

Et alors je pensais au chagrin du père et de la mère qui l'aimaient tant, et de la pauvre jeune demoiselle Anne qui s'attendait tous les jours à le voir revenir vainqueur, et qui peut-être apprendrait tout d'un coup qu'il était mort.

Ces pensées-là me troublaient.

J'avais vu tuer déjà bien des camarades, et moi-même j'avais été blessé plus d'une fois ; j'avais regardé souvent le champ de bataille, non pas seulement le jour même, où le bruit du canon, le sifflement des balles, les tambours, les clairons et le reste vous empêchent de réfléchir, mais le lendemain, lorsqu'on relevait les blessés et qu'on enterrait les morts... (c'est ça qui est terrible) ; mais je n'avais jamais vu un meilleur, un plus joyeux, un plus joli garçon, plus heureux de vivre, d'aimer, de se battre, et plus aimé de tout le monde que celui-là.

Enfin, qu'est-ce que vous voulez ?... Il était, lui, colonel, et je n'étais que simple soldat ; mais j'étais son aîné, et je me regardais comme obligé de veiller sur lui et d'empêcher un malheur : aussi j'étais inquiet de lui, et j'aurais donné beaucoup pour qu'il fût encore dans l'Inde ou dans le pays des crocodiles.

Je crois qu'il me devina, car il me dit :

— Frère, je sais ce que tu penses. Ne crains rien. Je serai prudent. Tu peux croire qu'un vieux soldat comme moi ne va pas se faire tuer au premier coup de fusil comme une grive étourdie ; je sais où nous allons ; Korsakoff croit nous tenir ; c'est nous qui le prendrons comme un lièvre au gîte.

Je ne pus pas m'empêcher de lui dire :

— Quel besoin avais-tu de demander ce soir le commandement de l'avant-garde ?

Il me répliqua :

— Vraiment, François, je ne te reconnais plus. Est-ce que Jean Bûchamor est fait pour garder les bagages? Qu'est-ce que le père penserait, grand Dieu! s'il entendait ce que tu dis là?... Et, tiens, veux-tu tout savoir? J'ai reçu ce matin deux lettres, l'une de M. Burtin, l'autre de ma belle petite Anne. Ils sont tous deux à Besançon, ils vont partir pour Berne, et M. Burtin m'a promis que notre mariage se ferait aussitôt que j'aurais un congé de huit jours... Veux-tu qu'ils lisent la semaine prochaine dans les gazettes que le colonel Jean Bûchamor s'est distingué par sa prudence au passage de la Limmat?

Je lui dis:

— Eh bien! ne parlons plus de ça. Quel jour se fera ton mariage?

Il me répondit en riant:

— C'est bien simple. Demain matin nous aurons passé la rivière; demain soir nous serons devant Zurich. Après-demain nous entrerons dans la ville en même temps que Mortier et Soult qui viennent de deux autres côtés. Les Russes voudront sortir de peur d'être enveloppés. Nous tirerons dessus; nous en tuerons un quart; nous en prendrons un autre quart; le reste retournera en Allemagne et peut-être en Russie. On les suivra jusqu'au Rhin pour être sûr qu'ils ne reviendront pas, et comme les grands froids vont bientôt commencer, on s'arrêtera.

... Alors, ceux qui ont envie de se marier se marieront. Pour moi, je t'invite à la noce... En attendant, partons, car les autres doivent être prêts.

En effet, tout le monde était prêt.

Masséna, sans que personne en fût averti, avait fait construire une espèce de radeau dont les pièces se joignaient; c'est là-dessus qu'étaient nos fusils. Cent cinquante des meilleurs nageurs du régiment étaient chargés de faire passer le radeau de l'autre côté de la rivière qui n'est pas très-large, mais plutôt profonde et qui court vite sur un lit de cailloux comme c'est l'usage dans tous les pays de montagnes.

Les uns tiraient à eux le radeau avec des cordes, les autres poussaient.

S'il y avait eu clair de lune, nous étions perdus, car les sentinelles russes auraient donné l'alarme, et sept ou huit cents hommes se seraient jetés sur nous avant que nous pussions mettre pied à terre.

Heureusement, le brouillard était si épais qu'on n'y voyait presque rien.

Jean, qui nageait en tête et commandait le détachement, me dit tout bas :

— Va devant, François, avec deux autres. Pas un coup de fusil. Pas un mot. Si le factionnaire donne l'alarme, jetez-le à l'eau. Surtout pas de bruit. Je reste avec vous et cent hommes pour vous soutenir. Les autres vont emmener les barques des Russes et revenir avec toute la division... Allons, *presto, presto !*

Au même instant, la sentinelle russe qui se promenait de long en large dans le brouillard et n'avait rien entendu à cause du bruit que fait la rivière en roulant sur les cailloux, se heurta contre moi sans me voir. Il allait crier : je l'étouffai à moitié avec un mouchoir que je tenais tout prêt. Deux autres factionnaires, placés de vingt pas en vingt pas, à sa droite et à sa gauche, furent pris de la même manière et bâillonnés.

Un quatrième donna l'alarme et reçut un coup de baïonnette dans le ventre qui l'a guéri pour jamais, le pauvre diable, de la fièvre et de la colique. Mais, cette fois, les Russes avertis coururent aux armes.

En même temps les nôtres passaient la Limmat en bateau et se rangeaient en bataille. Jean en prit le commandement et les conduisit tout de suite à l'ennemi. Vous dire la bataille, ce n'est pas la peine. Toutes les batailles se ressemblent, surtout quand on se bat sans voir clair. La nuit, dit l'autre, tous les chats sont gris. On tire des coups de fusil et des coups de canon au hasard, sur l'ami quelquefois autant que sur l'ennemi, car dans le brouillard qui peut savoir où va la balle? C'est tout au plus si l'on distingue ce que fait la baïonnette.

Enfin, comme disait le capitaine Pardailhac, un Gascon, les Russes ont été surpris, mais le colonel Bûchamor a été surprenant.

Et c'était vrai. Jean mena l'affaire comme un violoneux mène une noce. Tout se passa comme il l'avait promis, et le lendemain, en poursuivant les Russes qui se défendaient terriblement et se faisaient hacher sur place (mais qui est-ce qui pouvait résister aux soldats de la vieille République française?), nous arrivâmes sur la montagne du Zurichsberg, à un quart de lieue de la ville.

Jean me dit :

— Eh bien, frère, es-tu content? Nous avons déjà fait deux mille prisonniers. Le reste de l'armée russe, pris entre Soult, qui vient de l'autre bout du lac, Mortier, qui attaque Zurich par la rive gauche, et nous, qui sommes là sur la ligne de Korsakoff, va se rendre ou se faire tuer. Tu vois bien, François, que j'avais raison de compter sur la victoire!... Va, va, demain nous serons dans Zurich, dans huit jours tu danseras à mon mariage, et peut-être trouveras-tu mieux que Catherine.

Cette idée nous fit rire tous deux.

— J'ai rencontré Masséna tout à l'heure. Il m'a dit : Colonel Bûchamor, j'ai vu bien des batailles et des passages de rivières et de ponts; j'étais à Rivoli; mais je n'ai rien vu de plus hardi, de plus sage et de mieux mené que votre passage de la Limmat. Je vais demander pour vous au Directoire le grade de général de brigade, et ma foi, s'il ne tenait qu'à moi, je vous ferais général de division tout de suite… Hein, François, qu'en dis-tu ? général de division !

Pauvre cher Jean ! il comptait comme toujours sur le lendemain… Mais qui peut connaître l'avenir ?

XX

SOUVIENS-TOI, FRÈRE !

La nuit suivante fut bonne pour nous. On n'avait plus d'inquiétude. On disait : Les Russes sont battus aujourd'hui ; on les achèvera demain ; et quand ils seront partis nous n'aurons plus en tête que les Allemands, et nous battrons aussi ceux-là, comme nous avons toujours fait depuis que le monde est monde.

Voilà ce qu'on disait dans notre camp, car le Français est avantageux ; il croit toujours qu'il a plus d'esprit, de courage et de générosité que tous les autres peuples ; et, ma foi, je ne le blâme pas ; quand on croit être le meilleur et le plus brave des hommes, on le devient quelquefois ; on fait alors par amour-propre bien des choses que les gens modestes ne feraient pas.

Toute la journée on avait entendu gronder le canon, car Mortier, à trois lieues de nous, était chargé d'attaquer Zurich de son côté, pour occuper les Russes et les empêcher d'entendre le tapage de Jean à Dietikon et celui que Soult faisait à l'autre bout du lac en passant à Linth comme nous avions passé la Limmat.

La nuit, ce fut autre chose. Les Russes virent qu'on s'était moqué d'eux et qu'on allait les entourer et les prendre au piége ; alors on entendit un grand bruit dans la ville ; les voitures d'artillerie et les canons roulèrent dans les rues et sur les places, et l'on vit qu'ils allaient faire une sortie et s'échapper.

Masséna dit à Jean :

— Colonel, c'est à vous d'achever ce que vous avez si bien commencé. Les Russes veulent s'échapper. S'ils s'échappent, c'est à recommencer un peu plus loin. Entrez dans Zurich par la rive droite pendant que Mortier entre par la rive gauche, et tuez ou prenez tout.

Jean, qui me rapporta ses propres paroles en le quittant, me dit :

— Frère, la journée d'hier a été bonne; celle d'aujourd'hui sera meilleure encore. Ce n'est pas le moment de s'épargner. Mais on ne sait pas ce qui peut arriver; tiens, prends ceci, c'est le cadeau de noces que je voulais faire à ma chère fiancée. Si je suis tué, donne-lui ce diamant; c'est celui que j'ai reçu du sultan Tippoo-Sahib, le jour de mon départ, et qui vaut, à ce que m'ont dit les bijoutiers de Paris, près d'un million. Dis-lui que je l'aimais plus que tout.

A ce moment, un aide de camp de Masséna vint l'avertir qu'il était temps de commencer l'attaque et que les Russes sortaient de la ville en colonne serrée.

— Allons, cria Jean, à ce soir, frère, et si je ne reviens pas, souviens-toi de ce que je t'ai dit.

XXI

PRISE DE ZURICH.

Je n'ai pas revu Zurich depuis ce jour-là. On m'a dit que c'était une belle ville, que le lac était encore plus beau et que de la promenade on voyait les plus belles montagnes de la Suisse.

Ça, c'est possible; mais, ce jour-là, je n'ai pas regardé. Pendant que nous descendions du Zurichsberg dans la ville, les tambours battaient la charge et répondaient à ceux de Mortier, qui attaquait les Russes par derrière; nous entrâmes dans les rues; on faisait feu de tous côtés. Une moitié de leur armée s'échappa dans la campagne du côté de Zug et de Schwytz. Les autres, enfermés dans la ville, se battaient avec rage, à la baïonnette, essayant de passer; les balles partaient de toutes les fenêtres et de toutes les portes, plus serrées que les grêlons en avril, et tombaient au hasard, sur les femmes, les enfants, les soldats; enfin personne n'en était exempt, pas même les chiens et les huissiers.

On m'a dit qu'un digne homme, un prêtre protestant, M. Lavater, qui était très-respecté de tout le monde, fut blessé ce jour-là, on n'a jamais su par qui, et qu'il est mort de sa blessure un an plus tard. J'en parle, parce que ce malheur fit beaucoup de bruit dans le pays, mais je ne l'ai pas vu tomber, et je n'ai jamais su s'il fut tué par un Russe, par un Français ou par un Suisse.

Enfin arriva ce que je craignais tant.

Au milieu de cette fusillade, et comme j'allais traverser avec quelques camarades en tirailleur le premier pont qui est au bout du lac, tout à coup j'aperçois Jean à cheval, à dix pas en avant de nous, qui commandait la charge et de l'épée nous faisait signe de le suivre.

Au même instant, deux ou trois cents Russes, qui s'étaient retranchés derrière une barricade composée de voitures, de pavés et de barriques de toute espèce, firent feu sur lui et sur nous. Son cheval tomba percé de vingt balles. Lui-même en avait reçu deux dans la poitrine, une à l'épaule, une autre dans la cuisse. Il tomba en arrière les bras étendus...

Je poussai un cri terrible. Je regardai autour de moi.

Je le pris dans mes bras et je l'emportai (p. 251).

Cinq ou six de mes camarades étaient morts ou mourants; les autres, n'étant pas en nombre, faisaient retraite. Un seul, au coin du pont, près de la Bibliothèque de la ville, me criait de revenir et chargeait son fusil en m'attendant, comme s'il avait été à lui seul tout un bataillon d'infanterie.

C'était Marien Combredeix, — un ami, celui-là !

Je courus pour relever mon pauvre Jean, sans m'inquiéter des balles qui pleuvaient de toutes parts. Il ne parlait pas; il était couvert de sang : on aurait dit qu'il était mort.

Je le pris dans mes bras, et je l'emportai dans le logement du concierge de la Bibliothèque. Par bonheur, presque au même moment, les soldats de Mortier commencèrent à tirer sur les Russes à l'autre bout de la rue, et le feu cessa un instant sur le pont.

La femme du concierge m'aida à déshabiller mon pauvre blessé, et nous le pansâmes comme nous pouvions le faire. Elle disait en le regardant :

— Ah ! le pauvre jeune homme ! Qu'il est beau ! Qu'il est jeune pour un colonel ! Quel dommage s'il vient à mourir !

Enfin, vers trois heures après midi, il rouvrit les yeux, me regarda en souriant, me serra la main et me demanda :

— Où suis-je ? Sommes-nous vainqueurs ?

Je lui répondis qu'il n'y avait plus de Russes à Zurich, excepté les prisonniers. Il reprit :

— Frère, je t'avais bien dit que la journée serait bonne !

Le chirurgien entra, sonda ses blessures, secoua la tête d'un air mécontent, ôta deux balles, dit qu'il fallait attendre pour les deux autres et sortit.

— Enfin, demanda Jean avec sa bonne humeur ordinaire, suis-je mort ou suis-je vivant, parle, François ? Tu n'en sais rien ?... Donne-moi une plume, du papier et de l'encre ; je veux écrire une lettre.

Je lui dis :

— Auras-tu la force ?

Il me répondit :

— Que j'en aie la force ou non, je veux écrire ; rassure-toi, ce n'est pas pour faire mon testament.

Je lui donnai ce qu'il avait demandé. Il écrivit ce billet :

« Cher ami, nous sommes vainqueurs et dans Zurich. Je suis blessé, et dans mon lit. S'il m'arrive malheur, dites à mademoiselle Anne que ma dernière pensée a été pour elle.

» Jean BUCHAMOR. »

Quand il eut, avec beaucoup de peine, écrit l'adresse : « M. Burtin, à Besançon », ce dernier effort l'épuisa. Il retomba évanoui.

XXII

FIN DES AMOURS DE JEAN.

J'obtins de mon capitaine la permission de rester à Zurich pour soigner mon pauvre Jean, qu'on avait transporté chez un des principaux bourgeois de la ville.

Cinq jours se passèrent ainsi. Le chirurgien disait toujours :

— Ne le faites point parler ; ne lui laissez voir personne. La moindre émotion le tuerait.

Je fermai donc la porte à toutes les visites ; mais voilà que le matin du neuvième jour, pour la première fois, je sortis de la chambre pour aller voir la ville et me promener pendant une heure sur le bord du lac.

En rentrant, qu'est-ce que je vois ? une belle demoiselle assise au chevet de son lit qui lui présentait une tisane, Jean qui riait et babillait comme une pie borgne, et M. Burtin qui préparait des bandages dans un coin.

La demoiselle se lève et me salue; le père me donne une poignée de main, et Jean me crie :

— François, le chirurgien n'est qu'un âne. Je me porte comme un pont neuf. Va demander pour moi du mouton rôti, du bouillon gras et tout ce qu'il y a de meilleur. Dans trois jours je veux monter à cheval, et dimanche prochain nous allons nous marier, n'est-ce pas, chère Anne?

La demoiselle répondit en riant et en rougissant qu'elle voulait bien si son père voulait. M. Burtin répondit que c'était trop tôt, mais qu'il ne voulait gêner personne. Jean promit de déchirer ses bandages et de se jeter par la fenêtre si l'on retardait son mariage d'un jour, et, tout le monde étant ainsi d'accord, ils furent mariés en effet le dimanche suivant.

La veille, il avait reçu de Masséna son brevet de général de brigade avec toutes les amitiés que vous pouvez croire. Les avocats de Paris disaient que nous avions sauvé la patrie, et que Jean Bûchamor, en particulier, colonel du 26e de ligne, avait bien mérité de la patrie. Ah! la patrie! la patrie! En ce temps-là on ne parlait pas d'autre chose. C'est plus tard qu'on parla de Napoléon.

Mais la patrie, c'était le pays, le clocher, le père, la mère, la femme, les enfants, ce qu'on aimait, ce qu'on aimera toujours. Napoléon, ce n'était qu'un homme.

Ici le vieux Bûchamor s'arrêta en poussant un profond soupir.

— Ça, dit-il, c'est la fin des amours de Jean et de la bataille de Zurich... Mais l'histoire de l'oncle Jean ne s'arrête pas là. Je vous dirai demain la bataille d'Iéna.

TROISIÈME PARTIE

IÉNA

I

Un autre jour le vieux François Bûchamor nous dit :
Je vous ai raconté deux de mes plus belles batailles du temps de la République, Valmy et Zurich. J'ai dit tout ce que je savais, mais je n'ai pas tout dit. Qu'est-ce qu'un soldat peut voir dans son coin, au milieu du bruit et de la fumée? Quand on passe un pont au pas de charge sous le feu de l'ennemi, sait-on seulement sur qui l'on tire? A peine a-t-on le temps de regarder celui qu'on perce de sa baïonnette! Tenez, à Leipsick, je me suis battu deux jours, j'ai vu un tiers de mon régiment tomber sous les obus, les boulets ou la mitraille; j'ai fait le métier de tirailleur pendant tout ce temps, tantôt sur le bord d'un ruisseau, tantôt dans un petit bois; j'ai reçu un coup de sabre de cuirassier sur la tête, j'ai paré à moitié avec mon fusil, j'ai abattu l'homme d'une balle à bout portant : eh bien! avec tout cela, je ne sais pas encore s'il était Prussien, Autrichien ou Russe, ni comment s'appelait le bois ou le village au bord duquel je l'ai tué.

Ça, voyez-vous, c'est l'affaire des généraux. Le soldat, lui, n'a besoin que d'être solide au poste, ou d'aller en avant quand il en reçoit l'ordre.

Au fond, d'ailleurs, pour un grenadier comme j'étais alors, presque toutes les batailles se ressemblent le premier jour. Il n'y a de différence que le lendemain, c'est là que l'on reconnaît le vainqueur, et que l'autre jette sur le grand chemin ses sacs, ses canons, ses fusils et le reste pour se sauver plus vite. Mais ordinairement, à la fin de la bataille, chacun a son compte et voudrait aller se coucher.

Je n'ai vu qu'une seule fois l'affaire tout à fait décidée avant la nuit. C'est à Iéna. Mais ce jour-là les Prussiens nous montrèrent qu'ils n'avaient pas la goutte aux pieds. Devant nos baïonnettes, leurs fantassins galopaient comme des cavaliers, et leurs cavaliers filaient comme le vent dans la plaine.

Ici les enfants interrompirent François Bûchamor.

— Eh bien, grand'père, dis-nous la bataille d'Iéna, et comment tu as rossé les Prussiens. Dis-nous aussi si l'oncle Jean y était.

Le vieillard poussa un profond soupir et répondit :

— Il y était ; et je vais vous raconter ce que nous avons fait tous les deux ce jour-là, moi dans mon coin obscur, lui à la tête de sa division, et ce que Napoléon disait de lui le lendemain.

Vous verrez quel homme c'était que votre oncle Jean Bûchamor, commandant la 2º division du 6º corps de la grande armée!

II

**HISTOIRE DU SERGENT SABRIGNAC, DE BORDEAUX,
ET DE L'EMPEREUR NAPOLÉON, D'AJACCIO.**

Mais d'abord il faut que vous sachiez ce qui s'était passé chez nous entre la bataille de Zurich et la bataille d'Iéna, c'est-à-dire pendant sept ans.

Moi, j'étais simple soldat, grenadier comme devant, de la 1re du 26e. Parmi mes camarades, les uns avançaient, d'autres mouraient à l'hôpital, d'autres se faisaient tuer comme des braves.

Moi, je restais presque seul avec Marien Combredeix et deux ou trois autres que vous n'avez pas connus, et dans la peau desquels le froid, le chaud, la pluie, le vent, la grêle, le soleil, le typhus, les balles, l'hôpital et la misère ne faisaient pas plus de trous que dans la mienne.

Car c'est une chose à noter, et que tous les vieux soldats vous diront comme moi, qu'à la guerre, excepté les boulets et les balles, que rien ne peut parer, on ne meurt que quand on veut bien. Les maladies n'y font rien. C'est la volonté qui fait tout. J'ai vu dans la retraite de Moscou, où tout le monde crevait de froid et de faim, un petit criquet de rien du tout, un petit sergent tout ratatiné qui n'avait qu'un souffle et la peau sur les os (on aurait lu le journal au travers) : eh bien ! ce petit criquet, qui ne mangeait ni ne buvait, ni ne se réchauffait plus que les autres, et souvent même beaucoup moins, il nous faisait honte à tous. Pendant la grande débâcle il avait l'air aussi tranquille, aussi ferme, aussi sûr de rentrer en France que s'il en avait eu la parole du Père Éternel. Il se rasait de frais tous les jours, comme s'il avait dû, chaque matin, demander une demoiselle en mariage; il s'approchait du feu, faisait dégeler un morceau de glace dans sa savonnette et se faisait la barbe devant tout le monde avec un morceau de savon parfumé qu'il avait pris dans le palais d'un boyard de Moscou.

Un matin, la veille de la Bérézina, pendant que tout le monde crevait de froid, de misère et de faim, Napoléon passe au bivouac, voit l'autre qui tenait son nez avec deux doigts de la main gauche et son rasoir de la main droite, et qui, sans s'inquiéter de personne, se râclait le dessus de la lèvre. Il s'arrête et lui dit :

— Que faites-vous là, sergent?

L'autre se retourne, le reconnaît, fait le salut militaire et lui dit :

— Comme vous voyez, mon empereur. Je me rase.

Il faisait un froid de loup, et le savon criait sous le rasoir comme de la neige durcie.

Napoléon lui dit encore :

— Tu n'as pas froid aux doigts, à ce qu'il paraît, camarade?

— Ni aux yeux, mon empereur, lui rétorque l'autre. Les Gascons de Bordeaux n'ont jamais froid nulle part, je m'en vante.

Napoléon voyant ça, lui dit :

— Je t'ai déjà vu quelque part... Où donc?

— Je crois bien, dit le Gascon. Trois fois. La première c'était au pont d'Arcole, avec Augereau. Nous avons passé tous trois ensemble, lui, moi et vous, mon empereur. Une autre fois, c'était en Égypte, aux Pyramides, où il faisait chaud comme dans la gueule du four; et la troisième fois à Essling, où vous m'avez rencontré sur le pont de la Lobau pendant qu'on me transportait dans l'île avec trois coups de sabre sur la tête... Ce jour-là vous m'avez donné la croix et une pension de 600 francs... On peut se reconnaître à moins.

— Tu n'as pas froid aux doigts, à ce qu'il paraît, camarade ?
— Ni aux yeux, mon empereur!... (p. 258).

Napoléon lui dit :

— Je te reconnais maintenant. Tu t'appelles Sabrignac.

— Comme vous dites, mon empereur. Tout à votre service.

— Et qu'est-ce que je peux faire pour toi, mon brave?

Le Gascon s'essuya la figure avec sa serviette et lui répliqua :

— Pour moi, mon empereur, rien du tout, excepté que nous restions toujours bons amis, vous et moi.

— Ça, dit Napoléon, ça va sans dire. Mais pour ta famille?

— Pour ma famille, dit l'autre en se grattant la tête, c'est une autre affaire. Je n'ai rien à demander. Je n'ai plus ni père, ni mère, ni frère, ni sœur. Ah! si, attendez, j'ai un frère qui est curé de canton; ça lui ferait peut-être plaisir, et à moi aussi subséquemment, d'être curé d'arrondissement.

— C'est fait, dit Napoléon. Berthier, prenez-en note.

Et, en effet, le frère fut fait curé de Châteauroux quand Napoléon revint en France, et plus tard le sergent Sabrignac, après Waterloo, ne sachant plus comment vivre, malgré sa croix, sa demi-solde et sa pension, est allé chez son frère le curé, dont il avait fait la fortune, et ils ont vécu tous deux très-heureux pendant plus de vingt ans, et le sergent est mort de gras-fondu.

Tout ça vous prouve trois choses, mes enfants. La première, c'est qu'il faut se faire la barbe (c'est-à-dire, bien entendu, ceux qui en ont). La seconde, c'est qu'il ne faut désespérer de rien, fût-on à cinq cents pieds au fond de la rivière. La troisième, c'est qu'un bienfait n'est jamais perdu et qu'il faut toujours penser à servir ses amis. C'est pour ça que Sabrignac, qui s'attendait à mourir de froid dans la neige, est mort de gras-fondu dans un lit de plume.

Mais je reviens à mon histoire et à celle de Jean.

III

PÈRE, PÈRE, C'EST MOI.

Pendant sept ans, de Zurich à Iéna, rien ne changea pour moi. Pour défendre la patrie je m'était fait soldat de la République ; je continuai de l'être, sous l'empire, pour la gloire de Napoléon.

Je ne vous dirai pas que c'était la même chose. Non, certes, et quelquefois, au bivouac, quand on n'avait rien de mieux à faire que réfléchir, on en sentait bien la différence. Mais le pli était pris. Ce n'était plus la même cause ; c'était toujours le même drapeau.

D'ailleurs, comment faire? On n'avait pas le choix de rester au camp ou de retourner dans son village. Une loi faite du temps de la République quand nous étions en danger de voir chez nous les Autrichiens, les Russes, les Prussiens, les Anglais, les Allemands de toute espèce, retenait les soldats sous les drapeaux pour tout le temps de la guerre.

Ça, c'était sage et bien pensé ; car, lorsque la patrie est en danger, il faut que tout le monde prenne les armes ; mais quand Napoléon fut le maître, la guerre, malgré ses victoires, ne finissait jamais. A l'entendre, tous les pouilleux de la terre lui cherchaient querelle. Lui seul avait un bon caractère et faisait toujours des concessions ; mais, pour une raison ou pour une autre, il était obligé continuellement de se battre avec Pierre, avec Paul, avec Jacques. C'est ce qui fait que moi qui vous parle, moi, François Bûchamor, tout simple grenadier que j'étais, j'ai voyagé sans payer sur toutes les grandes routes de l'Europe et que j'ai fait mon entrée au son des canons et des cloches dans toutes les capitales, comme Mgr l'évêque dans toutes les paroisses de son diocèse.

Une seule fois, cinq mois après la bataille d'Austerlitz, où j'avais attrapé, moyennant trois coups de baïonnette, la croix et une pension de deux cent cinquante francs que j'ai encore, on me donna un congé de trois mois. Ma mère venait de mourir; je demandai à mon colonel la permission d'aller régler mes affaires au pays, comme si ma pauvre mère avait laissé une succession d'avoué.

Le colonel, qui était un vieux dur à cuire, me dit :

— Bûchamer, que vas-tu faire là-bas? Ta mère est enterrée; ton père et tes sœurs n'ont pas besoin de toi. Tu es trop vieux pour te marier. Reste ici. Le drapeau, maintenant, c'est notre clocher à nous.

Cependant, il me signa mon congé.

— Vois-tu, dit-il en me remettant mon papier, on a beau dire que la paix est faite avec les Autrichiens, je suis sûr que la danse va recommencer avec les Prussiens ou n'importe avec qui; je sens ça comme les goutteux sentent la goutte quand le temps tourne à l'orage.

Il avait bon nez, le colonel. La danse recommença, comme il disait, cinq mois plus tard.

En attendant, je revins à Néoux. Mais comme cette rentrée était différente de l'autre! Je revenais seul, le sac sur le dos, plus triste qu'un bonnet de nuit. Personne ne m'attendait, pas même mon père, qui ne reçut que deux jours après mon arrivée la lettre que je lui avais fait écrire pour annoncer mon retour.

En venant par le chemin de la Chazotte, je ne rencontrai personne, excepté quatre ou cinq femmes ou jeunes filles qui labouraient ou qui gardaient les moutons dans les champs. C'était le soir, à la fin de mai.

J'allai droit à la maison. La porte était fermée. La vieille

Caribou, notre voisine, qui filait sa quenouille, assise sur son banc, me regarda longtemps sans me reconnaître. Enfin je lui dis mon nom en criant de toutes mes forces parce qu'elle était sourde.

Alors elle laissa tomber sa quenouille en criant à son tour :

— Ah! mon pauvre garçon! c'est donc toi! On disait que tu avais été tué! Ta pauvre mère t'a pleuré bien longtemps. Ta sœur Goton disait toujours que c'était faux, que tu reviendrais, mais elle est si entêtée que personne ne voulait la croire... Enfin, te voilà. C'est bien heureux

— Et mon père, où est-il?

— Il est au pré d'Arfeuille avec sa pioche. En voilà encore un vieux qui...

Je ne sais pas ce qu'elle allait dire de mon père, je posai mon sac devant la porte, et je courus vers le pré d'Arfeuille.

Il revenait, le vieux, la tête un peu courbée, la pioche sur l'épaule, droit encore et solide malgré les années. Ah! la terre ne porte plus beaucoup d'hommes de cette espèce!

Il me vit de loin comme je le voyais moi-même, et chercha des yeux qui j'étais. Mais lorsque je courus à lui, le bonnet de police à la main et que je me jetai dans ses bras en criant :

— Père! père! c'est moi. Ne me reconnaissez-vous pas?

Il m'embrassa de toutes ses forces sans parler, tant il était content, et appela Goton qui venait derrière lui, et lui dit :

— C'est François, Goton. C'est François, notre François...

Ah! nous t'avons attendu depuis bien longtemps!

Et Goton m'embrassa à son tour et voulut me donner le bras jusqu'au village; elle chantait en marchant tant elle était fière de se promener avec moi.

Quand nous fûmes entrés dans la maison, elle couru partout pour annoncer mon retour.

Aussitôt, les petits enfants s'amassèrent de tous côtés, pour voir « un militaire »; puis, comme l'heure venait de rentrer à la maison et de ramener les vaches et les moutons à l'étable, les femmes et les filles arrivèrent, et la journée étant finie, s'accroupirent devant la porte, leurs écuelles à la main, mangeant la soupe et demandant à voir François Bûchamor.

Alors je commençai à répondre aux questions des uns et des autres, à raconter mes batailles, à donner des nouvelles des camarades. Vous jugez si cela dura longtemps. Depuis sept ans, aucun des anciens soldats n'était revenu de la guerre. Ensuite, je demandai ce qui était arrivé en mon absence.

IV

COMMENT TOINET FUT FAIT CAPORAL

Alors ma sœur Goton prit la parole et dit :

— Par qui faut-il commencer? Par les filles, par les garçons, ou par les veuves remariées?

Je sentis bien à ce dernier mot qu'elle avait quelque malice à dire et je pensai tout de suite à Catherine.

Goton reprit en riant :

— Ah! les veuves, ça se console, ça se remarie, ça engraisse, ça fait sa toilette, ça monte un cabaret, ça fait le commerce des vins, ça nourrit un gros bon-à-rien de mari qui passe la journée à boire avec ses pratiques, ça emprunte au tiers et au quart, ça paye des sept mille francs un remplaçant au lieu d'envoyer son Claude à la guerre; enfin c'est quasi ruiné comme Cathrine Pardouvy, aujourd'hui madame Claude.

— Goton, dit le père, les affaires de Cathrine ne te regardent pas, ce n'est pas toi qui payeras les dettes ou le remplaçant de son mari.

— C'est vrai, répliqua Goton, mais ça fait enrager de voir des femmes de cette espèce se carrer à la messe et sur le devant de leur porte avec des pendants d'oreilles, des bracelets et des colliers, comme la reine sauvage qu'on montrait pour deux sous à la foire de Felletin. Et quand je pense que François a manqué de l'épouser...

Je dis alors :

— Goton, je ne veux pas savoir ce que font les veuves. Dis-moi plutôt ce que font les filles.

— Qu'est-ce que tu veux qu'elles fassent? Tous les garçons sont à la guerre. Elles travaillent, elles dansent ensemble, ou bien elles s'ennuient, elles tricotent, elles vont à la messe, et elles attendent votre retour, car enfin c'est bien triste un village où on ne voit plus que des hommes de cinquante ou soixante ans... N'est-ce pas, Lisa?

Comme elle parlait, je vis arriver en courant une grande fille de quinze ans à peu près, mince comme une anguille, mais faite dans la perfection, avec de jolis yeux noirs, vifs et doux, qui me regardait en riant d'un air content et embarrassé, comme si elle avait eu quelque chose à dire et qu'elle n'eût pas osé.

C'était la petite Lisa que j'avais vue sept ans auparavant. Goton lui dit :

— Viens t'asseoir à côté de moi, Lisa. Regarde ce beau grenadier. Le reconnais-tu?

— Oh! oui, répondit Lisa en baissant les yeux; c'est François Bûchamor, votre frère, dont vous m'avez parlé si souvent.

— Et toi, Lisa, est-ce que tu ne m'en parles jamais?

— Oh! moi, tante Goton, c'est pour vous faire plaisir, dit Lisa en riant.

Et comme elle craignit sans doute de m'avoir fait de la peine, elle ajouta :

— D'ailleurs, c'est si intéressant l'histoire des batailles de François. Faites-lui donc raconter la dernière, tante Goton, celle d'Austerlitz, où Napoléon lui a donné la croix.

Je répliquai :

— Lisa, je te raconterai celle-là plus tard, celle-là et les autres. Mais si vous voulez des batailles, je vais vous dire la première de mon frère Toinet, celle où il fut fait caporal. C'est ça qui vous fera rire.

Alors tout le monde cria :

— C'est ça, François, raconte-nous l'histoire de Toinet.

Je dis :

— Vous savez toutes comment Toinet est parti d'ici...

— Oui, interrompit Goton, comme un garçon qui court à la noce. C'était en 1800; il y a six ans. Le père voulait le garder. Il disait : « Tes deux frères sont là-bas ; c'est assez » pour le présent. Tu n'as que dix-huit ans. Attends du » moins que tes vingt ans soient venus. As-tu peur qu'il » n'en reste plus pour toi? » Mais Toinet ne rêvait que d'être général et d'avoir des épaulettes et un panache. Il fallut le laisser partir...

Je dis encore :

— Voici maintenant son histoire. Un matin, il y a six ans à peu près, je vois venir au camp un grand garçon tout habillé de neuf, avec un fusil neuf, des souliers neufs, tout flambant comme la châsse de saint Barbeyre le jour de la fête de Moutier-Roseille. C'était mon Toinet qu'on nous avait envoyé du dépôt avec trois ou quatre cents autres conscrits.

En arrivant, on leur fait faire quelques manœuvres sous les yeux des anciens pour voir comment ils s'en tiraient.

Ça n'allait pas trop mal. On crie : Rompez les rangs! Et Toinet s'avance vers nous en demandant le grenadier François Bûchamor, de la 3ᵉ du 26ᵉ.

Moi, entendant ça, je le fixe, car je ne l'avais pas encore regardé, et je lui dis :

— Comment! c'est toi, cadet!

Il me saute au cou, et je lui demande des nouvelles du père, de la mère, des sœurs, des neveux, des oncles, des cousins, et généralement de tout le pays.

Lui me répond en buvant et mangeant avec courage (car je l'avais mené d'abord à la cantine), que tout va bien généralement, et particulièrement pour tous et pour quiconque; que le père est plus fort et mieux portant que jamais; que la mère (ah! pauvre mère! pouvais-je penser que je ne la reverrais plus?), que la mère nous envoie ses compliments, que ma sœur Goton (ici présente) nous envoie ses compliments, que ma sœur Marie nous envoie ses compliments, que mon beau-frère et les petits Morvoux et Brenoux, mes neveux, nous envoient leurs compliments, enfin que toute la famille désire que lui, Toinet, nous trouve, moi et Jean, dans le même état qu'il la quitte.

Ensuite il me demande où est le général... Le général, c'était Jean. On n'en connaissait pas d'autre dans toute la commune de Néoux, et même, excepté Bonaparte qui s'était fait empereur de France et roi d'Italie, on croyait que Jean avait remporté toutes les victoires depuis quatorze ans; et c'est vrai qu'il aurait pu les remporter s'il avait été le chef de toutes les armées, car il avait un coup d'œil, le gaillard! et une manière de dire : En avant, marche! qui enlevait tout le monde. Mais enfin, d'autres avaient passé avant lui, Hoche, Masséna, Brune, Moreau et une demi-douzaine dont j'ai oublié les noms... ça me reviendra plus tard.

Pour lors, le général, comme disait Toinet, était à l'avant-garde, en face des Autrichiens, et prenait ses mesures, comme on l'a vu trois semaines plus tard, pour la bataille de Hohenlinden, où, grâce au ciel, les soldats de la République française montrèrent ce qu'ils savaient faire.

Mais s'il fallait vous raconter toutes les batailles que nous avons gagnées en ce temps-là, ce serait pour n'en jamais finir.

Je reviens à Toinet, qu'on m'avait, sur ma demande, donné pour camarade de lit.

— Je te charge de faire son éducation, me dit le capitaine.

Mais le bon garçon avait tant de dispositions, qu'à la fin de la semaine il en savait autant que son maître... Oui, autant pour le moins, et, par la suite, il en a su bien davantage, comme vous verrez tout à l'heure.

Pour lors, un matin, nous étions du côté d'Ulm en Bavière, dans un pays où le pain, la viande et la bière sont à si bon marché, qu'on les donne aux pauvres gens quasi pour rien.

C'était bien notre affaire, car les soldats de la République française ont toujours eu bon appétit, et, grâce aux fournisseurs, ne mangeaient pas souvent tout leur soûl.

Ce jour-là donc, soit par la faute des fournisseurs, soit parce qu'on avait marché trop vite à la poursuite de l'ennemi, les vivres avaient manqué, et, de gré ou de force, par bandes de trois ou quatre, il fallut se disperser dans la campagne et chercher le déjeuner.

Nous étions trois ensemble, Marien Combredeix, que vous connaissez, Toinet et moi, aussi affamés que des loups en hiver, et capables de tuer trente mille hommes pour se mettre un morceau de pain sous la dent.

Comme nous marchions à dix pas l'un de l'autre, le fusil chargé, le doigt sur la détente, car les Kaiserlicks n'étaient qu'à cent pas de là, dans le village, et les arbres et les haies épaisses nous empêchaient de rien voir, voilà que Marien Combredeix, qui passait le premier, recule de trois pas, et sans parler, nous fait signe qu'il y a quelqu'un.

Toinet, pressé de bien faire, lui demande tout bas :

— Qu'est-ce qu'il y a, Marien?

L'autre lui répondit :

— Ils sont là sept, qui boivent et mangent, leurs fusils entre les jambes. Je les vois par la fenêtre ouverte.

— Eh bien, dit Toinet, moi aussi je voudrais boire et manger. Allons, Marien.

Et sans attendre davantage il prend les devants.

Marien lève les épaules et me dit :

— Le petit va se faire tuer.

Moi, je lui réponds :

— Pas sans moi... Viens-tu, Marien?

Vous connaissez Marien. Il n'est jamais pressé d'avancer; mais quand on a besoin de lui, il ne recule jamais. Nous suivons tous deux mon Toinet, qui s'en allait le dos courbé, caché derrière la haie comme un chasseur qui guette son gibier. Il nous fait signe de la main de nous poster vers la fenêtre. Puis, il ouvre tout à coup la porte en criant comme s'il avait eu trois bataillons derrière lui :

— Rendez-vous, ou vous êtes morts!

Les bons Kaiserlicks voient du même coup trois fusils qui les menacent, — celui de Toinet par la porte, celui de Marien et le mien par la fenêtre. Ils avaient un sergent avec eux; le sergent perd la tête. Il crie aux autres de se rendre de peur d'accident. Eux posent leurs fusils dans un coin, et par l'ordre de Toinet chargent sur leurs épaules une dizaine de jambons et une trentaine de cruchons de bière qu'il envoie chercher à la cave par la maîtresse de l'auberge. Puis il leur commande de sortir et de nous suivre au camp.

Et, ma foi! ils nous suivirent comme il l'avait commandé; car Marien Combredeix et moi nous les tenions en joue, et eux, une fois désarmés, ne savaient plus qu'obéir.

Marien me disait :

— Comme il va, le petit, comme il va!

Tout à coup, au moment où nous revenions aux avant-postes avec notre butin et nos prisonniers, Toinet, voyant que nous n'avions plus besoin de lui, file et disparaît en me criant qu'il va revenir, qu'il a oublié quelque chose.

En même temps, il retourne à l'auberge, entre en faisant sonner la crosse de son fusil sur le plancher et dit à la bonne femme qui tremblait de tous ses membres :

— Du pain frais et du kirsch! mille tonnerres! ou je casse toute la vaisselle ici!

La vieille, qui n'entendait pas le français, prend peur, croit qu'il veut la tuer et lui montre une grande armoire qui se trouvait dans la salle. Toinet croit que c'est la huche où l'on met le pain chez les Bavarois, car, dit-il, ces pauvres gens sont si bêtes! Il pose son fusil désarmé sur la table et tourne la clé dans la serrure.

Qu'est-ce que vous croyez qu'il y trouve?... Du pain? Du vin? Des nappes? Des draps? Des serviettes? Des liqueurs?

Rien de tout ça. Un grand diable de capitaine bavarois haut comme une tour, qui s'était caché dans l'armoire en l'entendant venir et le croyant suivi des camarades, mais qui, le voyant seul, lui tire deux coups de pistolet dans la figure, le manque et lui perce son chapeau de deux balles. Le chapeau en tomba par terre. Toinet, à son retour, me dit :

— Non, jamais je ne fus si étonné. Alors, voyant ça, de frayeur, je lui crie : « Gredin, tu vas me le payer! » Et je l'embroche comme un poulet, d'un seul coup de baïonnette. Il n'a pas eu le temps de mettre le pied hors de l'armoire. Ah! c'est un fameux homme et bien nippé. Tiens, voici sa montre en or qui vaut au moins trois cents francs, et dix pièces d'or que j'ai trouvées dans sa bourse.

Voilà, mes amis, la première bataille et le premier butin de Toinet. Je ne compte pas le pain blanc et le kirsch dont il emporta deux miches et trois cruchons qu'il eut même la générosité de payer comme un seigneur avec une des pièces d'or du Bavarois : car, disait-il, on ne doit jamais vexer le pauvre monde, et quoique la vieille eût l'intention de me faire tirer un coup de pistolet dans la tête, cependant sans elle je n'aurais pas de kirsch à présent pour arroser mon déjeuner et celui de mes camarades.

Le lendemain, Toinet fut porté à l'ordre du jour et nommé caporal comme il le méritait. Au camp de Boulogne, on l'a fait sergent; à Austerlitz, lieutenant; à présent, il est aide de camp de mon frère Jean. Si la guerre recommence, Toinet sera colonel dans cinq ou six ans, et ce sera bien fait; c'est un rude gaillard, je vous en réponds, et qui fait honneur à la famille. Jean vaut mieux, certainement; il a plus d'esprit que Toinet; on voit qu'à l'âge de Toinet il pensait à des choses auxquelles le pauvre Toinet ne pensera jamais; mais l'autre a bon pied, bon œil, et une terrible envie d'avancer. Il criait à Austerlitz comme un enragé : En avant! et vive l'empereur! Jean, lui, ne crie jamais : Vive l'empereur! ou vive n'importe qui! Aussi, depuis Zurich il n'avance plus. Après Hohenlinden, tout le monde croyait qu'il serait général de division. Son chef, Moreau, l'avait demandé pour lui, Napoléon l'a refusé. Mais Jean s'en moque.

Il dit qu'il n'a pas besoin des grâces ou des faveurs de personne et qu'il ne veut pas se faire tuer pour la gloire d'un Bonaparte, mais pour la patrie.

Quand j'eus fini l'histoire de Toinet, la petite Lisa s'approcha de moi, s'assit par terre à mes pieds, et me dit en appuyant ses mains sur mon genou :

— Mais vous, François Bûchamor, pourquoi n'êtes-vous pas général comme votre frère ?

— Parce qu'il ne sait ni lire ni écrire, répliqua mon père. Et c'est ma faute, car j'aurais dû l'envoyer à l'école, quand même sa mère et moi nous n'aurions eu que du pain sec pour la vie entière. Mais qui pouvait deviner la Révolution?... Et cependant François vaut autant que ses deux frères. Mais il n'avancera jamais.

— Eh bien! dit Lisa en me regardant d'un air si doux et si caressant que j'en fus tout étonné, n'allez plus à la guerre, François ! Restez avec nous.

Alors j'expliquai qu'il fallait retourner au régiment jusqu'à ce qu'on voulût me donner mon congé définitif. Lisa répondit en soupirant :

— C'est bien malheureux, François, c'est bien malheureux !

Puis le père Bûchamor se leva pour aller se coucher et tout le monde le suivit.

Comme je m'en allais avec les autres, Goton me retint par le bras et me dit :

— Frère, reste avec moi. Je veux te parler de la famille.

Je m'assis sur le banc à côté d'elle.

V

AFFAIRES DE FAMILLE.

Vous avez presque tous connu votre tante Goton, qui est morte il y a sept ans, et qui voulut être enterrée à côté du père et de la mère. C'était une grande femme, maigre, forte, droite comme un pieu, qui avait été très-jolie dans sa jeunesse, mais que le travail, le soleil et la pluie avaient durcie et brunie comme un bâton de houx.

Au temps dont je vous parle, elle était belle encore, mais presque comme un homme, car depuis que mon père avait vieilli et que mes frères et moi nous étions sortis de la maison, elle y tenait la place d'un homme. Elle labourait, elle fumait les terres; elle ensemençait, elle portait le beurre et le fromage à la ville, avec les pommes de terre, les poires, des pommes, les prunes. Excepté les bestiaux et le blé, que mon père s'était réservés pour les jours de foire, elle vendait ou achetait tout le reste, et c'est elle qui serrait l'argent.

Le vieux disait en riant :

— Goton me vaut mieux que deux hommes. Elle travaille autant, elle mange moins; elle est plus économe et elle ne boit que de l'eau.

Son seul défaut, qu'elle a gardé toute sa vie, était de donner des conseils à tout le monde, et de regarder comme de méchantes gens tous ceux qui n'obéissaient pas. Mais qui est-ce qui n'a pas de défauts?

Au reste, vous allez voir tout à l'heure Goton tout entière.

Quand nous fûmes seuls, elle me dit :

— François, vas-tu rester longtemps ici?

Je répondis en riant :

— Est-ce que vous êtes déjà fatigués de me voir?... J'ai un congé de six semaines.

Elle reprit :

— Frère, ce n'est pas six semaines qu'il faut rester ici, c'est toute la vie. Notre mère est morte. Le père n'en dit rien, mais depuis cette mort il ne parle presque plus. Il prend le matin sa bêche, sa pioche ou son râteau, il coupe un morceau de pain, il ouvre la porte aussitôt qu'il fait jour et ne rentre plus qu'à la nuit. Je vois bien son chagrin. Il comptait sur toi et sur Jean, ou du moins sur Toinet. Il ne voit plus personne.

— Et toi ?

— Oh! moi, c'est autre chose. Ce que veut le vieux, c'est d'avoir des enfants pour remplir la maison, pour rire, pour crier, pour tenir votre place à vous trois ; et moi, je ne me marierai jamais. Depuis le jour où le pauvre Dumonteil fut tué à Valmy, j'ai fait vœu de rester fille.

— Et notre sœur Marie? N'a-t-elle pas un mari et des enfants?

— Oh! Marie, c'est autre chose. Quand elle vient de Meymange ici, le dimanche, on dirait qu'elle regarde partout dans la maison comme si elle voulait tout emporter. Son mari va voir les vaches à l'étable, il compte les gerbes dans la grange, il tâte les moutons pour savoir s'ils sont gras, il les soulève pour savoir combien ils pèsent. Il y a deux mois, un dimanche, il dit chez Tial, après dîner :

— Le vieux n'en a pas pour longtemps. Quand il sera mort, on fera les partages, moi, d'abord, je veux avoir le pré d'Arfeuille.

Alors Pierre Chambrun, qui buvait avec lui, répliqua :

— Marchand, le pré d'Arfeuille te passera devant le nez. Le vieux a dit vingt fois qu'il l'avait acheté pour Jean et pour François, parce qu'il n'était pas juste que ceux qui risquaient tous les jours de se faire tuer pour la patrie ne fussent pas mieux récompensés que ceux qui restent au coin du feu, les pieds bien chauds, ou qui vont courir les foires...

Marchand, furieux, reprit :

— Eh bien, on plaidera. Quand je devrais manger dix mille francs, j'aurai le pré d'Arfeuille!

Chambrun lui dit :

— Prends garde à Goton. Elle t'en empêchera bien.

Alors Marchand cria si fort que la moitié du village pouvait l'entendre :

— Si cette gueuse s'en mêle, je lui tordrai le cou comme

à un poulet. C'est bien assez qu'elle prenne tout l'argent du vieux et qu'elle le serre dans son coffre...

Le père, qui passait sous la fenêtre pendant que Marchand criait, lui a dit :

— Marchand, je ne ferai rien que de juste. Je t'ai donné la dot de ta femme. Si tu veux plaider, tu plaideras contre Goton et contre tes beaux-frères, ça te regarde. C'est la bêtise des gens comme toi qui engraisse les gens de loi... Mais quant à tordre le cou de Goton, c'est autre chose.

Ça me regarde, ça ; et, tout vieux que je suis, je te ferai passer par la fenêtre si ça devient nécessaire. Entends-tu, mauvais chien d'ivrogne?

Marchand baissa le nez sur son verre et ne dit plus rien ; et depuis ce temps, Marie et lui et les enfants n'ont plus remis les pieds chez nous. Voilà, François, pourquoi je veux que tu restes avec nous. C'est toi maintenant qui seras le chef de la famille.

Je lui dis :

— Écoute, Goton, tu es une bonne fille et je te remercie de t'occuper de nos intérêts comme tu fais ; mais il faut que je retourne au régiment.

Elle me prit par la main, alluma la lampe, ferma la porte avec soin, ouvrit l'armoire, ôta deux paires de draps qui couvraient une petite caisse, leva le couvercle et me montra des piles d'écus, de pièces de vingt sous et de quarante sous.

Je lui demandai :

— Goton, où as-tu pris tout cet argent?

C'est ma dot. Six mille francs. Le père me l'a donnée le jour du mariage de Marie avec Marchand. Il me dit : « Si tu
» veux te marier, voici de quoi trouver un mari, quoique
» les maris qu'on achète pour de l'argent ne vaillent pas le
» prix qu'ils coûtent. Si tu veux rester fille, voici de quoi

» ne dépendre de personne quand nous serons morts, ta
» mère et moi. »

Je n'ai pas touché à cet argent, François. Je n'y toucherai jamais pour moi. Je n'en ai pas besoin. Jean n'en a pas besoin non plus. Il est général, il gagne des cent et des mille; il a une femme riche; il m'a envoyé des robes et des bijoux dont je ne me sers jamais. Toinet aussi est officier; il fera fortune. L'empereur lui donnera de l'argent; je ne m'en inquiète pas. D'ailleurs tous deux resteront à l'armée; ils ne reviendront plus à Néoux. Mais toi, François, qui es simple soldat, il faut que tu restes avec nous. Et si l'on ne veut pas te donner ton congé, prends mes six mille francs et achète un remplaçant.

Goton l'aurait fait comme elle le disait. Je lui répondis en l'embrassant :

— Garde ton argent. J'aurais honte de le prendre. Et d'ailleurs, si Marchand est un mauvais homme et un ivrogne, n'as-tu pas tes deux neveux Morvoux et Brenoux, et leurs trois sœurs, et Marie, leur mère ?

Goton me dit :

— J'aime bien Morvoux et Brenoux, qui sont de bons petits garçons; mais c'est des Marchand, ça, et non pas des Bûchamor. Marie-toi, François. Ça fera plaisir au père. Il me disait hier encore :

— Ma pauvre Marianne est morte. Mes trois fils ne reviendront plus et ne m'ont pas laissé d'enfants pour tenir leur place et porter leur nom dans la commune. Je voudrais être au cimetière.

Goton me parla encore pendant une partie de la nuit, mais sans me persuader.

Enfin, je lui demandai en riant :

— Avec qui veux-tu me marier? Tu sais bien que le mariage ne me réussit pas.

Elle répondit :

— Je chercherai. Les filles à marier ne manquent pas ici. Nous n'en avons que trop. Mais je veux t'en choisir une de ma main, une qui soit belle, qui soit bonne, qui sache travailler, qui ne soit pas dépensière, qui ait de l'argent et des parents honnêtes, et en même temps qui soit fière d'entrer dans la famille de son mari... Ah! si Lisa avait cinq ans de plus! Et si elle avait une dot!

Je lui dis en riant :

— Qui? Lisa? La petite Lisa? Celle que j'ai vue ce soir? Qu'est-ce qu'elle fait à la maison?

Goton me répondit d'un air sérieux :

— Oui, la même Lisa, la petite-fille de Martial Bûchamor, notre grand'oncle, et la fille de Madeleine, ma meilleure amie, qui est morte un an après sa naissance. Son père, qui était maçon à Paris, l'avait donnée d'abord à sa cousine Catherine, la belle Catherine Pardouvy, pour l'élever et en prendre soin; mais Catherine s'en occupait si peu que je l'ai prise avec moi pour ne pas laisser une Bûchamor servir des ivrognes dans un cabaret les jours de fête, et entendre souvent des propos qui feraient rougir une jeunesse honnête. Son père l'a trouvé bon, et quand il mourut, il y a trois ans, il me laissa le soin de l'élever. Elle reste avec moi dans la maison. Elle est comme ma fille. Elle est douce, obéissante, travailleuse, toujours prête à bien faire, et elle rit toute la journée. Le père ne peut plus se passer d'elle. Il dit qu'elle éclaire la maison. Elle a pourtant bien des défauts, mais il l'aime tant qu'il ne s'en aperçoit pas.

Alors je dis à Goton :

— Voyons les défauts de Lisa; car, puisque je vais rester ici six semaines avec elle, il faut bien que je la connaisse d'avance.

— Ses défauts! reprit Goton, elle en a plus qu'on ne trouverait de jours dans le mois. Mais à quoi te servirait de les connaître? C'est moi qui l'ai élevée, ce n'est pas à moi d'en dire du mal. Va dormir. Je vais la rejoindre là-haut. C'est notre chambre à toutes deux, et je suis sûre qu'elle dort déjà depuis plus de deux heures.

VI

LE PREMIER DUEL DE TOINET.

Le lendemain toute la famille et les amis se trouvèrent réunis, car mon père avait fait savoir dans toute la commune que son fils aîné, François Bûchamor, grenadier de la 3ᵉ du 2ᵉ du 26ᵉ de ligne, chevalier de la Légion d'honneur, vainqueur de Zurich, d'Hohenlinden et d'Austerlitz, frère du célèbre général Jean Bûchamor et du lieutenant Toinet, invitait tous ses parents, amis et connaissances à venir dîner et souper avec lui dans la maison du vieux Bûchamor.

Naturellement, tout le monde vint, — les uns pour faire honneur et plaisir à mon père que tout le monde respectait, les autres pour dîner à l'aise et sans payer. — Mais le vieux n'y regardait pas de si près, et Goton même, qui n'aurait pas dépensé un sou ni acheté une épingle sans nécessité, fit ce jour-là, pour l'honneur et la gloire de la famille Bûchamor, plus de dépense qu'elle n'en avait fait dans toutes les fêtes qu'on avait données depuis dix ans.

On voyait sur la table cinq pâtés de viande, trois quartiers de veau rôti, un mouton cuit à la braisière, six oisons gras et sept pâtés de pommes. Enfin tout le monde s'en alla content et le ventre plein.

Vous jugez bien que le vin n'avait pas manqué. Mon père en envoya chercher une barrique de 220 litres qui venait en droite ligne de Montluçon (à ce que dit le marchand) et qui coûtait plus de cinquante francs. Le soir, après souper, quand tout le monde fut parti, Goton voulut savoir ce qui restait : elle trouva vingt-deux litres et un quart.

Enfin, toute la famille fut satisfaite, comme je vous l'ai dit, même mon beau-frère, Marchand, qui ne voulut pas rester brouillé avec Goton, et qui vint avec ma sœur Marie, ses trois filles et ses deux fils jumeaux, Pierret et José, ceux que M. le maire appelait, quand ils étaient petits, Morvoux et Brenoux, mais qui déjà grandissaient et promettaient d'être des hommes.

Goton, sur ma demande, les reçut assez bien, surtout Pierret et José, qui étaient vraiment deux bons petits garçons, blonds, frisés, gras, mal peignés, un peu honteux, qui se cachaient derrière les jupons de leur mère et qui osaient à peine me regarder.

A la fin du dîner, je les appelai tous deux, et pour rire, je dis de ma plus grosse voix :

— Toi, morveux, comment t'appelles-tu ?
— Pierret.

En même temps il baissait les yeux comme s'il avait eu peur. Je demandai alors à l'autre :

— Et toi ?
— José.
— Eh bien, Pierret, veux-tu venir à la guerre ?

Il secoua la tête pour faire voir qu'il ne voulait pas.

— Et toi, José ?
— Ni moi non plus.
— Pourquoi ne veux-tu pas, José ?
— Parce qu'on tue tout le monde... Je ne veux pas être tué.

En effet, sous le grand Napoléon, avant Iéna, l'on commençait déjà à dire que personne ne revenait de la guerre ; et c'était vrai, il gardait tous les vieux soldats sous les drapeaux ; mais on le dit bien plus encore pendant la guerre d'Espagne et après la retraite de Russie. C'est là que les soldats français tombaient comme des mouches, n'ayant plus ni pain à manger, ni feu pour se chauffer... Dès Austerlitz la conscription enlevait déjà tout le monde.

On n'avait pas crié sous la République parce qu'on savait pourquoi on allait se battre. En ce temps-là, c'était pour défendre la patrie. Mais on cria quand on vit que Napoléon prenait tous les jeunes gens et les faisait tuer pour donner des royaumes à ses frères, à ses beaux-frères, à ses cousins, et pour faire ducs, altesses et monseigneurs des camarades de lit, que nous avions vus sergents, caporaux et simples fusiliers.

Ce que José disait, c'est ce qu'il entendait dire partout.

Cependant sa réponse ne me fit pas plaisir, et Goton me souffla tout bas :

— Ce n'est pas un Bûchamor, ce petit, c'est un Marchand !

Moi, pour rassurer les enfants et les faire rire, je leur dis :

— Est-ce qu'on est tué à la guerre quand on est Français ? Est-ce qu'on m'a tué, depuis quatorze ans que je tue les autres ? Est-ce qu'on a tué mon frère Jean, le général ? Est-ce qu'on a tué Toinet ?

— Mais, dit ma sœur Marie, Toinet a bien manqué de se faire estropier. On a écrit qu'il avait eu trois balles pour lui tout seul à la bataille d'Austerlitz.

— C'est vrai. Il a reçu trois balles, mais qui n'ont pas fait plus de mal que des dragées. Ils ne s'en portait que mieux le lendemain. Et qui est-ce qui n'a pas trois balles à montrer ? Je connais un Lorrain, le maréchal Oudinot, dont la peau est percée de plus de trous qu'une écumoire. Ça ne l'empêche pas de monter à cheval comme un saint Georges. Ah ! si Toinet voulait compter toutes les balles que les mauvais gueux d'Allemands lui ont tirées de tous les côtés, il n'aurait jamais fini. Tenez, deux mois après son arrivée au régiment, il en avait déjà deux dans le corps, — une autrichienne, qu'il avait reçue en bataille, et une française, qu'il avait reçue en duel.

— Comment! s'écria Marie, Toinet s'est battu en duel!

— Certainement, il s'est battu. D'abord Toinet se bat toujours, tantôt avec les amis, tantôt avec les ennemis. Mais cette fois, c'était avec les amis, du moins si ça peut s'appeler des amis. Au reste, vous allez en juger.

Il faut vous dire que la paix était faite, ou à peu près, avec les Autrichiens, depuis trois semaines. On ne nous disputait plus rien, on nous laissait mettre garnison partout, en attendant que les gens de plume eussent posé leur paraphe au bas du traité.

Eux, pour se faire valoir et se faire payer plus cher, se chamaillaient comme des avocats à l'audience. Au fond, tout le monde était d'accord.

Moi, pour ma part, j'étais à Ratisbonne avec Toinet, alors caporal, le reste du régiment et un escadron de lanciers.

Le pays était bon, la bière était fraîche, les gens ne nous faisaient pas mauvaise mine. (Vous connaissez les Allemands : quand on est le plus fort, ils vous baisent les pieds, les mains et tout ce qui sert à s'asseoir.) Ceux-là donc s'offraient pour cirer nos bottes, à commencer par les bourgmestres et les seigneurs. Les femmes et les enfants suivaient notre musique et nos tambours avec plus de soin que la procession. Pour ça, je les blâme; mais c'est une affaire entre eux et le bon Dieu.

Un soir, nous étions cinq ou six dans un cabaret du pays qu'ils appellent taverne, et nous avions bu un peu plus que d'habitude. Il y avait là Toinet et quatre ou cinq lanciers des environs de Cologne, de ces Allemands qui se battent tantôt contre nous, tantôt pour nous, quand on est le plus fort et qu'on les paye. Ceux-là, pendant les premières guerres de la République, servaient dans l'armée prussienne. Quand on les eut bien rossés, ils demandèrent l'honneur d'être Français, qu'on leur accorda, comme de juste, car le Français ouvre ses bras à tout le monde, étant bon enfant de naissance et généreux par vocation; ça, c'est connu de tout l'univers.

Un de ces Prussiens, donc, car on peut bien leur donner ce nom, quoiqu'ils fussent alors dans nos rangs, était assis dans le cabaret avec trois ou quatre de sa race qui ne valaient pas mieux que lui. Il buvait comme un trou, frappait sur la table avec la poignée de son sabre, faisait peur aux gens de la maison, et finalement, quand il fallut partir, refusa de payer, aussi bien que ses camarades, criant que dans l'armée française on ne payait jamais.

J'étais assis à une table avec Toinet et je ne disais rien, mais déjà la moutarde me montait au nez, car j'avais honte qu'on pût me confondre avec une pareille canaille; mais voilà que Toinet se lève, tire de sa poche une pièce d'or (de celles qui lui venaient de la bourse du capitaine bavarois qu'il avait tué cinq semaines auparavant), appelle la petite servante qui réglait les comptes et lui dit en la lui mettant dans la main :

— Tiens, petite, paye la maîtresse et garde la monnaie pour toi. Dans l'armée française, il n'y a que les gueux qui ne payent pas leur écot.

L'autre qui ouvrait la porte et qui allait sortir avec les autres lanciers se retourna furieux, revint vers Toinet en lui montrant le poing, et lui cria :

— Est-ce pour moi que tu parles, mauvais tourlourou? Les gueux sont dans la peau des Auvergnats de ton espèce.

Moi, vous savez, que je suis né bon enfant, et quant à être Auvergnat, il n'y a pas d'offense, Dieu merci. Au contraire! Pour cogner, travailler et faire tout ce qui est du métier d'homme on ne trouverait pas mieux qu'en Auvergne ; mais quand je vis que ce Colognot nous appelait Auvergnats, quoique nous fussions, Toinet et moi, de la commune de Néoux, comme on peut le voir sur le registre de la paroisse, et qu'il disait qu'il y a des gueux dans la peau des Auvergnats, je me levai pour lui appliquer ma main sur la figure, et, ma foi ! j'aurais bien abattu quatre ou cinq dents pour le moins, car j'avais la main lourde et j'y allais de bon cœur ; mais Toinet, toujours pressé, prit les devants et lui donna, en un temps et deux mouvements, du creux de la main et du revers, une belle paire de soufflets dont le Prussien demeura d'abord comme étourdi.

Voyant ça et que les camarades dégaînaient, je pensai : L'affaire tournera mal. Nous sommes deux contre cinq. Nous n'avons que des briquets. Eux ont de grands sabres de cavalerie. Il faut faire retraite.

Je prends une chaise et je crie à Toinet d'en faire autant, pendant que les autres cherchaient à nous percer avec leurs lattes, nous tapons au hasard, dans le tas, nous cassons les verres, les assiettes, les bouteilles. Un des lanciers reçut dans la figure un reste d'omelette qui coulait avec son sang sur sa moustache. Un autre eut le bras cassé et fut forcé de lâcher son sabre. Toinet se démenait comme un diable dans un bénitier, et faisait le moulinet avec sa chaise.

Les gens de l'auberge criaient au secours, par la fenêtre du premier étage, mais personne n'osait venir nous séparer. Au fond, les gens de Ratisbonne étaient peut-être bien contents de voir les soldats français s'entre-tuer, et je ne les blâme pas, car la garnison leur coûtait cher.

Tout ce tapage durait depuis un quart d'heure, et je me fatiguais à force de taper. Toinet, à force de crier, avait perdu la parole. Il ne lui restait plus dans la main qu'un barreau de chaise ; il avait reçu deux ou trois coups de pointe dans ses habits; il était couvert de sueur et rouge comme le cou d'un dindon; les yeux lui sortaient presque de la tête; enfin, nos affaires allaient mal, quand tout à coup la petite servante qui lui savait gré de sa pièce d'or, aperçut un fantassin du 26ᵉ de ligne qui venait lentement, les mains dans ses poches, et sans s'inquiéter de rien. Elle lui cria :

— Au secours! monsieur le soldat. Au secours! on égorge vos amis.

Par bonheur, le fantassin était un Alsacien de Strasbourg, un bon garçon, appelé Reiber, que je vois encore. Reiber entend qu'on se bat, il entre par la fenêtre pour prendre sa part de la fête.

Toinet, qui le connaissait, lui crie :

— Ces gueux de Prussiens veulent nous assassiner!

Il disait ça au hasard, car les lanciers, quoique Allemands de Cologne, servaient dans l'armée française; mais son mot fit plus d'effet qu'une parole d'Évangile. Reiber, comme tout bon Alsacien, ne demandait qu'à rosser les Allemands. Il ramasse le sabre que l'autre avait laissé tomber, et pique à son tour le plus avancé. Toinet, qui perdait la respiration, se remet à l'ouvrage comme s'il n'avait rien fait. Moi, je soulève la table et je la jette dans les jambes des Colognots. Voyant ça, ils ouvrent la porte et ils filent.

Le lendemain, le brigadier qui avait reçu deux soufflets vint chercher Toinet avec une paire de pistolets pour réparer son affront. On les conduisit tous deux dans le fossé. Le lancier eut une balle dans la cuisse, et Toinet une autre balle dans le mollet. Ça les empêcha tous deux de danser pendant quinze jours.

Vous voyez donc bien, mes enfants, qu'on ne se tue pas chaque fois qu'on va se battre, comme on ne part pas toutes les fois qu'on emballe.

Voilà l'histoire du premier duel de Toinet telle que je

l'ai racontée ce jour-là, et qui fit grand plaisir à tous les assistants.

Six semaines plus tard je partis. Mon père et Goton me conduisirent à plus d'une lieue d'ici, du côté de Clermont. Le père était bien triste.

— J'avais trois fils et je suis seul, dit-il. Quand tu reviendras, car tu reviendras, François, je le sens, et tu recommenceras la famille, je serai, moi, depuis longtemps sous la terre.

Je sentis qu'il se détournait de peur que je ne le visse pleurer, et je l'embrassai en silence. Pauvre père! je ne devais plus le revoir! Il mourut trois semaines avant la bataille d'Eylau, comme je vous l'ai dit. J'étais alors en Pologne.

Quant à Goton, elle m'embrassa aussi, mais sans pleurer, et me dit tout bas :

— François, si jamais tu changes d'avis, mes six mille francs sont là dans l'armoire. Et quinze jours après je veux te donner une femme de ma main.

Je répondis :

— Goton, nous sommes trop vieux pour nous marier, toi et moi. Garde ton argent pour tes neveux, ou plutôt pour ta petite Lisa qui n'en a pourtant pas besoin, car elle est assez bonne et assez jolie pour trouver un mari qui n'ait pas besoin de sa dot.

— Ah! dit Goton en soupirant, si ce n'était pas une enfant, c'est celle-là que je voudrais voir à ton bras. Elle t'aime déjà presque autant que moi, et me parle de toi tous les jours. Mais c'est une enfant, il n'y faut pas penser.

VII

LA VEILLE D'IÉNA.

Voici comment l'affaire commença.

C'était le 7 octobre 1806. Comme l'avait prédit mon colonel six mois auparavant, quand il signa mon congé, la guerre allait revenir. Cette fois, ce n'était plus avec les Autrichiens, mais avec les Prussiens.

De vous dire pourquoi, ce serait difficile. Quant à moi, je n'ai jamais pu le savoir. Je ne lisais pas les journaux. Je faisais des questions aux camarades qui n'en savaient pas plus long que moi. Je voyais seulement que tout le monde était en branle, que les voitures d'artillerie et les canons couvraient toutes les routes, que les officiers d'état-major galopaient de tous les côtés, que les Allemands causaient beaucoup entre eux et qu'on attendait d'un jour à l'autre l'arrivée de Napoléon.

Ça, c'était signe qu'il allait faire chaud. Quand il passait quelque part, on aurait dit que la pluie, le vent, le tonnerre et les éclairs y passaient avec lui. Il fauchait les hommes aussi vite que la grêle fauche un champ de blé.

Un soir donc, le 7 octobre, je m'en souviens encore, on se tenait l'arme au pied, prêt à partir, sans savoir de quel côté (mais ça, c'était le cadet de nos soucis), lorsque tout à coup le capitaine fait former le cercle et nous lit un papier dont je ne me rappelle pas bien le commencement. C'était trop fort pour moi. Le fond, c'est que le roi de Prusse voulait nous insulter et nous faire sortir d'Allemagne. Du moins, c'est Napoléon qui le disait.

Pour sortir d'Allemagne, ça m'était bien égal, et même à

parler franchement, ça m'aurait fait plaisir; mais pour être insulté, halte-là, François Bûchamor n'entendait pas de cette oreille-là. Quand Marien Combredeix lui-même, qui ne se mettait jamais en colère, apprit que les Prussiens voulaient « *arracher ses lauriers de son front* », il s'écria en montrant le poing :

— Qu'ils y viennent donc! qu'ils y viennent un peu, pour voir! Je leur promets une si bonne tripotée, que le diable en prendra les armes! M'arracher de mon front mes lauriers ou n'importe quoi! Je les en défie.

Mais ce qui fit le plus bel effet, c'est quand le capitaine, renforçant sa voix de commandement, nous lut ce que vous allez voir.

En même temps François Bûchamor prit dans son tiroir un morceau de journal à demi déchiré et qui sentait la vieille pipe culottée. Il me le donna en disant :

— Tiens, lis-nous ça. Tu vas voir comment Napoléon nous parlait la veille des batailles :

« ... Soldats, il n'est aucun de vous qui veuille retourner
» en France par un autre chemin que celui de l'honneur.
» Nous ne devons y rentrer que sous des arcades de triomphe.
» Aurions-nous donc bravé les saisons, les mers, les déserts,
» vaincu l'Europe plusieurs fois coalisée contre nous, porté
» notre gloire de l'Orient à l'Occident, pour retourner au-
» jourd'hui dans notre patrie comme des transfuges, après
» avoir abandonné nos alliés et pour entendre dire que
» l'aigle française a fui épouvantée à l'aspect des aigles prus-
» siennes! Malheur donc à ceux qui nous provoquent! Que
» les Prussiens éprouvent le même sort qu'ils éprouvaient
» il y a quatorze ans! Qu'ils apprennent que s'il est facile
» d'acquérir un accroissement de domaines et de puissance
» avec l'amitié du grand peuple, son inimitié est plus ter-
» rible que les tempêtes de l'Océan! »

Quand le capitaine eut fini sa lecture, nous criâmes tous, et moi le premier : « Vive l'Empereur! » Je dis à Marien Combredeix :

— Il a raison! Si ces brigands n'étaient pas venus avec le roi de Prusse en Champagne, il y a quatorze ans, nous n'irions pas chez eux aujourd'hui.

Marien me répondit :

— François, tu as raison.

Il avait ça de précieux, Marien, qu'il me donnait toujours raison.

Le lendemain matin, nous passâmes la frontière. Mon capitaine s'appelait Thomas; mon chef de bataillon, Mathieu; mon colonel, Brossepoil; mon général de brigade, Jean Bûchamor, votre oncle; mon général de division, Gazan; mon maréchal, Lannes, duc de Montebello; et mon empereur, qui menait tous les autres, Napoléon. Vous jugez si les Prussiens allaient être à l'aise.

On marcha d'abord sans se presser. On s'attendait les uns les autres. Le maréchal Lannes attendait Augereau, qui attendait Ney, qui attendait Soult, qui attendait Davoust, qui attendait Bernadotte, qui attendait Murat, qui courait de tous les côtés avec la cavalerie. Derrière tous ceux-là était Napoléon avec la garde, qui faisait aller chacun à la baguette.

On voyait des montagnes, des forêts, on suivait des routes étroites, on entendait dire que les Prussiens étaient tout près de là, on s'attendait à les rencontrer chaque matin; on était sûr de vaincre, on ne s'inquiétait de rien. Si vous me demandiez où j'ai passé, je n'en sais rien. Je faisais comme les autres, je mangeais, je buvais, je marchais, je me tenais prêt à tuer et à me faire tuer pour la gloire de la France ou, comme on disait, dans les ordres du jour, pour la gloire de l'empereur. Quant au reste, on s'en fiait à Napoléon. Il pensait pour nous, comme on se battait pour lui.

Ce n'était plus comme au temps de la République; mais que voulez-vous? On n'est pas toujours jeune, et, ma foi, à force de traîner mes vieilles guêtres dans la moitié de l'Europe, je finissais par n'avoir plus souci de rien, excepté du drapeau tricolore et de l'honneur du régiment.

Vers trois heures après midi, le sixième jour, on traversa une rivière, la Saale, et l'on s'arrêta dans une petite ville que les Allemands appellent Iéna, et dont ils n'oublieront sans doute jamais le nom, ni moi non plus. C'est là que nous commençâmes à comprendre ce que faisaient les Prussiens et ce que nous allions faire.

Au bout de la ville et tout le long de la rivière, on voyait des prés bien arrosés; au-dessus de ces prés, à deux ou trois cents pieds plus haut, peut-être davantage, un pays où l'on ne distinguait pas grand'chose, parce qu'il descendait en pente de l'autre côté, et à gauche de ce pays une route en zigzag. C'est de ce côté-là que les Prussiens étaient campés.

Ils tournaient, comme à Valmy, le derrière à la France et le nez vers l'Allemagne. Nous faisions, nous, tout le contraire. Voyant ça, je dis à Marien Combredeix:

— Ces gueux sont pincés. C'est un tour que leur a joué Bonaparte. Je ne voudrais pas pour un million être dans la peau du roi de Prusse.

Marien bourra sa pipe, battit le briquet, alluma, regarda le pays, la ville, la rivière, lâcha une bouffée de tabac et me rétorqua:

— François, je pense que tu as raison.

Je dis encore:

— Marien, ils ont de l'artillerie sur la route (on voyait leurs canons en batterie), ça sera dur à enlever. Qu'en penses-tu?

Marien ôta sa pipe de sa bouche, la secoua sur la crosse de son fusil et dit:

— Je pense que ça sera dur, mais nous en avons bien vu d'autres.

— Alors tu crois qu'ils seront frottés?

— Comme un vieux cuir, dit Marien. Ces Prussiens, c'est des gens remplis d'amour-propre; ça pouvait fumer sa pipe et boire sa bière en silence comme de bons garçons; ça préfère faire parler de soi; ça va chercher querelle à Napoléon; ça veut être frotté, c'est moi qui te le dis. As-tu vu comme ils se sont fait brosser avant-hier à Saalfeld par les camarades de la division Suchet? On en a tué deux ou trois mille pour le premier jour. Et tiens, voilà que ça commence.

Au même moment, voilà que trois ou quatre coups de fusil éclatent à cent pas de nous. On nous fait déployer en tirailleurs, le long de la colline, au milieu des bois. On entendait le bruit sec des fusils qu'on arme. Le capitaine Thomas nous crie : En avant! et passe le premier pour montrer le chemin.

On le suit, on s'avance d'arbre en arbre, s'accrochant aux buissons; je m'arrêtais de temps en temps pour faire feu et recharger. Les Prussiens, d'en haut, faisaient comme nous. On aurait cru que nous étions au jeu des quatre coins.

De temps en temps un homme tombait. On ne s'arrêtait pas pour le relever, ni même pour voir s'il était mort ou blessé. D'ailleurs, comme nous avancions toujours, on était bien sûr que les blessés seraient relevés tôt ou tard et portés à l'ambulance. Quant aux morts... ma foi, les vivants avaient trop à faire pour y penser.

A force de grimper, de fusiller les Prussiens et d'en être fusillés, nous arrivâmes en haut, Marien Combredeix et moi, avec les camarades, et nous regardâmes devant et derrière nous.

Devant, c'était comme une grande plaine qui descendait doucement vers une autre petite rivière. Au bout de la descente, on voyait le clocher de la ville de Weimar, et au fond de la vallée, deux lignes de saules et de peupliers, qui marquaient le passage de la rivière. Dans la plaine, on voyait des milliers et des milliers de Prussiens, dont les avant-postes n'étaient qu'à deux pas de nous.

De l'autre côté, c'est-à-dire derrière nous, les Français traversaient la Saale et remplissaient les rues d'Iéna, mais ils ne pouvaient venir à nous qu'avec peine, car la route était fermée par les canons prussiens, et, le long de la montagne, ni la cavalerie ni l'artillerie ne pouvaient passer, et les fantassins eux-mêmes n'étaient pas à leur aise.

Marien se tourna vers moi en rechargeant son fusil et me dit :

— Si ces imbéciles qui sont là peut-être cent mille se jettent sur nous, tous ensemble, François, notre affaire est faite. Ils nous feront passer le goût du pain.

Je lui répliquai en riant :

— Marien, ça n'est pas digne de toi d'être goulu au point de vouloir connaître le goût du pain. Un vieux soldat de Sambre-et-Meuse ne devrait jamais penser à la mangeaille; c'est bon pour des Allemands.

Pendant que je parlais et que Marien, sans m'écouter, avançait d'un arbre à l'autre en se baissant comme un chasseur à l'affût, voilà que j'aperçois, un peu en arrière de nous, à notre droite, deux cavaliers, un général et son aide de camp, qui montaient au grand trot un sentier assez rude et qui allaient passer devant nous.

Pan! pan! pan! douze ou quinze coups de fusil partent en même temps du côté des Prussiens.

Le cheval du général s'abat et jette à bas son cavalier qui se relève aussitôt. J'approche avec Marien pour l'aider pendant que l'aide de camp mettait pied à terre; le général se retourne, me regarde, et dit en riant :

— Comment! c'est toi, François!

Je le reconnais : c'est mon frère Jean Bûchamor. L'aide

de camp, c'était **Toinet**. Je ne les avais vus ni l'un ni l'autre depuis trois semaines.

Nous nous embrassâmes tous trois comme si nous n'avions eu rien de mieux à faire au coin de ce bois, pendant que Marien se tenait respectueusement à distance, ainsi qu'il avait l'habitude de faire devant ses supérieurs.

Après trois minutes de conversation, Jean me dit :

— Voyons, François, le four chauffe et nous ne sommes pas ici pour nous amuser, comme disait le curé de Bellegarde à son sacristain avant de chanter la messe, dis-moi ce que tu as vu dans le bois.

— Des tirailleurs prussiens.

— Ceux qui viennent de tuer mon cheval tout à l'heure?

— Les mêmes.

— Et au delà, sur le plateau?

Je le conduisis avec Toinet à cinquante pas sur la gauche, près d'un vieux chêne, du haut duquel on pouvait voir tout le pays, et je lui dis :

— Tiens, regarde toi-même, mon général.

D'un bond il s'accrocha aux branches, grimpa de l'une à l'autre à la force des poignets, prit sa longue-vue, regarda longtemps le pays au milieu des balles qui sifflaient de tous côtés (mais Jean n'était pas homme à s'en inquiéter), redescendit et dit à Toinet :

— Lieutenant, tu vas dégringoler au galop le long du sentier par lequel nous sommes venus; tu retourneras à Iéna, tu demanderas le maréchal Lannes; tu lui diras qu'il y a dans cette plaine soixante ou quatre-vingt mille Prussiens, au moins; qu'ils ne savent pas encore où nous sommes (la preuve c'est qu'ils regardent de l'autre côté, et qu'ils n'ont pas jeté à l'eau François et Marien qui leur tirent des coups de fusil depuis une heure); tu lui diras qu'ils vont nous voir tôt ou tard, qu'ils vont s'assembler, délibérer, et marcher sur nous; qu'il faut envoyer des renforts à tout prix si l'on veut s'établir ici ; que nous tiendrons jusqu'à la nuit sur le plateau ; que j'en réponds ; mais, qu'après cela, si le reste de l'armée n'arrive pas, nous serons jetés demain dans le précipice. Va vite.

— Et toi, mon général? demanda Toinet avec respect.

— Moi? je reste pour faire face aux Prussiens. D'ailleurs j'ai à causer avec François.

Mais c'était pour rire. Pendant que Toinet redescendait au galop dans le bois, Jean, au lieu de causer, ne s'occupait que de déployer sa brigade en tirailleurs et de gagner du terrain pour faire place aux amis qui montaient de tous côtés à notre secours. De temps en temps seulement il se tournait pour me dire quelques mots d'amitié.

Cependant les Prussiens, qui tout d'abord ne nous attendaient pas de ce côté, commencèrent à s'éveiller ; on les voyait s'assembler à quelque distance ; puis, les balles tombèrent plus dru que grêle en avril. Le chef du bataillon Mathieu fut tué ; le capitaine Thomas eut deux balles dans le ventre et une dans la tête ; il en a réchappé par miracle et ne s'est fait tuer qu'à Waterloo ; un quart de la compagnie était à terre, mort ou blessé. Jean, sans s'étonner, criait :

— Tenez bon, les amis! Le maréchal Lannes va venir avec dix mille hommes, et l'empereur le suit avec Soult et la garde.

Ça rendait le courage à tout le monde. Cependant, on commençait à s'ennuyer. Heureusement, c'était au mois d'octobre. Le temps était couvert, et la nuit approchait. Les Prussiens eurent peur sans doute de ce qui pouvait être derrière nous. Peu à peu ils cessèrent de tirer.

Au même instant, par le même sentier qu'avaient suivi Jean et Toinet, j'entends monter au trot un état-major tout entier, Toinet en tête, qui servait de guide. Puis les Français criaient: *Vive l'empereur! Vive l'empereur! Vive l'empereur!*

IÉNA.

C'était bien lui. Il venait en tête avec Lannes, à la suite de Toinet. Sept ou huit généraux venaient derrière, attendant ses ordres. Il leur fit signe de rester à quelque distance, de peur d'être remarqué, sans doute, et s'avança vers Jean. Je me rappelle toute la conversation comme si c'était d'hier. J'étais à trois pas de là.

Jean s'approcha, le chapeau à la main, pour rendre compte de ce que nous venions de faire.

Napoléon le regarda dans les yeux et lui dit :

— Vous êtes le général Bûchamor?

— Oui, sire.

— J'ai entendu parler de vous.

Jean ne répondit pas. Il se souvenait qu'après la bataille de Hohenlinden Moreau avait voulu le faire général de division, et que l'autre n'avait pas voulu parce qu'il le trouvait trop républicain. Au reste, l'empereur ne lui laissa pas le temps de dire un mot. Il lui dit :

— Quelle est cette montagne ?

— Sire, c'est le Landgrafenberg.

— L'ennemi est-il nombreux ?

— Sire, ils sont quatre-vingt mille Prussiens.

— A quoi voyez-vous cela ?

— Au juger, sire, si Votre Majesté veut regarder elle-même...

Napoléon mit pied à terre. Il fit signe au maréchal Lannes d'avancer un peu, appuya sa longue-vue sur son épaule, et regarda du côté de la ville de Weimar et des Prussiens.

Au bout d'un instant, il referma sa longue-vue, et, se tournant vers Jean, il lui dit :

— Général, avez-vous un prisonnier qu'on puisse interroger ?

— Je n'en ai pas, dit Jean, mais j'en aurai dans cinq minutes.

Alors Toinet s'avança, fit le salut militaire et dit :

— Sire, il doit y avoir quelqu'un dans ce fourré là-bas; je me charge, qui que ce soit, de vous le rapporter.

En même temps, il mit pied à terre et donna son cheval à Jean, qui me dit tout bas :

— Suis Toinet avec Marien. Il va se faire tuer comme un étourdi.

J'emmène Marien Combredeix, et nous emboîtons vivement le pas derrière Toinet.

A une portée de fusil je le vois qui tombe en arrêt et qui nous fait signe d'avancer. J'y cours et j'aperçois deux grands et gros Prussiens de la plus belle espèce, qui croyaient la bataille finie et qui buvaient et mangeaient au pied d'un chêne, sans s'inquiéter de rien.

On n'y voyait presque plus. Le vent soufflait dans la plaine, un vrai vent d'octobre, humide et glacé. Les deux Prussiens — deux officiers, s'il vous plaît — étaient enveloppés dans leurs manteaux et ne remuaient les mains que pour manger et boire. Quand nous fûmes à cinq pas, Toinet et Marien sautent sur leurs sabres, qu'ils avaient mis près d'eux sur l'herbe, et leur crient de se rendre Moi, je les couche en joue. L'un des deux tire de sa ceinture un pistolet et va tirer sur moi. Je tire le premier et je le tue roide. On attache les mains à l'autre. Je le pique dans les reins avec la baïonnette pour le faire marcher, et nous l'amenons à Napoléon.

L'autre l'interrogea.

Le Prussien lui raconta qu'il était Saxon (ça c'est bien possible), qu'il était lieutenant dans la brigade Cevrini, que la moitié des Prussiens étaient entre Iéna et Weimar, qu'on l'attendait sur la route de l'autre côté, que le roi de Prusse et ses généraux étaient à quatre lieues de là, avec une autre armée, qu'on retournait en Prusse, de peur d'être enveloppé, comme les Autrichiens l'avaient été, — enfin un tas

Il tira des fontes de sa selle un morceau de pain, un saucisson, une bouteille d'eau-de-vie (page 295).

de choses utiles à savoir pour nous et qu'il aurait dû garder pour lui s'il n'avait pas été bavard.

Quand il eut fini, Napoléon ordonna de le faire souper, et redescendit vers Iéna avec le maréchal Lannes. En partant, il dit à Jean de son air le plus gracieux :

— Général Bûchamor, votre brigade s'est signalée aujourd'hui. Demain, j'espère qu'elle fera mieux encore. Je ne vous oublierai pas.

Un instant après, Jean ayant distribué sa brigade, compagnie par compagnie, et posé lui-même ses sentinelles, me dit :

— François, nous ne serons pas tués cette nuit. Allons dormir dans le même lit comme nous faisions il y a quinze ans dans l'étable du vieux Bûchamor, notre père.

Il tira des fontes de sa selle un morceau de pain, un saucisson, une bouteille d'eau-de-vie, étendit son manteau sur l'herbe, m'y fit coucher le premier, s'y coucha lui-même, partagea ses provisions avec moi, et quand nous eûmes soupé, me dit :

— Maintenant, frère, causons si tu n'as pas encore envie de dormir.

En même temps il me fit mille questions sur ce que je faisais, sur ce que j'avais vu à Néoux pendant mon dernier voyage, sur mon père, sur Goton, sur Marie, sur nos deux neveux, Pierre et José. Il avait un air joyeux qui faisait plaisir à voir.

— Vois-tu, me dit-il, mon affaire est sûre à présent. Il y aura bataille demain. Les Prussiens seront culbutés; c'est aussi sûr que deux et deux font quatre. Nous sommes à l'avant-garde, c'est nous qui aurons la plus belle part. y aura des coups, c'est vrai, — car ils se battent bien, — mais pas plus qu'à Austerlitz, et peut-être beaucoup moins. Je suis général de brigade; je serai après-demain général de division ou tué. Mais pourquoi serais-je tué? J'ai bien autre chose à faire !

Comme je ne répondais rien, il crut que je m'endormais et me secoua par le bras en disant :

— Tu ne m'écoutes donc pas, François?

— Mais si, mon général, je t'écoute. Tu dis qu'on t'a nommé général de division. Eh bien, après?

— Comment! après?... s'écria Jean. Tu trouves que ce n'est pas assez, toi, pour le fils cadet de Pierre Bûchamor, propriétaire cultivateur de la commune de Néoux! Sais-tu qu'un général de division est fait comte de plein droit, qu'on lui donne un majorat de quarante mille francs de rente, que sa femme va danser à la cour, face à face avec Leurs Majestés impériales, qu'il peut danser lui-même et donner la main à des duchesses, s'il n'a pas eu la jambe emportée par les boulets dans la bataille, ou s'il n'a pas la goutte aux pieds.

Je lui dis :

— Alors, Jean, c'est pour danser avec des duchesses que tu vas te faire tuer demain? Ce n'est pas pour ça que nous sommes partis en 1792 et que nous avons dit adieu au vieux Bûchamor!

Jean me répliqua :

— Que veux-tu que j'y fasse? Quand tout le monde parle de gagner de l'argent et d'être fait comte, duc ou marquis, il faut bien que j'en parle aussi, et même que j'y pense ou que je fasse semblant d'y penser. Si je n'y pensais pas, ma femme y penserait pour moi. Elle a mille qualités, ma femme, et elle m'aime de tout son cœur, comme je l'aime; mais quand elle a vu, après Hohenlinden, que j'étais en disgrâce et qu'on ne voulait plus me donner d'avancement, elle est devenue furieuse contre Bonaparte. Elle disait qu'on m'avait fait une injustice, que je devrais être général de division, maréchal et tout le tremblement, que je devrais m'en venger, que j'étais trop bon de le souffrir, et patati, et patata...

Là-dessus mon beau-père, M. Burtin, est mort. On m'a envoyé à Saint-Domingue, où nous avons eu les nègres, les coups de fusil, les coups de soleil, la fièvre jaune et les Anglais. J'en suis sorti par miracle, blessé, fatigué, malade; j'ai demandé un congé d'un an. On me l'a donné; je suis allé dans ma maison, au fond des Ardennes, avec ma femme et mes deux enfants. Je comptais y vivre toute ma vie; mais aussitôt que ma femme lisait dans la gazette que la générale Chose ou la colonelle Machin avait dansé aux Tuileries devant Leurs Majestés impériales, je la voyais dépérir d'ennui et de regret.

Je dis à Jean :

— Alors c'est pour ça que tu as repris du service?

— Oui, frère, pour avoir la paix dans mon ménage, je suis allé faire la guerre chez les autres. Que veux-tu? les meilleures femmes ne sont point parfaites; celle-là n'a qu'un défaut, c'est d'être encore jeune et d'aimer la danse; pour la contenter, je la conduirai aux Tuileries.

— Et tu la feras comtesse?

— Ou duchesse, si Napoléon y consent. Elle est assez jolie pour être princesse, si elle en a la fantaisie.

— Et toi, Jean, tu ne seras pas fâché d'être comte?

— Pourquoi non, François? Comte Bûchamor sonne aussi bien que comte Badrouillard ou baron Trifouillard, comme ceux que Napoléon fabrique tous les jours. Et toi-même, ne seras-tu pas content, quand tu retourneras à Néoux, de dire : « le général comte Bûchamor, mon frère? »

Je ne lui dis pas tout ce que j'en pensais. Le pauvre Jean faisait comme les autres; il ne se souciait plus de rien que des honneurs et de l'argent. C'est l'histoire de beaucoup d'autres aussi bien que la sienne. Et lui cependant était l'un des meilleurs que j'aie connus. Jugez par là des autres.

D'ailleurs, comme dit l'ancien, ce que femme veut, Dieu le veut.

Enfin, vers minuit, Jean s'endormit de fatigue, et moi aussi, tous deux roulés dans le même manteau.

VIII

LA BATAILLE.

Quand je m'éveillai, le jour se levait à peine. Un épais brouillard couvrait la campagne. On ne distinguait rien à six pas. On entendait seulement le roulement sourd des voitures d'artillerie et des caissons qui montaient la colline par une route que Napoléon avait fait construire pendant la nuit pour amener ses canons sur le Landgrafenberg.

Jean se frotta les yeux, étendit les bras en bâillant, se leva et me dit :

— L'affaire va commencer dans dix minutes. Tiens-toi prêt, frère.

Nous partageâmes les derniers restes du saucisson et de l'eau-de-vie, et il m'embrassa en disant :

— Au revoir, François, à ce soir. Si tu ne me revois pas, dis au père et à Goton que je les aimais bien.

Je lui répondis en riant :

— Au revoir, monsieur le général comte Bûchamor.

Au même instant, Toinet qui le cherchait depuis la veille avec un nouveau cheval, vint le rejoindre. Jean m'embrassa encore une fois et partit ; je ne devais plus lui parler.

Presque aussitôt la fusillade commença à travers le brouillard, et chacun de nous eut trop à faire pour s'inquiéter du voisin. Les Prussiens tiraient au hasard et dans le tas ; nous aussi, mais, comme ils étaient plus nombreux, nos balles portaient presque à coup sûr.

Derrière nous, à mesure que nous avancions, le reste de l'armée française montait la colline et venait se ranger en bataille. Jean, toujours à l'avant-garde, prit le commandement de deux bataillons, marcha sur un petit village qui était un peu en avant de nous, dans la plaine, et nous établit là, dans les maisons. Quelques Prussiens qui n'avaient pas eu le temps de se sauver furent tués.

Tout le monde dit : Ça va bien, et Toinet, qui voulait tout tuer, comme c'était sa coutume, cria : En avant! en avant! à la baïonnette!

Mais Jean, qui savait son métier et qui craignait d'avoir bientôt, pour sa part, trente ou quarante mille Prussiens sur les bras, fit barricader le village, entasser des charrettes et des voitures de toute espèce, percer des meurtrières dans les maisons, boucher les fenêtres avec des matelas et des paillasses, et avertit le maréchal Lannes et l'empereur de lui envoyer des renforts.

Tout à coup, nous entendons une fusillade épouvantable, et nous voyons plus de quinze mille Prussiens, partagés en deux colonnes, qui venaient enlever d'assaut le village.

Nous étions à peu près douze ou quinze cents, et nous n'avions pas de canons. Marien Combredeix me dit :

— Cette fois, notre affaire est réglée ; avant qu'on soit venu nous aider, nous serons tous au fond de la mer.

Jean, qui l'entendit, lui cria joyeusement, pour le rassurer :

— Je t'invite à souper avec moi ce soir, à Weimar.

Et il montrait la ville de la main.

Comme il finissait de parler, un obus éclata sur le village, puis un autre, et des milliers d'autres encore ; les murs des maisons étaient enfoncés, les toits s'écroulaient, les cheminées tombaient sur nos têtes, le feu prenait partout à la fois. C'est l'attaque des Prussiens qui commençait.

Après dix minutes, il n'y avait pas une maison dans le village, pas un toit, pas un hangar qui fût à l'abri du feu ou des obus. Alors les Prussiens s'avancèrent, la baïonnette en avant, au pas de charge, comme des braves.

C'est là que Jean les attendait. A dix pas, il commanda le feu; les deux premiers rangs tombèrent comme des capucins de cartes. Vous n'avez pas d'idée de la frayeur de ces pauvres garçons; on aurait dit que le tonnerre leur était tombé sur la tête. En moins d'une minute, ils étaient à plus de cent pas de là.

Jean, voyant ça, nous dit :

— Allons, les amis, rechargez et visez bien, la poudre est chère.

Les Prussiens pourtant ne perdaient pas courage; ils revinrent à la charge une fois, deux fois, trois fois; enfin, ils essayèrent de faire brèche à coups de canon. Leurs boulets abattaient les murailles, faisaient éclater les charrettes et traversaient le village de tous les côtés.

Cette fois, Marien Combredeix me dit :

— François, si je me retire de là, je fais vœu de payer un chandelier d'argent à la sainte Vierge de la Borne !

Au même moment, les Prussiens entraient en masse dans le village. Jean, qui n'avait presque plus de cartouches, nous forme en colonne serrée, se jette sur eux la baïonnette au bout du fusil, et les repousse une première fois. On se piquait avec la pointe, on se crevait la poitrine, on s'assommait avec la crosse, on jurait, on sacrait, on blasphémait; l'odeur de la poudre, la vue du sang, le bruit des canons et des fusils, les gémissements, tout ça se mêlait ensemble. Vous auriez dit une mêlée de diables cuisant ensemble dans la grande chaudière d'enfer.

Cependant les Prussiens, étant dix fois plus nombreux, avançaient toujours, quand tout à coup Jean nous crie :

— En avant ! Voilà Ney et les autres qui arrivent.

En effet, le maréchal Ney était venu sans être vu de personne, à cause du brouillard, et commençait à prendre les Prussiens en flanc, à notre gauche. Lannes et Soult les attaquaient à notre droite. La garde impériale les suivait au pas de charge.

Jean, qui est au centre et qui voit que de tous les côtés on vient à son secours, rassemble tout son monde, renverse lui-même les barrières que nous avions construites et attaque à son tour les Prussiens.

Les autres reculent. On les poursuit, on sort du village, on les pousse dans la plaine; au même instant, leur cavalerie arrive au galop et se jette sur nous. Jean qui voit le danger nous fait mettre en carré; mais les cartouches manquaient; nous n'avions plus que deux coups à tirer, et nous allions être foulés sous les pieds des chevaux et sabrés jusqu'au dernier, lorsque nous entendons de loin d'immenses cris de : Vive l'empereur! C'était la cavalerie de Murat qui venait au galop nous délivrer.

A cette vue les Prussiens tournent bride. On les poursuit à leur tour le sabre ou la baïonnette dans les reins. Ils coururent du côté de Weimar. On les voyait jeter leurs fusils dans les champs, sauter par-dessus les haies et les fossés...

Mais nous étions si fatigués que le maréchal Lannes lui-même nous donna ordre de faire halte et s'avança vers Jean :

— Général Bûchamor, dit-il, l'empereur me charge de vous féliciter. Il se réserve de récompenser dignement vos exploits et ceux de votre brigade.

A ces mots, Jean, qui pâlissait, fit un effort et répondit :

— Monsieur le maréchal, je remercie Sa Majesté. Je n'ai fait que mon devoir.

En même temps il tomba mourant dans mes bras. Il avait été frappé de deux balles dans la poitrine en défendant le village contre l'assaut des Prussiens. L'une des deux blessures était mortelle.

Je le portai à quelques pas de là au pied d'un arbre. Il était évanoui. Le chirurgien secoua la tête et partit.

Je lui dis :

— Frère, entends-moi. Réponds-moi…

Il ouvrit les yeux :

— Adieu, François. Adieu, père… Tu diras à ma femme que j'ai fait tout ce que je pouvais pour qu'elle devînt comtesse ; mais que Dieu ne l'a pas voulu.

Et il mourut dans mes bras.

Voilà, mes enfants, comment a fini votre oncle Jean Bùchamor, l'un des plus braves soldats de la République française. Mais il eut le bonheur, celui-là, d'être tué au milieu de la plus belle victoire et d'en avoir pris sa part avant de mourir. Moi, je ne fus pas si heureux. J'ai vu, huit ans plus tard, ces mêmes Prussiens que nous avions chassés devant nous jusqu'en Pologne, entrer en France, aidés de toute l'Europe, et ravager, piller, brûler, massacrer tout dans notre pays.

Je vous dirai cela demain en vous racontant la campagne de France, l'histoire de mon frère Toinet, de mes deux neveux Pierret et José, fusiliers au 25º de ligne, et enfin mon heureux mariage avec votre grand'mère.

QUATRIÈME PARTIE

CAMPAGNE DE FRANCE (1814)

I

LE RETOUR.

Vous le voulez? dit François Bûchamor, vous voulez savoir comment ont fini toutes ces guerres, toutes ces batailles, comment nos victoires de vingt ans ont fondu dans les mains de Napoléon plus vite que la neige au soleil; comment il n'a pas pu garder Anvers, Bruxelles et Mayence, lui qui se vanta longtemps d'être maître à Dantzick et à Cadix, en Pologne et en Espagne? Vous voulez que je vous dise comment nous fûmes ramenés, nous, les anciens soldats de la République, depuis Moscou, qui est une ville magnifique et dorée, au bord de l'Asie, jusqu'à Varsovie, qui est une autre ville très-belle, toute remplie de Polonais et de Polonaises, qui traitaient le soldat français comme un frère, et de là, sur Berlin, qui est une troisième ville malpropre et vilaine, dont Pataud, mon bon chien Pataud, ne voudrait pas pour son chenil, tant les gens y sont maussades, enflés d'eux-mêmes, à genoux devant sainte Schlague et sainte Pièce de cent sous, — puis sur Mayence, bonne ville du Rhin où les jambons ressemblent à des margraves, qui sont de gras et gros seigneurs d'Allemagne, et enfin sur Paris.

Vous le voulez? Eh bien, — car il n'est pas nécessaire de vous raconter par le menu toutes nos batailles, — je veux vous en dire une seule, la dernière.

C'est Paris, où nous fûmes toute la journée un contre dix, pendant que les Parisiens, qui n'avaient pas de fusils, grinçaient des dents en nous voyant périr sans pouvoir nous aider, et que Sa Majesté l'impératrice, — une vache allemande, — Sa Majesté le roi Joseph Bonaparte, — un autre qui la valait bien, — Son Altesse le grand archichancelier monseigneur le duc de Cambacérès, un gros homme à trois mentons, qui ne rêvait qu'à boire et à manger, — et Son Altesse monseigneur le prince de Talleyrand, — ancien évêque et fameux traître, — monseigneur le duc Chose et monseigneur le prince Machin, et tous les comtes et tous les barons de Napoléon prenaient la volée du côté d'Orléans ou préparaient leurs hôtels pour faire dîner les rois, les empereurs, et les états-majors ennemis!

Et nous, le soir, quand les cuisines de ces seigneurs fumèrent et flambèrent en l'honneur de tout ce monde, on nous fit défiler dans les rues de Paris, sans souper, sac au dos, le fusil sur l'épaule, éreintés de fatigue, ayant laissé les morts ou blessés dans la plaine Saint-Denis, et vers Charonne, les deux tiers de nos camarades. Oh! mes enfants, quand je me rappelle ces choses!

II

SORTIE DE L'HOPITAL.

Pour commencer, il faut vous dire que je revenais de Vauchamps en Champagne.

Ah! cette bataille, c'est la dernière qui m'ait donné de la joie! Mais, comme dit l'autre, j'en eus ce jour-là pour mon argent. Je piquais, je pointais, je lardais ces gueux de Prussiens avec une rage que je n'avais jamais sentie comme ce jour-là. Je me souviens que Marien Combredeix, qui était à côté de moi, dans le rang, car il ne me quittait pas plus que mon ombre, me dit vers cinq heures du soir :

— François, tu t'échauffes trop; tu vas te rendre malade, attraper une fluxion de poitrine. Laisse-les courir un peu; c'est aux cavaliers de les suivre et de les sabrer.

Je me retourne pour lui crier de me laisser tranquille et de se mêler de ses affaires, et qu'est-ce que je vois?... Devinez un peu?... Je vois mon Marien Combredeix, qui, tout en causant, enfonçait sa baïonnette dans le ventre d'un gros capitaine d'infanterie prussien, et qui avait du sang jusqu'au coude, tant il avait bien travaillé ce jour-là.

Ah! nous avons bien ri tous deux; oui, nous avons bien ri!

Et cependant Marien n'avait pas tout à fait tort, car j'attrapai ce soir-là, pour n'avoir pas suivi son conseil et pour m'être acharné sur cette canaille en les poursuivant dans le bois, bien mieux qu'une fluxion de poitrine.

Comme on n'y voyait presque plus clair et que je courais, baïonnette en avant, à dix pas de Marien, voilà que je mets le pied dans un trou profond. Je tombe dedans, la figure sur un tronc d'arbre, et je lâche mon fusil.

Cette fois, je puis dire que je n'étais pas à la noce. Je crus avoir les quatre membres cassés et le nez en bouillie. Au même instant, trois ou quatre Prussiens qui m'avaient vu tomber (c'est-à-dire, comme on pouvait voir à cause de la nuit et de la neige à demi fondue) me croient presque mort et se retournent pour m'achever, les traîtres!

Moi, voyant ça, quoique étourdi du coup, je reprends mon fusil en pensant :

— Ah! mauvais gueux! si j'étais sur mes pieds!

Mais qu'est-ce que vous voulez? je n'avais que les bras libres, et encore!

Tout à coup, j'entends Marien Combredeix qui criait en passant près de moi :

— Eh! François!... Où vas-tu? Attends-moi.

Je lui répliquai :

— Marien! je suis là. Marien! Marien!

Ça fut bien heureux; Marien reconnaît ma voix, se retourne, voit les Prussiens qui couraient sur moi, s'arrête et me dit :

— François!

Il avait l'air tout étonné de me voir à terre. Il me croyait presque mort; il était comme étourdi du coup que j'avais reçu.

Je lui dis :

— Prends mon fusil qui est chargé, et couche-les en joue pendant que je vais recharger le tien.

Lui, toujours bon enfant, prend mon fusil, met un genou en terre en se couvrant d'un arbre qui était à deux pas de moi, les couche en joue et leur crie d'une voix de commandement :

— Halte! Front! Bas les armes!

Les Prussiens étonnés et croyant que nous étions peut-être une dizaine, cachés dans quelque embuscade, s'arrêtent, se consultent, et finalement se remettent à courir devant nous.

Moi, pendant ce temps, j'avais rechargé le fusil de Marien et je tirai sur eux dans le tas. Si ça ne leur a pas fait de mal, comme dit l'autre, ça ne pouvait pas non plus leur faire du bien. Mais comme c'était de la garde royale prussienne, j'espère bien qu'il y aura eu quelqu'un d'estropié.

Malgré ça, je n'étais pas aussi fier que j'aurais dû l'être. J'avais une entorse terrible, le pied tout déboîté, et une balle dans le côté, et qui m'était venue sans que je l'eusse sentie, tant j'étais occupé à travailler. Finalement, Marien et un autre me portèrent à l'ambulance, d'où l'on m'envoya sur Paris avec un convoi de blessés et de prisonniers.

À Paris, on me mit à l'hôpital. On m'extirpa ma balle comme si c'était une simple verrue; on me donna du potage, du bouilli, du vin, du saucisson à l'ail, des béquilles, enfin toutes les délices de la société, et le 29 mars, à midi, le chirurgien en chef, M. Dupuytren, un homme capable, me dit :

— Numéro *cent neuf* (c'est comme ça qu'il prononçait mon nom chrétien de François Bûchamor), vous êtes libre de sortir tout de suite et d'aller vous battre pour la gloire de l'empereur et le salut de la patrie... à un autre !

Car il paraît que c'était un homme pressé et qui vous abattait plus de bras et de jambes dans une année, avec tous ses petits sabres de poche, que toute la cavalerie autrichienne, prussienne et russe avec ses grands bancals.

Vous me direz : c'était son métier. Ça c'est vrai, et comme disait le charcutier, quand on est payé pour découper, on découpe.

Comme je sortais, on me remit une feuille de route.

Je dis bonnement au concierge de l'hôpital :

— Lisez-moi ça. Où est-ce qu'on m'envoie ?

Le concierge, un vieux soldat avec une jambe de bois (ayant perdu l'autre à Wagram), tira ses lunettes de son étui, les mit sur son nez, qui était plus gros, plus long et plus rouge qu'une vitelotte, regarda le papier d'un air malin pendant quatre ou cinq minutes en remuant les yeux, les lèvres et le menton, comme s'il venait d'apprendre quelque chose de terrible, et enfin appela :

— Eulalie !

Moi, pendant ce temps, je me disais :

— Qu'est-ce qu'il pense?

Mais le brave homme ne pensait rien. Il ne savait pas plus lire que moi et ne voulait pas en avoir l'air. Voilà tout. C'est pour les yeux de sa femme que les lunettes étaient faites, et peut-être aussi portait-elle les culottes.

Tout à coup, j'entendis quelqu'un qui descendait l'escalier aussi vite que le vent.

C'était une petite femme assez jolie, mince comme un roseau, avec de petits yeux gris et brillants qui vous perçaient l'âme. Elle était aussi mince que le concierge était gros, aussi leste qu'il était lourd. On aurait cru voir une belette à côté d'une barrique.

Elle lui dit :

— Qu'est-ce que tu veux, mon gros?

Il lui répondit :

— Voilà un camarade qui va partir et se faire tuer; il ne sait pas où. Lis-lui sa feuille de route. J'ai mal aux yeux. Ça me fatigue de lire.

La petite femme se mit à rire et lui dit :

— Tu auras trop lu ce matin. Voyons ce papier.

Alors elle lut tout depuis un bout jusqu'à l'autre, et tout haut, car elle était savante.

J'appris qu'on m'envoyait dans le bois de Vincennes, à une lieue de Paris, pour rejoindre mon régiment, le 25ᵉ de ligne, aux avant-postes.

A ce mot d'*avant-postes*, je fus bien étonné. Je ne savais rien de ce qui s'était passé depuis six semaines. A l'hôpital on ne disait rien. Les journaux n'entraient pas. La police défendait aux bourgeois de parler.

Enfin je dis :

— Est-ce que l'ennemi est devant Paris?

Le concierge me prit par le bras, me fit entrer dans sa loge et répondit :

— Les Cosaques sont à trois lieues d'ici. Les autres les suivent en bande de plus de trois cent mille.

Je criai :

— Pas possible! nous en avons tué ou pris en quatre jours plus de quarante mille en Champagne.

Il me dit :

— C'est comme des armées de poux. Ça repousse toutes les semaines.

— Et Napoléon?

Le concierge cligna l'œil d'un air malin :

— Napoléon?... Aussi vrai que je m'appelle Baptiste Cidrefort et que je suis né à Lisieux, en Calvados, Napoléon est trahi! Voilà quinze jours qu'on n'en a plus entendu parler. Je me suis laissé dire qu'il marchait sur Berlin, sur Pétersbourg...

— En attendant, interrompit la petite femme, les Cosaques et les Prussiens sont à la porte.

— Tais-toi! cria le concierge, tu n'entends rien à la politique. Donne-nous plutôt deux verres de cassis.

Quand nous fûmes servis, je trinquai à la santé de madame Eulalie, car il faut toujours être poli pour les dames, même quand elles sont laides, mais surtout quand elles sont jolies; j'avalai mon verre d'un trait, je bouclai mon sac et je dis :

— Enfin, où sont les Cosaques?

— Ils arrivent de tous les côtés; mais on les voit surtout vers Vincennes.

— Alors je vais à Vincennes. Qui est-ce qui commande là-bas?

— C'est Marmont, duc de Raguse.

— Bon! c'est mon chef. J'étais sous ses ordres à Montmirail. Je vais retrouver mon régiment.

— Ah! dit le Normand, quel dommage que j'aie une jambe de bois!

— Eh bien! et moi, donc! dit sa femme.

— C'est vrai, j'ai mon Eulalie... On ne peut pas tout avoir.

Je leur serrai les mains à tous deux en les remerciant de leur honnêteté, et je courus du côté de Vincennes aussi vite qu'un boiteux pouvait courir, car mon pied était encore malade, mais le chirurgien m'avait renvoyé de l'hôpital pour faire place aux blessés qui arrivaient de tous les côtés.

III

LES PRÉPARATIFS DE LA DÉFENSE DE PARIS.

Ceux qui n'ont pas vu Paris ce jour-là, mes enfants, n'ont rien vu. Pendant que je suivais la rue Saint-Antoine (une grande, longue et large rue qui touche à la Bastille) je voyais les gens sur leurs portes, l'air inquiet, sérieux, presque furieux, les bras croisés comme s'ils avaient eu tous de quoi vivre sans rien faire.

Je me disais en moi-même :

— Qu'est-ce qu'ils font là, ces *feignants*, au lieu d'aller à l'ennemi? Comment! Les Prussiens sont là, à trois pas; demain peut-être on entendra le canon, et eux, ils laissent faire!

J'étais tout à fait indigné, mais j'avais tort, et je parlais sans savoir. Vous allez voir comment.

Vers le milieu de la rue, je vois tout à coup, sur le devant d'une porte, un vieux maçon de la commune de Vallières, le père Martin, dont le fils a gagné des millions à construire des boutiques pour les Parisiens et roule carrosse maintenant.

Le vieux qui ne roulait rien, excepté sa bosse, une belle, bonne, grosse bosse que le bon Dieu avait permis au diable de lui planter entre les deux épaules, avait les mains dans les poches de son pantalon de travail, mais il ne travaillait pas. Il regardait.

Je le reconnais, je lui dis :

— Martin, que fais-tu là? Est-ce que c'est fête aujourd'hui?

— Ah oui! Elle est jolie, la fête! On attend les Cosaques, les Autrichiens, les Prussiens et le reste pour demain au plus tard. Il y a eu déjà des coups de fusil dans le bois de Vincennes.

— Eh bien! vous autres, vous attendez là ces canailles, les bras croisés!

Il me dit :

— Bûchamor, où sont les fusils?

— Comment! Vous n'avez pas de fusils! Et ceux de l'arsenal de Vincennes? Et ceux des Invalides? Et ceux de la garde nationale?

Il leva les épaules et me dit :

— Tu n'y connais rien. Les fusils ne manquent pas, mais on ne veut pas les donner. On est allé en demander à

Hullin, le commandant de place. Ce vieil imbécile a répondu :

— Je n'en ai pas. Si j'en avais, je ne les donnerais pas. Ça ne me regarde pas. Adressez-vous au ministre. On est allé chez Clarke, au ministère de la guerre. On a dit bien poliment : Monseigneur, Excellence, donnez-nous quatre-vingt mille fusils.

Tu crois qu'il a répondu :

— Avec plaisir. Les voici. Faites-en bon usage et canardez-moi toute cette canaille.

Pas du tout. Il a demandé ce qu'on en voulait faire. Et comme on a répondu qu'il s'agissait d'armer les Parisiens, il s'est écrié qu'il ne ferait jamais une chose pareille, que l'empereur le blâmerait, le destituerait, le ferait passer en conseil de guerre. Que sais-je! Enfin qu'il ne pouvait pas prendre ça sur lui.

Alors, on est allé chez le frère de l'empereur, chez Joseph, celui qui se disait roi d'Espagne, et que les Espagnols ont chassé comme un pouilleux... On a dit : Majesté, Sire, car il faut leur parler avec des gants, à ces Bonapartes; Majesté, donnez-nous des fusils, des canons, n'importe quoi, enfin, si vous voulez qu'on défende Paris.

Il a répondu qu'on n'aurait pas besoin de défendre Paris, que l'armée suffisait, que Napoléon allait venir, que lui-même, lui Joseph, ne nous abandonnerait pas dans le danger, et patati, et patata...

Après ça, un seigneur galonné est venu dire (je n'y étais pas, comme tu penses, mais on me l'a raconté) :

— Sa Majesté le roi d'Espagne est servie!

Alors Sa Majesté a salué tout le monde et s'en est allée dîner. Le potage refroidissait... Ah! Bûchamor, des rois et des ministres comme ça, des Excellences et des Majestés, on en a des flottes!... Tiens, pour faire couler tout ça, viens boire un coup avec les amis!

Mais je n'avais pas le cœur à la joie, ni lui non plus. Si vous aviez vu comme ses yeux brillaient de colère quand il me racontait tout ça! C'était à faire frémir!

Il voulut me conduire jusqu'à la barrière du Trône, où je croyais retrouver mon régiment. En passant dans le faubourg Saint-Antoine il disait :

Encore si l'ennemi entrait dans Paris! Nous n'avons pas de fusils, mais on lui jetterait sur la tête les meubles, les tuiles des toits, on démolirait les cheminées, on jetterait les bouteilles et les verres sous les pieds de la cavalerie pour arrêter les chevaux, on ferait des barricades, on tuerait on se ferait tuer. Nous ne serions pas pris comme des poissons dans la nasse sans pouvoir nous défendre.

Je lui dis :

— Mais Joseph a peut-être raison. Peut-être que Napoléon est derrière l'ennemi et qu'il va le mettre entre deux feux. Il a fait ça si souvent!

Il me rétorqua :

— Tu ne connais pas le roi Joseph. Ce Bonaparte a une peur terrible d'être pris ou d'exposer sa précieuse peau.

Il s'est sauvé d'Espagne en y laissant trois cent mille Français qui n'étaient venus là que pour lui. Il se sauvera de Paris dès les premiers coups de fusil. Il se sauvera de partout. Je suis allé au Carrousel dans la journée; que crois-tu qu'on ait fait aujourd'hui aux Tuileries?

— Je ne sais pas. Je n'y étais pas.

— On a fait ses malles. Il y a là deux bataillons de la garde impériale tout prêts à partir et qui serviront d'escorte à S. M. l'impératrice, à S. M. le roi Joseph, et aux ministres, et aux femmes de chambre, et au trésor, car ils emportent les millions, mon vieux Bûchamor. C'est une poire pour la soif. Ils laisseront Paris aux ennemis, mais ils ne laisseront pas les millions, sois-en sûr. D'ailleurs, j'ai vu charger les caisses.

— Enfin, où vont-ils?

— Est-ce que je sais, moi?... Mais s'ils sortent de Paris, je leur promets qu'ils n'y rentreront pas.

Arrivé à trois cents pas de la barrière du Trône, Martin me donna une poignée de main et me quitta.

Je passai alors la porte qui était gardée par quelques pièces de canon, et je m'en allai par Saint-Mandé dans le bois de Vincennes, demandant à tous les passants où se trouvait le 25e de ligne.

Il faisait déjà nuit, et je commençais à sentir une grande envie de dîner ou de souper, comme il vous plaira, car il était déjà huit heures du soir, et je n'avais rien avalé depuis le matin, excepté deux verres de cassis.

Tout à coup une voix forte me crie :

— Eh! fantassin, veux-tu boire un coup?

Moi, sans m'étonner, je pense : c'est Dieu qui m'envoie ça et je réplique :

— Je casserais bien une croûte aussi, sans vous commander.

Je m'avance vers un arbre au pied duquel étaient assis des voltigeurs, des grenadiers, des artilleurs, des dragons, enfin des gens de toute espèce qui se partageaient un immense morceau de petit-salé avec de grandes tranches de pain blanc et trente ou quarante litres de vin bleu.

Tout ça me fit venir l'eau à la bouche, et sans cérémonie je m'assis sur l'herbe en disant :

— Eh! les camarades, j'en suis. Paraît que l'intendant a bien fait les choses aujourd'hui.

Alors un dragon me dit, la bouche pleine :

— L'intendant! On ne l'a pas vu de la journée, ni lui ni ses hommes. Voilà notre intendant aujourd'hui et un fier intendant encore!

En même temps il me montrait de la main un grand homme assez vieux, habillé d'une blouse, qui venait vers moi, en m'apportant du vin, du pain et du petit-salé comme aux autres.

En le regardant de plus près, il me sembla que je l'avais vu quelque part. Mais où? Qui est-ce qui pouvait le savoir? Tout à coup je dis :

— Christophe!

Il me regarda tout étonné d'abord, puis il posa ses vivres par terre et cria :

— Mille tonnerres de bombardes! c'est François Bûchamor!

Et, ma foi, nous nous embrassâmes comme du pain. Après vingt-deux ans ça fait plaisir de retrouver un ami, surtout quand on n'est pas sûr d'avoir encore vingt-quatre heures à vivre.

IV

L'AMI CHRISTOPHE.

Il avait vieilli, mon ami Christophe. Toujours grand, toujours fort, toujours vaillant, mais terriblement blanchi par l'âge.

Il me dit :

— Qu'est-ce que tu viens faire ici, camarade?... Tu boites; est-ce que tu es blessé? D'où sors-tu?

— De l'hôpital, Christophe.

Et alors je lui racontai que j'avais été à Brienne, à la Rothière, à Champaubert, à Montmirail, à Vauchamps, à toutes les batailles de la campagne, aux meilleures comme aux pires, qu'après Vauchamps une balle prussienne dans la poitrine et surtout mon pied déboîté m'avaient fait renvoyer à Paris, que je sortais de l'hôpital, encore boiteux, mais à peu près guéri, et que, ma foi...

— Tu vas recommencer? dit Christophe. Tu as bien raison; nous n'en sommes plus à regarder si nous avons la fièvre ou la migraine; il faut que tout le monde mette la main à la pâte, car nous sommes dans un *terrible* pétrin... Qui est-ce qui aurait cru ça il y a dix ans?

Il se mit à réfléchir, et, tout à coup, il me dit :

— Bûchamor, ça n'est pas tout ça. Ne parlons pas politique. Ça n'en finirait jamais. Quand je pense qu'à la fin de la République nous étions quasi maîtres de l'Europe, et que — excepté les Anglais et les Russes — personne n'osait broncher devant nous (et encore les Anglais, c'est des gens qu'on ne peut pas joindre parce qu'ils flottent sur l'eau comme des canards, et les Russes c'est d'autres gens avec qui nous ne devrions jamais avoir de querelle, étant trop loin les uns des autres pour pouvoir nous faire du bien ou du mal, excepté quand il s'agit de frotter en commun le cuir des Allemands qui est un cuir sale et mal tanné par la nature...). Quand je pense qu'à présent tous les galeux, tous les pouilleux, tous les princes de l'Europe, à force d'être asticotés, piqués, pincés, mordus par Napoléon (c'est pour ça qu'ils l'appelaient « mon cousin », ont fini par se joindre et venir par centaines de mille jusque chez nous, et que moi Christophe, qu'on n'a jamais vu couronner à Notre-Dame, ni trôner aux Tuileries, ni faire attendre les rois dans l'antichambre, j'ai vu brûler ma maison, que deux de mes fils ont été tués, que l'une de mes filles est veuve, que l'autre est morte de désespoir, et que moi, le grand-père, le vieux, celui qui espérait être conduit au cimetière par sa femme et ses enfants, leur survivra peut-être à tous; quand je pense que je suis le seul soutien de la famille et que je sens mon dos se courber, mes bras se fatiguer et qu'il n'y a plus d'homme dans la maison pour prendre ma place, oh! alors, vois-tu, François, je maudis ce Corse qui nous a menés là, et quant à ces Cosaques, à ces Autrichiens, à ces Prussiens, à ces Allemands de toute espèce qui viennent tuer, piller, voler, assassiner chez nous, je voudrais leur ouvrir le ventre, leur arracher les entrailles et les jeter aux chiens !

Ces Prussiens, t'en souviens-tu ? Ces misérables qui commencèrent la guerre en 1792, et qu'on fit danser si drôlement à Valmy, au violon de Kellermann et de Dumouriez, ces gredins qui furent rossés à Iéna, comme Napoléon sait rosser quand il est en veine, les voilà qui reviennent plus insolents, plus féroces et plus voleurs que jamais, parce que toute l'Europe est derrière eux. Ils tuent les paysans, ils pillent, ils brûlent les maisons, ils assassinent même les femmes, ces lâches coquins, et s'ils ne faisaient qu'assassiner !... Ah ! si tu savais ce que j'ai vu depuis trois mois ! je n'ose pas le dire. Il y a tel crime dont on ne peut pas se plaindre et qui fait plus de honte à la victime qu'au scélérat qui l'a commis. Quand on a vu ces choses, Bûchamor, on comprend le plaisir de tuer !

Et, en effet, le vieux grinçait des dents en parlant ; je voyais sa rage, sans pouvoir en connaître le motif.

Il resta quelque temps sans rien dire ; enfin, il reprit :

— Écoute, François Bûchamor, toi et moi, nous n'avons peut-être pas douze heures à vivre, car la bataille sera épouvantable demain ; nous ne serons pas un contre dix. Allons souper à la maison et dormir. C'est bien le moins qu'on soupe avec les amis la veille ; d'ailleurs, je suis de la partie, moi aussi.

Je me laissai faire, ne sachant où rejoindre, dans l'obscurité, mon régiment et ma compagnie, qui peut-être étaient de l'autre côté de Paris ; et, en effet, j'ai su plus tard, de Marien Combredeix, qu'ils étaient dans le bois de Romainville, à une demi-lieue de Vincennes.

Il me conduisit dans une petite maison, à cinquante pas de distance, où l'on entrait par une allée qui traversait un grand jardin de maraîcher, tout planté de melons, de choux et de salades hâtives.

La maison n'avait qu'un rez-de-chaussée et trois grandes pièces. Une grande table, cinq lits, dont un berceau, une douzaine de chaises, voilà tout l'ameublement. Dans la pièce du fond étaient les outils de jardinage, les pelles, les pioches, les arrosoirs et un tuyau de pompe pour le puits qu'on voyait au fond du jardin.

Ça, avec l'armoire et le buffet, c'était tout le mobilier.

Je dis à Christophe :

— C'est à vous, cette maison-là?

Il secoua la tête et répondit :

— C'est à ma fille et à mes petits-enfants. Ma maison, à moi était là-bas, dans l'Argonne, mais je ne la reverrai plus jamais.

Il avait l'air si triste, que je n'osai pas lui en demander davantage.

Il ajouta :

— Ma fille est à Paris depuis deux jours avec ses enfants, chez son beau-frère, qui demeure vers la porte Saint-Denis. C'est moi qui garde la maison avec ma vieille, qui n'a jamais voulu les suivre, quoiqu'elle sache bien ce qui arrivera. Mais elle est si entêtée qu'elle a voulu rester avec moi. Elle a peut-être raison. A notre âge, quand on a vécu quarante ans ensemble, et qu'on n'a plus rien à faire sur la terre, car je suis trop vieux pour travailler longtemps, qu'est-ce qui peut vous arriver de mieux que de s'en aller ensemble là-bas, d'où l'on ne revient plus?

Je lui dis, pour le consoler :

— Allons, mon vieux Christophe, il ne faut pas se désespérer. Nous en avons vu bien d'autres, vous et moi. Que diriez-vous donc, si vous aviez été comme moi à la Bérézina; si vous aviez été sans pain, sans viande, sans vin, sans eau-de-vie, en costume d'été, sur le bord d'une rivière plus large que la Seine au Pont-Neuf, avec cinquante mille Russes et Cosaques dans le dos pour vous pousser à l'eau, et cinquante mille sur l'autre bord pour vous empêcher d'aborder ?

Il me répondit :

— Mes deux fils y étaient. L'un fut jeté à bas du pont, qui n'avait pas de parapet, et eut la tête emportée par un glaçon. L'autre, qui était sergent, vit mourir son frère et fut pris par les Cosaques après avoir reçu deux coups de lance dans la poitrine. C'est un de ses camarades qui me l'a raconté, et qui se sauva lui-même à grand'peine. Où est-il maintenant ? Sous la neige ? En Sibérie ? Qui peut le savoir ?

Tout à coup la porte s'ouvrit, et Christophe me dit tout bas :

— Ne parlons plus de ça. Voici ma femme.

V

MADAME CHRISTOPHE.

Alors je vis entrer dans la cuisine où nous étions assis au coin du feu une vieille femme, grande, rouge, robuste, de soixante ans à peu près, qui avait dû être belle dans son jeune temps, mais qui paraissait bien fatiguée par le chagrin ou par la maladie.

C'était madame Christophe.

Je me levai respectueusement pour lui dire bonjour et pour lui céder ma place au coin de la cheminée. Elle me fit signe qu'elle ne voulait pas s'asseoir.

Christophe lui dit :

— Celui-là, Jeanneton, c'est un ami, c'est François Bûchamor, tu sais, celui qui m'a sauvé la vie avec son frère, dans l'Argonne, trois semaines avant la bataille de Valmy. Il a fait le tour du monde avec les autres pendant vingt ans, et le voilà revenu. J'espère que tu vas nous servir un souper qui nous fera honneur et plaisir. On veut bien se faire tuer pour la patrie, mais ce n'est pas une raison pour mourir de faim.

Madame Christophe nous dit, en faisant semblant de rire (mais je voyais bien que la pauvre femme n'avait pas ri depuis longtemps) :

— On fera de son mieux pour vous contenter, Christophe, on fera de son mieux ; mais tu as donné tout le lard et tout le jambon que nous avions en réserve ; ce qui reste ne vaut pas la peine... Je ne sais pas si monsieur Bûchamor...

Alors le vieux Christophe me donna sur le genou une si forte tape que j'en restai étourdi pendant cinq minutes, et cria de toutes ses forces :

— Vois-tu la vieille? Elle t'aurait donné avec plaisir tout ce qu'il y a dans sa maison, à elle, mais comme elle a fini, ce soir, de donner aux fantassins et aux dragons qui sont devant la porte tout le lard que nous avons apporté du pays, elle ne veut pas toucher à la volaille, à la sainte volaille, à la sacrée volaille de sa fille !... Ah! par saint Christophe mon patron, c'est bien le moment de faire des économies et de ménager les poulardes! Mais, malheureuse, tu ne sais donc pas que si Bûchamor et moi nous nous serrons le ventre ce soir, ces gueux de Prussiens et les Cosaques, leurs amis, s'empiffreront demain... C'est donc Blücher que tu veux faire crever d'indigestion, ou Saken, ou la canaille qui les suit ?... Donne-nous ce qui reste ici de meilleur ; nous ne savons pas si nous dînerons deux fois. Et pour commencer, donne-moi la clef de la cave.

Il prit la clef et sortit. Madame Christophe me dit alors :

— Faites excuse, monsieur François Bûchamor, si je ne vous reçois pas comme je devrais et comme je voudrais, mais, voyez-vous...

Là je vis qu'elle avait tellement envie de pleurer qu'elle ne pouvait plus parler. Je lui pris la main et je dis :

— Consolez-vous, madame Christophe. Tout ça tournera mieux que vous ne pensez. Vous ne connaissez pas Napoléon. Il est capable de tout. Peut-être qu'à l'heure qui sonne ici à votre pendule, il est à deux lieues des Prussiens et qu'il va les prendre par derrière, par devant, par côté, n'importe par où... Qui est-ce qui peut savoir? Il a tant de tours dans son sac!...

Elle me dit :

— Ce n'est pas pour moi que j'ai peur. C'est pour lui, c'est pour ma fille, c'est pour mes petits-enfants! S'il se fait tuer demain, qu'est-ce qui arrivera d'eux?

Je répondis :

— Madame Christophe, votre mari n'a pas besoin de se faire tuer. C'est un homme d'âge qui...

Elle me rétorqua :

— Ah! monsieur Bûchamor, vous ne le connaissez pas! il a l'air bon comme le bon pain, en temps de paix, et c'est vrai qu'on aurait de la peine à lui trouver un défaut, excepté de boire tous les dimanches un coup de trop; mais qu'est-ce que vous voulez? Sans ça, il serait trop parfait... Et il n'y a que le bon Dieu de parfait en ce monde.

— Eh bien, mais il n'y a pas là de quoi vous attrister, madame Christophe. Une bonne femme qui a un bon mari n'a pas à se plaindre.

Elle ouvrit la porte, alla jusqu'au fond du jardin, regarda les étoiles et revint.

Je lui dis :

— Il fait froid, ce soir.

Elle me répondit, tout en mettant le couvert, car il faut

vous dire que c'était une femme active qui voulait bien parler, c'est vrai, mais qui ne lâchait pas l'ouvrage une seule minute, et qui faisait le souper comme si elle n'avait eu à penser qu'à ça... elle me répondit donc :

— Il a emporté plus de dix bouteilles de vin dans ses bras. C'est pour les soldats qui sont dans les bois... Il se cache de moi comme si je ne le voyais pas. Pourtant, il devrait bien savoir...

Je demandai alors :

— Y a-t-il longtemps que vous êtes ici, madame Christophe ?

Elle me répondit :

— Moi, il y a neuf jours. Christophe est arrivé d'hier. Il ne vous l'a donc pas dit ?

Je répliquai :

— Madame Christophe, je n'ai pas eu le temps de le lui demander. Mais si vous voulez me le dire vous-même...

Alors elle s'assit au coin du feu, en face de moi, et elle me raconta la terrible histoire que vous allez entendre.

VI

UNE FÊTE DE VILLAGE DANS L'ARGONNE.

— Vous savez, monsieur François Bûchamor, puisque vous connaissez mon mari depuis vingt-deux ans, que nous sommes nés, Christophe et moi, que nous avons vécu et travaillé dans l'Argonne, à trois lieues de Sainte-Menehould.

Ma maison, c'est-à-dire notre maison, car c'est Christophe qui l'a bâtie de ses mains pendant dix ans, ajoutant ici une étable, ailleurs une écurie, plus loin un puits, un poulailler, un colombier, une grange, faisant le maçon, le charpentier, le menuisier, le tourneur, le bouvier, tous les métiers enfin, — notre maison donc est au milieu des bois. En hiver, les loups viennent hurler à dix pas tout autour. En été, les sangliers viennent saccager nos récoltes et manger nos pommes de terre. Quant aux renards, ils guettent nos poules et nos dindons. Mais ça n'ennuyait pas Christophe; au contraire! Il est si sûr de son coup, que jamais un loup n'a passé à portée de son fusil sans avoir la patte cassée ou sans rester sur place.

Pour vous revenir, c'est là, à un quart de lieue de Grandpré, que nous avons passé, lui et moi, les trois quarts de notre vie. Et nous étions si heureux! Christophe, voyez-vous, avec son air et son poil de sanglier, c'est le roi des hommes; il est fort comme un Turc, il travaille nuit et jour comme un mercenaire, tantôt à une chose, tantôt à l'autre. En route, la moitié du temps, avec ses chevaux et ses charrettes, couché à onze heures du soir, levé à deux heures du matin, jamais fatigué, jamais malade, jamais plaintif... Un homme, monsieur Bûchamor, comme on n'en fait plus, mon Christophe.

Et doux, avec cela, doux comme un mouton, ne cherchant jamais querelle à personne. C'est vrai qu'on ne l'attaque pas souvent non plus depuis qu'un jour, il y a longtemps de cela (nous n'étions pas encore mariés), quinze ou dix-huit mauvais gueux d'Allemands, qui venaient de là-bas, de l'autre côté du Rhin, d'un pays qu'on appelle, je crois, Munster, eurent l'idée de vouloir l'assommer parce que les filles du village aimaient mieux danser avec lui qu'avec ces ivrognes mal lavés qui sentaient d'une lieue la pipe et l'eau-de-vie.

Ce n'est pas pour dire, bien entendu, que Christophe n'a jamais fumé ni goûté d'eau-de-vie... Mais enfin, ça nous plaisait de lui, et ça nous dégoûtait des autres. Les goûts sont libres, n'est-ce pas?

Voilà donc que ces dix-huit arrogants, que personne n'avait jamais connus ni d'Adam ni d'Ève, viennent un dimanche à la fête de Morlaix, — un village à côté de Grandpré, tout près de chez nous. — Ils avaient de gros bâtons et se tenaient par le bras, sur deux lignes.

Ils entrent dans la salle de danse en chantant des chansons malhonnêtes, insolents comme des valets de bourreau. Nous, je veux dire les autres filles et moi, voyant ça, nous prenons peur. Ils s'en vont au travers de la danse, heurtant et bousculant tout le monde, arrachant les danseuses aux mains de leurs danseurs et faisant le moulinet avec leurs gros bâtons.

Voyant ça, deux ou trois garçons de Morlaix veulent faire résistance; mais comme ils n'avaient pas de bâtons et que les Allemands étaient trop nombreux, ils furent presque assommés et les autres allaient rester maîtres de la place. Nous étions toutes à crier et à appeler au secours.

Tout à coup une des filles dit :

Il faut aller chercher Christophe.

Mais on n'avait pas besoin de l'aller chercher. Il venait sans se faire prier, son grand fouet à la main et criant de toutes ses forces :

— Où sont-ils ?

Les autres garçons, voyant ça, reprennent courage et rentrent avec lui dans la salle. Si vous l'aviez vu, François, avec ses cheveux rouges, sa barbe rouge et mal peignée, ses yeux qui brillaient comme des charbons ardents, vous auriez dit : Ces canailles d'Allemands vont passer un mauvais quart d'heure.

En entrant, il dit :

— Ça n'est pas tout ça. Qu'est-ce que vous faites là, tas de propres-à rien, tas de va-nu-pieds et d'habillés de soie? Allons, sortez d'ici, qu'on s'explique un peu sur la place sans effrayer les demoiselles!

Le plus grand et le plus gros des Allemands lui dit :

— Nous sommes chez nous, si nous voulons, et nous ne sortirons pas. Va te battre dehors si tu veux !

Alors Christophe lui rétorque :

— Vous ne voulez pas sortir ? Une fois ? deux fois ? trois fois ? Eh bien ! gare là-dessous !

Et il vous lance un coup de fouet dans la figure de l'autre. Monsieur Bûchamor, sauf le respect que je vous dois, il lui cueillit l'œil comme on cueille les prunes de reine-claude au mois d'août. L'Allemand tomba sans connaissance sur le plancher. Ses camarades se jetèrent sur Christophe pour le venger. Lui, pour ne pas être entouré, se jeta dans un coin et se mit à faire claquer son fouet. A chaque coup, il criait :

— Encore un de marqué. Je le reconnaîtrai à la foire, cet habillé de soie...

Cependant, ils se jetaient tous sur lui, et ils auraient fini par l'assommer, quoiqu'il eût les os plus durs que la pierre; mais les jeunes gens de Morlaix arrivaient les uns après les autres, étant allés chercher les bâtons... Ils entraient les uns par la porte, les autres par des fenêtres qui sont au rez-de-chaussée. A la fin, les Allemands, qui n'en pouvaient plus, demandèrent quartier. Christophe leur fit poser les bâtons et leur fit grâce, excepté à cinq qu'il fallut relever et porter à l'hôpital, comme des veaux qu'on ramène de l'abattoir après les avoir saignés.

Christophe, lui, avait un bras cassé — le bras gauche — et plus de vingt marques sur le corps; mais comme il dit, si l'on voulait faire attention à toutes ces petites misères, on n'en aurait jamais fini. Il garda son bras en écharpe pendant six semaines.

Eh bien ! vous me croirez si vous voulez, c'est ce jour-là que je me dis : Christophe ferait un bon mari... Et je n'étais pas seule à penser ça dans la paroisse, je vous en réponds. J'en ai connu plus d'une qui pensait à lui; car, voyez-vous, ça fait plaisir et honneur un homme qui n'a peur de rien et qui travaille hardiment.

Enfin, c'est moi qui l'eus. Et je puis dire que je ne m'en suis pas repentie, Dieu merci! ni les enfants non plus; et qu'il leur a amassé du bien... Ah! si mes pauvres fils vivaient encore! Mais tous les deux sont restés en Russie, à la Bérézina.

Pendant que madame Christophe parlait, son mari entra, portant dans ses bras cinq bouteilles de vin, et cria:

— Jeanneton, mets la nappe; voici le colonel du 5ᵉ dragons qui vient souper avec nous.

Je me retourne pour voir ce colonel; devinez qui je reconnais?

Toinet, mon propre frère Toinet, que je n'avais pas vu depuis trois ans.

VII

UN BON SOUPER.

Il avait fait son chemin, Toinet, comme, en effet, c'était son droit. Un troupier fini, mes enfants, un grand diable maigre comme un clou, large des épaules, brun de visage avec des yeux et des sourcils noirs, un grand nez recourbé comme un sabre, un regard qui vous dévisageait du premier coup son homme, et qui vous arrivait tout droit dans la figure, comme une balle de pistolet. Ah! Toinet était bien changé depuis Hohenlinden! Qu'est-ce que vous voulez? Quatorze ans de guerre dans tous les pays de l'Europe, ça vous bronze joliment un homme!

Avec ça un uniforme tout usé, des manches percées aux coudes, des épaulettes noircies, de grandes bottes couvertes de boue jusqu'au genou et deux choses qui m'étonnèrent bien, — une magnifique montre en or comme on n'en faisait en ce temps-là qu'en Angleterre, et un sabre turc dont la poignée était enrichie de diamants. Il m'a dit, et je le crois, que ce sabre valait plus de soixante mille francs. Et encore, ajoutait Toinet, la lame vient de Damas et vaut mieux que la poignée. On ne fait plus de ces lames-là aujourd'hui. D'un coup on abat une tête d'homme comme une tête d'artichaut.

Toinet ne mentait pas... Je l'ai vu travailler le lendemain.

Il entra la tête haute, fier comme Artaban, dégrafa son sabre, le posa sur la table, s'approcha du feu sans me regarder, et dit à madame Christophe :

— Il fait frais, ce soir, madame Christophe, mais il fera chaud demain. Qu'est-ce que vous avez là pour souper ?... De la soupe aux choux!... Ah! fichtre!... Un poulet rôti! Ah! tonnerre! Du lard! du bœuf!... Mille millions de cartouches! Voilà longtemps qu'on n'a pas soupé comme ça dans le 5e dragons! Vous vous nourrissez bien, Christophe!

Le vieux répondit, en clignant de l'œil suivant sa coutume :

— C'est que j'ai invité un ami, mon colonel.

J'étais assis dans l'ombre, à peine éclairé par la flamme de la cheminée. Toinet me regarda et dit :

— C'est celui-là, votre ami?

Comme il était debout, et moi assis, la tête penchée sur le feu, et faisant semblant de tourner la broche et d'arroser le poulet, il ne me reconnut pas d'abord. Moi, je ne voulais pas parler le premier. Avec Jean, votre pauvre oncle Jean, quand même on l'aurait fait empereur, j'aurais sauté dans ses bras tout de suite. Je savais bien que celui-là n'était pas fier, ou du moins il avait sa manière d'être fier qui n'était pas celle de tout le monde, et qui n'empêchait pas les sentiments... Mais avec Toinet, je ne savais pas... Peut-être que le colonel n'aimerait pas à reconnaître son frère aîné dans un simple grenadier.

Comme je ne disais rien, Toinet me frappa sur l'épaule dit :

— Comment t'appelles-tu, mon brave?

Je me levai, et le regardant bien en face, je répondis :

— Est-ce que tu ne m'as jamais vu, mon colonel?

Cette fois la lumière de la chandelle m'éclairait en plein. Il demeura un moment comme étonné, et cria tout d'un coup :

— Comment! François, c'est toi!

Et il m'embrassa comme il devait le faire.

— D'où sors-tu, François?

— De l'hôpital.

Je lui racontai ce qui m'était arrivé depuis trois mois. Il m'écoutait, mais il avait l'air de penser à autre chose.

Tout à coup, il me dit :

— Puisque te voilà, François, je vais te faire une surprise.

Il tira un sifflet de sa poche et siffla.

Au bout d'une minute, je vois entrer un nègre habillé en dragon, qui porte la main à son casque sans parler.

Toinet lui dit :

— Turc, va chercher les deux petits.

L'autre fit un demi-tour en pivotant sur ses talons et sortit.

Je lui dis :

— C'est ton domestique, mon colonel, ce moricaud-là?

Toinet me répliqua :

— Ça, c'est Turc, c'est mon ami, c'est mon nègre, c'est mon domestique, c'est mon bras droit. Je l'ai trouvé en Espagne à la bataille d'Albuera. Je lui conviens. Il me convient. Nous nous convenons. Je le garde. C'est un gaillard.

Demande à Christophe... Mais la soupe refroidit ; nous causerons de Turc à table.

En effet, madame Christophe venait de tremper la soupe, et une bonne odeur de chou commençait à remplir toute la salle.

— Allons, dit Toinet, à table tout le monde... Eh bien ! madame Christophe, vous ne vous asseyez pas, vous faites des façons... Alors je ne peux pas m'asseoir non plus ; car enfin il ne serait pas juste que ceux qui font la soupe n'en eussent point leur part. Ça serait même malhonnête...

Voyant ça madame Christophe se mit à table avec nous, et tout le monde commença à travailler si bien des mâchoires que c'était une vraie bénédiction. En dix minutes, Toinet expédia plus d'une livre de bœuf, un quart de petit-salé, une aile de poulet, la moitié d'un plat de pommes de terre et deux bouteilles de vin.

Quand il eut fini, il essuya ses moustaches avec le coin de la nappe, et me dit :

— Maintenant, nous pouvons causer, frère. Devine qui tu vas voir dans un instant?

Comme je cherchais sans rien trouver, il se mit à rire :

— Tes neveux, François ! tes propres neveux ! Les enfants jumeaux de notre sœur Marie, — Pierret et José, enfin.

Je dis :

— Pas possible. Ils sont trop jeunes. On n'en voudrait pas dans les rangs.

Il tira de son portefeuille une lettre toute noircie, presque déchirée, la même que vous voyez et que j'ai gardée précieusement depuis ce jour-là. Il me la lut tout entière... Voici ce qu'elle disait...

Alors, François Bûchamor me fit lire tout haut pour ses petits-enfants la lettre suivante, qui venait de sa sœur Goton et qu'elle avait dû écrire en plusieurs heures, car les jambages ressemblaient à des paquets de grosses cordes qu'on aurait emmêlées, et les lignes allaient de haut en bas de la page, en zigzag.

Enfin, voici la lettre, qui mérite réflexion, car si Goton Bûchamor n'était pas forte sur les *pleins* et les *déliés*, elle avait du cœur et du bon sens, comme on le verra tout à l'heure, et après tout, quand on a commencé à écrire vers l'âge de trente ans, on est excusable de n'en pas faire son métier.

VIII

LA LETTRE DE GOTON.

« *A Monsieur Toinet Bûchamor, colonel du 5ᵉ dragons, à Versailles.*

» Néoux, 15 janvier 1814.

» Monsieur le colonel Toinet, la présente est pour te dire
» que tout le monde est en bonne santé ici, c'est-à-dire moi,
» ma sœur Marie et mon beau-frère Marchand, qui n'engraisse
» plus, étant déjà plus gros qu'une barrique de cinq cents,
» mais dont le nez rougit soir et matin et porte plus de
» fruits qu'un champ de pommes de terre ou de raves.
» Ça, c'est l'effet de la bouteille.
» La présente est encore pour te dire qu'il vient de nous
» arriver un grand événement, que toute la famille est en
» l'air et que si tu ne viens pas à notre aide, nous ne savons
» plus que faire... Je dis nous, mais c'est de notre sœur
» Marie que je veux parler, car son mari, le pauvre Mar-
» chand, n'a jamais eu plus d'esprit qu'une oie, et tu penses

» bien que ça ne lui viendra pas à l'âge de soixante-deux
» ans, qui est aujourd'hui le sien.

» Nous avions pensé d'abord à demander conseil à notre
» frère aîné François, qui est maintenant, comme de juste,
» depuis la mort du père, le chef de la famille; mais Fran-
» çois nous donne de ses nouvelles une fois tous les ans.
» La dernière fois qu'il écrivit, c'était pour nous dire qu'il
» venait d'entrer dans Moscou, à sept cents lieues de Néoux,
» qu'il se portait bien, qu'on s'était beaucoup battu la se-
» maine d'auparavant contre les Russes, qu'il y avait eu
» plus de quatre-vingt mille tués ou blessés, que le canon
» ronflait si fort qu'il avait manqué d'en devenir sourd,
» qu'un seul boulet, à trois pas de lui, avait enlevé quatorze
» tambours qui battaient la charge, qu'il y avait eu un véri-
» table massacre de colonels et de généraux; mais qu'enfin
» lui-même aurait été assez content, étant logé comme un
» empereur dans un palais grand comme une ville, que les
» gens de ce pays-là appellent le Kremlin, si les Russes
» n'avaient pas eu la méchanceté de mettre le feu partout
» pour le faire mourir de froid ou de faim.

» Ça, c'était sa dernière lettre, qui nous arriva au bout de
» trois mois, quand on savait déjà que tout le monde avait
» péri en revenant de Moscou, excepté Napoléon, qui avait
» eu la sagesse de partir le premier en poste, et qui même
» se portait parfaitement bien, comme il eut la bonté de le
» faire imprimer dans son journal, afin de rassurer et de
» consoler les familles de ceux qu'on avait enterrés en
» Russie. C'est M. le curé qui nous lut cette bonne nou-
» velle au prône, par ordre des autorités supérieures...

» ... Le pauvre homme, — tu sais comme il est bon, —
» en lisant, il avait les larmes aux yeux, et quand il eut vu
» que toute l'armée française périssait et que l'empereur
» engraissait, il replia son papier en pleurant et nous fit
» chanter un *De profundis*. Et après la messe, il ordonna

» au sacristain de fermer la porte de l'église et nous dit :

» — Il n'y a personne de trop ici, mes très-chers frères.
» Eh bien, c'est pour nos péchés que Dieu nous a donné
» cet empereur comme il envoya la peste aux Juifs du temps
» du roi David... Si vous ne vous repentez pas, si vous ne
» vous corrigez pas, il vous le laissera encore dix ans, et
» alors, mes très-chers frères, il n'y aura plus un homme
» valide dans la paroisse, il prendra les enfants de quinze
» ans pour les faire tuer à la guerre, et il finira par prendre
» les femmes elles-mêmes. Priez Dieu, mes très-chers
» frères, pour qu'il nous délivre de cet Hérode, de cet
» Achab, de cet ogre de Corse.

» En entendant ça, tu penses comme nous étions con-
» tentes, Marie surtout, qui avait peur pour ses deux fils José
» et Pierret. Moi, je pensais : Toinet est en Espagne ;
» c'est un beau pays où l'on a du soleil, du pain, du vin,
» des pommes, des oranges, enfin tout ce qu'il y a de
» meilleur. Il y a aussi des Espagnols qui donnent des
» coups de couteau et des coups de fusil, et des Anglais
» qui sont hérétiques ; mais Toinet est fait pour les battre
» tous comme il a battu les Prussiens à Iéna et les Autri-
» chiens à Wagram, où l'empereur le fit chef d'escadron.

» Enfin je n'étais pas inquiète de toi, monsieur le co-
» lonel Toinet... Mais pour François, mon pauvre cher Fran-
» çois, qui n'a jamais eu de bonheur, je disais : celui-là
» sera resté en Russie. Les Cosaques l'auront tué ; il n'est
» pas de ceux qui se sauvent, lui ; on l'aura mis à l'arrière-
» garde pour couvrir les autres et il sera resté là jusqu'à
» ce qu'on l'ait assassiné.

» J'en étais si sûre que je voulais faire dire des messes
» pour le repos de son âme. C'est Lisa qui m'en empêcha
» en disant que ça lui porterait malheur... Tu sais, la pe-
» tite Lisa, elle est grande aujourd'hui, elle est jolie, elle
» a vingt-trois ans ; elle n'est pas mariée, mais personne

» ne se marie plus dans la commune; il n'y a plus que
» des enfants; Napoléon a tout pris.

» Lisa, voyant ça, s'est décidée à rester avec moi. Elle
» m'aide à cultiver le bien. Comme elle n'a plus ni père ni
» mère, c'est moi qui en ai pris la place. Elle me tient
» compagnie. Elle est gaie comme un pinson, elle rit tou-
» jours, elle rit même trop... J'ai beau lui dire soir et ma-
» tin : « Lisa, sois donc sage, ne fais donc pas l'enfant »,
» elle lève les épaules et continue de chanter ou de rire,
» ou bien elle me saute au cou et m'embrasse en me di-
» sant :

» — Tante Goton, voyons, ne me blâme pas; tu sais que
» je t'aime comme mes yeux, et tu m'aimes bien aussi...
» Eh bien, ne me tourmente pas... Tu veux que je ne rie
» plus?... C'est fait... Que je ne danse plus?... Avec qui
» pourrais-je danser?... Tous les jeunes gens sont partis
» depuis longtemps pour la guerre. Il ne reste plus que
» José et Pierret, tes neveux, qui sont trop jeunes pour
» moi. Est-ce que je danse avec des morveux? Mais toi, ne
» récite pas le *De profundis* du matin au soir. Ne me ra-
» conte pas que ton frère François est mort, que tu le sais,
» que tu l'as rêvé, que tu en es sûre, que c'est la sainte
» Vierge qui t'en a envoyé la nouvelle... François est vi-
» vant, j'en suis sûre, moi... François est un vieux soldat;
» les balles ne peuvent plus rien contre lui. Et, tiens, puis-
» que tu as rêvé qu'il est mort, tante Goton, je te dirai
» autre chose... J'ai rêvé, moi, qu'il est vivant et bien por-
» tant, avec ses deux yeux, ses deux bras et ses deux jam-
» bes... J'ai même rêvé bien davantage, mais je ne sais
» pas si je dois te le dire.

» Comme j'insistais, Lisa m'a répondu :

» — Ma foi, tant pis, mon rêve, après tout, n'est pas
» moins vrai que le tien, et surtout il est moins triste...
» Eh bien, j'ai rêvé qu'il était revenu à Néoux, qu'il avait

» posé son fusil dans le coin de la cheminée, qu'il sortait
» de la maison pour aller se marier, qu'il entrait dans
» l'église avec une fille bien habillée dont je ne voyais pas
» la figure...

» Alors pour la taquiner un peu, j'ai dit :

» — Lisa, c'est bien fâcheux que tu n'aies pas vu son visage, mais peut-être tu savais son nom?...

» Alors elle a rougi en répondant :

» — Je ne connais pas plus son nom que son visage...
» D'ailleurs, un rêve, qu'est-ce que ça peut signifier?... Il
» est cinq heures; je vais donner à manger à mes vaches.

» Et elle sortit en courant.

» Tout ça me faisait plaisir, quoique ça ne fût guère ras-
» surant; mais voilà que tout à coup, l'an dernier, au mois
» de juin, je reçois une autre lettre de François...

» Cette fois, il était chez les Allemands, solide et bien
» portant, comme toujours... Il était revenu de Moscou
» presque seul; il avait laissé là-bas presque tous ses ca-
» marades, excepté Marien Combredeix, qu'il avait même un
» peu traîné un jour que le pauvre Marien n'en pouvait
» plus de froid et de faim; il avait eu pour sa part deux
» coups de lance entre les côtes, mais ça n'avait pas fait
» plus de mal que deux fortes saignées; il venait de brosser
» les Prussiens à Lutzen et à Bautzen; enfin, tout allait
» bien...

» Ça, c'est sa dernière lettre; ensuite la guerre a recom-
» mencé. On nous a dit que Napoléon s'était fait battre à
» Leipsick, qu'il était revenu, que les Allemands et les Russes
» le suivaient comme des loups dans les bois, enfin que
» François doit être en France s'il n'est pas mort ou pri-
» sonnier. Moi, j'ai toujours peur qu'il ne lui soit arrivé mal-
» heur. Lisa dit que ça n'est pas possible, que son rêve ne
» peut pas mentir...

» Malgré ça, et pour te revenir, monsieur le colonel Toi-

» net, comme François n'est pas là, c'est à toi que nous
» allons demander conseil.

» Je dis : moi. Mais c'est plutôt Marie, car il s'agit de
» José et de Pierret... Si tu ne prends pas soin d'eux, ces
» pauvres garçons sont perdus, ou du moins leur mère les
» croit perdus.

» Voici ce qui leur est arrivé ce matin.

IX

SUITE DE LA LETTRE DE GOTON.

» Dimanche dernier, l'adjoint Fournier monta en chaire
» après la messe.

» Ça ne faisait pas plaisir à M. le curé, et même il rete-
» nait l'adjoint par le pan de sa veste, disant que l'autorité
» avait tout le reste du pays pour afficher et tambouriner
» ses avis, mais que l'église était à Dieu seul et à son fils
» bien-aimé Jésus-Christ, et après lui à ses prêtres.

» Mais l'adjoint se retourna vivement et répondit tout
» haut qu'en l'absence de monsieur le maire il avait reçu
» l'ordre de monsieur le sous-préfet, qui l'avait reçu de
» monsieur le préfet, qui l'avait reçu de Son Excellence,
» monseigneur le ministre de la guerre, qui l'avait reçu de
» l'empereur Napoléon lui-même, et qu'il fallait obéir,
» sans quoi la gendarmerie s'en mêlerait et mettrait en pri-
» son tous les prêtres récalcitrants et rebelles.

» Alors, monsieur le curé, entendant parler de la gen-
» darmerie, poussa un profond soupir et lâcha la veste de
» l'adjoint qui monta l'escalier de la chaire, s'assit, mit ses
» lunettes, et lut tout haut un avis que monsieur le préfet
» du département donnait à tous les jeunes gens de la ville,

» de la commune et du canton d'Aubusson de se rendre
» dans ladite ville, le samedi suivant (aujourd'hui) à neuf
» heures du matin, dans l'église de Saint-Nicolas, où l'on
» devait leur annoncer une grande et heureuse nouvelle
» qui les comblerait, eux et leur famille de joie et d'orgueil,
» et redoublerait leur attachement à la dynastie du grand
» Napoléon (1).

» Tout le monde cria : C'est la paix qu'on va nous annon-
» cer. Et ma foi, l'on n'était pas mécontent... Après vingt-
» deux ans de guerre, il serait bien temps de se reposer un
» peu. Quand Fournier descendit de la chaire, on l'entoura,
» on lui demanda : Qu'est-ce que c'est, père Fournier?
» Dites-nous donc votre nouvelle.

» Lui se faisait prier en clignant les yeux d'un air fin :
» C'est une surprise que l'empereur veut vous faire. Je ne
» vous dis que ça... Si je vous racontais tout ce que je sais,
» vous iriez le répéter partout... Les femmes sont si ba-
» vardes...

» Le vieux s'amusait à se moquer de nous, mais il en a
» été bien puni, comme tu vas voir tout à l'heure. Pour
» dernier mot, il a dit à la mère Frottin que le sous-préfet
» lui avait confié, sous le sceau du secret, mais à lui seul et
» dans l'oreille, qu'on allait célébrer une messe solennelle,
» proclamer la paix et donner un grand banquet public
» avec un bal au chef-lieu du canton, et qu'à la messe de
» l'église Saint-Nicolas on proclamerait l'amnistie de tous
» les conscrits réfractaires, à condition qu'ils se présente-

---

(1) L'histoire qu'on va lire et qu'on pourrait prendre pour une plaisanterie est parfaitement authentique. Elle a été racontée à l'auteur de *Bûchamor* par plusieurs témoins oculaires qui ont vu ce spectacle dans leur enfance. Elle était même accompagnée de détails étranges, et presque incroyables, qu'il supprime de peur qu'on ne l'accuse d'avoir inventé ce qui est la vérité même, mais qui diffère un peu trop de l'histoire officielle

» raient ce jour-là à l'église pour faire reviser leurs papiers
» par la gendarmerie et certifier conformes.

» Après ça, il est rentré chez lui en recommandant le
» secret à la mère Frottin.

» Cette bonne femme, qui a deux fils à l'armée et un ne-
» veu réfractaire, et qui croit tout ce qu'on lui dit, a vite
» couru dans tout le village pour annoncer la grande nou-
» velle.

» Au mot de banquet et de bal, tous les garçons ont
» voulu en être, du moins tous ceux qui restent. Mathieu
» le bossu, que sa bosse a sauvé de la conscription, a dit
» qu'il voulait aller boire à la santé du grand empereur, du
» père du peuple; Marchand a dit qu'il voulait manger et
» boire, Pierret et José ont dit qu'ils voulaient danser, les
» filles naturellement ont voulu en faire autant. Enfin,
» toute la commune s'est mise en branle ce matin comme
» pour aller à la noce.

» Le curé, lui, ne disait rien de peur de la gendarmerie,
» mais il secouait la tête d'un air triste. Hier au soir il vint
» chez nous. J'étais seule avec Lisa, occupée à teiller le
» chanvre. Il s'assit au coin du feu, à la place où tu as vu si
» souvent notre père, et nous demanda :

» — Est-ce que vous allez là-bas, vous autres?

» Moi, je répondis :

» — Monsieur le curé, je n'en sais rien. Je ferai comme
les autres; si mes neveux y vont, j'irai.

— Et moi, dit Lisa, si tu y vas, j'irai.

» Il dit encore :

» — Mes enfants, rien de bon ne peut sortir de l'antre
du dragon.

» Voyez notre saint-père le pape Pie VII. Il est venu pour
» sacrer Napoléon qui lui avait fait mille promesses. A l'en-
» tendre, il lui aurait rendu tous ses États, tout son patri-
» moine, — je veux dire celui du bon saint Pierre, vicaire

» de Jésus-Christ en terre; — voyez où ils en sont mainte-
» nant. Napoléon l'a fait mettre en prison comme un vo-
» leur entre deux gendarmes, et saint Pierre, qui tient les
» clefs du paradis, ne tient pas celles de la prison de son
» successeur... Tout ça c'est pour ne pas s'être défié du
» Corse... Défiez-vous, mes enfants, défiez-vous. Quand
» Pierre, José, Mathieu et les autres seront entrés
» dans la caverne, ça n'est pas vous qui les en tirerez
» ni moi, ni personne. Il faudra que Dieu lui-même
» s'en mêle, et, ma foi, s'il faut tout dire, Dieu ne se mêle
» pas des affaires des imbéciles... ou du moins il ne s'en
» mêle que longtemps après, quand le mal est fait, et alors
» il le répare de sa main toute-puissante; mais on a beau
» boucher le trou, ceux qui sont tombés dedans et qui
» s'y sont cassé les bras et les jambes ne guériront pas.

» Tenez, il y a six ans, quand le roi d'Espagne vint à
» Bayonne, en France, Napoléon lui disait de loin : Petit,
» petit, viens par ici, mon ami, je te donnerai la becquée,
» j'arrangerai tes affaires de famille, je te réconcilierai avec
» tes sujets, je serai ton bon cousin, ton frère, ton père.
» Viens, mes bras te sont ouverts...

» Et quand l'autre, le benêt, fut entré, il tira son sabre
» et lui dit : Si tu ne donnes pas ta démission en ma faveur,
» si tu ne déshérites pas tes enfants, si tu ne me cèdes pas
» ta couronne, ton dernier jour est venu.

» L'autre eut peur et donna tout ce qu'on lui demandait,
» c'est-à-dire tous les royaumes qu'il avait reçus de ses
» pères, et une si grande quantité de pays dans toutes les
» parties du monde que la France entière danserait au mi-
» lieu comme une fourmi dans une assiette.

» Prenez garde, mes enfants; mes enfants, prenez garde...
» Alors, Lisa répondit :
» — Mais, monsieur le curé, si Napoléon a pris le patri-
» moine de saint Pierre, c'est que saint Pierre était sans

» doute un homme riche et puissant, un roi et un empe-
» reur, mais que voulez-vous qu'il nous prenne, à nous qui
» n'avons rien que nos bras et notre travail.

» Le curé dit :

» Il vous prendra vous-mêmes, non pas toi, Lisa, qui ne
» lui servirais de rien, ni Goton non plus, qui ne sait que
» coudre, labourer, piocher, ensemencer et grogner, —
» tout ça ne sert à rien à la cour; — mais vos frères, vos
» neveux, Pierret et José, par exemple, qu'il enverra à la
» guerre pour les faire tuer, afin que ses frères et ses beaux-
» frères soient rois d'Espagne, de Hollande, de Westphalie
» ou de n'importe quoi.

» Là je dis :

» — Eh! monsieur le curé, que voulez-vous qu'on fasse
» de ces pauvres enfants? Ils n'ont que dix-huit ans à peine.
» Comment pourraient-ils porter le sac et le fusil ?

» Il répliqua :

» — Est-ce qu'il y en a d'autres plus âgés pour prendre
» leur place ? Non. Il a tout pris. Eh bien! leur tour est
» venu.

» Là-dessus il nous souhaita le bonsoir.

» Lisa referma la porte derrière lui et me dit :

» — Tout ça, c'est pour nous empêcher d'aller au bal...
» Est-ce que le père Fournier voudrait nous tromper! Il a
» bien un fils, lui aussi, et du même âge que José et Pierret.
» Est-ce qu'il voudra l'envoyer à la guerre?

» Je ne répondis rien. Je pensai que le père Fournier,
» qui se croyait bien fin, était une vieille bête, et qu'il avait
» peut-être répété quelque mensonge.

» Tu vas voir si je me trompais.

X

LA CONSCRIPTION EN 1814.

» Nous sommes partis ce matin à cinq heures, d'un pied
» léger comme si nous allions à la noce. Lisa avait mis sa
» plus belle coiffe, les pendants d'orielles que François lui
» donna après Austerlitz, et un air riant qui faisait plaisir
» à voir; car elle est jolie, cette Lisa, il n'y a pas à s'en
» dédire, dix fois plus jolie que n'a jamais été Catherine,
» la veuve de Pardouvy, la femme de Claude, qui est bien
» vieille maintenant, et bien grosse, et bien couperosée...
» Ah! celle-là ne fait plus la fière, et les garçons ne la re-
» gardent plus quand elle passe!

» Et son Claude! C'est celui-là qui fait plaisir à voir!
» Elle a voulu le garder, et elle l'a gardé. Elle a payé trois
» remplaçants pour lui. Ça lui a coûté plus de quarante
» mille francs, tout son bien, quoi! Maintenant ils n'ont
» plus que des dettes, et comme Claude n'aimait pas la
» pioche, ni la bêche, ni la charrue, ni le moulin, ni rien
» excepté la bouteille, il passe toute sa journée à boire
» comme un trou. Elle l'a acheté; elle le paye maintenant.

» Pour te revenir, nous allions à Aubusson, Marie, Lisa
» et moi, Pierret et José nous suivaient se tenant par le
» bras, chantant et dansant comme deux bons garçons.

» Leur mère me disait : Vois donc comme mes deux
» petits se ressemblent. Ils sont nés le même jour; ils sont
» grands, ils sont forts, ils sont bien portants, ils sont beaux.
» Ah! les pauvres enfants! Quand je pense que l'empe-
» reur me les aurait peut-être pris pour les envoyer en
» Russie, dans un pays où l'on gèle toute l'année... Heu-

» reusement, la paix est faite. On ne tuera plus personne.

» Moi, je ne disais rien. Je me souvenais des discours de
» M. le curé. Je me défiais de quelque chose.

» Enfin, nous arrivons tous à Aubusson sur la place Es-
» pagne. Il était huit heures à peu près. Les boutiques com-
» mençaient à s'ouvrir, et le père Comaille, sur le devant
» de sa porte, avalait un verre de vin blanc pour tuer le ver.

» Une chose m'a étonné d'abord. Il y avait trente gen-
» darmes à pied sur la place. Les uns astiquaient leur
» fourniment, les autres aiguisaient leurs baïonnettes;
» tous avaient l'air d'avoir quelque chose de terrible à faire.

» Tu sais, Toinet, nous avons la conscience tranquille
» dans la famille, Dieu merci; mais quand j'ai vu ces trente
» gendarmes, j'ai commencé à regretter d'être venue. Car
» enfin, qu'est-ce qu'ils faisaient là un jour de fête?... Il n'y a
» pas de malfaiteurs dans le pays. On n'a tué personne de-
» puis plus de dix ans... Tout ça n'est pas naturel.

» Je voyais que les autres pensaient comme moi. José et
» Pierret ne chantaient plus. José, qui n'est pas bête, a
» même essayé de dire : Pierret, je me sens malade, je vais
» retourner à Néoux, veux-tu venir? Et Pierret a répondu :
» Comme tu voudras, José! Mais quand ils ont voulu quit-
» ter la place et retourner sur la route de Clermont, deux
» gendarmes, qui s'étaient mis en travers de la rue, ont crié :
» *On ne passe pas!* de manière que mes pauvres neveux
» sont restés pris comme des truites dans le filet.

» Là j'ai dit : ça va mal.

» Mais pourtant je ne savais pas encore ce qu'on nous
» voulait.

» Tout à coup, vers neuf heures, on entend un grand
» roulement de tambour. C'était le vieux Saintonge qui
» battait la caisse.

» Il a mis ses lunettes sur son nez et crié :

» *L'autorité fait assavoir que tous les hommes, depuis*

» *dix-huit jusqu'à trente-cinq ans aient à se rendre dans*
» *l'église Saint-Nicolas, où M. le préfet du département de*
» *la Creuse se propose de leur faire une communication*
» *qui les comblera d'honneur et de joie.*

» Au même instant, on a commencé à pousser tous les
» hommes du même côté, en empêchant les femmes de
» passer, comme si nous ne méritions pas aussi bien
» qu'eux d'être comblées d'honneur et de joie ; puis nous
» avons entendu un grand bruit de tambours et de trom-
» pettes. C'était M. le préfet avec M. le sous-préfet, M. le
» secrétaire général, M. le maire, MM. les adjoints au
» maire, enfin tout ce qu'il y avait de plus riche dans la
» ville.

» Ils allaient tous du même côté, vers Saint-Nicolas. Là,
» voici ce qui est arrivé. Je ne l'ai pas vu, mais le chape-
» lier qui demeure à côté de l'église nous l'a raconté.

» On a fait entrer les hommes, un à un, par la petite
» porte. On a fait entrer les plus jeunes d'abord. On les a
» fait monter dans la tribune par le petit escalier. Deux
» gendarmes avec leurs fusils chargés gardaient le bas de
» l'escalier. Deux autres gardaient la porte. Les autres
» étaient autour de M. le préfet avec M. le colonel de la gen-
» darmerie. Tout ça se faisait sans bruit. Le colonel de
» gendarmerie, un vieux gros à moustaches grises, a dit
» seulement à ses hommes : Si quelqu'un bouge, flanquez-
» lui une balle dans la tête.

» Quand tous ceux qu'on voulait prendre ont été dans
» l'église, M. le préfet a dit :

» — Messieurs, Sa Majesté l'empereur et roi...

» Mais tu sens bien, Toinet, que je ne peux pas te répé-
» ter le discours de M. le préfet, vu que je n'y étais pas,
» d'abord. — Le chapelier nous a raconté qu'il avait an-
» noncé que Sa Majesté l'empereur et roi venait de rem-
» porter quatre victoires nouvelles, une sur les Anglais,

» une sur les Russes, une sur les Autrichiens, une sur les
» Prussiens, mais que, par la trahison de ses alliés qu'il
» avait comblés de bienfaits, il avait été forcé de faire un
» nouvel appel à l'amour de ses peuples, qu'il nous couvrait
» de gloire, que, pour continuer ça, il avait besoin d'une
» nouvelle levée de conscrits, que du reste ce n'était qu'une
» précaution inutile, car la paix serait faite dans quelques
» jours et les conscrits n'auraient même pas le temps d'al-
» ler à la frontière, ou que s'ils y allaient, ce serait uni-
» quement pour recueillir des trophées. (Qu'est-ce que
» ça, des trophées? Saintonge, qui est un vieux soldat, m'a
» expliqué que c'était des fleurs qu'on accrochait, dans
» l'ancien temps, à la boutonnière des braves.) Enfin, il a
» dit que tous ceux qui étaient là allaient être enrôlés et
» incorporés dans la grande armée, où ils auraient l'hon-
» neur de servir sous les propres ordres du grand Napo-
» léon et de porter jusqu'aux extrémités de l'univers la
» gloire du nom français et de notre invincible empe-
» reur...

» Je te répète les propres mots du chapelier, qui les avait
» entendus de la bouche du préfet, étant entré dans l'église
» par la protection de Saintonge, — ce qui a manqué de le
» faire enrôler comme les autres, quoiqu'il ait déjà plus de
» cinquante-huit ans; heureusement Saintonge l'a réclamé
» et a dit qu'on n'en pourrait faire rien de bon parce qu'il
» était sourd; — c'est faux, mais le chapelier n'a pas récla-
» mé; ça n'était pas le moment...

» M. le préfet a fini son discours en criant : Vive l'em-
» pereur!

» M. le colonel de gendarmerie a levé son sabre en l'air
» et crié comme M. le préfet : Vive l'empereur!

» Les autres n'ont rien dit. Ils avaient une peur terrible.
» On les a fait sortir en colonne, deux par deux, par la
» route de Chénerailles.

» Le pauvre José et le pauvre Pierret en étaient.

» Ils ont défilé comme des prisonniers entre les gendarmes.

» Ma pauvre sœur Marie, qui les attendait pour revenir à
» Meymange ce soir avec eux, criait de toutes ses forces en
» les voyant passer :

» — Ah! mon pauvre José! Ah! mon pauvre Pierret! Je
» ne vous verrai donc plus! Ah! mes pauvres petits, on va
» vous tuer... C'est ce gueux d'empereur qui veut vous
» faire assassiner... M. le curé me l'avait bien dit : cet em-
» pereur, c'est pire que la peste, ça n'aime qu'à boire le
» sang du pauvre peuple... Ah! si j'avais su, je vous aurais
» menés dans les bois pour vivre avec les loups... Mes pau-
» vres petits! Je les aimais tant! Je voulais les garder avec
» moi pour travailler le bien, et les voilà partis! Je ne les
» verrai plus jamais! Ah! pauvre! ah! pauvre! ah! pau-
» vre!...

» Alors j'ai dit :

» — Marie, il y a encore de la ressource. Pierret et José
» n'ont que dix-huit ans. On ne peut pas les faire soldats
» avant un an ou deux.

» Le vieux Saintonge m'a rétorqué :

» C'est des beaux hommes, ça suffit. Napoléon n'a pas
» besoin d'autre chose. Qu'est-ce que ça lui fait que José ait
» dix-huit ans ou dix-huit ans et demi, ou dix-neuf ou vingt?
» Pourvu qu'il sache tenir un sabre ou un fusil, ça suffit,
» Napoléon n'en demande pas davantage... Ah! c'est un
» homme qui n'est pas difficile. Donnez-lui un bossu, un
» louche, un borgne, un bancal, un boiteux, un asthmati-
» que, ça ne fait rien. Pourvu qu'on puisse marcher au pas...
» Une, deux... Une, deux... Une, deux... faire la charge en
» douze temps et distinguer une tête d'Anglais d'une tête
» d'artichaut, il s'en contente.

» Alors Marie a crié :

» — C'est un gueux, ton empereur; c'est un scélérat, un

» assassin, un bandit, un sans-cœur, il finira mal, c'est moi
» qui te le dis...

» Le vieux Saintonge a répondu :

» — Tout ça ne me regarde pas. Allez conter votre
» affaire à M. le préfet. Moi, je ne connais que mon tam-
» bour.

» Alors, comme il y avait d'autres femmes qui pleuraient
» et qui criaient, il est venu six gendarmes à cheval qui ont
» fait évacuer la place et nous ont fait partir.

» Tu vois d'ici, Toinet, comme nous sommes revenus.
» Les femmes pleuraient et criaient; les hommes avaient
» l'air consterné; tout le monde disait : « C'est ce gueux
» de Fournier qui nous a trompés; c'est lui qui nous a fait
» croire qu'on allait dîner et danser et qu'on aurait la paix;
» il faudra l'étrangler ce soir... »

» Ah! le pauvre homme! si tu l'avais vu!... Il était assis
» sur une pierre dans le chemin de Peyrat. Il pleurait comme
» un veau. Il s'arrachait les cheveux. Je lui ai demandé :
» Père Fournier, qu'est-ce que vous avez? Il m'a répondu :
» J'ai qu'on m'a pris mon pauvre Michel. Qu'est-ce que je
» vais dire à sa mère en rentrant?

» J'ai dit encore :

» Père Fournier, c'est votre faute. Vous avez voulu attra-
» per les autres. Dieu vous a puni.

» Il m'a répondu :

» Ce n'est pas moi qui ai menti, c'est l'autorité. J'ai dit
» ce qu'on m'avait dit... Si j'avais su, est-ce que j'aurais
» amené Michel à la boucherie, car ils vont me le tuer là-
» bas, mon pauvre garçon, le seul qui me reste de cinq
» que j'avais.

» Quand on a vu son malheur, on l'a laissé tranquille.
» Enfin nous voilà de retour à la maison. Pendant que je
» t'écris, Marie pleure ses enfants; Lisa essaye de la conso-
» ler. Moi, voici ce que je pense :

» José et Pierret sont trop jeunes. Ils n'ont que dix-huit
» ans depuis le mois d'octobre. Les envoyer à la guerre,
» c'est les envoyer à l'hôpital ou au cimetière. Mais ils sont
» à Guéret maintenant. Ils partiront demain. Je leur ai fait
» dire de demander à être mis dans la cavalerie, dans le
» régiment de dragons de leur oncle Toinet. Toi, monsieur
» le colonel, quand tu les verras, tu les feras renvoyer à
» Néoux comme trop jeunes, ou si tu les gardes, tu pren-
» dras soin d'eux. C'est notre pauvre sœur Marie qui t'en
» prie.

» Je sais bien ce que tu vas dire.

» J'avais dix-huit ans, moi, Toinet, quand je me suis fait
» soldat, et mon frère Jean n'en avait pas davantage, et
» Jean est devenu général et serait peut-être aujourd'hui
» maréchal, et moi je suis colonel et je deviendrai général...
» Pourquoi Pierret et José n'en feraient-ils pas autant?

» Toinet! ce n'est pas la même chose.

» A présent, tout le monde a trop de la guerre. Tous les
» garçons y vont depuis dix ans, et personne n'en revient.
» Ça met la désolation partout. Si tu voyais la messe le di-
» manche, ça fait frémir. Depuis deux ans surtout, depuis
» la retraite de Russie et la bataille de Leipsick, on ne voit
» plus que des femmes habillées de noir. L'une prie pour
» l'âme de son frère, l'autre de son fils, de son mari, de son
» neveu. M. le curé ne fait que dire des *De profundis*... On
» ne veut plus de la guerre!... on n'en veut, on n'en veut
» plus!

» Adieu, mon cher frère monsieur le colonel Toinet.
» Rends-nous Pierret et José, ou veille sur eux et tâche de
« ne pas les laisser tuer, car la pauvre Marie en mourrait le
» même jour.

» Ta sœur affectionnée,

» GOTON BUCHAMOR. »

XI

A QUOI PEUT SERVIR UNE MARMITE PLEINE DE SOUPE.

Toinet me lut cette lettre du haut en bas, puis il me dit :
— Garde-la. J'ai assez d'autres papiers pour bourrer mes poches.

C'est pour cela que la lettre est restée dans mes mains, quoiqu'elle ne me fût pas adressée.

Toinet me dit encore :

— Un matin, il y a sept semaines, Pierret et José me sont arrivés, expédiés comme tu vois, avec leurs camarades, par la gendarmerie. J'étais alors à Versailles où je refaisais mon régiment avec deux ou trois cents dragons, vieux soldats qui reviennent comme moi d'Espagne, et cinq ou six cents conscrits qui ne savent ni panser, ni monter un cheval, ni tenir un sabre, ni charger un pistolet, ni rien.

Voyant ça, je dis : Me voilà dans un joli pétrin, et j'offre ma démission à l'empereur. (Ça c'est vrai, ça fait de la peine de voir des conscrits se faire égorger comme des moutons et d'en être le chef.)

Napoléon me toise et me dit :

— Colonel Bûchamor, je vous donne dix jours pour habiller et dresser vos conscrits. Passé ce temps, vous les mènerez à l'ennemi. Nous n'avons pas le temps d'attendre. Il faut reprendre ses bottes et sa résolution du bon vieux temps. Toute l'Europe est là : il faut passer au travers.

Qu'est-ce que tu veux répondre à ça?... Alors mes conscrits et moi nous avons passé au travers, une fois, deux fois, dix fois, les vieux donnant l'exemple, Pajol et Letort en tête, sabrant à droite et à gauche comme des sourds.

Mais à chaque fois nous laissions une partie des nôtres, — à Montmirail, à Château-Thierry, à Étoges, à Nangis, à Montereau, à Reims. De neuf cents que j'avais il y a six semaines, il m'en reste en tout cent cinquante. Que voulez-vous? C'est la guerre.

Ici Toinet regarda sa belle montre de fabrique anglaise, ornée de diamants.

— Minuit!...

Christophe lui dit :

— Mon colonel, si vous voulez dormir, il y a deux matelas dans le coin.

— Toinet répliqua :

— J'aurai le temps de dormir quand l'ennemi sera hors de France ou quand je serai mort. Je vais faire une reconnaissance... François, je te retrouverai tout à l'heure. Turc va revenir avec Pierret et José qu'il cherche sans doute dans les bois. A bientôt, vieux.

Il me serra la main, rattacha son sabre, examina l'amorce de ses pistolets et sortit. Ses grosses bottes résonnaient sur le plancher comme des coups de marteau dans une forge.

Quand il fut sorti, Christophe me dit :

— C'est donc ton frère, ce colonel? Je ne le savais pas. Jamais il ne m'a dit son nom, quoique je ne l'aie pas quitté depuis six semaines, et ses soldats l'appellent : le Noiraud, à cause de son teint basané et de ses noirs sourcils... François, puisque c'est ton frère, je t'en fais mon compliment. Vous êtes durement charpentés dans ta famille. Toi, Dieu merci, tu ne laisses rien à désirer. Ton frère Jean, le général, était bien bâti et fait au tour; mais, vois-tu, celui-ci, c'est un autre genre. Ça n'est pas meilleur, si tu veux, mais c'est un autre genre. Ma vieille et moi nous l'avons vu travailler au plus épais de la mêlée; c'est à faire frémir... Il

crie, il jure, il frappe, il tue... Et avec ça un coup d'œil!...
Il voit tout ce qui se passe. Ah! c'est un fameux, fameux
dragon, et qui ira loin s'il n'est pas tué bientôt!... Et après
le combat, pas bon enfant du tout, et qui vous fait fusiller
un gredin, un traître, un espion, dans les cinq minutes.

Je dis alors :

— Il y a six semaines que tu le connais, Christophe. Où
l'as-tu rencontré?

Christophe répondit :

— Je croyais que ma vieille te l'avait raconté. Puisqu'elle
ne l'a pas fait, je vais le faire.

Je t'ai dit que j'avais deux filles. L'une est à Paris, frui-
tière, mariée à un bon garçon de Vincennes, qui fait bien
ses affaires, ici et à Paris, car la maison que tu vois est à
lui, et le jardin aussi, et il en tire des mille et des cents,
comme c'est juste et naturel quand on connaît bien le métier
et qu'on travaille beaucoup. Sa femme garde la boutique à
Paris, lui travaille ici toute la journée, et s'en va tous les
soirs, rue Saint-Denis, la retrouver... Enfin, ils seraient
très-heureux s'ils avaient seulement un ou deux enfants,
mais ils n'en ont pas... On n'est jamais tout à fait heureux
ni malheureux.

Mon autre fille Rosalie était mariée là-bas, à cinq ou six
lieues de chez nous, à un autre bon garçon qui est mort
l'an dernier. Celle-là, c'est une autre affaire. Elle ne manque
pas d'enfants; elle en a plutôt trop, de ces mauvais galopins
qui vous tourmentent et vous inquiètent matin et soir, mais
qui vous donnent aussi la seule joie que les pauvres gens
puissent avoir aussi bien que les riches; car, après tout,
j'aime le bon pain, la bonne viande et le bon vin tout comme
un autre; mais si je n'aimais plus que ça, j'irais me jeter
dans la rivière ce soir même, — aussi vrai que je m'appelle
Christophe.

Alors, madame Christophe prit la parole et dit :

— Si tu te mets sur le chapitre de tes enfants, tu n'en finiras jamais. Je vais dire le reste pour toi.

Christophe leva les épaules d'un air résigné. Sa femme dit :

— Pour couper plus court, monsieur François Bûchamor, on apprend que les Prussiens, les Cosaques, les Autrichiens, les Bavarois, les Wurtembergeois arrivent par bandes de cinq ou six cent mille, qu'ils couvrent toutes les routes, traversent toutes les villes, pillent et brûlent tous les villages, volen assassinent..., et le reste.

Christophe, entendant ça, dit :

— Rosalie est sur le chemin de ces gueux. Son mari est mort. Elle reste seule avec quatre enfants. Il pourrait arriver quelque malheur. Je vais aller chez elle et la ramener ici. Qu'en dis-tu?

Moi, je réponds :

— Tu as raison, Christophe. Il faut la ramener; mais je ne veux pas rester seule ici, je vais avec toi.

Ainsi dit, ainsi fait. Il attelle ses deux plus beaux chevaux, nous montons dans notre grande voiture et nous allons chercher Rosalie... Nous n'eûmes pas beaucoup de chemin à faire.

A deux lieues de chez nous, Christophe me dit : La voilà.

C'était bien elle qui venait avec ses quatre enfants, portant le plus petit sur ses épaules, donnant la main aux trois autres qui pleuraient et criaient.

En nous voyant, elle dit : Les brigands ne sont qu'à une lieue d'ici, sauvez-moi, sauvez-nous. Ils nous poursuivent à coups de lance et de pistolet.

C'était des hulans prussiens et bavarois. Ils étaient venus la veille dans son village. Ils avaient pillé, brûlé, assassiné, s'étaient soûlés (révérence parler) jusqu'à ne pouvoir plus se tenir, et s'amusaient à mettre le feu aux granges et aux maisons.

Rosalie avait vu ça de loin et s'était sauvée avec ses enfants, dans les bois, sans avoir le temps de rien emporter. Nous avons su plus tard tous les crimes de ces scélérats et ils ont été bien punis, comme vous allez voir.

Christophe, entendant ça, dit :

— Viens chez nous... Combien sont-ils, ces hulans ?

Rosalie dit qu'elle ne pouvait pas savoir, qu'ils étaient tantôt trois ou quatre, tantôt trente, tantôt deux cents.

Moi je dis :

— Christophe, sauvons-nous bien vite, ces brigands nous assassineraient tous.

Il répondit :

— Mes chevaux sont bien fatigués. Ils ont trop travaillé hier et avant-hier..., il faudra leur faire manger l'avoine à la maison.

En effet, ils avaient, depuis trois jours, transporté des vivres et des munitions pour le corps d'armée du maréchal Victor, duc de Bellune.

Nous revenons à la maison. Christophe nous avertit d'être prêts à partir dans deux heures. Il donne l'avoine à ses chevaux pendant que je fais manger Rosalie et les enfants qui n'avaient goûté à rien depuis la veille. Comme il allait atteler de nouveau, voilà que Rosalie, qui était montée dans le grenier pour voir plus loin dans la campagne, nous crie :

— Les voilà ! les voilà ! Ils viennent au grand trot.

Christophe lui dit :

— Descends, Rosalie, mets tes enfants dans la voiture, prends les chevaux par la bride, conduis-les là-bas, dans le pré, derrière les saules, à cinq cents pas d'ici. Ta mère et moi nous attendrons les hulans.

Heureusement, la route fait un coude, assez loin de chez nous et caché par les arbres, est le cabaret du père Bourinet. Ça fait que les hulans entrèrent dans le cabaret, burent tout ce qu'ils trouvèrent de vin et d'eau-de-vie, cassèrent les bouteilles vides, emportèrent les pleines dans leurs sacoches, menacèrent le père Bourinet de le fusiller s'il se plaignait, et enfin, leur chef, un grand officier blond à lunettes qui faisait le seigneur, lui donna un coup de plat de sabre en payement.

Puis ils partirent au grand trot.

Le père Bourinet, qui est un bon homme simple et doux, sacristain de la paroisse, et qui prenait jusque-là son mal en patience, entra dans une telle fureur quand il eut reçu le coup de plat de sabre, qu'il alla chercher dans le fond d'une armoire où il la tenait cachée une vieille carabine chargée à petits plombs qui lui servait pour la chasse aux bécassines, et la déchargea dans le derrière des Prussiens qui en fut salé comme une soupe à ce qu'on vit le lendemain.

Eux tournèrent bride pour le prendre et le tuer; mais lui, qui s'y attendait, sortit de sa maison par la porte de derrière, traversa son jardin et en courant se jeta dans l'étang où l'on ne put jamais le retrouver parce qu'il était caché dans les roseaux. Il en a été quitte pour un bon rhume de cerveau, et maintenant il se porte comme un pont neuf.

Pour vous revenir, pendant que les hulans battaient le père Bourinet et qu'il les salait à son tour, Rosalie eut le temps de se cacher avec la voiture et les enfants.

Christophe ferma la porte de la cour comme si nous n'avions pensé qu'à rester là toute la vie, ôta sa grosse veste, prit la hache et se mit à fendre le bois. Moi, de mon côté, je mettais la soupe sur le feu et je pelais les pommes de terre. Mais le cœur me battait terriblement, quoique je ne sois pas comme les dames de la ville, qui font semblant de s'évanouir pour un rien ou de pleurer pour un mot dit plus haut que l'autre.

Il faut vous dire, monsieur François Bûchamor, que j'avais la fièvre tous les trois jours depuis cinq mois, à cause des marais, et que le médecin n'avait pu la couper. Elle venait tous les trois jours, à même heure, vers trois heures après midi, et s'en allait vers minuit.

Justement c'était le jours, il était déjà quatre heures et je tremblais de tous mes membres. Christophe me dit :

— Reste là dans le coin, assise, chauffe-toi sans remuer, sans parler. Je vais les recevoir.

En même temps il met une grosse charge de bois dans la cheminée pour me réchauffer.

Comme il finissait, voilà que nous entendons un coup de pistolet qu'on venait de tirer contre la porte de la cour. C'était ces gueux qui s'annonçaient. Christophe prend sa hache et va ouvrir.

Ils étaient plus de trente, l'officier en tête. C'est lui qui avait tiré.

Ils entrèrent à cheval dans la cour, et l'officier qui était un arrogant, se voyant en face d'un homme seul et d'une vieille femme malade, lui dit :

— Drôle, prends soin des chevaux. Donne le foin, l'avoine.

La vieille fera notre dîner.

Vous connaissez Christophe. Il avait envie de lui donner un coup de sa hache plutôt que d'obéir; cependant, comme il eut peur, si les Prussiens le tuaient, de nous laisser seules sur la terre, Rosalie et moi, et les enfants, il répondit sans se fâcher qu'il donnerait tout le foin et l'avoine qu'on voudrait, pourvu qu'on ne fît pas d'autre mal dans la maison; que sa femme était malade de la fièvre...

— Que de raisons! dit le Prussien. Allons, obéis ou je te fais mourir sous le bâton...

Christophe disait dans son cœur :

— Ah! gredins! si j'étais seulement un contre trois!

Mais contre trente, il n'y a rien à faire.

Il rentre dans la cuisine avec l'officier et trois sous-officiers. Les autres restaient dans la cour, ou prenaient le foin et l'avoine dans l'écurie.

Il faisait froid, le vend soufflait très-fort dans la plaine et sur le coteau. Je me disais : Mes pauvres enfants meurent peut-être de froid à présent pour faire place à cette canaille! Pauvres enfants! pauvre Rosalie!

Tout à coup l'officier s'approche de moi, me prend par la main, me fait lever par force de mon fauteuil, et me pousse contre la table en disant :

— Allons, la vieille, va faire le dîner, et sers-nous bien. J'aime les servantes françaises!

Ils se mirent à rire tous les quatre comme de vrais Prussiens qu'ils étaient, des brutes de naissance. Ça leur paraissait tout à fait drôle et joyeux de faire lever une vieille femme malade et presque infirme. Mais ils n'ont pas ri longtemps, je vous en réponds, et ils ne riront plus jamais, les canailles!

Christophe, voyant ça, reprend sa hache qu'il avait posée dans le coin, et lui en donne un tel coup sur la tête, qu'elle est restée fendue jusqu'aux dents.

Ça, monsieur Bûchamor, c'était une folie; qu'en dites-vous?

Alors Christophe prit la parole et interrompit sa femme.

— Je n'étais pas fou du tout. S'ils avaient tout pris et tout brûlé chez moi, j'aurais pris patience, quoiqu'il soit bien dur de perdre en une heure ce qu'on a gagné en trente ans; mais quand j'ai vu qu'ils allaient te frapper, là, je n'ai pu me retenir... Et toi-même, est-ce que tu as été bien sage ce jour-là, madame Christophe?

Figure-toi, François, que lorsque j'eus fendu le crâne de mon Prussien, il tomba par terre et ma hache avec lui. J'en gardais bien le manche dans ma main, mais je ne pouvais pas dégager le fer.

J'appuyais mon pied sur la tête de ce bandit, je poussais,

je tirais, rien n'y faisait... le fer était engagé dans un os. Pendant ce temps, les trois sous-officiers tiraient leurs sabres et allaient me percer par derrière. Tout à coup, ma femme, oui, cette femme que vous voyez là, court à la cheminée, elle qui ne pouvait pas se traîner une heure auparavant, elle prend la marmite sans couvercle, où cuisait la soupe, la décroche de la crémaillère et jette tout le bouillon à la figure du sous-officier qui voulait me percer de son sabre.

L'autre se mit à crier comme un brûlé, c'est le cas de le dire. Il avait les yeux bouillis et la figure plus rouge qu'une écrevisse cuite. Le second voulut prendre sa place, mais cette fois madame Christophe lui jeta, non plus le bouillon, mais la marmite à la tête.

Dis-moi, François, est-ce la conduite d'une femme sage et prudente, d'une bonne ménagère? Et quand on a de bonne soupe sur le feu, faut-il la jeter au nez des Prussiens?

En disant ça, le vieux Christophe riait de tout son cœur, et sa femme aussi. Ça les réjouissait de penser comme ils s'étaient porté secours l'un à l'autre. Ils étaient tous deux de race vaillante et bonne, cette race des frontières qui est toujours sous les armes devant l'ennemi, et qui sait se battre comme elle sait travailler.

Quand nous eûmes bien ri, Christophe continua :

— Et maintenant, Bûchamor, devine si tu peux ce qui arriva. Tu vois où nous en étions. Un officier prussien tué. Un sous-officier presque bouilli, les deux autres ouvrant la porte pour sortir dans la cour et appeler leurs soldats au secours, et nous deux bien embarrassés de ce qui allait suivre, car ma marmite ne pouvait pas tenir longtemps contre trente hommes armés.

Jeanneton me dit :

— Ferme la porte et pousse le verrou. On ne sait pas ce qui peut arriver. Tiens, je me sens guérie de ma fièvre.

Ça valait mieux, ce remède-là, que tous ceux du médecin.

Et, en effet, depuis ce jour-là, elle n'a plus eu de fièvre du tout. Explique-moi ça!

Au même instant, voilà que les Prussiens essayent d'enfoncer la porte.

XII

UNE EXÉCUTION.

Ces gueux avaient apporté une grosse poutre pour faire brèche et entrer.

Au premier coup, la porte craqua. Au second, un battant fut enfoncé. Ma femme cria : Sainte Vierge, si vous nous sauvez de là, moi et mon pauvre Christophe, je ferai dire cinquante messes en votre honneur.

Est-ce la sainte Vierge, est-ce un autre qui vint nous aider? Tout à coup, au même instant, nous entendons une troupe de cavaliers qui arrivent au galop.

Je dis à Jeanneton :

— Si c'est des Prussiens, ils ne peuvent pas nous faire pis que ceux-ci, c'est-à-dire brûler notre maison et nous tuer. Mais si c'est des Français, le compte de cette canaille est bon.

Elle regarde derrière la vitre en se cachant avec un matelas, de peur des coups de pistolet, et crie en riant de joie :

— C'est des Français, Christophe. Tiens, vois le colonel.. Ah! sainte Vierge! comme il a sauté! Il a passé par-dessus la claie avec son cheval!

Au même instant j'entends cinquante ou soixante coups

de pistolet qui partent à la fois de tous les côtés dans la cour, et je vois six ou sept hulans qui tombent par terre.

Un huitième qui passait déjà sa jambe à travers le battant de ma porte qu'il avait enfoncée, et qui se baissait pour entrer, reçut dans le pied un tel coup de hache qu'il se mit à hurler comme un loup et tomba sans connaissance.

Les autres, se voyant pris, jetèrent leurs sabres et leurs pistolets et se rendirent. Alors j'entendis le colonel qui criait d'une voix terrible :

— Allez vous ranger contre le mur, tas de canailles !

Et ils obéirent tous, comme s'ils avaient été de son régiment.

Il dit encore :

— Otez cette saleté. Ouvrez la porte.

La saleté, c'était le hulan dont j'avais cloué le pied dans le plancher. On l'ôta de là, on débarrassa la porte, et le colonel entra dans la maison avec deux officiers de son régiment.

C'est alors que j'ai vu pour la première fois ton frère Toinet. Par saint Christophe mon patron, il est beau à voir quand il tape. Il a des yeux qui ressemblent à des braises. Ah ! il n'est pas commode, le colonel !

En entrant, il regarda autour de lui et vit l'officier étendu sur le plancher, qui râlait, sauf le respect que je te dois, comme un cochon mal saigné. Il dit :

— Qu'est-ce que c'est que ça ?

Je lui réponds :

— Mon colonel, c'est un gueux qui a voulu frapper ma femme et je lui ai enfoncé ma hache dans la tête, comme vous voyez.

Lui me rétorque :

— Tu as bien fait ; comment t'appelles-tu ?

— Christophe.

Et je lui raconte ce qui s'est passé et ce que les Prussiens ont fait dans tout le pays : piller, voler, brûler, assassiner, et pire encore.

Il me dit :

— C'est bien, leur compte est bon. Fais-nous vite la soupe ; nous allons partir dans deux heures et je t'emmène. Nous escorterons ta fille, ta femme et tes petits-enfants jusqu'à Châlons. C'est notre chemin ; plus loin, ils tâcheront d'aller seuls.

Je dis :

— Mon colonel, combien avez-vous de dragons ?

— Cent vingt.

— Mais, mon colonel, faut-il donner aussi à manger aux Prussiens !

— A cette canaille ! Dans cinq minutes ils n'auront plus besoin de rien.

Alors ma femme et moi nous faisons la soupe, c'est-à-dire que nous mettons dans nos quatre marmites tout le petit-salé qui faisait notre provision de Noël, les pommes de terre, les carottes, les raves, les navets, tout ce que nous avions enfin. Ce n'était pas le moment d'économiser. Ce que nous aurions gardé ne pouvait servir qu'aux Prussiens.

Pendant que tout ça cuisait à gros bouillons, je vais dans la cour pour voir ce qui se passe.

Mes hulans étaient toujours adossés au mur, attendant ce qu'on allait faire, et pâles comme des morts. Il y avait de quoi, car leur affaire n'était pas bonne, je t'en réponds.

Un petit garçon que je n'avais pas encore vu était là. Il donnait la main au colonel qui demandait :

— Reconnais-tu celui-ci ? En était-il ? Et celui-là ? Et celui-là ?

A mesure que l'enfant disait oui, l'on attachait les mains de ces gueux, et on les mettait dans un coin.

A la fin, l'enfant dit :

— En voilà sept que je ne reconnais pas; je ne les ai jamais vus. Mais les autres étaient de ceux qui ont fusillé mon père, tué mes frères qui ont voulu le défendre, ma mère et mes sœurs.

Et le petit pleurait à chaudes larmes, et il racontait des choses qui font frémir (qu'il ne comprenait pas lui-même) et que je ne veux pas répéter, car il y a des crimes dont il ne faut pas parler.

— Où étais-tu quand ces brigands sont venus? demanda le colonel.

— J'étais dans le grenier où ma mère m'avait caché, dit le pauvre petit en pleurant, et j'ai tout vu par la fente du plancher.

Alors le colonel Toinet cria à ses hommes :

— En joue! Feu!

Ce fut terminé en trois minutes. Tous ceux qui n'étaient pas morts du premier coup furent achevés à la seconde décharge.

Il se tourna vers moi, et me dit :

— Christophe, tu vas faire enterrer toute cette canaille là-bas, au bout de ton jardin. Ça fera du bon fumier pour la moisson prochaine. Si toutes les fois que ces scélérats assassinent les paysans on faisait un exemple, ça les dégoûterait du métier, ils sortiraient de France plus vite qu'ils ne sont entrés, ou du moins ils feraient la guerre comme on doit la faire entre hommes, et n'égorgeraient pas ceux qui n'ont pas d'armes pour se défendre... Et maintenant, madame Christophe, taillez et trempez la soupe.

Ma femme voulut dire :

— Mais, monsieur le colonel, le petit-salé n'a pas eu le temps de cuire.

Il répliqua :

— Nous en avons mangé de plus dur en Espagne, et ça

ne nous a pas donné la colique. Quand on a bien travaillé, on n'y regarde pas de si près.

Voyant ça, Jeanneton trempa la soupe. En cinq minutes, il ne restait plus rien dans les écuelles ni dans les plats.

Pendant ce temps, j'étais allé chercher ma fille et ses enfants, qui restaient cachés dans le bois et qui avaient une peur terrible pour nous en entendant la fusillade. Je les amenai à la maison.

Quand le colonel les vit, il se mit à rire et me dit, car il est gai quelquefois :

— Voilà tes paquets?... C'est une vraie tribu que tu as là, mon vieux Christophe! Mais tu as raison. Si tu restais ici, d'autres hulans viendraient demain et vous assassineraient... Tout le monde est prêt?... En avant, marche!...

Voilà, mon vieux Bûchamor, comment j'ai fait connaissance de ton frère, le fameux colonel Toinet. Depuis ce temps (il y a déjà sept semaines), je n'ai plus quitté le régiment. Mes chevaux, ma voiture et moi, nous suivons partout le 5ᵉ dragons. Nous transportons les vivres, les munitions, les blessés, le lard, la farine, tout ce qui ne peut pas marcher tout seul. Ma maison a été brûlée après mon départ, parce que ces gueux sont revenus en force et qu'il n'y avait plus personne pour les en empêcher ; mais, grâce à Dieu, je suis bien portant malgré tout, et ma femme aussi, et ma fille aussi, qui était à Vincennes avec ses enfants, chez sa sœur, depuis six semaines, et que j'ai forcée de partir avant l'arrivée des Cosaques. La vieille a voulu rester, disant que si j'étais tué elle voulait en être, que nous avions toujours vécu ensemble et en bon accord, qu'il fallait mourir ensemble, enfin un tas de raisons... Tu sais... ce que femme veut, Dieu le veut les femmes sont si entêtées!

Moi, voyant ça, j'ai dit : Jeanneton, tu n'as pas le sens commun, mais si ça t'amuse d'entendre les coups de fusil, moi, je veux bien, ça m'amuse aussi. Et nous sommes restés, et nous voilà.

Le vieux Christophe riait joyeusement en donnant la main à sa femme, et il disait :

— Allons, Jeanneton, donne-nous ce qu'il y a de meilleur dans l'armoire de ma fille. On ne meurt pas tous les jours. Elle a un cassis... je ne te dis que ça, François... un cassis dont le roi de Prusse et son épouse se lécheraient les babines tous les jours avec l'empereur d'Autriche et le czar de toutes les Russies s'ils pouvaient en avoir la recette. Mais, vois-tu, il n'y a que Jeanneton qui sache faire ce cassis en Europe, et elle a appris ça de sa mère, qui l'a appris, avant la Révolution, de madame la prieure du couvent des bénédictines de Rethel, qui était une femme excellente et pleine de qualités, la meilleure pour faire le sirop, le cassis et les confitures, et les pâtés de lièvre, qu'on ait jamais vus dans le pays à plus de trente lieues à la ronde. Quand elle mourut, elle dit à ma belle-mère : « Écoute-moi bien, Jacqueline, je te donne ma recette, et je ne demande rien pour ça, excepté de faire dire tous les ans une messe de quinze sous, afin de me retirer du purgatoire si j'y suis... » Mais la bonne dame n'avait pas besoin de faire dire des messes, car le bon Dieu a bien dû la recevoir en son saint paradis. Elle n'avait pas d'autre défaut que d'aimer trop la crème et de tremper son doigt dans les bonnes sauces pour les goûter avant tout le monde... du moins, c'est ma belle-mère qui me l'a dit souvent. S'il y a un mensonge, je le mets sur sa conscience.

Et il continuait de rire, le vieux Christophe, et de trinquer avec moi, comme si nous avions été, lui et moi, à la veille d'aller à la noce.

Notre noce, c'était la bataille du lendemain. Ah ! celle-là, je m'en souviendrai toute ma vie.

XIII

L'ÉDUCATION MILITAIRE DE PIERRET ET DE JOSÉ.

Lorsque le vieux eut fini de parler, il était à peu près deux heures du matin. Je me sentais un peu fatigué, et j'allais m'endormir, car j'en étais déjà au quatrième verre de cassis de madame Christophe. Tout à coup la porte s'ouvrit, et je vis entrer le Turc de Toinet, un nègre pas très-grand, mais fort et trapu, et derrière lui deux jeunes dragons qui accouraient en disant :

— Où est-il? où est-il, l'oncle François Bûchamor?

Je me lève, et je reconnais José et Pierret, mes neveux, que je n'avais pas vus depuis 1806 et qui avaient bien grandi depuis ce temps-là, comme c'était leur droit et même leur devoir.

Entre temps ces deux morveux avaient changé de peau. Ils étaient lestes, fiers, contents d'eux-mêmes et de toute la nature, comme s'ils avaient été les propres neveux de notre Saint-Père le pape de Rome. Un grand sabre au côté, un uniforme râpé, mais dans lequel ils se carraient comme de vieux troupiers, et un casque terrible sur la tête avec une longue crinière noire qui leur pendait entre les deux épaules. Avec ça, pas un poil de barbe au menton, ni sur les lèvres, ni sur les joues. C'est égal, ça faisait plaisir à voir deux garçons faits comme ceux-là. Ils me rappelaient leur oncle Jean quand il partit avec moi en 1792.

En les voyant, je me lève et je dis de ma plus grosse voix :

— François Bûchamor, qui est-ce qui demande à parler à François Bûchamor? Le voilà.

C'était pour les éprouver. Ils furent d'abord un peu intimidés, et même ils n'étaient peut-être pas bien sûrs de me reconnaître (ils ne m'avaient pas vu depuis si longtemps). A la fin pourtant, José dit tout bas à Pierret (mais je l'entendis comme s'il m'avait parlé dans l'oreille) :

— Après tout, Pierret, la cavalerie vaut bien l'infanterie. Si tu ne parles pas, je vais parler le premier.

Alors Pierret lui répliqua :

— Si ce n'était pas lui, pourtant !

— Eh bien, dit José, alors ça serait un autre... Il n'y a pas d'offense à ressembler à François Bûchamor.

Et, portant la main à son casque, il me fit le salut militaire et me dit :

— Monsieur le grenadier, si vous êtes, comme on nous l'a dit, notre oncle François Bûchamor, de Néoux, je viens vous donner des nouvelles de votre sœur Marie Marchand, du village de Meymange, notre mère, de votre beau-frère Marchand, notre père, de Goton Bûchamor, votre sœur, et généralement de toute la famille, sans compter les amis et connaissances... Moi, je suis votre neveu José. Lui, c'est Pierret.

Alors, je les embrassai tous deux, aussi content que si j'avais trouvé sur la route un sac de cent mille écus qui n'aurait appartenu à personne, et je leur dis :

— Ça, c'est une autre affaire. Asseyez-vous là, mes enfants, et dites-moi vos nouvelles. Je suis François Bûchamor, votre oncle, grenadier de la 3º du 2º du 26º d'infanterie, domicilié depuis vingt-deux ans à l'ombre du drapeau tricolore... Comme ça, vous êtes venus à votre tour pour vous couvrir de gloire dans la cavalerie ?

— Faut croire, dit José, que c'était notre intention, puisque nous voilà.

— Oh ! dit Pierret ; c'était notre intention si l'on veut... c'est-à-dire c'était et ce n'était pas... On nous a pris comme ça, sans dire gare; on nous a dit : Vous voulez servir le grand Napoléon, et si vous ne voulez pas, ça sera la même chose. Vous servirez tout de même, ou bien vous aurez affaire à la gendarmerie et aux garnisons. Voyant ça, José a crié : « Moi je veux. » Moi, d'abord, je ne voulais pas; mais quand José a dit qu'il voulait, je n'ai pas voulu quitter José... Et voilà.

— Et, répliqua José, est-ce que ça ne vaut pas mieux d'y aller de bon cœur que de se laisser traîner comme des paquets à l'hôpital ou de se faire couper un doigt pour être exempté comme le neveu de Catherine Pardouvy, ou de pleurer comme des veaux qu'on mène à l'abattoir?

Alors je dis :

— Madame Christophe, si vous n'êtes pas au bout de votre cassis, voilà deux bons garçons que j'ai pour neveux, et...

Mais j'avais tort de parler, car avant que j'eusse parlé, leurs verres étaient déjà remplis et posés sur la table.

José leva son verre pour trinquer avec Christophe et avec moi.

— Ça, madame Christophe, c'est à votre santé et pour vous faire honneur.

Pierret ajouta en levant le sien :

— Que Dieu vous le rende en son saint paradis, madame Christophe, car il fait joliment froid ce soir.

Elle répondit comme elle devait le faire à leur honnêteté. Alors je demandai :

— Eh bien, José, ça va-t-il, le métier? Êtes-vous contents du colonel Toinet?

— Moi, dit José, je suis très-content, et, ma foi, s'il n'est pas content de nous, lui, c'est qu'il est bien difficile.

Christophe me souffla tout bas :

— Il a la langue bien pendue, le petit. Il ira loin.

— Et toi, Pierret?

— Moi, oncle François?... je suis content et pas content. C'est-à-dire je suis content sans l'être... Voyez-vous, il y a des moments où l'on voudrait être à la maison...

— Comment! Pierret, tu te promènes à cheval toute la journée comme un seigneur, tu as le sabre à la main, deux pistolets dans tes fontes, un beau casque sur la tête, et tu te plains!

Je disais ça en riant pour le faire parler, mais lui me répliqua :

— Oncle François, c'est vrai que j'ai un cheval entre les jambes, mais il faut le panser, étriller, bouchonner, harnacher, brider, faire manger, faire boire; il faut faire sa litière; il faut chercher la paille, le foin, l'avoine, l'essuyer quand il est en sueur de peur qu'il attrape une fluxion de poitrine: c'est comme une demoiselle; s'il osait, il se ferait donner de la flanelle, et il demanderait de grandes bottes pour ne pas se mouiller les pieds quand il pleut... Et, par dessus le marché, il a des moments de vivacité; quand il se dresse sur ses jambes de derrière, on ne sait jamais si l'on tombera en arrière, en avant, à droite ou à gauche...

— Ça fait, interrompit José, qu'on n'a pas le temps de se préparer et qu'on tombe tantôt sur le nez et tantôt sur l'autre côté. Eh bien, après?... Ce qui est cassé se raccommode, ce qui est fêlé se ressoude, ce qui est coupé se recoud; quand les quatre membres sont à leur place, il faut remercier la sainte Vierge et saint Barbeyre.

La conversation des deux garçons me réjouissait, et Christophe riait de toutes ses forces en les écoutant. Je demandai s'il ne leur était rien arrivé depuis sept semaines qu'ils faisaient la guerre.

José, qui était le plus hardi des deux, me répondit :

— Oh! presque rien. Quand on nous eut menés à Guéret avec les autres, Pierret avait envie de pleurer. Moi, je lui dis : Qu'est-ce que tu veux? Ça serait arrivé dans deux ans.

Ça nous arrive cette année. Il n'y a pas grand mal... C'est comme si tu avais de la barbe aujourd'hui. Il faudrait te savonner, te raser, te racler la peau, acheter du savon, des rasoirs, un tas de choses... faire enfin ce que tu feras plus tard... Eh bien, figure-toi que tu as l'âge de sabrer et d'être sabré. Ça n'est pas plus désagréable que de se faire la barbe tous les matins.

Tout ça ne consolait pas Pierret qui est grognon de naissance, mais bon enfant au fond, comme vous allez voir, oncle François, et qui commence à faire un fameux guerrier, c'est moi qui vous le dis.

A Guéret, le colonel de gendarmerie me demande où je veux être incorporé.

Moi, je dis :

— Où vous voudrez, mon colonel, pourvu que ça soit avec Pierret et dans le 5me dragons dont mon oncle Toinet est colonel.

Alors, il me réplique :

— Ça, c'est juste; envoyez-moi ces deux merles au 5me dragons.

Et l'on nous envoie, comme il avait ordonné, au dépôt du 5me dragons, à Versailles, où nous arrivons bien contents de voir l'oncle Toinet dont nous avions si souvent entendu parler.

Pierret, en arrivant à Versailles, me disait :

— C'est joliment heureux, tout de même, d'être les propres neveux du colonel! Nous allons être traités en amis, et il nous invitera à dîner une ou deux fois par semaine. Car il faut avouer, oncle François, que Pierret est un peu porté sur sa bouche. Moi aussi, du reste.

Sans mentir, je comptais un peu sur l'oncle Toinet.

Fin finale, on nous mène au quartier, et je demande à parler au colonel. Le brigadier de service me regarde et me dit :

— Qu'est-ce que tu lui veux au colonel, espèce de conscrit? Va t'habiller, et vite, et que ça ne traîne pas, ou je te fiche au clou pour quarante-huit heures.

Pierret voulut parler, mais ça fut pire encore. Le brigadier le rétorqua d'une façon!...

Voyant ça, nous allons nous habiller, c'est-à-dire, comme vous savez, oncle François, l'officier d'habillement nous toise à peu près de l'œil, et dit :

— C'est de la deuxième grandeur.

Et il nous fait donner des habits où nous aurions pu danser..., c'est-à-dire si nous avions eu le cœur à la danse, ce qui n'était pas pour le moment, car Pierret s'essuyait les yeux avec son coude, et moi j'avais bien envie de m'en aller.

Une fois habillés, on nous mène dans la cour où le colonel Toinet passait la revue. Il était à cheval, et faisait défiler ses hommes. Dès qu'il nous a vus, il dit en invoquant le saint nom de Dieu, comme c'est son habitude :

— Encore des conscrits! Ça n'a pas fini de teter et l'on nous envoie ça en sevrage. Ah! tonnerre!...

Alors, je m'approche, et je dis bien poliment :

— Mon colonel, c'est moi José.

Et, montrant mon frère :

— C'est lui, Pierret. Vous savez bien? les fils de Marchand de Meymange, vos neveux. Vous avez bien dû recevoir la lettre de ma tante Goton?

Il me répliqua :

— Ah! c'est toi.. C'est lui... C'est vous? Bon! Je vous attendais depuis ce matin. Abdallah, emmène-les tous deux où tu sais bien.

Alors, le Turc, le nègre, l'Abdallah que vous voyez, qui ne sait pas dire trois mots de français, mais qui l'entend comme vous et moi, descend de cheval, nous fait signe de le suivre, et ramène son cheval à l'écurie.

En marchant, Pierre me disait :

— Tu vois, la lettre de la tante Goton a fait bon effet. Le Turc va conduire son cheval à l'écurie, et ensuite nous mener dîner.

Le Turc riait en nous regardant d'un air tout à fait bon enfant. Il écartait les lèvres et montrait ses dents blanches. Moi, je pensais :

— Ça commence bien. Ce Turc, c'est sans doute celui que le colonel nous donne pour nous apprendre le métier comme M. le comte de Rocambole qui avait donné un abbé à ses deux fils pour leur apprendre le latin.

Ah! oui, je connaissais bien l'oncle Toinet!

En entrant dans l'écurie le Turc nous donne à chacun une étrille, et nous dit :

— Étriller ça, ordre colonel.

Ça qu'il fallait étriller, c'était un grand cheval de plus de cinq pieds et demi de haut, couvert de boue et de sueur de la tête aux pieds et à la queue et qui nous regardait d'un œil terrible comme s'il avait voulu nous dévorer.

Je réplique :

— Ça! ça! Qu'est-ce que c'est que ça?

Il me rétorque en colère :

— Ça, c'est Sélim. Ami à moi. Cheval colonel. Turcoman naissance. Vaillant comme sabre. Borgne à Fuentes di Onor. Balle anglaise dans l'œil. Enragé contre Anglais... Empoigné avec dents tireur anglais de la balle, mangé nez, emporté joue, cassé bras et jambes à coups de pied. Malgré ça, doux comme mouton, aime sucre, pain, miel, tout ce qui se mange. Et propre! Peut pas souffrir être mal étrillé. Donnerait coup de pied si vous pas soigneux. Et colonel! ah! colonel, aimer Sélim comme un enfant gâté. Sélim a rapporté colonel de loin quand colonel était au fond des Anglais à Salamanque. Mauvaise affaire. Français battus.

Colonel reçu balle au front et baïonnette dans poitrine. Tombé. Dragons français battus. Beaucoup tués. Les autres ramenés loin, bien loin. Moi retourne, vois pas colonel ni Sélim. Crie aux autres : Allons chercher colonel. Revenons tous. Mais Sélim pas bête. Prend colonel avec dents, place sur selle, comme petit enfant à la nourrice, prend galop, renverse deux Anglais qui veulent saisir bride, et revient vers nous. Oh ! colonel, bon chef. Sélim, bon ami. Partons dans trois jours. Verrez Sélim sur Allemands. Fera plaisir, suis sûr.

Le Turc riait.

— Eh bien, José, pas content, vous ?

Alors José répondit :

— Si ! si ! je suis content. Il va bien, Sélim. Et toi aussi, Turc, tu vas bien. Croiriez-vous, mon oncle François, que ce moricaud que vous voyez là, et qui vient, comme le cheval, d'un pays qu'on n'a jamais vu, où il n'y a, comme il dit, ni ciel, ni terre, où l'on cuit matin et soir comme le pain dans le four, ce qui noircit les autres comme un fond de cheminée, ce moricaud, qui était d'abord au service des mamelucks, puis des Anglais, puis de mon oncle Toinet quand l'officier anglais qui montait Sélim fut tué en Espagne, à Albuera, eh bien, ce moricaud, ce Turc, ce nègre, cet Abdallah, — car il a plus de noms et de surnoms qu'un grand d'Espagne, — était avec nous à Nangis, à Montmirail, à Montereau, sur les talons de l'oncle Toinet, et il sabre comme on fauche, c'est la mode de son pays. Le colonel n'aime pas ça. Il dit qu'il ne faut pas sabrer, mais pointer comme ça on est plus sûr de son coup. Ça dépend des opinions et des goûts. Quand je vois l'oncle Toinet travailler, je dis qu'il a raison ; mais quand le Turc vous fait sauter une tête comme une noisette avec son grand sabre d'Orient, je suis pour le Turc... Et vous, vieux Christophe, qui les avez vus tous deux, qu'est-ce que vous en pensez ?

Christophe bourra sa pipe et répondit :

— Il y a du bon partout, mes enfants. Quand le manche est bon la lame fait toujours de bon ouvrage... Encore un petit verre, José, et toi aussi, Pierret.

Il remplit leurs verres et le mien, et passa la bouteille au Turc, qui porta le goulot à ses lèvres et la vida sans respirer.

Alors je dis à mes neveux :

— Enfin, êtes-vous contents de l'oncle Toinet?

José répondit :

— Très-contents... c'est-à-dire qu'il ne fait pas beaucoup de compliments. Il nous dit que nous montons à cheval comme des paires de pincettes; il nous met toujours au premier rang pour nous habituer, mais pour ce qui est d'avoir soin de nous, il a soin. Il nous passe en revue tous les matins afin de savoir si nos armes et nos chevaux sont en bon état, et dans la bataille même il a l'œil sur nous, il nous garde presque... Quant à l'argent, il nous en donne autant que nous en voulons et même davantage. Hier encore il nous disait : Pauvres conscrits, je ne vous ai pas fait venir; je vous aurais bien laissés là-bas un an ou deux de plus, mais puisque vous êtes là, il faut faire honneur à la famille. Quand on sabre il faut sabrer, quand on s'amuse il faut payer, et il nous a donné à chacun trois napoléons de vingt francs, avec lesquels nous avons régalé nos camarades en traversant Melun... Oh! il n'est pas cancre, l'oncle Toinet.

Au même instant le colonel entra et dit :

— Allons, enfants, c'est assez causé. Il est cinq heures. A vos places! Abdallah, va sonner l'appel. La bataille va commencer dans une heure. Et toi, mon vieux François, embrassons-nous. C'est peut-être aujourd'hui la dernière fois. Je viens d'aller en reconnaissance. Il y a des feux de tous les côtés. Nous avons deux cent mille hommes sur les bras.

Alors nous sortîmes tous, excepté Christophe et sa femme, qui se mirent à l'ouvrage. Le mari faisait des cartouches pour un bon fusil de chasse qu'il avait. La vieille fondait des balles pour ces cartouches.

XIV

HEUREUSE RENCONTRE DE MARIEN COMBREDEIX.

Le jour commençait. Le givre blanc couvrait la plaine. On voyait les soldats se lever lentement dans le bois, bâiller, étendre et secouer leurs membres engourdis, et quelques-uns remuer les derniers tisons, ou souffler dans leurs doigts pour se réchauffer.

Quelques braves gens du voisinage leur apportaient du vin et de l'eau-de-vie. Ces gens de Paris et de la banlieue sont si bons et si honnêtes ! Le soldat, c'est leur frère. Beaucoup, d'ailleurs, avaient été dans l'armée au temps de la République et s'étaient battus sous Hoche, sous Masséna, sous Moreau, sous Napoléon lui-même quand il n'était que général de l'armée d'Italie.

Ceux-là connaissaient le froid, la misère, la faim, les habits usés, les coudes percés, les souliers éculés, la fièvre, la fatigue, les blessures et toutes les misères d'une armée en campagne.

Une vieille disait :

— Ah ! si le mien était là ! Mais on l'a envoyé en Espagne, à trois cents lieues d'ici... Et maintenant, je suis toute seule... Pauvre Charlot ! Qui sait si je le reverrai jamais ! Il a froid, il a faim, il a soif comme ceux-ci. Seigneur, mon Dieu, prenez soin de lui comme je prends soin d'eux !

Et elle leur donnait tout ce qu'elle avait pu faire cuire de viande et de légumes pendant la nuit, et tout le vin qu'elle avait pu acheter. Elle était bien pauvre, la bonne vieille, et son mobilier, que j'ai vu par la porte ouverte de son logement, n'aurait pas été vendu six francs chez le brocanteur, mais elle donnait de si bon cœur tout son bien, qu'on croyait recevoir dix fois davantage.

Mes enfants, les pauvres ont leurs défauts comme les riches; mais ils s'aiment entre eux, ils ont pitié les uns des autres, et ça les aide à supporter la vie. Un poëte l'a dit, l'instituteur vous l'a répété et je souhaite qu'il vous le répète souvent :

Il faut s'entr'aider, c'est la loi de la nature.

Je dirai encore autre chose.

Aider n'est pas tout. Quand on est riche et qu'on ne tient pas à l'argent, on peut aider sans peine les malheureux; mais on doit les aimer aussi et les traiter en frères. Vous comprendrez ça quand vous aurez mon âge, et vous comprendrez aussi pourquoi il est dit dans l'Evangile (c'est le dernier mot de Notre-Seigneur Jésus-Christ) : Aimez-vous les uns les autres.

Pour vous revenir, si nous déjeunâmes mal ce jour-là, ce ne fut pas la faute des gens de Vincennes, de Montreuil, de Bagnolet, de Romainville et de tout le pays environnant. Tout ce qu'ils avaient, ils nous le donnèrent de bon cœur.

Nous eûmes du pain, du vin, de la viande et de l'eau-de-vie, enfin tout ce qu'on aurait pu donner à des sous-préfets, excepté le café. Mais pour ça c'était défendu par la nature, vu que le grand Napoléon ayant fermé ses ports aux Anglais; eux pour se venger gardaient dans leurs magasins tout le café de l'univers, dont ils ne se servaient d'ailleurs que pour le récurage de leurs marmites, car il paraît sûr et certain, — du moins c'est un sergent de voltigeurs qu'ils avaient fait prisonnier en Espagne et mis sur leurs pontons de Portsmouth qui me l'a dit, — il est donc sûr et certain qu'ils passent le temps matin et soir à boire sept ou huit cuillerées de tisane de thé, mêlée de douze ou quinze grands verres d'eau-de-vie, de gin ou de whisky, histoire de chasser le brouillard, qui sans ce remède leur donnerait une colique à les porter tous en terre dans les vingt-quatre heures.

Si ça n'est pas vrai, je le mets sur la conscience du sergent, qui se serait permis de me raconter des choses qui ne sont pas; au reste, on peut vérifier, vu qu'il est encore vivant et debout sur ses pattes de derrière, ainsi qu'on peut le voir à Mauriac, où le roi Louis-Philippe l'a fait nommer percepteur dix-sept ans plus tard avec la protection de M. le député de ce pays-là, dont je saurais le nom si je voulais le chercher, mais je n'ai pas le temps... ça sera pour un autre jour.

Enfin, nous n'avions pas de café, mais nous avions tout le reste, et surtout une envie de bien faire qui valait mieux que tout... Ah ! si nous avions été plus nombreux, mais que voulez-vous ! un contre dix !

Comme je sortais de la maison, Christophe me demanda :

— Où vas-tu, Bûchamor ?

— Rejoindre ma compagnie, qui doit être dans le bois de Vincennes.

Il se mit à rire et dit encore :

— C'est chercher une anguille dans un grenier à foin... Il y a plus de soixante-dix bataillons (1) ou débris de ba-

---

(1) Historique. Tiré des *Mémoires* de Marmont, duc de Raguse.

taillons. Le mieux conservé n'a pas cent cinquante hommes sous les armes. Ces pauvres conscrits de dix-huit, dix-neuf ans, qu'on envoie de tous côtés, à peine arrivés au régiment, quelquefois en habits de paysan, ne sachant ni manœuvrer, ni charger un fusil, ni rien faire d'utile, ça résiste au feu.

Ça marche même très-bien à la baïonnette; mais après trois ou quatre jours de marche, ça reste étendu sur la route. Ce n'est pas leur faute à ces enfants, le sac est trop lourd et le fusil aussi; et des marches de quinze, dix-huit, vingt lieues de suite, ça éreinte terriblement les hommes!... Les vieux font quinze lieues à pied, quinze lieues en charrette, un peu cahotés, mais ça les repose, ça sait dormir debout... Et puis, vois-tu, Napoléon a pris d'abord les plus grands et les plus forts, maintenant il prend les petits, les chétifs, ceux qui boivent de la tisane et qui font bassiner leur lit par la maman...

Fin finale et conclusion dernière. Parmi tant de bataillons, si tu retrouves le tien et ta compagnie, François Bûchamor, tu peux te vanter d'être un habile gaillard... Et si tu ne les retrouves pas...

— Eh bien, je prendrai au hasard le premier fusil venu, et je me mettrai dans le rang avec les autres.

— Et, dit encore Christophe, si tu ne trouves ni fusil ni bataillon, ni rien, reviens ici. J'ai idée que nous allons être aux premières loges pour bien voir la bataille, ma femme et moi, pour entendre siffler les balles. Nous en prendrons notre part ensemble. Qu'en dis-tu?

Je lui promis d'accepter son offre si je ne trouvais pas mieux à faire, et je m'en allai un peu au hasard dans le bois, questionnant tout le monde. Les uns ne m'écoutaient pas, d'autres ne me comprenaient guère. D'autres chantaient. D'autres sifflaient. D'autres démontaient et remontaient leurs fusils. D'autres écrivaient un mot à leurs parents, et le remettaient à un camarade pour qu'il le fît passer en cas de mort. Enfin, personne ne faisait attention à moi.

Tout à coup, je vois un grenadier assis dans le fossé, le fusil entre les jambes, le coude appuyé sur son sac, et qui ne faisait, ne disait, ou ne chantait rien, ne bougeait enfin pas plus qu'un terme.

À cette tranquillité, je dis tout haut :

— Si ce n'est pas Marien Combredeix, pour sûr c'est son ombre.

Il lève les yeux, pose son fusil à terre, ouvre les bras et m'embrasse comme du pain.

C'était bien Marien Combredeix. Je ne m'étais pas trompé.

Au même instant retentit le premier coup de canon. Il était à peu près six heures du matin.

— Mon vieux François, dit Combredeix, tu arrives à propos. Voilà que ça commence. La fête n'aurait rien valu sans toi.

XV

LES CANONNIERS DE L'ÉCOLE POLYTECHNIQUE.

En effet, ça commençait du côté de Romainville, sur le plateau. Les Russes étaient venus pendant la nuit et s'étaient installés, à ce qu'il paraît, comme de bons propriétaires. Du moins, c'est ce qu'on m'a raconté le lendemain.

Ils entraient dans les maisons, emportaient le bois, les provisions, les meubles, faisaient du feu en plein air, et se chauffaient en attendant l'ordre d'entrer dans Paris.

Tout ça, sans avoir tiré un coup de fusil. Marmont, qui commandait de notre côté, ne s'était douté de rien, ou peut-être, s'il se doutait de quelque chose, n'avait-il rien pu faire. Depuis six semaines, on courait en Champagne, en Lorraine, en Bourgogne, dans tous les pays du monde; on faisait dix lieues par jour, quelquefois quinze pour être de toutes les batailles; à la fin, on n'en pouvait plus. On dormait sur pied. On tombait de fatigue sur la route, on était entassé dans les hôpitaux, on avait la fièvre, le typhus, on mourait par centaines, par milliers.

L'ennemi aussi, et souvent plus que nous. Mais lui recevait tous les jours des renforts. Ils ne risquaient rien, les gueux, toute l'Europe était avec eux. Du côté de Lille et de Metz, on voyait venir Bulow, Blücher, Barclay de Tolly, Wintzingerode avec les Prussiens et les Russes. Vers Strasbourg et Besançon, c'était les Autrichiens, les Hessois, les Bavarois, les Wurtembergeois avec Schwartzenberg. Plus loin, vers l'Italie, c'était Bubna; vers les Pyrénées, c'était toute l'Espagne et le Portugal, c'était Mina, l'Abisbal, l'empecinado, Ballesteros et enfin les Anglais avec Wellington. De quelque côté qu'on voulût se tourner, on ne voyait que chiens enragés à mordre. Quand l'un d'eux recevait sur la tête quelque bon coup de bâton comme Montmirail, Champaubert ou Montereau, il se sauvait en hurlant, mais tous revenaient à la charge. On ne savait plus auquel entendre. On était mordu par derrière, par devant, saisi à la gorge, presque étranglé. Que faire?

Se faire tuer? C'est ce qu'on faisait.

Voilà ce que Marien Combredeix et moi nous nous disions en entendant les premiers coups de canon.

Presque aussitôt après, la fusillade commença, — toujours du même côté. Plus près de nous, on ne disait rien encore. Les gens n'étaient pas bien éveillés. Quant à nous, c'est autre chose. Nous ne dormions pas; mais, n'étant pas les plus forts, nous n'avions pas envie de commencer. Gagner du temps, c'était gagner tout. Napoléon pouvait arriver, ou

Ney, ou Gérard, ou Pajol, ou n'importe qui. Quand on se sent près de périr, on s'accroche à toutes les branches.

Au premier feu de peloton que nous entendions parfaitement (car il faisait à peine jour, et vous pouvez croire qu'excepté nos soldats et ceux de l'ennemi, il ne passait pas grand monde sur la route, et les voitures ne faisaient pas grand bruit), Marien, qui était en train d'allumer sa pipe, me dit :

— Ça, c'est les Français qui attaquent. Le feu n'est pas régulier. On voit qu'il y a trop de conscrits dans les rangs. Mauvais, ça, les conscrits ! ça met trop de temps à charger son fusil et ça tire trop vite, sans viser. Les balles passent au-dessus de la tête... Veux-tu fumer, François ?

Je fis signe que non. Il continua :

— Tu as tort, ça réchauffe... As-tu quelques gouttes d'eau-de-vie ?

Heureusement madame Christophe m'en avait donné presque une demi-bouteille. Voyant ça, Marien fut si content que sa bouche en était fendue de joie jusqu'aux oreilles. Il en avala trois ou quatre gorgées sans respirer, s'essuya avec sa manche, tira deux ou trois bouffées de sa pipe et reprit :

— Ah ! ah ! voilà la réplique. Pan ! pan ! pan ! Ça, c'est la garde russe. De beaux hommes, ma foi, et de braves gens ! Et qui se sont bien battus à la Moskowa ; mais ce jour-là c'était chez eux ! aujourd'hui c'est chez nous. La chance a terriblement tourné depuis dix-huit mois !

Marien Combredeix jugeait les coups comme un amateur au billard. On aurait dit que ça ne le regardait pas. Qu'est-ce que vous voulez ? Chacun a son caractère. Ça, c'était le sien. Rien ne pouvait le mettre en colère, ni lui faire peur, rien, excepté sa femme quand il fut marié, comme ça arriva deux ans plus tard ; mais pour celle-là elle peut se vanter de l'avoir fait trembler dans sa peau, depuis la tête jusqu'aux pieds, et tellement trembler qu'il venait deux fois par semaine chercher du secours jusque chez moi, qu'il se cachait, et qu'enfin un soir... Mais je vous dirai une autre fois son histoire.

Cependant la fusillade avait cessé; la canonnade aussi, du côté de Romainville. Je dis à Marien :

— Ça, c'est la baïonnette. Les conscrits se seront ennuyés de tirer et de servir de cible; ils auront couru sur les Russes pour les voir de plus près.

Ça se trouvait vrai. Les nôtres avaient repris le plateau à la baïonnette. Un officier d'état-major de Marmont arriva au galop quelques instants après et nous cria :

— Tout va bien à Romainville. On a chassé les Russes; la journée sera bonne. A votre tour, les amis, ça va commencer de votre côté.

Nous étions déployés en tirailleurs dans le bois de Vincennes. Je dis : Nous, car j'avais rejoint les camarades, quoique sans armes. Mais je savais bien que les fusils ne manqueraient pas quand la bataille serait en train, et je comptais prendre celui du premier mort.

C'est terrible, ça, d'attendre la mort d'un camarade pour prendre sa place; mais comment faire? Et après tout, cette place ne pouvant rien rapporter que des balles dans le corps, je savais bien que les beaux messieurs n'iraient pas dans les antichambres et chez les ministres pour me la disputer; ça n'est pas comme les préfectures et les bureaux de tabac.

Je me mis donc à l'abri derrière un tronc d'arbre, à quelques pas de Marien, en attendant ce qui ne pouvait pas manquer d'arriver. Lui, de son côté, examina son fusil, changea l'amorce et s'assit tranquillement.

Nous avions l'air, lui et moi, de deux bons garçons qui attendent le passage de la diligence, sur la route, pour monter sous la bâche et s'en aller à Clermont ou à Limoges.

Elle ne tarda guère, la diligence maudite. Comme sept heures venaient de sonner, j'entendis le pas régulier d'une troupe d'hommes qui s'avançaient. Ils étaient à deux cents pas, trois cents peut-être ; je regardai de tous les côtés. D'autres se glissaient dans le bois plus près de nous.

Tout à coup, un premier coup de fusil retentit, puis vingt autres, puis cent autres. Les nôtres répondirent, mais plus faiblement ; ils n'étaient pas en nombre, et nos premiers tirailleurs reculèrent de vingt pas à peu près, les uns pour recharger, les autres qui étaient blessés pour aller à l'ambulance.

Un petit, tout petit, qui n'avait ni la taille ni même l'âge d'un soldat, quoiqu'il en eût bien le courage, vint tomber près de moi.

Le pauvre garçon n'avait pas même eu le temps de décharger son fusil. J'essayai de le relever. Il essaya lui-même de se tenir debout, mais il retomba en disant :

— Ah ! le gueux ! il m'a pris en traître !

Et il me montrait de la main un grand et fort soldat allemand qui rechargeait son arme en se cachant derrière un buisson.

Je dis à l'enfant :

— Petit, prête-moi ton fusil, tu vas voir beau jeu.

Je prends le fusil, je vise mon homme à vingt pas, et je le boule comme un lièvre. Il avait ma balle dans la tête.

Le petit me serra la main et me dit :

— Laissez-moi là ; je m'en irai bien tout seul. Si je ne m'en relève pas, vous irez chez le père Servan, menuisier, à Châteauroux, et vous lui direz que Michel Servan, son fils (c'est moi), a été tué pour la patrie.

Je le traînai dans un buisson où il se coucha pour se mettre à l'abri des balles. Il n'en est pas mort, le bon garçon. Je l'ai revu quatre ans plus tard, marié à une jolie fille, ma foi; il me reçut très-bien, et sa femme aussi, et le père Servan surtout, qui n'avait que ce fils-là, et sa mère aussi qui était une joyeuse femme, grosse et grasse comme un pâté, qui avait le mot pour rire et qui accommodait très-bien le veau dans la casserole. Tout ce monde me fit fête comme si j'avais été le plus grand seigneur de France, et même on voulait que je fusse parrain d'un petit garçon qui n'avait que trois semaines et qui devait être baptisé le jeudi suivant. Mais, vous savez, on m'attendait à Néoux ce jour-là pour un marché de planches, et, ma foi, le plaisir d'être parrain m'aurait coûté trop cher. C'est égal; j'ai passé une bonne soirée.

Pour vous revenir, quand j'eus abattu mon Allemand, je pris la cartouchière de Michel Servan, et je retournai à ma place.

Marien Combredeix était toujours au même endroit, ne bougeant pas plus qu'un terme, se baissant pour charger son fusil, se relevant pour le décharger, aussi tranquille dans ce métier-là que s'il eût été occupé à scier du bois dans sa cour. Il se tourna de mon côté et me fit un petit signe d'amitié sans rien dire, car il n'était pas bavard, et continua, visant toujours avec soin comme un vieux soldat qui ne jette pas sa poudre aux moineaux, et touchant presque toujours son homme quelque part.

Cet exercice dura bien à peu près vingt minutes, peut-être davantage.

L'ennemi ne gagnait pas de terrain. Nous, encore moins. Qu'aurions-nous fait contre cette masse d'hommes si nous étions sortis du bois? Au contraire, tirant à couvert sur eux à découvert, nous étions presque à l'aise.

Il y eut un moment de repos. Les tirailleurs de l'ennemi se replièrent. Je dis à Marien :

— Tout ça n'est que pour gagner de l'appétit; ils vont revenir en force tout à l'heure.

— Qu'ils reviennent, répliqua Marien ; comme on les a reçus, on les recevra. Passe-moi la bouteille.

Il but encore deux gorgées et moi aussi. Puis il ralluma sa pipe qui s'était éteinte pendant qu'on se fusillait. Moi, je ne fumais pas, ça n'a jamais été mon habitude. Je réfléchissais.

Je pensais à mes pauvres neveux, José et Pierrot. Que faisaient-ils, ceux-là? Où les avait-on mis? J'aurais voulu les avoir à côté de moi. Toinet en prenait soin, c'est vrai ; mais Toinet était rude ; et de plus, comme colonel, il avait bien autre chose à faire que de veiller sur eux. Je pensais à ma sœur Marie, leur mère ; je pensais à Goton, mon autre sœur. Je pensais même, et j'en fus étonné, à la petite Lisa qui devait être grande maintenant, et jolie, et qui gardait la maison avec Goton.

Tout à coup, une pluie d'obus vint à tomber sur le bois, et presque à la place où nous étions. Les Allemands n'ayant pas pu nous déloger à coups de fusil, nous attaquaient de loin avec l'artillerie. On fit replier tout le monde. Marien et moi, étant trop avancés, nous fûmes oubliés. Un instant après nous vîmes la retraite des autres et nous retournâmes au hasard du côté de la barrière du Trône. Marien me disait :

— Ça va être chaud. Après les obus, l'infanterie va venir, et après l'infanterie, la cavalerie et la mitraille et tous les cinq cents diables. Qu'est-ce qu'on peut répondre à ça? Encore si nous avions quelques canons sous la main. Ah! saint Marien, mon patron!...

Comme il finissait de parler, voilà que nous entendons une décharge effroyable. On aurait dit que le saint l'avait exaucé et qu'il n'attendait que la prière de Marien pour commander le feu.

Je regarde : c'était une batterie de canons placée à la barrière du Trône, en face de l'avenue de Vincennes, à notre gauche et en arrière de nous. Les canonniers s'avançaient au petit pas, sans se troubler, essuyaient le feu de l'ennemi, ripostaient, reprenaient leur marche du côté de Vincennes, comme s'ils avaient voulu à eux seuls enfoncer les Autrichiens et décider la bataille.

Une chose m'étonna surtout quand je les vis de plus près.

Ces canonniers avaient un uniforme que je ne connaissais pas. On aurait dit quarante ou cinquante généraux, mais presque tous sans barbe, et quelques-uns avec des lunettes, signe que c'était des savants.

A les voir charger, pointer, tirer aussi régulièrement sous le feu qu'à l'exercice, on les aurait pris pour des arpenteurs-géomètres qui faisaient leur plan sur le terrain.

Marien me dit :

— Est-ce que tu ne les connais pas? ceux-là, c'est des élèves de l'École polytechnique. Ça n'est pas encore des généraux, mais c'en est la graine. Avec le temps et sur un bon terrain, ça poussera. Tiens, regarde ce grand mince, droit comme un i, qui est le premier à gauche, qui a les cheveux hérissés comme un sanglier, et qui pointe à présent : là, regarde-le bien, est-ce que tu ne l'as jamais vu nulle part? Il est de chez nous, celui-là.

En effet il était de chez nous, c'est-à-dire d'Aubusson. C'est celui qui est aujourd'hui maire de la ville et avocat; et vous ne trouverez jamais un plus honnête homme, plus capable, moins attaché à l'argent, plus disposé à servir les pauvres, les malheureux, tous ceux dont personne ne prend pitié. Aussi est-il respecté de tout le monde... Vous le connaissez maintenant, et vous savez qui je veux dire.

Mais, au moment où Marien me le montra, il faisait son métier d'artilleur, et je vous réponds qu'il s'en acquittait bien, en homme soigneux qui sait que les boulets coûtent cher et qu'on ne doit pas les laisser perdre. Aussi il visait dans le tas et il faisait dans les rangs de l'ennemi des trous

... Ceux-là, c'est des élèves de l'École polytechnique (p. 382).

aussi profonds qu'une église. Avec leur batterie, ses camarades et lui balayaient l'avenue de Vincennes. Les Allemands n'osaient plus s'y risquer.

Voyant ça, Marien me dit :

— C'est un *pays*, nous allons refaire connaissance. Ça fait plaisir de voir un jeune homme qui travaille si bien et qui fait de si bons ouvrages. L'argent qu'on a dépensé pour son éducation n'est pas perdu.

Mais comme il s'avançait pour lui donner la main, voilà que nous entendons un bruit épouvantable de cavalerie qui galopait bien loin derrière, dans l'avenue de Saint-Mandé, en criant : Hurrah ! hurrah !

Je me retourne, et je crie à Marien, car, quoique nous fussions tout près, on ne s'entendait pas à quatre pas, à cause du canon et de la fusillade qui ronflaient de tous les côtés.

— Voilà la cavalerie de Pahlen ! Ces gueux ont fait un détour pour nous prendre par derrière !

En effet, c'était bien ça. Ils étaient bien quinze ou dix-huit cents au moins qui arrivaient sur nous au galop.

La batterie des polytechniciens était seule au milieu de l'avenue, à trois cents pas de la barrière du Trône. Ni infanterie, ni cavalerie, ni personne pour la défendre, excepté les canonniers.

XVI

LA CHARGE DE TOINET BUCHAMOR.

Là, je pensai :

— Si mes arpenteurs-géomètres se tirent de là, c'est de rudes gaillards.

Mais voilà que, sans s'étonner, en une minute, mes polytechniciens chargent à mitraille leurs pièces, les retournent vers la cavalerie allemande et russe, font feu à vingt pas, et du premier coup en étendent soixante ou quatre-vingts sur le pavé. C'était comme un coup de faux donné par un bon faucheur dans un pré.

Malheureusement, un coup ne pouvait pas suffire. L'herbe était trop épaisse, et ils n'avaient pas le temps de recharger. Ils se retranchèrent alors derrière les canons et les caissons comme derrière un mur, et attendirent l'ennemi à la baïonnette. Marien et moi, et quelques autres tirailleurs qu'on avait oubliés comme nous dans le bois et qui s'en étaient tirés comme ils avaient pu, nous allâmes les rejoindre, et nous commençâmes un feu de file qui ne pouvait pas servir à grand'chose.

C'était comme une goutte d'eau dans la rivière. Mais quoi! on ne pouvait pas laisser périr ces jeunes gens sans essayer de les aider un peu.

Alors les Allemands commencèrent à sabrer. Heureusement, ils étaient gênés par les voitures d'artillerie que nous avions placées en travers de l'avenue, et ils perdaient du temps à chercher un passage commode.

Tout à coup, et ça fait bien voir qu'il ne faut jamais désespérer, voilà que nous entendons un feu de peloton qui les prenait par derrière, et, après le feu de peloton, un cri épouvantable comme d'une mêlée terrible.

Je dis à Marien :

— Courage! vieux, voilà les amis qui arrivent!

Au même instant, comme un ouragan, arrive au triple galop un régiment de dragons, son colonel en tête, qui traverse les six escadrons allemands comme un couteau traverse une motte de beurre, et qui arrive jusqu'à nos canons.

Je lève les yeux. C'était Toinet qui venait à notre secours, à six pas en avant de tous les autres. Ses yeux étincelaient comme des braises, son sabre dégouttait de sang jusqu'à la garde, et son bras jusqu'au coude. Vous n'auriez pas pu le regarder sans frémir.

Il ne s'arrêta pas, du reste, à se faire regarder. Il nous cria :

— Rechargez vos pièces, pendant que je vais pointer cette canaille, et revenez avec moi vers Charonne.

Et, du même coup, il retourna son grand cheval de bataille, le fameux Sélim, et pointa comme il disait.

Un fier soldat, je vous en réponds; pas toujours commode, c'est vrai, mais qui maniait dans la perfection un cheval, un sabre et un régiment!

Mais les Allemands se voyant six fois plus nombreux, — car le régiment de Toinet, usé par trois mois de campagne et six semaines de batailles sans fin, n'avait pas plus de cent trente ou cent quarante hommes, — revinrent sur lui avec fureur. On aurait dit qu'il allait être noyé avec ses hommes dans cette foule.

C'est alors que je vis mes deux neveux, José et Pierret, et le Turc Abdallah. Tous trois étaient au premier rang, derrière Toinet.

Le Turc s'était mis à droite. Les deux garçons étaient à gauche, c'est-à-dire José entre le Turc et Pierret. Ça s'explique.

Le Turc n'avait qu'un coup, très-bon, c'est vrai, car il abattait souvent la tête à son homme, mais un coup pour lequel il fallait beaucoup de place; c'était le coup du revers. Il se dressait sur ses étriers, avançait la pointe du sabre tout droit devant lui et le ramenait tout à coup à droite, comme s'il avait voulu faucher à revers.

J'ai su plus tard qu'il avait appris ce coup du vieux Mourad-Bey, un mameluck d'Égypte qui s'en servait dans la perfection et décollait un homme soit un jour de bataille, soit un jour de noce après dîner, comme la cuisinière du curé vous décolle un canard. Il paraît que c'est particulier au pays et que les seigneurs en Turquie s'exercent à ça dès l'enfance.

Quant à ceux qui ne sont pas nés seigneurs, comme Abdallah, par exemple, qui n'était qu'un pauvre nègre, ils s'exercent aussi pour le cas où ils deviendraient seigneurs à leur tour.

Ils passèrent donc tous trois sous mes yeux, José, Pierret et le Turc, suivis de près par les autres dragons, et tapant à tort et à travers dans le tas.

Ça m'aurait fait plaisir de voir une si belle bataille si je n'avais pas eu peur pour mes pauvres neveux; mais des enfants si jeunes, ça fait pitié de les envoyer au feu.

Ça durait déjà depuis dix minutes. Chose particulière et même étonnante, on n'entendait plus le canon ni de leur côté ni du nôtre. On était tellement mêlé que les boulets et la mitraille auraient porté sur les uns aussi bien que sur les autres, et comme disait ce Russe dont on m'a parlé (mais je ne l'ai pas connu personnellement), le vieux Souvarof, *la balle est folle, mais la baïonnette est sage.*

On n'entendait rien que quelques coups de pistolet par-ci par-là et le ferraillement des sabres sur les casques et sur les cuirasses, car ces gueux d'Allemands avaient envoyé de la grosse cavalerie contre nos dragons qui n'avaient que des casques pour se défendre. La moitié des polytechniciens chargeaient et déchargeaient leurs carabines presque à bout portant; les autres piquaient de leurs baïonnettes le nez des chevaux allemands et les empêchaient d'avancer.

Cependant, je voyais les dragons se fatiguer. Un à un, plus de trente étaient tombés. Les autres n'en pouvaient presque plus. Vous savez... à force de frapper, les plus robustes n'en pouvaient plus lever le bras.

Je voyais ça, je pensais en moi-même :

— Comment tout cela va-t-il finir?

De temps en temps je voyais Toinet aller et venir dans la mêlée (sauf le respect que je vous dois) comme un marchand de cochons dans une foire, ou, si vous préférez... (attendez). Vous souvenez-vous du jour de la fête de Bellegarde, où monseigneur l'évêque était venu pour confirmer tous les galopins de trois ou quatre cantons? Vous rappelez-vous qu'on fit venir la musique et les musiciens de Limoges, et qu'il y avait là plus de trente musiciens du 3ᵉ de hussards, sans compter ceux de tout le pays, et que tout ce monde était mené par un savant monsieur qui tenait un violon, mais qui n'en jouait pas, et qui faisait avec son archer des signes à tous les autres?... Dites, vous le rappelez-vous? (C'est ce que les gens de la ville appellent un chef d'orchestre)... Eh bien, le colonel Toinet Buchamor, mon propre frère, avait tout à fait l'air de ce monsieur savant; quand il levait son archer, c'est-à-dire son sabre à droite et à gauche, tous les autres levaient leurs sabres et l'abaissaient du même côté. De vous dire le sang qui coulait, les chevaux blessés qui s'abattaient sous les hommes ou les hommes blessés qui tombaient à bas des chevaux, ce n'est pas la peine. Vous devinez ça, comme si vous l'aviez vu, n'est-ce pas?

La seule différence, c'est que Toinet jouait de son archer comme s'il n'avait pas eu autre chose à faire, et qu'il donnait ses ordres aussi clairement que s'il avait été assis dans son fauteuil. Ça, c'est un don de nature.

Malgré tout, l'ennemi recevait des renforts et la besogne n'avançait pas. Du côté de Vincennes, on voyait venir au trot d'autre cavalerie qui allait nous mettre entre deux feux.

Marien Combredeix me dit :

— C'est fini, Toinet a fait ce qu'il pouvait. Je lui en saurai toujours gré, c'est-à-dire tout le temps que je vivrai, mais ça ne sera pas long.

Je lui répliquai :

— Marien, tu n'es qu'une bête.

Il me rétorqua vivement, car il était de mauvaise humeur à ce moment-là et ça se conçoit :

— C'est possible, François Buchamor, que je ne sois qu'une bête ; mais ça n'est pas à toi de me le dire.

Il avait raison. Du reste, c'est la seule dispute que nous ayons eue pendant trente ans, et, encore, ça ne fut pas bien long, car le terrible malheur que je vis tout de suite après ne me laissa pas le temps de me fâcher, si j'avais pu me fâcher avec Marien Combredeix.

XVII

LE MALHEUR DE PIERRET.

Je vous ai dit que nous étions dans l'avenue entre la barrière du Trône et Vincennes, et que la cavalerie ennemie nous ayant fait le tour, nous avait pris par derrière.

C'est très-bon, ça, de prendre son ennemi par derrière et par devant à la fois afin de l'obliger à se rendre s'il ne veut pas qu'on lui coupe le cou. Oui, c'est bon, c'est sage, excellent ; c'est ce qu'on appelle tourner l'ennemi ; mais quand on tourne (ce qui est bon) il faut veiller à n'être pas tourné (c'est ça qui est mauvais). En pareil cas, voyez-vous, celui qu'on ne tourne pas, c'est le plus fort ou, si vous préférez, le plus entêté. A la guerre, comme ailleurs, il faut savoir ce qu'on veut, et le vouloir fermement jusqu'à la fin ; et alors on se fait toujours craindre et respecter, et l'on n'est pas pris au piége comme un lapin.

Suffit qu'on croyait nous avoir tournés, et, ma foi, si Toinet n'était pas venu à temps, l'affaire était faite.

Mais Toinet lui-même, pour nous délivrer, s'était mis dans l'embarras; quand tout à coup nous entendons une fusillade du côté de la barrière.

Ça vous arrêta les Allemands sur place avec leurs chevaux. Ils ne s'attendaient pas à recevoir des coups de fusil dans les reins. Ils croyaient bien nous tourner, les finauds, mais ils ne croyaient pas qu'on les tournerait.

Faut dire la vérité, personne ne s'y attendait. Toinet lui-même n'en savait rien. Il n'avait laissé personne à la barrière — pas un dragon, pas un voltigeur, pas un grenadier, personne, absolument personne, et, tout d'un coup, voilà qu'on tirait de là sur l'ennemi.

Aux premiers coups de fusil, les Allemands commencèrent à décamper. Ils tournèrent leurs chevaux du côté de Saint-Mandé, défilant plus vite encore qu'ils n'étaient venus, mais sous le feu des gardes nationaux de la barrière qui les ajustaient en passant comme des lièvres et tiraient à coup sûr.

Ça, je l'ai vu comme je vous vois, et quand on vous raconte que les Parisiens ne se sont pas battus le jour où l'on est venu les attaquer chez eux, je dis : C'est faux ! Et ceux qui vous disent ça sont des misérables de la race de ceux qui ont livré Paris aux alliés.

J'ai vu ces braves gens de la barrière du Trône. Je les ai vus, moi qui vous parle, et je puis vous dire que c'était des hommes vaillants et sans peur; des hommes qui n'avaient presque tous que des fusils de chasse ou de vieux fusils de munition mal réparés, des habitants du quartier, des épiciers, des boulangers, des menuisiers, des charpentiers, des dégraisseurs, des bouchers, des avocats, enfin des gens de toutes les professions, que rien ne forçait à venir là (au contraire ! car l'autorité leur disait de rester chez eux), qui avaient femme, enfants, boutiques ou pignons sur rue.

Eh bien, c'étaient ceux-là qui, voyant notre danger,

s'étaient assemblés et qui venaient de faire une sortie si à propos, que Toinet et ses dragons se trouvèrent dégagés en trois minutes, et avec eux la batterie des polytechniciens, et Marien Combredeix, et François Bûchamor, et tout le monde à la fois. Ça fut l'affaire de quatre ou cinq cents coups de fusil, pas davantage; mais aucun ne fut perdu; c'est une justice à rendre aux Parisiens, que lorsqu'ils se mêlent d'une besogne, elle est bien faite... Après trois ou quatre décharges, il y avait deux ou trois cents Allemands sur le pavé, sans compter les chevaux qu'on a raison de compter à part, car, comme disait le capitaine Cardilhac, il y a une grande différence entre les Allemands et leurs chevaux : les chevaux sont de bonnes bêtes, mais les Allemands sont bêtes et ne sont pas bons.

Fin finale, Toinet, sans s'inquiéter de poursuivre les Allemands, donnait ses ordres pour faire reculer la batterie jusqu'à la barrière du Trône; mais pendant qu'il jurait et sacrait de toutes ses forces, parce qu'on ne se dépêchait pas assez d'obéir, il entendit tout à coup un cri terrible, un cri qu'après trente ans j'ai encore dans les oreilles.

Il se retourna brusquement. C'est José qui venait de crier :

— Ah! mon pauvre Pierret!

Un reste d'Allemands, qui s'en allaient, cinquante ou soixante peut-être, voyant qu'on les attendait à la barrière du Trône pour leur tirer des coups de fusil, avaient voulu forcer le passage et retourner tout droit à Vincennes pour rejoindre leurs camarades. En tête venait un grand et gros homme roux, avec des moustaches épaisses, fait comme un tonneau de bière, et si pesant que son cheval pliait sous lui.

Naturellement, nos dragons voulurent les empêcher de passer, et Pierret, qui malgré sa jeunesse n'était pas des moins hardis, vint se mettre en travers avec le Turc et José. Qu'est-ce que vous voulez? les enfants ne doutent de rien quand ils sont de bonne race, et Pierret était lancé. Il en avait tant vu de toutes les couleurs depuis six semaines; il avait tant tapé à droite et à gauche qu'il croyait que rien ne pouvait plus lui résister.

Sans regarder si les autres le suivaient, il se jeta sur les Allemands. José lui criait : Attends-moi! attends donc!

C'était trop tard.

Pierret courut sur le gros officier allemand et lui passa son sabre au travers du corps.

Mais l'autre lui tira un coup de pistolet dans la poitrine. Tous deux tombèrent en même temps sous leurs chevaux.

C'est ce qui avait fait pousser un cri si terrible à José.

A ce cri, Toinet devint pâle. J'étais à trois pas de lui. Je le vis comme je vous vois. Il retourna la tête, vit Pierret étendu à terre que douze ou quinze Allemands perçaient de leurs sabres, et que le pauvre José défendait de toutes ses forces en appelant les camarades au secours.

Oh! mes enfants, vous n'avez jamais vu chose pareille!

D'un coup d'éperon il enleva son cheval Sélim, qui fit un bond et retomba à six pas de là sur ses pieds. De la main gauche il prit le pauvre Pierret étendu à terre, l'enleva comme une plume, le posa sur le pommeau de la selle du Turc qui le suivait, lui dit d'un mot :

— Emporte-le... Toi, José, suis-les.

Et commença à pointer ces malheureux... C'était effrayant. Eux, se voyant enveloppés, criaient : Quartier! quartier!

— Point de quartier! disait Toinet. Tuez tout. Ah! mon pauvre Pierret!

Enfin il fallut s'arrêter. Il ne restait plus personne.

La batterie de canons et ceux qui la servaient prirent le chemin de Charonne. Toinet s'arrêta pour remercier les gardes nationaux qui l'avaient aidé si à propos et reprit au trot le chemin de Charonne avec le reste de son régiment.

S'il lui restait quatre-vingts dragons, c'était tout.

Il me serra la main en partant et me dit :

— Frère, je ne sais pas si je te reverrai jamais. Adieu, je te laisse le pauvre Pierret. Je te laisse aussi José qui ne vaudrait plus rien sans son frère. D'ailleurs, il est blessé, je crois.

C'était vrai.

José avait reçu, en défendant Pierret, un coup de sabre dans la cuisse et ne se soutenait plus qu'à peine.

Je dis à mon tour :

— Et toi, frère ?

Il secoua la tête et répondit :

— Moi ! oh ! je ne risque pas d'être tué. J'en ai trop envie. Quand je pense que nous étions, il y a deux ans, toi dans Moscou et moi sous les murs de Cadix, et qu'à présent nous ne pouvons même pas défendre Paris contre les Prussiens et les Cosaques, je me sens furieux et je voudrais massacrer tous ces brigands.

Il ne se vantait pas, Toinet. Le Turc Abdallah, que j'ai revu plus tard, après la paix, me l'a dit cent fois :

— Colonel Bûchamor, bon maître, en Espagne bon enfant, faisait prisonniers, traitait bien ; mais, en France, quand vit paysans assassinés, femmes et enfants éventrés, maisons brûlées, devint tigre, ne faisait plus prisonniers, tuait tout. Bon maître, bon ami colonel Toinet, ennemi pas commode du tout.

XVIII

LA TABATIÈRE DU PÈRE MOULINARD.

Ce que je viens de vous dire, c'est tout ce que j'ai vu de la bataille de Paris. Que ceux qui ont su le reste vous le racontent. Moi, je ne parle que de ce que je connais.

Maintenant, voulez-vous savoir ce qui arriva de mon frère Toinet le colonel, de mes neveux Pierret et José, et de mon ami Christophe, et de sa femme, et de moi-même? Ça ne sera pas long.

Pierret mourut vers six heures du soir, sous mes yeux, à côté du pauvre José que j'avais étendu tout sanglant sur le même lit, et qui embrassait son frère en pleurant.

Pierret lui passa son bras autour du cou et lui dit :

— José, je suis content que ce soit moi plutôt que toi... Quand nous sommes partis de Meymange, je savais bien que l'un de nous deux ne reviendrait pas, et j'avais peur que ce ne fût toi... Je t'aurais pleuré toute ma vie. Tu sais, je suis un peu grognon, comme disait monsieur le curé; j'aimais presque autant à pleurer que toi à rire...

Tu retourneras au pays. Puisque tu es blessé, l'on ne peut pas te le refuser; tu consoleras le père et la mère.

Il poussa un grand soupir, me serra la main et mourut.

Voilà comment finit votre pauvre cousin Pierret, bon garçon s'il en fut, doux, honnête, bon soldat, et qui faisait honneur aux Bûchamor par sa mère, quoiqu'il eût pour père Jean-Mathieu Marchand, comme disait votre tante Goton, qui n'était pas tendre pour son beau-frère.

José, lui, eut plus de bonheur... Il avait reçu une balle dans la poitrine qui le perça de part en part et fit un trou de chaque côté, de manière qu'on n'eut pas besoin de la retirer avec des pinces et qu'on n'eut qu'à fermer les deux plaies.

Quand le chirurgien vit ces deux trous, José m'a raconté qu'il lui dit :

— Mon garçon, tu peux te vanter d'être né coiffé. Un peu plus haut, la balle t'aurait tué roide; un peu plus bas, elle aurait fait juste la même chose; un peu plus à droite et tu n'aurais pas eu le temps de faire couic; un peu plus à gauche, et c'était pire encore.

— Mais, demanda José, qu'est-ce qu'il peut y avoir de pire que d'être tué, excepté de perdre sa part de paradis ?

L'autre lui répondit :

— On peut rester étendu dans son lit pendant trois mois avec des douleurs plus fortes que la colique, et ensuite être conduit au cimetière... Mais toi, tu n'en auras pas pour trois semaines... Et tu danseras la bourrée avant un mois, car la paix est faite.

Et en effet ce fut la première et la dernière campagne de José. C'est vrai qu'elle avait été dure, et qu'il n'avait pas mangé, ni bu, ni dormi tout son soûl pendant deux mois, mais José n'en parla jamais sans plaisir. Il a toujours été, et il est fier encore d'avoir combattu pour la patrie, et, ma foi, ça ne lui a pas nui près des filles quand il a voulu se marier. Loin de là.

Quand il se présenta chez le père Moulinard, de Bellegarde, un homme de moyens, qui avait plus de trente mille francs de biens au soleil, et qu'il lui demanda sa fille Rose en mariage, en disant :

— Je suis José Marchand, de Meymange ; ma mère était la sœur de François Bûchamor, grenadier de la 3ᵉ du 2ᵉ du 26ᵉ de ligne, du colonel Toinet Bûchamor, du 5ᵉ dragons, et du défunt général Jean Bûchamor ; j'ai servi dans les dragons sous mon oncle ; j'ai vu tuer mon frère Pierret à la bataille de Paris, et j'ai sabré de toutes mes forces les gueux qui l'ont tué ; j'étais à Champaubert, à Montmirail, au pont de Montereau, j'ai reçu une balle dans la poitrine, et me voilà bien portant et content de vivre ; voulez-vous me donner mademoiselle Rose ?

Le père Moulinard, qui était cousin germain, par sa grand'-mère, des Pétard, de Saint-Flour, et qui n'attachait pas ses chiens avec des saucisses, lui demanda :

— Mon garçon, tout ça ne fait pas bouillir la marmite ; qu'est-ce que tu apportes en mariage ?

José lui répliqua :

— Quinze cents francs d'économies, père Moulinard, et ma forge (car il était charron) ; et ma mère a pour six mille francs de bien dans la commune de Néoux, mais j'espère bien qu'elle vivra aussi longtemps que moi. Il n'en faut donc pas parler.

Pendant qu'il parlait, le père Moulinard ouvrit sa tabatière de bois à queue de rat, la lui présenta (mais José fit signe qu'il n'en usait pas), ramassa une grosse prise de tabac entre ses deux doigts, la porta à son nez, la renifla fortement en fermant d'abord un œil puis l'autre, secoua soigneusement le tabac qui était sur son gilet à carreaux rouges, regarda José dans les yeux et lui dit sans se presser :

— Mon garçon, si tu n'as que ça, tu peux t'en retourner, ma fille n'est pas faite pour toi.

Alors José se leva fièrement et lui dit :

— Monsieur Moulinard !...

Et il allait peut-être ajouter quelque chose qui n'aurait pas été poli, quand la porte s'ouvrit et laissa passer la mère Moulinard qui s'avança vers José et lui dit bien doucement :

— Revenez ce soir, José. Moulinard n'est pas si méchant qu'il en a l'air.

En effet, José revint le soir, et la mère et la fille, qui voulaient toutes deux avoir un brave du 5ᵉ dragons dans la famille, tournèrent de tant de façons le vieux Moulinard, qu'il vit bien qu'il n'aurait pas un instant de repos tant que José ne serait pas son gendre.

Alors, pour avoir la paix, il prit José, en lui disant :

— Toutes les fois que ma femme me cherchera querelle, je l'enverrai chez toi vingt-quatre heures, je t'en avertis.

José répondit que ça lui ferait toujours honneur et plaisir.

— Alors, dit Moulinard qui avait le mot pour rire, ça fera deux dragons dans ta maison, — toi et elle ; mais si vous vous battez, je parie que tu ne gagneras pas.

Et ça se trouva vrai. Mais ce n'est pas l'histoire de José que je veux vous dire à présent.

XIX

GOTON ET LISA.

Le soir de la bataille, Paris capitula, ou plutôt Mortier et Marmont capitulèrent pour lui, car les Parisiens n'étaient pour rien dans l'affaire.

On s'était battu pour eux, sans eux, hors de chez eux. On fut écrasé par le nombre. On livra la ville à l'ennemi. Si vous aviez vu ça, mes enfants, c'était une chose terrible. Excepté cinq ou six mille peut-être qui avaient pu se battre, ayant des fusils de chasse, comme ceux qui nous avaient sauvé la vie à la barrière du Trône et dans l'avenue de Vincennes, et quelques milliers de gardes nationaux qui étaient avec Moncey à la barrière de Clichy, tous les autres étaient dans les rues, sur les places, ou sur le pas des portes, consternés, furieux, sans fusils, sans munitions, sans chefs. On aurait dit que les autorités avaient fait exprès de désarmer le peuple de Paris de peur qu'il ne défendît la ville contre les Allemands et les Russes.

Plus tard on a dit que plusieurs avaient trahi ce jour-là. Non, ce n'est pas vrai. Ceux qui nous livrèrent n'étaient pas des traîtres, c'étaient des imbéciles. Napoléon, le grand Napoléon, avait eu tant peur qu'on ne voulût penser, ou travailler sans lui, qu'il avait donné à tout le monde l'habitude de ne rien faire sans son ordre ou sans sa permission.

Quant l'ennemi fut devant Paris, on attendit les ordres de l'empereur. Comme il était loin, on ne fit rien, et comme les autres avançaient toujours, tout s'en alla à la débandade;

l'impératrice d'abord, qui pleurait et criait comme une sotte femme qu'elle était, puis les princes Bonaparte, ses frères, qui avaient peur d'être pris, puis les ministres et les grands seigneurs, excepté ceux qui restèrent pour préparer les logements de l'ennemi.

Mais tenez, tout cela est trop triste à raconter. Je ne veux plus vous dire que ce qui m'arriva à moi, François Bûchamor, lorsque, la paix étant faite (après la prise de Paris tout le monde avait posé les armes), je fus licencié avec Marien Combredeix, le seul de mes anciens compagnons de la commune de Néoux qui eût résisté avec moi à cette guerre de vingt-trois ans.

C'est le 20 mai 1814 que nous revînmes ensemble.

Personne ne nous attendait au village. A peine savait-on si nous vivions encore. Des gens qui ne savent ni lire ni écrire sont bien embarrassés pour donner de leurs nouvelles.

Nous nous arrêtâmes pour nous asseoir au pied de la croix qui marque les deux chemins de Néoux et de Saint-Bardoux-le-Neuf.

Là je dis à Marien Combredeix :

— Eh bien, mon vieux Marien, es-tu content de rentrer à la maison?

Il secoua la tête et répondit :

— J'aimerais presque autant rester au régiment... Quelle maison ai-je ici? Aucune. Mon père est mort; ma mère est morte. Je n'ai ni frère ni sœur. Je n'ai pas même un champ de raves. Si l'ouvrage manque, comment pourrai-je gagner ma vie? Je suis un vieil arbre sans racines. Je ne tiens plus à rien.

C'était vrai. Le pauvre Marien ne savait où se prendre. Je lui dis pour le consoler :

— Marien, tu resteras avec moi. Je n'ai qu'une sœur qui est trop vieille pour se marier à présent. Elle nous fera la soupe, et nous travaillerons le bien.

Il me dit encore :

— Merci, François. Ça ne se peut pas. Je connais ta sœur; c'est Goton, n'est-ce pas? Si nous venions à nous brouiller, elle et moi, car les vieilles filles ne sont pas toujours commodes, elle m'appellerait mendiant, et nous brouillerait toi et moi. Ça serait pour m'achever, ça... Restons chacun chez nous. Nous n'en serons que meilleurs amis...

Je lui dis alors :

— Marien, tu es un homme de bon sens et un ami. Tu as raison de ne pas vouloir venir avec moi, mais toutes les fois que tu auras besoin de quelqu'un, jure-moi que tu t'adresseras à moi d'abord.

Il me répondit simplement :

— Je te le promets.

Et il me donna une poignée de main. Alors nous reprîmes le chemin de Néoux. Jamais je n'avais vu un plus beau pays. On sentait la bonne odeur verte de l'herbe dans les prés, du chèvrefeuille et de l'églantine dans les buissons; on entendait le bruit joyeux des oiseaux dans les arbres, les bergères qui criaient de loin à leurs chiens : *Tai, tai, tai, vai la car, petit, vai la car!*... Pour la première fois depuis longtemps j'étais heureux de vivre... Le pays, voyez-vous, il n'y a rien de tel que le pays!

Quand nous fûmes à deux cents pas de Néoux, je vis une grande et belle fille qui labourait le champ de mon père; elle tenait l'aiguillon, et une autre femme plus âgée, plus grande et plus maigre, tenait le manche de la charrue.

Je pensai tout de suite :

— Celle-ci, c'est Goton... Mais l'autre?

Toutes deux nous tournaient le dos et creusaient lentement le sillon. Quand elles furent arrivées à la haie, Goton (car c'était bien elle) souleva la lourde charrue presque aussi aisément que j'aurais pu le faire, et l'autre fit tourner les bœufs pour revenir de notre côté.

Je m'assis sur une grosse pierre pour les regarder sans rien dire ni me faire connaître, et je dis à Marien :

— Va devant, mon vieux ; je vais te rejoindre dans un instant. Je veux voir si Goton me reconnaîtra. Tu m'attendras devant le cimetière.

Marien continua sa route, et moi, en frappant doucement les mottes de terre avec le bout de mon bâton de voyage, je commençai à chanter bien haut une chanson qu'on avait faite vingt ans auparavant, dans le temps de la première campagne d'Italie et qui commençait ainsi :

> Bonaparte a-t-apporté
> Toute son artillerie.

Je ne me rappelle pas le reste du premier couplet.

Comme Goton et l'autre allaient lentement, à cause des bœufs qui ne sont jamais pressés, et ne paraissaient pas faire encore attention à moi, je chantai le second couplet :

> La dame de Mantoue
> Monta sur les remparts.
> M'sieu Bonaparte, emportez vos canons,
> Contribution nous vous ferons.

Tout en chantant je regardais labourer, et le cœur me battait de plaisir, car ma sœur était la seule de toute la famille que je dusse retrouver à la maison. J'avais perdu mon frère Jean, mon père, ma mère ; Toinet, en me disant adieu à Fontainebleau, m'avait dit : « Je vais à Paris pour voir ce qu'on fera de moi et des autres vieux soldats de Napoléon ; je ne retournerai jamais au pays ; si l'on nous congédie, j'irai me faire casser la tête quelque part » ; ma sœur Marie habitait Meymange avec mon beau-frère Marchand, qui d'ailleurs ne me voyait pas d'un bon œil, ayant toujours espéré hériter de moi. Si Goton m'avait manqué, ne me restait plus personne... Heureusement elle était là.

Ce n'est pas elle pourtant qui m'aperçut la première. C'est l'autre. Il est vrai qu'étant en avant des bœufs elle était plus près et me voyait bien en face.

Moi aussi je la regardais, pensant : Qu'est-ce qui peut être avec Goton à cette heure-ci ? A-t-elle pris quelqu'un pour l'aider, ou bien est-ce la petite Lisa qui est devenue grande et forte ?

Oui, c'était bien Lisa. Elle avançait lentement, mais légèrement, avec son aiguillon à la main, et se retournait de temps en temps pour encourager ses bœufs. Je ne vous dirai pas qu'elle avait les grâces d'une demoiselle de la ville ; ça serait lui faire tort ; elle n'aurait peut-être pas su mettre ses gants et porter son ombrelle, et si vous lui aviez donné un éventail, elle n'aurait pas su par quel bout le prendre ; mais pour ce qui est de marcher, de parler, de travailler, de danser ou de se conduire tout le long du jour d'un air si naturel que toutes les autres paraissaient gauches et maladroites à côté d'elle, ça, voyez-vous, elle l'avait dans la perfection.

Et jolie ! Des yeux gais, clairs, brillants, parlants ; des yeux pleins de douceur, de force et de vie, et une figure fraîche, bien portante, joyeuse, presque transparente, tant la peau en était fine, et tant le sang de ses veines était pur et de bonne race. Et bien faite, large d'épaules et de poitrine, étroite de ceinture, leste, souple, dégagée, ronde pourtant. Des pieds nus, assez grands, mais relevés par-dessous, comme ceux des montagnards, et capables de marcher dix heures de suite sans demander grâce. Avec cela, une chemise de toile et un jupon, pas davantage, et un fichu pour couvrir le cou et les épaules, comme c'est l'usage des filles modestes.

Voilà comment je vis la belle Lisa que je n'avais pas rencontrée depuis sept ans, mais je la reconnus sans peine.

Elle, de son côté, qui tout en marchant me regardait avec attention, se tourna tout à coup vers Goton et lui cria :

— Eh! Goton! Goton, voilà François Bûchamor, ton frère!

A ce mot, Goton pousse un cri, lâche le manche de la charrue, lève les yeux sur moi et vient se jeter dans mes bras, où, ma foi, je la reçus avec plaisir.

Elle me dit :

Ah! frère, c'est toi! c'est donc toi! Nous t'avons attendu si longtemps!... Dans les bureaux, on disait que tu étais mort; Marchand, ton beau-frère, voulait déjà hériter et se mettre en possession. Moi, j'allais faire dire des messes; c'est Lisa qui n'a pas voulu, et elle a bien fait puisque te voilà! Et tu ne nous quitteras plus, n'est-ce pas, car nous sommes bien seules et bien tristes, va!

Puis, se tournant vers Lisa qui nous regardait en souriant, mais sans oser rien dire :

— Tiens! la voilà, cette Lisa! La reconnais-tu? N'est-ce pas qu'elle a bien grandi? Et embelli?... Elle a vingt-quatre ans, maintenant. Et elle est devenue bien sage et bien sérieuse... Ah! nous parlons souvent de toi!...

— Tante Goton, dit Lisa en rougissant un peu, aurez-vous bientôt fini de faire mon éloge?

Alors Goton prit un air sévère et lui dit :

— Je sais ce qu'il faut dire, n'est-ce pas? et ce qu'il ne faut pas dire? Je veux que François sache bien que nous avons pensé à lui depuis sept ans, et que nous avons dans nos prières du matin et du soir demandé à Dieu son retour... Est-ce qu'il y a du mal à cela, François?

Je répondis qu'il n'y avait aucun mal, et que je les remerciais beaucoup toutes les deux.

— Eh bien! reprit Goton, ne nous remercie pas, mais embrasse-moi encore une fois pour la peine, et une fois aussi Lisa.

Je ne peux pas dire que ça fût tout à fait désagréable d'obéir à Goton, mais pourtant quand je l'eus embrassée de toutes mes forces, je n'osai pas en faire autant pour Lisa.

Alors celle-ci, qui vit mon embarras, s'avança bonnement vers moi et me présenta les deux joues.

Et ma foi, je ne me fis pas prier davantage.

— Maintenant, dit Goton, qui paraissait avoir l'habitude du commandement, ce n'est pas tout ça, Lisa. Tu vas dételer et ramener les bœufs au pré. Il faut que ce soit fête pour tout le monde aujourd'hui. Quand tu auras fait ça, tu iras mettre ta plus belle coiffe. Moi, pendant ce temps, je donnerai à boire et à manger à François et je lui tiendrai compagnie.

Alors je dis :

— Goton, il faut que tu invites mon ami Marien Combredeix qui vient d'arriver en même temps que moi et qui ne sait où aller.

Elle répondit :

— Non-seulement Marien, frère, mais tous ceux que tu voudras. Un jour comme celui-ci j'inviterais toute la commune!

Elle l'aurait fait comme elle le disait, Goton, tant elle était contente de me revoir.

Alors nous retournâmes à la maison.

XX

METTEZ LA TÊTE SOUS LA POMPE ET POMPEZ FERME.
ÇA SE PASSERA.

En chemin nous rencontrâmes Marien Combredeix qui nous attendait avec sa tranquillité ordinaire. Il se leva, car il était assis sur le mur, mit la main à son bonnet de police comme pour saluer son colonel et dit :

— Bonjour, mademoiselle Goton et la compagnie...

Mais il ne put pas aller plus loin. Parler n'était pas son fort. S'il n'avait fallu que tirer sur les Prussiens en bataille, Marien était prêt; mais s'il avait fallu leur faire un discours, il se serait sauvé plus vite qu'un lièvre... Qu'est-ce que vous voulez? Tout le monde ne peut pas être avocat.

Du reste, Goton ne lui laissa pas le temps de réfléchir. Quand elle vit qu'il était embourbé, elle lui dit:

— Marien, venez-vous rafraîchir avec mon frère.

En effet, elle nous fit si bien rafraîchir avec un morceau de petit-salé et trois bouteilles de vin qu'elle alla chercher à l'auberge, que Marien Combredeix, qui avait bu deux bouteilles pour sa part, commença à balancer lourdement la tête à droite et à gauche, comme l'ours blanc qu'on voit au Jardin des Plantes, à Paris, et tomba sur la table où il s'endormit en ronflant si profondément qu'on aurait cru entendre un tuyau d'orgue à la grand'messe.

Voyant ça, comme Goton faisait la grimace et déjà l'appelait tout bas ivrogne, je le portai au grenier, sur trois bottes de paille, dont l'une lui servait de chevet, de sorte qu'il s'y trouva très-bien, et dormit jusqu'à huit heures du soir.

Comme je descendais du grenier, Lisa rentra. Elle n'avait pas mis sa belle coiffe, — au contraire; par une fantaisie qui peut-être lui était venue en regardant les demoiselles de la ville, elle était nu-tête, et ses cheveux noirs étaient plus beaux que la plus belle coiffe. Pour moi qui avais connu des femmes de tous les pays, je pensai que Lisa était plus belle que toutes les autres, ou du moins qu'elle ne leur ressemblait pas. C'est déjà quelque chose.

Je crois qu'elle le vit dans mes yeux, car elle baissa les siens en rougissant de plaisir au premier mot que je lui en dis; mais Goton ne me laissa pas le temps de m'expliquer, ni à elle celui de répondre à mon honnêteté, car elle commença tout de suite à me raconter toutes nos affaires de famille et celles d'une partie du village.

— Tu vas trouver bien du changement, continua Goton.

Les petits sont devenus grands. Les grands sont devenus vieux et les vieux sont sous terre maintenant, sans compter les belles d'autrefois qui sont devenues laides à faire peur aux crapauds, si les crapauds n'étaient pas habitués aux grimaces des crapaudes.

Par exemple, Catherine, tiens, tu te rappelles bien Catherine, la fameuse Catherine Pardouvy, qui était si fière et si glorieuse, et qui passait la moitié de la journée à ne rien faire et l'autre à se regarder devant son miroir?...

Je me rappelais bien Catherine, mais je ne jugeais pas à propos d'en parler devant Lisa; d'ailleurs, quand on n'a rien de bon à dire ou à entendre des gens, il vaut mieux n'en jamais parler; mais ça ne faisait pas le compte de Goton. Elle continua :

— ... Enfin cette Catherine qui voulait se marier avec toi et que tu as trouvée si belle pendant un temps; eh bien, maintenant elle te ferait pitié. Elle n'a plus de dents, elle est grosse comme une barrique, ou plutôt elle ne ressemble plus à rien, elle est couperosée, elle est méchante (c'est-à-dire elle l'a toujours été, mais elle l'est encore davantage), elle est couverte de dettes, elle a emprunté deux mille francs sur son moulin qu'on va vendre en justice au mois d'octobre, si elle ne l'a pas vendu plus tôt elle-même; elle se dispute matin et soir avec son mari; elle reproche à Claude tout ce qu'elle a fait pour lui, les deux remplaçants qu'elle a achetés pour le sauver de la conscription du grand Napoléon; il la bat; elle le bat; ils se battent comme deux chiens; mardi dernier il lui a donné un coup de bâton; hier elle lui a jeté son sabot à la figure; il en avait le nez tout en sang; enfin, tout ça finira mal, c'est moi qui te le dis...

Elle m'en aurait raconté bien davantage encore sur le mauvais ménage de Claude et de Catherine; mais Lisa, qui voyait dans mes yeux que ce discours ne me faisait pas plaisir, l'interrompit tout à coup et dit doucement :

— Allons, tante Goton, il ne faut pas dire de mal des malheureux. Raconte plutôt à François ce que tu as fait en son absence et pour lui. Ça lui fera plaisir et ça sera plus charitable.

Alors Goton se tourna vers moi :

— Vois-tu comme elle me fait la leçon, à mon âge ? Cette Lisa que j'ai vue pas plus haute que ça, maintenant elle se mêle de donner des conseils, de décider de tout...

— Tante Goton, répondit Lisa en riant et lui passant son bras autour de son cou, tu sais bien que je fais tout ce que tu veux.

— Oui, oui, bonne pièce, quand je veux ce que tu veux; mais, tiens, puisque je ne sais plus ce qu'il faut dire, parle à ma place.

— Volontiers, dit Lisa.

Et alors elle me raconta tout ce qui s'était passé dans la maison et dans la famille depuis mon départ et la mort de mon père, c'est-à-dire depuis 1807.

Elle ajouta que Goton, restée seule et chargée par mon père, par mon frère Toinet et par moi de veiller sur nos intérêts et de cultiver le domaine, avait reçu neuf propositions de mariage; car tout le monde pensait qu'aucun de nous ne reviendrait et qu'elle serait seule héritière des trois frères Bûchamor; mais Goton avait toujours répondu qu'elle ne se marierait jamais, à moins de pouvoir changer le nom qu'elle avait reçu de son père pour un nom encore plus beau; et alors tout le monde se le tint pour dit, et les épouseurs ne remirent plus les pieds à la maison.

— Et alors, dit Goton, j'ai pris tout à fait Lisa avec moi, malgré Marchand qui grognait, j'ai payé de mes économies la part de ma sœur Marie, afin de ne vendre aucune partie du domaine, et maintenant, Lisa et moi, nous vivons librement chez nous; nous cultivons le bien, nous ne dépensons presque rien, et nous sommes si riches que nous pourrions acheter des terres et des prés pour toi et pour moi, car ni Toinet, ni toi, vous n'avez jamais rien demandé de vos revenus, et ils sont là, dans l'armoire : — douze mille francs, écus sonnants.

— Et la veuve de Jean?

— Ah! madame la générale? répliqua Goton. Celle-là, je l'ai remboursée l'an dernier, quand on m'a dit qu'elle avait épousé en secondes noces le marquis de Saint-Sernin. Je ne voulais plus rien avoir de commun avec madame la marquise. La veuve du général Jean Bùchamor épouser un marquis, quelle honte!

Goton ne plaisantait pas sur l'honneur de la famille; vingt ans plus tard, elle me disait encore :

— Quand je pense que notre pauvre Jean s'est fait tuer par les Prussiens à Iéna pour qu'elle devînt comtesse, et qu'elle l'a oublié pour un marquis trois ans après qu'il fut tué; vois-tu, je ne peux pas m'en consoler. C'est une femme sans cœur!

Quand je fus tout à fait au courant des affaires de la famille, on me raconta celles de tout le village que Goton savait par le gros et par le menu, comme si elle avait lu dans toutes les âmes et comme si elle avait écouté à toutes les portes. Vous me direz que ce n'est pas un don de Dieu particulier à Goton, et qu'il y a beaucoup d'autres personnes qui savent et qui racontent d'un bout à l'autre toutes les affaires de leurs voisins. Ça, je vous l'accorde.

Enfin, huit heures sonnèrent, et après huit heures, l'angelus. Le bruit de la grosse cloche réveilla Marien Combredeix, qui descendit en se frottant les yeux et fut bien étonné de nous trouver tous trois autour de la table. Il essaya même de s'excuser d'avoir dormi, le bon garçon, et dit qu'il était si fatigué de la route...

Alors, Goton l'arrêta court :

— Ça se comprend de reste, Marien. Allez vous mettre la tête sous la pompe, et pompez ferme ; ça se passera. Moi, pendant ce temps, je vais préparer la chambre du haut pour vous et pour François. Lisa va traire les vaches.

Voyant ça, le pauvre Marien baissa l'oreille sans répliquer ; mais, le soir, après souper, quand nous couchâmes tous deux dans le même lit, comme ça nous était arrivé souvent, il me dit :

— François, ta sœur Goton ferait un fameux colonel.

Mais moi, je ne l'écoutais pas. Je pensais aux cheveux noirs et aux yeux charmants de Lisa, et je m'endormis là-dessus en faisant des rêves d'or.

XXI

CONVERSATION AVEC UN HUISSIER.

Le lendemain et les jours suivants, Goton et Lisa s'emparèrent de moi, Goton surtout, et me conduisirent comme en triomphe dans le village, pour me présenter à leurs amis et connaissances qui m'avaient oublié pour la plupart. Tout le monde me fit fête, les femmes surtout, qui étaient bien aises de voir en uniforme un grenadier de la 2me du 3me du fameux 26me de ligne.

Marien Combredeix eut sa part des compliments et des félicitations, quoique plus petite ; mais il n'avait personne pour le vanter, lui, tandis que Goton ne se fatiguait pas de raconter mes exploits, et les Allemands que j'avais tués, et les Russes, et les Autrichiens, et les Prussiens surtout, et les canons que j'avais pris, et les victoires que j'avais remportées, et le grand Napoléon qui m'avait parlé deux fois à moi-même, en propre personne, et les pays que j'avais parcouru le fusil sur l'épaule, depuis l'Orient jusqu'à l'Occident; si bien que le dimanche suivant, après la messe, on s'assembla autour de moi pour m'entendre à mon tour, et M. le curé, en l'absence de M. Jean-Baptiste, le maire, qui était pour lors à Paris, et membre du corps législatif, nous fit entrer dans son presbytère et m'interrogea lui-même devant tout le monde.

Je répondis avec plus de modestie que Goton, mais tout le monde pensa (quoique je ne l'eusse pas dit) que si Napoléon et François Bûchamor n'avaient pas été trahis, et aussi Marien Combredeix, car j'eus soin de ne pas l'oublier, vu que le bon garçon n'était pas homme à se faire valoir, ils seraient venus à bout de toute l'Europe, à la condition, bien entendu, d'être aidés de cent mille camarades de la Grande Armée.

Et, me tournant vers Combredeix, je lui demandai :
— Est-ce vrai, Marien ?
Il vida son verre, le posa sur la table, et répondit :
— C'est vrai.

Et, comme le père Bourgoint, l'usurier, qui faisait l'homme d'importance parce qu'il avait prêté de l'argent à vingt pour cent à beaucoup de gens et qu'il leur faisait renouveler leurs billets tous les trois mois, — comme le père Bourgoint voulut ricaner et dire à demi-voix que nous étions bien fiers pour des vaincus, Marien ajouta :

— Oui, c'est vrai, c'est trente fois vrai, et si cette face de carême (il montrait Bourgoint) a l'air de te contredire, je l'aplatis contre le mur.

Alors le curé s'interposa :
— Marien, Marien, vous avez tort; c'est mal parlé cela, nous sommes ici entre amis.

Mais Marien était tellement indigné qu'il s'écria :
— Monsieur le curé, je vous respecte comme aussi toute

la compagnie; mais, voyez-vous, ça fait bouillir le sang dans les veines quand on se trouve en face de ces mauvais gueux......... Où est-ce qu'on l'a vu, lui, pendant que nous étions à la Grande Armée, sous les balles, sous la pluie, sous la neige, en face de la mitraille et des baïonnettes? Où est-ce qu'on t'a vu, parle donc, mauvaise canaille d'usurier? Tu ne réponds pas? Je vais te le dire, moi! Tu te chauffais les jambes au coin de ton feu, ou tu te faisais payer à dîner par les malheureux que tu voles, ou tu lançais les huissiers et les avoués sur le pauvre monde, et tu faisais vendre le bien des malheureux... C'est comme ça que tu as fait vendre la chènevière et le pré de la pauvre Jeanne Chaussidoux, ma cousine, qui t'avait emprunté cinquante francs pour les envoyer à son fils en Espagne. Elle le croyait encore vivant, le pauvre garçon, et il était déjà mort à l'hôpital quand l'argent arriva. Et, comme elle n'a pas pu le rendre tout de suite, tu lui faisais signer de nouveaux billets tous les trois mois (c'est elle qui me l'a raconté hier) et à chaque coup tu doublais la somme, et, après deux ans, tu as fait vendre et tu as acheté pour rien, et la bonne femme va mendier son pain de porte en porte.

Je n'avais jamais vu Marien si en colère. L'idée qu'on pouvait se moquer de la Grande Armée le rendait furieux à faire trembler tous ceux qui ne connaissaient pas sa douceur ordinaire.

Bourgoint aurait bien voulu sortir du presbytère et rentrer chez lui, mais il n'osait pas de peur que Marien n'eût l'idée de le suivre; et ma foi, dans la rue, loin de M. le curé et des autres assistants, il aurait bien pu recevoir un mauvais coup.

Le curé aurait bien voulu faire taire Marien; mais lui, une fois lancé, n'était pas homme à s'arrêter facilement. Et moi, je n'étais pas fâché que l'autre reçût une bonne leçon.

Marien dit encore :

— Sais-tu combien François Bùchamor a reçu de blessures? Neuf; c'est à la seconde qu'il a reçu un sabre d'honneur de la République. C'est à la cinquième qu'il a reçu la croix. Et moi, j'en ai cinq, et nous avons chacun vingt-trois ans de service. Et c'est un drôle, un mauvais gueux, un chenapan comme toi, qui vient rire au nez de deux vieux soldats de la République et de Napoléon... Où sont tes blessures, à toi?

Alors, un des assistants dit :

— Il n'en a pas, lui; mais son fils s'est coupé le doigt pour ne pas aller à la guerre; c'est la seule blessure qu'ils aient reçue dans la famille.

Alors, tout le monde éclata de rire, et le curé lui-même. On cria de tous les côtés :

— C'est vrai! c'est vrai!

— Ah! tiens, dit Marien, le fils ne vaut pas mieux que le père. Tu feras bien d'en faire un huissier.

— C'est fait, répliqua le même qui avait déjà parlé. Il vient d'acheter une charge il y a trois mois, et il porte déjà les exploits de son père.

Voyant ça, et que Marien était un peu calmé, Bourgoint se coula dans le jardin du presbytère comme une vipère dans un buisson et rentra chez lui en passant derrière la haie pour n'être pas vu.

Quand nous eûmes quitté M. le curé et la compagnie, qui voulaient nous retenir, je dis à Marien :

— Mon vieux, je te croyais plus sage.

Il me répondit bonnement, suivant sa coutume :

— Moi aussi, je le croyais; mais quand je pense à ma pauvre vieille tante, la sœur de ma mère, que ce gueux a jetée sans pain sur le pavé, et quand je vois qu'il amasse des mille et des cents à ruiner tous les braves gens, je ne suis pas maître de moi.

Je repris :

— Marien, allons voir où nous bâtirons ta maison.

Car il était convenu que nous la bâtirions tout de suite, à nous deux, à côté de mon jardin, sur la rue, au bout de mon pré. Comme j'étais le plus riche des deux, ou plutôt comme j'avais six mille francs d'argent et lui rien, je devais lui prêter sept ou huit cents francs pour acheter quelques matériaux, des pommes de terre, du blé et une truie mère avec ses petits. Quant aux planches, ma maison en était pleine, parce que Goton avait des provisions de tout, et même de lard, quoiqu'elle ne mangeât de viande ou de graisse qu'une fois par mois.

Je lui vendis un morceau de pré assez grand pour qu'il pût bâtir sa maison et planter un carré de choux, et, bien entendu, il n'y eut ni notaire ni papier timbré dans l'affaire. Entre nous deux, il n'y avait pas besoin de ces précautions.

J'avais fait d'avance tous ces calculs et tous ces arrangements sans en parler à Marien. Je le lui annonçai seulement le samedi soir, devant Goton et Lisa, pendant que nous étions à manger la soupe tous les quatre autour de la table. Il ne trouva pas un mot à dire, excepté :

— Tu sais, François, que je ne pourrai peut-être jamais te rembourser?

Je lui répliquai :

— Tu payeras quand tu voudras. Si je meurs avant toi, Goton, qui est mon héritière, ne te demandera jamais rien.

— Mais, tes enfants, si tu te maries? demanda Marien.

Je répondis :

— Marien, je suis trop vieux. Quelle femme voudrait de moi maintenant? Nous vivrons en paix, nous travaillerons, nous raconterons nos campagnes, nous parlerons du bon vieux temps, où l'on gelait en Russie, où l'on grillait en Espagne, où l'on fondait sous la pluie en Allemagne, va, nous ne serons pas malheureux.

Alors il se tourna vers Goton et vers Lisa, et il leur dit :

— Voyez-vous, des camarades comme celui-là, on n'en fait plus.

Le pauvre Marien n'avait pas été habitué au bonheur; il se voyait du même coup libre, propriétaire, presque riche; il était ébloui comme un homme qui sortirait d'une cave obscure pour aller tout de suite au grand air et au soleil.

Moi, de mon côté, j'étais aussi content de sa joie que lui même. Mais, ce soir-là, nous n'en dîmes pas plus long, et chacun alla dormir de son côté.

XXII

IL FAUT TE MARIER.

Le lendemain, qui était, comme je vous l'ai dit, un dimanche et le jour même où Marien voulait aplatir contre le mur le père Bourgoint, l'usurier, au moment où Lisa, en grande toilette, vêtue d'une robe de mérinos brun avec un très-beau fichu rouge, une croix d'or sur le cou et des pendants d'oreilles, s'en allait à vêpres, Goton me prit par le bras et me dit :

— Reste, François, je veux te parler; Lisa ira bien à vêpres toute seule.

Ça m'étonna beaucoup, car Goton n'était pas fille à manquer vêpres sans nécessité: cependant, j'obéis.

Elle me fit sortir, sortit elle-même, ferma la porte, et me conduisit à l'ombre, sous ce grand chêne qui est au milieu du pré d'Arfeuille. Là elle me fit asseoir et dit :

— François, jure-moi...

Je l'interrompis en riant :

— Je le jure.

— Pourquoi as-tu dit hier au soir que tu ne voulais pas te marier?

— Parce que je suis trop vieux.

Elle reprit :

— Non, tu n'es pas trop vieux. Tu as quarante-quatre ans, c'est vrai; mais tu es grand, fort, tu as la croix, tu as bonne mine, et enfin avec ton uniforme tu ferais envie à plus d'une.

Je demandai :

— A qui, par exemple?

Elle m'en nomma sept ou huit de la paroisse; mais l'une était trop jeune, l'autre trop vieille, l'autre était mal tournée ou mal portante, une autre était trop laide, une autre était méchante, une autre était coquette, une autre n'était pas d'une famille honnête, une autre faisait un peu parler d'elle, une autre... Que sais-je encore? Chacune avait son défaut particulier.

A la fin, Goton me dit :

— Je ne vois plus que Lisa qui puisse te convenir.

A parler franchement, j'étais bien étonné qu'il n'en fût pas question, car pour moi je n'avais pensé qu'à elle; mais Goton avait ses raisons.

Jusque-là je répondais en riant à tout ce qu'elle m'avait dit, mais quand elle eut prononcé le nom de Lisa, j'écoutai de mes deux oreilles, et même je commençai à trembler.

Je lui dis :

— Est-ce que Lisa voudrait de moi?

Goton me regarda dans les yeux, comme si elle avait voulu faire mon portrait, et me répondit tranquillement :

— Je ne sais pas... Veux-tu que je le lui demande?

J'avais espéré un instant qu'elle le savait d'avance. Sa réponse ne me fit pas plaisir. Je pris un air dégagé pour lui dire :

— Ce n'est pas nécessaire, puisque je ne veux pas me marier.

La vérité, c'est que j'avais peur que Lisa ne voulût pas. Elle si jolie! et vingt ans de moins! Si elle allait se moquer de moi! A mon âge, on n'est pas hardi comme les jeunes gens qui se lancent volontiers. Si une fille les reçoit mal, une autre les recevra mieux; ils ont le temps de recommencer; mais à quarante-quatre ans!

Goton lut tout ça dans mes yeux et me dit:

— Si tu ne penses pas à Lisa, pourquoi la regardes-tu toute la journée? Pourquoi écoutes-tu tout ce qu'elle dit? Pourquoi, quand tu ne travailles pas, la suis-tu partout, dans le pré, à l'étable quand elle trait les vaches, dans la grange? Pourquoi vas-tu à vêpres et à la messe te mettre à côté d'elle? Pourquoi ne fais-tu attention qu'à elle, au lieu d'écouter le sermon de M. le curé?

Je lui dis bonnement:

— C'est peut-être vrai, Goton; je ne l'avais pas remarqué.

Alors Goton me dit:

— Je l'ai remarqué, moi, et Lisa aussi.

— Elle te l'a dit?

— Elle ne m'a rien dit, François; mais elle est trop fine pour ne pas l'avoir remarqué.

— Et qu'est-ce qu'elle en pense?

— Ah! reprit Goton en riant, tu vois bien que tu n'as pas renoncé au mariage, et que tu ne te trouveras pas trop vieux si elle te trouve assez jeune!

— Mais pourquoi, Goton, tiens-tu tant à me marier? Si le mariage est une bonne chose, pourquoi ne te maries-tu pas toi-même?

Elle me répliqua:

— Quand j'étais jeune, je n'ai pas voulu. Maintenant je suis vieille, ce serait bien pire. Je veux que tu te maries pour avoir des petits Bûchamor dans la maison, que j'élèverai comme si j'étais leur mère. Et je veux que cette mère soit Lisa, parce qu'elle m'aime comme je l'aime, parce que je la connais, parce que ce sera une bonne femme, qui te rendra heureux, qui sera laborieuse, économe et tout ce qu'il faut pour être en ménage. Elle n'a rien, c'est vrai, mais...

— Oh! si elle veut de moi...

— Oui, oui, tu ne lui demanderas pas de dot parce qu'elle est jolie, n'est-ce pas? J'ai honte de voir que les hommes ont si peu de bon sens... Enfin, puisque tu le veux (car tu le veux, n'est-ce pas?), je lui demanderai ce soir ce qu'elle en pense et si elle veut pour mari François Bûchamor, ancien grenadier au 26e de ligne. Si elle n'en veut pas, c'est qu'elle sera difficile.

Sur ce mot elle se leva, et nous revînmes au village par le chemin de Villefort.

Tout à coup, à cent pas de là, j'aperçois un homme tout noir qui vient à moi en faisant de grands gestes et poussant des cris que je ne comprenais pas.

Quand il fut plus près, Goton, étonnée et presque effrayée, me dit :

— C'est un singe!

Mais il répondit :

— Pas singe, Turc Abdallah. Bon nègre, grande nouvelle. Moi vous chercher, monsieur François. Colonel! colonel! chose terrible! Venez vite, grand secret.

Et il voulait m'emmener dans les bois de Villefort, du côté de Felletin.

Je dis à Goton :

— Il est arrivé quelque chose à Toinet. Retourne à la maison; je vais aller avec le nègre. Pas un mot à qui que soit.

Et je suivis le Turc.

XXIII

LE DUEL DE TOINET BUCHAMOR, COLONEL DU 5ᵐᵉ DRAGONS.

Quand nous fûmes seuls, je lui dis :
— Turc, qu'est-ce qu'il y a ? Est-il arrivé quelque chose à mon frère ? Est-il malade ? Est-il blessé ? D'où sortez-vous ?

Abdallah me répondit :
— Colonel vivant. Bonne santé. Près d'ici. Venu à travers bois. Poursuivi. Grand danger. Pas venir Néoux. Peur d'être reconnu, arrêté. Attendre vous à une lieue. Bois d'Arfeuille.

Je ne pus rien tirer de plus. Je compris seulement que Toinet n'était pas loin, qu'il m'attendait, et qu'il était en danger de mort.

Nous traversâmes d'un bout à l'autre la lande Sainte-Feyre; tout à coup, d'un pâtural où il était couché derrière des buissons de genêts, je vis sortir un homme grand, jeune, maigre et robuste, habillé d'une vieille redingote de drap vert, à demi usée, qui s'avança vers moi et m'embrassa de toutes ses forces. C'était Toinet.

Je fus bien étonné. Je lui dis :
— Comment ! te voilà, mon colonel ?...

Sans me répondre d'abord, il se tourna vers le Turc.
— Abdallah ! va-t'en à cinquante pas d'ici, sur la hauteur. Si tu vois venir quelqu'un, tu m'avertiras avec ton sifflet... Toi, François, viens ici. Je n'ai qu'une heure à causer avec toi.

Et quand le Turc fut éloigné :
— As-tu de l'argent ?

Je lui dis, bien content de voir qu'il n'avait pas besoin d'autre chose :

— J'en ai, frère, oui, certes j'en ai, mais tu en as aussi, car Goton a fait des économies pour nous deux. Six mille francs à toi et six mille à moi : ça fait douze mille. Les veux-tu? En as-tu besoin? Tu les auras dans deux heures. Le temps d'aller les chercher et de revenir! Mais viens plutôt toi-même à la maison.

Il me serra la main et répondit :

— Trois mille me suffisent pour le moment, mais donne-moi de l'or si tu peux. Toute la gendarmerie de France doit être à ma poursuite. Qu'est-ce que tu veux! On ne peut plus être Français maintenant!... Cela t'étonne. Eh bien, écoute ce qui m'est arrivé la semaine dernière.

Tu te souviens de ce terrible moment où nous avons relevé notre pauvre neveu Pierret tout sanglant, qui est mort une heure après dans tes bras, le jour de la bataille de Paris. En vous quittant tous deux, je remontai avec mes dragons vers Charonne pour escorter les canons des polytechniciens que nous venions d'arracher à l'ennemi. Le reste de la journée se passa, comme tu sais, à charger, être chargé, à sabrer, être sabré. Je perdis là en morts ou blessés qu'il fallut abandonner sur le terrain les deux tiers de mes hommes. J'eus trois balles dans mes habits et deux coups de sabre, dont l'un faillit m'abattre le poignet... Voici la cicatrice qu'il m'a laissée..... Celui qui fit ce coup-là aurait mieux fait de rester tranquille au coin de son feu. Comme il était trop près de moi pour que je pusse lui donner un coup de pointe, je fus forcé de lui donner avec la poignée de mon sabre un si rude coup dans les dents que j'en abattis, je crois, toute une rangée, sans compter le nez qui fut écrasé comme une pomme de terre en purée. Il en tomba évanoui. Je ne sais pas s'il est mort, n'ayant pas eu le temps de me baisser pour le voir de plus près.

Malheureusement, l'autre coup de sabre, qui me fut donné presque en même temps, coupa ma ceinture qui tomba par terre avec quatre mille francs en quadruples d'or que j'avais rapportés d'Espagne et qui me servaient de réserve dans les grandes occasions. Je ne m'en aperçus qu'un quart d'heure plus tard quand nous étions forcés de battre en retraite. Que faire? Quelqu'un de ces Russes ou de ces Autrichiens l'aura sans doute ramassée.

Le soir même nous partîmes pour Fontainebleau. Ce qui s'est passé là, et les adieux de Napoléon à la vieille garde, tu le sais comme moi, et, quand je vivrais cent ans, je n'en perdrai jamais le souvenir.

Puis, la paix faite, je suis rentré à Paris avec les autres, n'ayant pour tout bien qu'un vieil uniforme percé aux coudes, usé par le frottement, déchiré par les coups de sabre ou de baïonnette, une pièce à mettre dans un musée, quoi!... Je n'avais gardé de toute ma fortune que mon cheval Sélim et ma belle montre anglaise qui me venait d'un héritage que j'ai fait à *Fuente di Onor*, en Espagne, par le moyen d'un officier anglais avec qui j'ai eu des mots pendant la bataille. Je vends la montre quinze cents francs, et je me crois riche...

Ah! bien oui, à la fin de la journée j'avais rencontré sept ou huit camarades qui avaient tout perdu comme moi pendant la campagne et qui, n'ayant pas de montre à vendre, attendaient en se serrant le ventre qu'on voulût bien régler leur pension de retraite définitive ou leur demi-solde. Naturellement, je partage avec eux. Le soir, en me couchant, je fis mon compte. Il me restait six cents francs, plus deux bouches à nourrir, — mon cheval Sélim, et mon Turc Abdallah qui n'a pas voulu nous quitter.

Alors j'ai acheté chez le fripier la vieille redingote verte que tu vois et qui a dû servir au moins trois ans à un bourgeois. J'ai quitté mon uniforme, et tous les jours je suis allé en faction dans l'antichambre du ministère des finances pour savoir si l'on voulait enfin régler mon traitement à demi-solde, ou tout au moins me donner un à-compte.

J'étais bien tombé! Un à-compte! Les employés des bureaux me riaient au nez. Un chef m'a dit :

— Est-ce que vous croyez que nous n'avons pas autre chose à faire que de régler la pension du colonel Bûchamor?

Un autre plus poli m'a répondu il y a quinze jours :

— Revenez dans trois mois. On prépare un grand travail qui sera mis sous les yeux de Son Excellence monseigneur le ministre des finances, lequel ne manquera pas de le proposer à Sa Majesté. De là on le fera passer au conseil d'État... Il m'a encore nommé une enfilade de gens qui devaient voir, proposer, discuter, vérifier, contrôler, inspecter, donner leur avis et leur signature.

Pendant qu'il parlait et se moquait de moi, je pensais :

— Comme un coup de poing serait à sa place sur ce museau de fouine!

Mais l'homme était en sûreté derrière le grillage de son bureau. Je suis sorti plein de colère. Il me restait dix francs pour nous trois : Sélim, Abdallah et moi.

Je suis allé au Palais-Royal. C'est là que tout le monde se promène, et surtout ceux qui ont de l'argent. Il y a de tout dans ce pays-là : de belles femmes, d'excellente cuisine, des cafés superbes et tout ce qu'on peut désirer.

Je me promenais depuis un quart d'heure dans une galerie, la tête baissée, réfléchissant et grognant comme un sanglier dans sa bauge. J'aurais donné de bon cœur la moitié de mes dix francs pour pouvoir étrangler quelqu'un, lorsque je sens tout à coup le fourreau d'un sabre qui s'embarrasse dans mes jambes.

Je lève la tête et je vois trois officiers : un Russe, un Anglais, un Prussien, qui se promenaient derrière moi; c'est le sabre du Prussien qui m'avait dérangé. Lui, voyant que je le regarde, au lieu de s'excuser, prend son fourreau et m'en frappe le jarret en riant de ce rire insolent et bête qu'ils ont quand ils se croient les plus forts.

Comprends-tu ça, François? Un officier prussien qui ose me frapper en plein Palais-Royal, devant cinq cents personnes! moi, le colonel Bûchamor du 5ᵉ dragons!... Ah! son affaire ne fut pas longue. En une minute je le prends à la gorge, je l'enlève de terre, je le jette la tête première dans la vitrine d'un coiffeur, je casse la vitrine et je le pousse par le trou dans la boutique comme un boulanger enfourne son pain dans le four.

L'Anglais faisait : « Aôh! » c'était très-curieux!

Le Russe disait :

— Ce pauvre Rodenheim, c'est dommage !

Mais aucun des deux ne cherchait à le dégager.

A la fin, le coiffeur ouvrit sa porte et me dit :

— Monsieur, je vous en prie, lâchez-le, vous allez casser tous mes pots de pommade, et à moins que vous ne consentiez à les payer...

Je fis alors réflexion qu'il ne me restait plus que dix francs et que Sélim et Abdallah m'attendaient pour dîner. Je lâchai donc mon Prussien, qui était à demi étouffé, moitié de rage, moitié parce que je l'avais serré un peu fort à la cravate.

J'attendis qu'il pût respirer; alors, je tirai de ma poche une carte et je lus tout haut :

Toinet BUCHAMOR

COLONEL DU 5ᵉ DRAGONS, A DEMI-SOLDE

Présentement à l'auberge du Cheval Blanc
rue Contrescarpe-Dauphine.

Je lui dis :

— Voilà où l'on me rencontre tous les jours, depuis cinq heures du matin jusqu'à midi. Si tu veux en découdre, je suis prêt.

Le Prussien aurait bien voulu en rester là. Il cria que le duel était défendu dans l'armée prussienne entre officiers et bourgeois, qu'étant à la demi-solde, je tombais à l'état de bourgeois, mais qu'il me ferait saisir...

Alors l'Anglais dit :

— Aôh !

Il paraît que ce milord (car tous ces Anglais sont milords, à ce qu'on dit) n'avait qu'un mot pour tout dire. S'il était content, il disait : Aôh ! S'il ne l'était pas, il disait : Aôh ! Et s'il voulait dîner, marcher, courir, monter à cheval ou faire n'importe quoi, il criait plus fort que jamais : Aôh ! aôh ! aôh !

Quant au Russe, il dit en regardant de côté son camarade prussien :

— Vous ferez bien, Rodenheim, de ne pas vous commettre avec ce Français. Il a l'air très-méchant, et s'il se sert moitié aussi bien de son sabre que de ses mains, ça serait dangereux.

Il se moquait de lui, le boyard.

Voyant ça, et que la foule s'amassait et riait, le Prussien finit par dire que je n'avais pas de témoins et qu'il ne pouvait pas se battre avec moi sans témoins.

Mais ça ne lui servit de rien, car je n'eus pas plus tôt fait cinquante pas que je rencontrai deux anciens officiers de la vieille garde qui se promenaient dans le Palais-Royal et qui se proposèrent eux-mêmes pour m'accompagner.

En deux fiacres, nous allâmes au bois de Vincennes, où j'étendis mon Rodenheim sur l'herbe à la sixième passe : il était roide mort. L'Anglais et le Russe le firent rapporter à Paris, et moi je me trouvai fort embarrassé, car l'état-major prussien allait me faire rechercher. L'Anglais m'apprit que Rodenheim était agnat du roi de Prusse ; agnat, c'est-à-dire cousin, et qu'on ne me ferait aucune grâce si l'on pouvait me prendre. Je serais fusillé ou enfermé pour la vie dans les cachots de Spandau.

Il fallait donc partir; mais comment faire? Mes dix francs avaient servi à payer le fiacre et deux flacons d'eau de Cologne cassés par le nez de Rodenheim; ce qui restait ne m'aurait pas mené loin. L'un de mes témoins me prêta cent francs et consentit à prendre Sélim en pension pour six mois.

C'est avec ces cent francs que je suis venu ici, évitant les grandes routes, tournant toutes les villes de peur d'être interrogé, car je n'ai pas de passe-port, et faisant un détour de quinze lieues pour te voir sans être vu et reconnu à Néoux. Abdallah me suit partout; c'est lui qui achète les vivres et qui est chargé de répondre à toutes les questions.

Je dis alors à Toinet :

— Reste avec nous; je te chercherai une maison à deux ou trois lieues d'ici. Nous te verrons souvent, et, quand les Allemands seront sortis de France, tu pourras reparaître et vivre à Néoux.

Il secoua la tête :

— Pas possible, mon vieux François. Je m'ennuierais trop dans ce pays. Je vais en Italie, à Naples, chez le roi Murat; je le connais; il m'a vu travailler; il me recevra bien. Et, si Napoléon revient, — il reviendra, sois-en sûr, — je reviendrai aussi.

Au fond, Toinet avait raison. Il n'était pas en sûreté dans le pays, on aurait pu le dénoncer sans le savoir, sans le vouloir, par simple bavardage. Mieux valait partir.

J'en étais si persuadé que je rentrai tout de suite à Néoux; là, sans parler à qui que ce soit, — pas même à Goton de peur qu'elle ne pût pas retenir sa langue, — je pris trois mille francs, les deux tiers en or, le reste en argent, et je les lui donnai moi-même.

Il m'embrassa une dernière fois et partit avec le Turc, à

pied, comme il était venu. Un mois plus tard, je sus qu'il avait traversé Marseille et la mer, et qu'il était à Naples, où le roi Murat l'avait très-bien reçu; — comme on doit faire d'ailleurs entre amis et anciens camarades.

XXIV

ON S'EXPLIQUE.

Quand Toinet fut parti, je revins à la maison. Il était déjà très-tard, plus de onze heures du soir, car toutes ces allées et venues avaient pris beaucoup de temps.

Lisa était couchée. Goton seule m'attendait, assise devant la porte, et regardait le chemin avec inquiétude.

— Où donc as-tu passé la soirée? demanda-t-elle. J'avais peur que tu ne fusses tombé dans la rivière en venant de Villefort, ou que ce Turc n'eût voulu t'assassiner; il avait un mauvais regard.

Je la rassurai.

— Quelles nouvelles apportait-il de Toinet?

— De mauvaises nouvelles. Toinet est en route pour Marseille et m'a fait demander de l'argent.

— C'est donc pour cela, s'écria Goton, que j'ai trouvé tout mon linge dérangé dans l'armoire et trois mille francs de moins?

J'expliquai alors le duel et le danger de Toinet.

— J'aurais bien voulu le voir et l'embrasser, dit Goton, mais elle se rendit à mes raisons, quoiqu'elle fît le serment qu'elle aurait pu garder le secret pendant cent cinquante ans.

C'était peut-être vrai; mais il y a un vieux proverbe qui

dit : *Si tu veux qu'on garde ton secret, garde-le toi-même.*
Et je crois que le proverbe a raison.

Après cela, je voulus savoir si elle avait parlé pour moi à Lisa.

Elle me répondit :

J'ai parlé et je n'ai pas parlé; je n'ai pas dit : Lisa, veux-tu épouser François Bûchamor, mon frère? parce qu'il ne serait pas juste que tu fusses exposé à un refus; mais j'ai fait comprendre qu'elle ferait peut-être bien de songer au mariage.

Elle m'a dit :

— Vous vous ennuyez donc de moi, tante Goton?

J'ai répondu que non, mais qu'elle était d'âge, et que si elle n'avait pas de répugnance, on pourrait peut-être trouver un brave garçon, un honnête homme, même un vieux soldat... que les prétendants sont rares par le temps qui court; que la guerre les a presque tous enterrés; qu'il ne reste plus que des vieux dont personne ne voudrait, ou de jeunes garçons qui ne peuvent servir à rien; qu'on n'a pas le moyen d'être difficile quand on n'a pas de dot.

— Qu'a-t-elle répondu?

— Elle n'a rien répondu, dit Goton. Au commencement elle m'écoutait assez volontiers; mais quand j'ai parlé d'un vieux soldat, elle est devenue très-sérieuse, et enfin elle s'est levée, m'a dit bonsoir et m'a embrassée; puis elle est allée se coucher comme à l'ordinaire.

Le récit de Goton me fit pâlir et trembler. Je pensai que Lisa ne voulait pas de moi, qu'elle n'avait pas osé le dire ouvertement, mais que son silence était un refus pire que toutes les paroles.

— Enfin, conclut Goton, je n'ai pas grande espérance; mais, parle-lui toi-même demain après dîner. Elle ira faucher au pré d'Arfeuille. Vas-y avec elle; tu sauras mieux ce qu'elle pense en lui parlant toi-même; mais je n'espère pas beaucoup. Après tout, le mal n'est pas grand. Lisa n'est pas jeune, elle non plus. Elle a déjà vingt-quatre ans, bientôt vingt-cinq ; elle n'a pas d'argent ; dans cinq ou six ans, elle sera vieille ; elle n'aura ni père, ni mère, ni frère, ni sœur qui veuille prendre soin d'elle ; ma foi, qu'elle ne fasse pas tant la fière. On ne se battra pas pour l'avoir.

C'est ainsi que Goton cherchait à me consoler. Mais moi je ne pus dormir de la nuit ; je me tournais et me retournais sur ma paillasse, de telle sorte que Marien Combredeix qui ne se doutait de rien, se réveilla et me dit :

— François, as-tu la fièvre ?

Comme je ne répondis pas, il crut qu'il avait rêvé, et recommença à ronfler suivant son habitude.

Le lendemain, dans l'après-midi, pendant qu'il était occupé à construire sa maison, j'allai avec Lisa au pré d'Arfeuille, où Goton fit exprès de nous laisser seuls.

J'avais apporté ma faux et je fauchais à côté d'elle pour n'avoir pas l'air embarrassé ; mais je sentais ma langue se sécher et je ne pouvais pas trouver une parole. Elle, de son côté, ne disait rien contre son habitude, car elle était toujours gaie et amiteuse de nature.

Mais, ce jour-là, une espèce de honte nous empêchait de parler l'un et l'autre.

Enfin, je pris courage comme si j'allais faire une charge à la baïonnette et je dis à Lisa en m'appuyant sur ma faux :

— Il fait bien chaud.

— Oui, bien chaud, répondit Lisa.

Et elle continua de faucher. Il y eut un moment de silence.

— N'avez-vous pas soif, Lisa ?

— Oui, un peu, François.

— Eh bien, venez boire à la source.

Elle y consentit, mais sans se presser. Elle avait l'air de s'attendre à quelque chose de désagréable. Cependant, elle y vint, et se tint debout, à côté de moi, pendant que je remplissais sa tasse en fer-blanc pour la faire boire.

Quand elle eut fini, je bus à mon tour, et, comme elle retournait à son ouvrage, je la retins par le bras et je lui dis :

— Lisa, je voudrais vous parler ; asseyez-vous à côté de moi.

Elle avait l'air si contrarié que j'osais à peine m'expliquer. Cependant je pensais qu'il s'agissait du bonheur de ma vie entière, et je continuai :

— Lisa, ma chère Lisa, je voudrais vous parler pour un de mes amis qui vous aime tendrement...

Elle fronça le sourcil. Je pensais en moi-même : je suis perdu. Elle me dit alors :

— Écoutez-moi, François, et ne vous fâchez pas de ce que je vais vous dire. Hier, Goton m'a déjà parlé, et je n'ai rien répondu... C'était assez répondre... L'amitié, vous le savez, ne se commande pas. Vous ne m'en saurez pas mauvais gré, n'est-ce pas, François :... dites-moi (et elle me prit la main et me la serra si doucement que je me sentis à la fois plein de bonheur et de chagrin), dites-moi que vous ne m'en voudrez pas...

Je lui dis :

— Lisa, les volontés sont libres, et les amitiés aussi ; je n'avais jamais espéré que ce mariage pouvait vous convenir ; c'est Goton qui l'avait cru possible ; moi-même enfin, Lisa, j'avais pensé, j'avais espéré... mais j'avais tort, je le vois bien, de croire qu'on peut être aimé à mon âge ; et cependant je vous aurais aimée bien tendrement, moi, et j'aurais fait tous mes efforts pour vous rendre heureuse ; oui, je puis le dire, Lisa, vous auriez été une heureuse femme ; mais Dieu ne l'a pas voulu.

A mesure que je parlais, la figure de Lisa s'éclairait comme le ciel quand le vent chasse les nuages.

A mesure que je parlais, la figure de Lisa s'éclairait comme le ciel quand le vent chasse les nuages (p. 426).

A la fin elle s'écria :

— Que dites-vous là, François Bûchamor, et de qui parlez-vous ? Pour qui me demandez-vous en mariage ?

— Pour moi, Lisa. Ne le savez-vous pas ?

— Ah ! mon Dieu ! j'avais cru que c'était pour Marien Combredeix.

A ce mot, l'espoir me revint, et la confiance, et le bonheur, et la parole, et tout, et pendant un moment mon bonheur fut si grand que je ne savais plus ce que je disais, que je n'écoutais plus Lisa, et que je compris seulement qu'elle avait de l'amitié pour moi, et qu'elle m'acceptait pour mari.

— C'est la faute de Goton, dit-elle enfin en riant toujours. Goton, par amour-propre de famille, n'a pas voulu vous nommer d'abord ; elle m'a parlé d'un brave homme, d'un vieux soldat ; j'ai pensé : C'est Marien Combredeix qu'elle me propose... Mais vous, François, vous n'êtes ni un vieux soldat, ni un brave homme. Vous êtes François Bûchamor, grenadier au 26ᵉ de ligne, le frère du général Jean Bûchamor et du colonel Toinet ; vous êtes celui dont j'ai entendu parler depuis que je suis née, par ma cousine Catherine Pardouvy d'abord, qui vous a longtemps regretté, quoiqu'elle vous ait perdu par sa faute ; par Goton ensuite, qui ne jurait que par vous, ne travaillait que pour vous, et qui attendait matin et soir votre retour depuis vingt ans. Toutes les fois que j'ai entendu nommer un brave soldat de la République et de Napoléon, c'est vous qu'on a cité dans la commune ; c'est vous que j'aimais déjà lorsque j'avais sept ans et que vous partiez pour la campagne de Zurich : votre bel uniforme m'éblouissait les yeux. Plus tard, après Austerlitz, quand je vous revis, vous aviez la croix de la Légion d'honneur ; il y a trois semaines enfin, quand vous êtes arrivé, le cœur me battait d'impatience et de joie... Vous m'aimez donc, François ? Eh bien, tant mieux ! Et vous me demandez pour femme ?... Quand il vous plaira, François...

Je passe le reste de nos discours. Mon histoire finit là. Quinze jours plus tard, nous fûmes mariés. Vous avez connu votre grand'mère, puisque je l'ai perdue il y a trois ans seulement, vous savez si elle a toujours été bonne, gaie, joyeuse, laborieuse, occupée de tout le monde excepté d'elle-même, et telle enfin que j'en souhaite une pareille à tous mes petits-fils.

Elle a vécu toujours en paix et bonne amitié avec ma sœur Goton et avec tout le reste de la famille. Elle ne m'apporta pas de dot, car elle n'avait rien, mais par son travail et son économie, elle m'a valu bien plus que la plus grosse dot, car une bonne ménagère, même pauvre, vaut cent fois mieux qu'une femme riche mais dépensière ou désordonnée.

C'est par elle que j'ai pu doter mes fils et mes filles, acheter le moulin de Lestrange après la mort de Catherine Pardouvy et garder, malgré cela, le domaine que cultivait mon défunt père et que j'ai agrandi de trois prés et d'un jardin.

Maintenant, je puis mourir. J'ai des enfants qui travailleront comme moi et mieux que moi, parce qu'ils ont reçu plus d'instruction, et qui feront respecter dans la commune et partout le nom et la race des Bûchamor. Il y a des centaines de grands seigneurs par le monde qui ne peuvent pas en dire autant.

XXV

ÉPILOGUE

A ce moment, neuf heures sonnèrent.

Le vieux François Bûchamor se leva et prit son bâton pour aller se coucher.

— Grand-père, dis-nous la fin de l'histoire de l'oncle Toinet.

— C'est trop long, répondit le vieillard. Les aventures de Toinet rempliraient tout un livre. Sachez seulement qu'après avoir manqué vingt fois d'être tué ou fusillé ou de mourir de faim, il est devenu presque aussi riche et aussi puissant qu'un fils de roi, qu'il vit encore et vivra longtemps j'espère... Quant à vous dire comment tout cela est arrivé, ce sera pour une autre fois.

— Et Christophe et sa femme ?

— Christophe, après avoir tiré trente ou quarante coups de fusil sur les Wurtembergeois le jour de la bataille de Paris, parvint à s'échapper avec sa femme par la porte de derrière de son jardin. Il retourna chez lui, dans les Ardennes, avec sa famille, et il est mort à l'âge de quatre-vingt-neuf ans, en 1833. Son petit-fils (l'aîné) est aujourd'hui chef de bataillon au 35me de ligne; le cadet est lieutenant; deux autres ont fait de grandes entreprises et sont devenus riches en travaillant beaucoup, ce qui est la vraie manière de s'enrichir.

— Et Marien Combredeix !

— Ah ! mon pauvre Marien ?... Eh bien ! lui, n'a pas été aussi heureux. Pour faire comme moi, il voulut se marier, avec Goton d'abord, qui refusa; puis avec une grande et grosse femme, très-méchante, qui lui rendit la vie si dure que le pauvre Marien, qui déjà était altéré de naissance, se mit à boire de plus en plus... Sa femme ne le voyait plus sans l'appeler ivrogne, va-nu-pieds, sac à vin, propre à rien, mauvais gueux .. et le reste. Lui me disait quelquefois :

— Ah ! si c'était un Prussien, comme je la cognerais !

Mais une femme ! Il n'osait pas... Elle, au contraire, devenue toujours plus hardie, c'est-à-dire plus effrontée, lui faisait des scènes en public, devant tout le village... J'essayais de les réconcilier, mais le lendemain la méchante femme recommençait toujours et lui sautait à la figure... A la fin, un jour qu'il avait bu deux ou trois verres de trop, elle lui cria tant d'injures devant tout le monde, qu'il s'en alla dans une grange et se pendit.

Pauvre Marien! C'était un brave homme, un bon camarade, sûr. Mais qu'est-ce que vous voulez?... Il aimait trop à boire, et il était tombé sur une méchante femme. Ce sont deux grands malheurs

Alfred ASSOLLANT.

TABLE DES MATIÈRES

PREMIÈRE PARTIE

VALMY

I.	— Le vieux François Bûchamor.....................................	1
II.	— Comment Pardouvy le riche fut jeté à l'eau............	3
III.	— Touchant récit des malheurs de Catherine.............	8
IV.	— Histoire instructive d'André, plus fort que trois douzaines de Turcs...	12
V.	— Portrait de Jean..	16
VI.	— A la foire de Crocq...	21
VII.	— Bûchamor, où sont tes fils?..... Où je voudrais être, là-bas, sous le drapeau tricolore................................	31
VIII.	— Roulement de tambour. « L'autorité fait assavoir à ses concitoyens.. »...	36
IX.	— Les adieux..	42
X.	— Où le général Dumouriez apprend quel fut le premier des Bûchamor...	46
XI.	— L'ami Christophe..	52
XII.	— Bataille au fond des bois...	60
XIII.	— Mademoiselle Anne..	66
XIV.	— Terrible bataille. Christophe voit toutes les étoiles du ciel...	71

XV. — « Monsieur de Gœthe, voyez donc un peu... »....... 78
XVI. — Où M. de Gœthe explique au duc de Brunswick le caractère de la nation française...................... 86
XVII. — Où l'on reçoit des nouvelles de Goton, de Catherine et de Toinet.. 94
XVIII. — Lettre de la belle Catherine.................... 108
XIX. — La bataille de Valmy............................ 115
XX. — Lettre de Jean Bûchamor à son frère François....... 124

DEUXIÈME PARTIE.

ZURICH.

I. — La paix (1797).................................. 129
II. — En Irlande.................................... 135
III. — Le nouveau colonel............................ 142
IV. — Une partie de boxe............................ 145
V. — Pensées diverses sur le mariage................. 149
VI. — Le père et la mère............................ 153
VII. — Vive l'armée de Sambre-et-Meuse! Vive la République!. 159
VIII. — Le dîner de M. le maire....................... 165
IX. — Le bal....................................... 169
X. — Le pré d'Arfeuille............................ 175
XI. — Finesse de Goton............................. 181
XII. — François Bûchamor reprend ses travaux.......... 188
XIII. — L'innocence de Catherine..................... 192
XIV. — Suite de l'innocence de Catherine.............. 201
XV. — Une veuve trop entendue en affaires............ 206
XVI. — Une demande en mariage..................... 216
XVII. — La guerre est déclarée....................... 228
XVIII. — Courte description de la Suisse............... 234
XIX. — Le passage de la Limmat..................... 240
XX. — Souviens-toi, frère!........................... 248
XXI. — Prise de Zurich.............................. 249
XXII. — Fin des amours de Jean...................... 252

TABLE DES MATIÈRES.

TROISIÈME PARTIE.

IÉNA.

I.	— Bataille d'Iéna....................................	253
II.	— Histoire du sergent Sabrignac, de Bordeaux, et de l'empereur Napoléon, d'Ajaccio..................	257
III.	— Père, père, c'est moi...........................	260
IV.	— Comment Toinet fut fait caporal...............	263
V.	— Affaires de famille..............................	271
VI.	— Le premier duel de Toinet.....................	277
VII.	— La veille d'Iéna.................................	285
VIII.	— Mort de Jean Bûchamor......................	298

QUATRIÈME PARTIE.

CAMPAGNE DE FRANCE (1814).

I.	— Le retour.......................................	303
II.	— Sortie de l'hôpital.............................	305
III.	— Les préparatifs de la défense de Paris.......	310
IV.	— L'ami Christophe..............................	315
V.	— Madame Christophe...........................	319
VI.	— Une fête de village dans l'Argonne...........	322
VII.	— Un bon souper.................................	326
VIII.	— La lettre de Goton............................	330
IX.	— Suite de la lettre de Goton...................	335
X.	— La conspiration en 1811.......................	340
XI.	— A quoi peut servir une marmite pleine de soupe......	347
XII.	— Une exécution.................................	356
XIII.	— L'éducation militaire de Pierret et de José....	362
XIV.	— Heureuse rencontre de Marien Combredeix......	371
XV.	— Les canonniers de l'École polytechnique......	375
XVI.	— La charge de Toinet Bûchamor...............	383
XVII.	— Le malheur de Pierret........................	388
XVIII.	— La tabatière du père Moulnard..............	392

XIX. — Goton et Lisa...	396
XX. — Mettez la tête sous la pompe et pompez ferme; ça se passera..	402
XXI. — Conversation avec un huissier......................	407
XXII. — Il faut te marier...	412
XXIII. — Le duel de Toinet Bûchamor, colonel du 5ᵉ dragons...	416
XXIV. — On s'explique..	423
XXV. — Epilogue..	428

FIN DE LA TABLE DES MATIÈRES

SOCIÉTÉ ANONYME D'IMPRIMERIE DE VILLEFRANCHE-DE-ROUERGUE
Jules Bardoux, directeur.

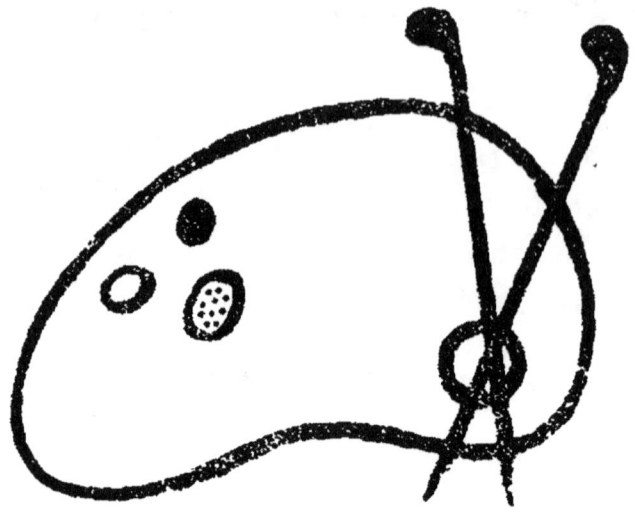

Original en couleur
NF Z 43-120-8